CYNNWYS

RHAGYMADRODD

Rhagymadrodd a chanllaw cyffredinol i'ch thesawrws Cymraeg

1. Mae'r gweiddeiriau wedi eu rhestru yn nhrefn yr wyddor ac wedi eu hargraffu mewn **llythrennau bras.**

2. Dilynir pob gwreiddair gan dalfyriad mewn *llythrennau italaidd* yn dweud wrthych ai enw, berf *(brf.)*, ansoddair *(ans.)*, adferf *(adf.)*, etc., ydyw.

3. Wedyn, mewn llythrennau arferol, rhoir cyfres o eiriau sydd â'r un ystyr â'r gwreiddair, neu ystyr gyffelyb. Y cyfystyron yw'r rhain.

   Er enghraifft:

   awgrymu *(brf.)* lledfynegi, crybwyll, cyfleu, dynodi

4. Mae mwy nag un ystyr i rai geiriau. Mewn enghreifftiau o'r fath, mae pob ystyr wedi ei rhifo ar wahân, ar y cyd â'r talfyriad priodol.

   Er enghraifft:

   erfyn 1. *(enw)* offeryn, twlsyn, celficyn, arf 2. *(brf.)* ymbil, deisyf, erchi, gofyn, atolygu

   Dro arall, defnyddiwyd y gwahannod (;) i rannu datblygiadau graddol o dan yr un ystyr gyffredinol.

5. Os oes i'r gwreiddair wrthystyr - gair ac iddo ystyr groes - dangosir honno ar ddiwedd yr eitem mewn *llythrennau bras italaidd.*

   Er enghraifft:

   araf *(ans.)* pwyllog, hamddenol, hwyrfrydig, araf deg, linc-di-lonc
   cyflym, buan

   Oherwydd prinder lle, ni fu'n bosibl nodi'r holl amrywiadau gramadegol posibl ar y geiriau a gynhwysir, a chan hynny, anogir y defnyddiwr yn gryf i wneud yn siŵr, er enghraifft, o genedl a ffurfiau lluosog enwau; ffurfiau benywaidd a lluosog ansoddeiriau a'u graddau cymhariaeth; gweiddiau a ffurfiau afreolaidd berfau; sut i redeg arddodiaid ac, wrth gwrs, y rheolau treiglo.

TALFYRIADAU

(adf.)	adferf
(ans.)	ansoddair
(ardd.)	arddodiad
(brf.)	berf
(cys.)	cysylltair
(gwr.)	gwrywaidd
(ben.)	benywaidd
(lluos.)	lluosog
(rhag.)	rhagddodiad
(ebych.)	ebychair

TREIGLADAU

Bydd rhai cytseiniaid ar ddechrau gair yn treiglo o dan amodau arbennig, fel a ddangosir yn y tabl isod. Dim ond y ffurf gysefin a roir yn y thesawrws.

SAIN	ENGHRAIFFT			
	Cysefin	*Meddal*	*Trwynol*	*Llaes*
p	*p*ren	*b*ren	*mh*ren	*ph*ren
t	*t*ad	*d*ad	*nh*ad	*th*ad
c	*c*am	*g*am	*ngh*am	*ch*am
b	*b*aich	*f*aich	*m*aich	
d	*d*yn	*dd*yn	*n*yn	
g	*g*ŵr	-ŵr	*ng*ŵr	
ll	*ll*ais	*l*ais		
rh	*rh*es	*r*es		
m	*m*am	*f*am		

a

abaty *(enw)* mynachlog, mynachdy, priordy, clas, brodordy; lleiandy, cwfaint

aber *(enw)* 1. ffrwd, nant, cornant, afon, afonig 2. cymer, aberfa, moryd

aberth *(enw)* offrwm, rhodd

aberthu *(brf.)* offrymu, ymwadu, cyflwyno, cynnig, rhoi'r gorau i

abl *(ans.)* 1. galluog, medrus *anabl* 2. cryf, cadarn, nerthol *gwan* 3. cefnog, cyfoethog *tlawd* 4. digon, digonol *annigonol*

absen *(enw)* absenoldeb; anair, enllib, athrod, drygair *clod, mawl*

absennol *(ans.)* i ffwrdd, yn colli, heb fod yn bresennol *presennol*

absennu *(brf.)* athrodi, enllibio, lladd ar, bwrw anghlod ar, pardduo, beirniadu *clodfori, moli*

absoliwt *(ans.)* diamod, digyfnewid, perffaith

abwyd *(enw)* 1. abwydyn, mwydyn, pryf genwair, llyngyren y ddaear 2. llith

academi *(enw)* athrofa, coleg, ysgol, prifysgol

acen *(enw)* 1. goslef, tôn 2. pwyslais, aceniad

acennu *(brf.)* pwysleisio, rhoi'r flaenoriaeth i, pwyso ar

acer *(enw)* cyfer, erw, cyfair

act *(enw)* 1. gweithred, cam 2. rhaniad drama 3. gorchymyn, deddf, ystatud

actio *(brf.)* 1. gweithredu 2. perfformio, dynwared

actiwr *(enw)* actwr, actor, perfformiwr, chwaraewr *(ben. - actores)*

acw *(adf.)* draw, yno, hwnt

ach *(enw)* tras, llinach, hil, bonedd, ceraint/carennydd *(lluos.)*, hynafiaid *(lluos.),* cyndadau *(lluos.)*

achles *(enw)* 1. tail, gwrtaith 2. nodded, nawdd, lloches, cysgod, cefnogaeth

achlesu *(brf.)* 1. gwrteithio 2. cysgodi, noddi, amddiffyn, diogelu, cefnogi

achlod *(enw)* cywilydd, gwarth, gwaradwydd, amarch, sarhad, sen *clod, anrhydedd*

achlust *(enw)* si, sïon *(lluos.),* su, suon *(lluos.),* sôn, chwedl, acen *gwirionedd*

achlysur *(enw)* 1. digwyddiad 2. amser, adeg 3. achos, rheswm 4. mantais, cyfle

achlysurol *(ans.)* ysbeidiol, o dro i dro, o bryd i bryd, o bryd i'w gilydd, yn awr ac yn y man, yn awr ac eilwaith, ar adegau, ar brydiau, ar droeon, ambell waith, ambell dro *cyson, parhaol*

achos 1. *(enw)* rheswm, achlysur, cyflwr 2. *(cys.)* o achos, oherwydd, oblegid, am, gan

achosi *(brf.)* peri, achlysuro

achub *(brf.)* arbed, gwaredu, cadw

achwyn 1. *(enw)* achwyniad, cwyn, cyhuddiad 2. *(brf.)* cwyno, cyhuddo, grwgnach, beio, ceintach, conan

ad-dalu *(brf.)* adfer, edfryd, dychwelyd, digolledu, rhoi'n ôl

adain *(enw)* 1. aden, asgell 2. adran

adeg *(enw)* 1. tro, ysbaid, amser, tymor 2. achlysur, cyfle

adeiladaeth *(enw)* 1. adeiladwaith, saernïaeth, pensaernïaeth 2. cynnydd

adeiladol *(ans.)* llesol, addysgiadol, hyfforddiadol, positif, cadarnhaol *negyddol*

adeiladu (brf.) codi, cyfodi, saernïo,

llunio *dymchel*

adennill *(brf.)* ailennill, cael yn ôl *colli*

aderyn *(enw)* 1. edn, ehediad; 2. 'cymeriad'

adfail *(enw)* murddun; gweddillion *(lluos.)*

adfeilio *(brf.)* dirywio, malurio, cwympo, syrthio, darfod

adfer *(brf.)* edfryd, ad-dalu, rhoi'n ôl, digolledu, dychwelyd

adfyd *(enw)* gofid, helbul, trueni, tralod, caledi, cyni, cyfyngder *hawddfyd*

adfydus *(ans.)* truenus, helbulus, trallodus, gofidus, caled *esmwyth*

adfyfyriol *(ans.)* synfyfyriol, meddylgar *difeddwl, anystyriol*

adfywiad *(enw)* adnewyddiad, dadebriad, adferiad

adfywio *(brf.)* adfer, adnewyddu, dadebru *dihoeni, nychu*

adfywiol *(ans.)* bywiocaol, amheuthun, bywhaol

adlais *(brf.)* eco, atsain

adlamu *(brf.)* sboncio, neidio, bowndio

adleisio *(brf.)* atseinio, dadseinio, ateb, ailadrodd, adlewyrchu

adlewyrchol *(ans.)* adfyfyriol, synfyfyriol, meddylgar

adlewyrchu *(brf.)* taflu'n ôl; adfyfyrio

adloniant *(enw)* difyrrwch, difyrion *(lluos.)*, diddanwch, hwyl

adnabyddiaeth *(enw)* cynefindra; gwybodaeth *anghynefindra*

adnabyddus *(ans.)* cynefin, gwybyddus, hysbys *anadnabyddus, anghyfarwydd*

adnewyddu *(brf.)* adffurfio, ail-lunio, atgyweirio, trwsio, ailadeiladu, gwneud o'r newydd

adnoddau *(enw lluos.)* cyflenwad,

defnyddiau wrth gefn *(lluos.)*

adolygu *(brf.)* bwrw golwg dros; beirniadu, archwilio

adran *(enw)* 1. rhan, dosbarth, israniad 2. cangen, cyfadran

adref *(adf.)* tua thref, tuag adref, i gyfeiriad cartref

adrodd *(brf.)* dweud, traethu, mynegi, cofnodi, rhoi cyfrif, crybwyll, datgan

adroddiad *(enw)* hanes, cofnodiad, datganiad, mynegiad, dywediad, crybwylliad

adwaith *(enw)* ymateb, ymwaith

adweithio *(brf.)* ymateb, ymweithio

adwy *(enw)* bwlch, hollt

adwyth *(enw)* drwg, anffawd, aflwydd, anlwc *ffawd, lwc*

adwythig *(ans.)* drwg, anffodus, anlwcus, aflwyddiannus, niweidiol *ffodus, lwcus*

adyn *(enw)* dihiryn, gwalch, cnaf, cenau, dyn gwastraff, dyn diffaith *gŵr bonheddig*

addas *(ans.)* cymwys, priodol, cyfaddas, iawn, yn taro *anaddas*

addaster *(enw)* addasrwydd, cymhwyster, priodoldeb, gwedduster *anaddaster*

addasu *(brf.)* cymhwyso, cyfaddasu, paratoi, ffitio

addawol *(ans.)* gobeithiol, gobeithlon, ffafriol *diaddewid*

addef *(brf.)* cyfaddef, cyffesu, cydnabod, arddel *diarddel*

addewid *(enw)* ymrwymiad, adduned

addfwyn *(ans.)* mwyn, tirion, tyner, llariaidd, boneddigaidd *ymwthiol*

addfwynder *(enw)* mwynder, tiriondeb, tynerwch, llarieidd-dra, boneddigeiddrwydd

addo *(brf.)* addunedu, ymrwymo, eidduno, diofryd

addoldy *(enw)* capel, eglwys, tŷ

cwrdd, betws, teml; synagog, mosg

addolgar *(ans.)* duwiol, duwiolfrydig, defosiynol, crefyddol *digrefydd, didduw*

addoli *(brf.)* anrhydeddu, clodfori, canmol, moli, parchu, ymgrymu

adduned *(enw)* addewid, ymrwymiad, llw

addunedu *(brf.)* addo, ymrwymo, tyngu llw

addurn *(enw)* harddwch, tegwch, trwsiad

addurno *(brf.)* harddu, tecáu, trwsio, urddasu, cywreinio

addysg *(enw)* dysg, dysgeidiaeth, gwybodaeth, hyfforddiant, cyfarwyddyd

addysgiadol *(ans.)* addysgol, hyfforddiadol

addysgu *(brf.)* dysgu, hyfforddi, cyfarwyddo

aeddfed (ans.) 1. parod, ffrwythlon 2. yn ei lawn dwf *anaeddfed*

aeddfedrwydd *(enw)* llawn dwf, llawn oed, parod *anaeddfedrwydd*

aeddfedu *(brf.)* tyfu, datblygu, prifio

ael *(enw)* ystlys eglwys, eil, ale, coridor

aelwyd *(enw)* 1. lle tân 2. annedd, cartref, tŷ, preswylfod 3. teulu, tylwyth 4. cangen

aeth *(enw)* 1. poen, tristwch 2. ofn, dychryn, ias

aethus *(ans.)* poenus, ofandwy, arswydus, gofidus, trallodus, echrydus

(a)fagddu *(enw)* tywyllwch, uffern, annwn, isfyd *nef*

afiach *(ans.)* claf, anhwylus, sâl, gwael; aflan, budr, ffiaidd *iach*

afiaith *(enw)* hwyl, llawenydd, sbri, miri, hapusrwydd, gorfoledd, dedwyddwch *tristwch*

afiechyd *(enw)* salwch, clefyd, gwaeledd, tostedd, tostrwydd; aflendid *iechyd*

afieithus *(ans.)* llawn miri, hapus, llon, llawen, dedwydd *trist, penisel*

aflafar *(ans.)* cras, garw, cas *persain*

aflan *(ans.)* brwnt, budr; amhur, afiach, ffiaidd, llygredig *glân*

aflednais *(ans.)* cwrs, anweddus, anfonheddig *llednais*

aflendid *(enw)* bryntni, budredd, baw, tom; amhurdeb *glendid, glanweithdra*

aflêr *(ans.)* blêr, anghymen, anniben, di-drefn, di-sut, didoreth, di-lun *destlus, twt*

aflerwch *(enw)* blerwch, annibendod, llanastr, anhrefn, cybolfa

aflonydd *(ans.)* anesmwyth, diorffwys, afreolus, pryderus, cyffrous, ofnus, terfysglyd *llonydd, digyffro*

aflonyddu *(brf.)* 1. cyffroi, blino 2. anesmwytho, pryderu, dechrau gofidio, ymderfysgu

aflonyddwch *(enw)* anesmwythyd, blinder, pryder, anghysur *tawelwch*

afloyw *(ans.)* anghlir, pŵl, anghroyw *gloyw*

afluniaidd *(ans.)* di-lun, anferth, anghelfydd, diolwg, trwsgl, carbwl, di-siâp *lluniaidd*

aflwydd *(enw)* anlwc, anffawd, trychineb, anap, anghaffael, aflwyddiant *llwyddiant*

aflwyddiannus *(ans.)* anffodus, anlwcus, anffortunus, di-lwydd *llwyddiannus*

afon *(enw)* nant, ffrwd, llif, aber, ffrydlif, afonig

afradlon *(ans.)* gwastraffus, ofer, treulgar *darbodus, gofalus*

afradlonedd *(enw)* oferedd, gwastraff *darbodaeth, cynildeb*

afradloni *(brf.)* gwastraffu, ofera, afradu, difetha

afraid *(ans.)* afreidiol, diangen, dieisiau, dianghenraid *angenrheidiol*

afreal *(ans.)* annirweddol, anwirioneddol, anwir *real*

afreolaeth *(enw)* diffyg disgyblaeth, anhrefn, aflywodraeth, cyffro, dryswch, terfysg, afreoleidd-dra *llonyddwch, trefn*

afreolaidd *(ans.)* anhrefnus, di-drefn; anarferol, eithriadol *rheolaidd*

afreolus *(ans.)* aflywodraethus, annosbarthus, gwyllt, direol *tawel*

afreswm *(enw)* dieithrwch, yr abswrd *rheswm*

afresymol *(ans.)* direswm, gwrthun, croes i reswm *rhesymol*

afresymoldeb *(enw)* afresymoliaeth, gwrthuni, diffyg rheswm *rhesymoldeb*

afrifed *(ans.)* dirifedi, aneirif, di-rif, difesur *meidrol*

afrosgo *(ans.)* trwsgl, lletchwith, trwstan, llibin, anfedrus, carbwl *celfydd, medrus*

afrwydd *(ans.)* anodd, caled; trwsgl, afrosgo, trwstan, lletchwith, carbwl *rhwydd*

afrwyddineb *(enw)* anhawster, caledi, dryswch, cyfyngder, problem, rhwystr *rhwyddineb*

afrywiog *(ans.)* gwrthnysig; llym; afreolaidd, anarferol, eithriadol *rhywiog*

agen *(enw)* hollt, bwlch, adwy

agendor (enw) bwlch, hollt, dyfnder, affwys

ager *(enw)* anwedd, stêm, tawch

ageru *(brf.)* anweddu, ymageru, troi'n darth

agor *(brf.)* agoryd, datgloi, torri *cau, cloi*

agored *(ans.)* anghaeëdig, ar agor; cyhoeddus, di-rwystr *ynghau, ar gau*

agoriad *(enw)* 1. allwedd 2. bwlch, adwy 3. agorfa, cyfle, siawns

agoriadol *(ans.)* dechreuol, cychwynnol, cynhenid *terfynol*

agos *(ans.)* 1. gerllaw, ger, cyfagos, cymdogol, ar gyfyl *pell* 2. annwyl, cu

agosáu *(brf.)* dynesu, nesáu, dod/mynd at, closio *pellhau*

agosatrwydd *(enw)* hynawsedd, cyfeillgarwch, cynefindra *dieithrwch*

agwedd *(enw)* osgo, ymarweddiad, ymagwedd, arwedd, safbwynt, persbectif, proffeil

angall *(ans.)* annoeth, ffôl, ynfyd, gwirion, gwyllt *call*

angau *(enw)* tranc, marwolaeth, ymadawiad *genedigaeth*

angel *(enw)* cennad, negesydd; cerub, seraff; plentyn annwyl (*ben.* - angyles)

angen *(enw)* eisiau, rhaid, diffyg

angenrheidiol (ans.) anhepgor, rheidiol, o bwys, hanfodol, hollbwysig *diangen, afraid*

angerdd *(enw)* 1. grym 2. ffyrnigrwydd, cyffro 3. nwyd, gwŷn, traserch, teimlad *marweidd-dra*

angerddol *(ans.)* ffyrnig, nwydus, tanbaid, eiddgar, selog, brwdfrydig, brwd *swrth*

anghaffael *(enw)* aflwydd, diffyg, anhawster, anffawd, anlwc *llwyddiant*

angharedig *(ans.)* digroeso, anghynnes, anghymwynasgar, anghu, anhoffus, anserchog, angharuaidd *caredig*

anghelfydd *(ans.)* anfedrus, analluog, trwsgl, lletchwith, afrosgo, trwstan, llibin *celfydd*

anghenfil *(enw)* cawr, creadur anferth

anghenus *(ans.)* tlawd, llwm, rheidus

cefnog, ariannog

angheuol *(ans.)* marwol, peryglus *diogel*

anghlir *(ans.)* anghroyw, amhenodol, amhendant, aneglur, anamlwg *clir*

anghlod *(enw)* amarch, gwarth, gwaradwydd, anfri, cywilydd, sarhad, sen *clod*

anghoeth *(ans.)* amhur; anniwylliedig, annysgedig, diddiwylliant *coeth*

anghofio *(brf.)* gollwng/bwrw dros gof, esgeuluso, anwybyddu, gadael yn angof *cofio*

anghofrwydd *(enw)* angof, ebargofiant *cof*

anghofus *(ans.)* esgeulus, diofal, ebargofus *trylwyr, trwyadl*

anghonfensiynol *(ans.)* anarferol, ecsentrig, od, rhyfedd, anghydffurfiol, annefodol *confensiynol*

anghredadun *(enw)* anghrediniwr, anghredwr, pagan, anffyddiwr *credadun*

anghredadwy *(ans.)* 1. anhygoel, annhebygol *credadwy, tebygol* 2. digred *duwiol*

anghrediniaeth *(enw)* anffyddiaeth, anghrefydd, annuwiaeth *cred*

anghrediniol *(ans.)* di-goel; paganaidd

anghroyw *(ans.)* anghlir, aneglur *croyw*

anghwrtais *(ans.)* cwrs, anfoesgar, anfoneddigaidd, anfonheddig, di-foes, aflednais *cwrtais*

anghydfod *(enw)* anghytundeb, cweryl, cynnen, ffrae, anghydweliad, ymrafael, ymryson *cytundeb*

anghydffurfiol *(ans.)* anghonfensiynol; ymneilltuol *confensiynol*

anghydweld *(brf.)* anghydsynio,

anghytuno *cytuno*

anghyfaddas *(ans.)* anaddas, anghyfleus, amhriodol, anweddus, anghymwys *cyfaddas*

anghyfannedd *(ans.)* 1. diffaith, anial 2. unig 3. didrigolion, di-bobl

anghyfartal *(ans.)* anghymesur, anwastad *cyfartal*

anghyfarwydd *(ans.)* anghynefin, anadnabyddus, anhysbys, dieithr *cyfarwydd*

anghyfeillgar *(ans.)* digroeso, anghymwynasgar, anghynnes, diserch, sarrug, blwng, angharuaidd *cyfeillgar*

anhyfiaith *(ans.)* dieithr, estron *brodorol*

anghyfiawn *(ans.)* annheg, anuniawn, cam, anghyfreithlon *cyfiawn*

anghyfiawnder *(enw)* cam, camwedd, annhegwch, anuniondeb, camwri, cyfeiliornad, trawsedd *cyfiawnder*

anghyflawn *(ans.)* anorffenedig, amherffaith *cyflawn*

anghyfleus *(ans.)* anhwylus, anaddas, anghyfaddas *cyfleus*

anghyfleuster *(enw)* anhwylustod, anghyfaddaster *cyfleuster*

anghyfreithlon *(ans.)* anghyfiawn, yn erbyn y gyfraith, anuniawn *cyfreithlon*

anghyfrifol *(ans.)* anatebol, annibynadwy, anystyriol *cyfrifol*

anghyfforddus *(ans.)* anghysurus, anesmwyth *cyfforddus*

anghyffredin *(ans.)* anarferol, eithriadol, hynod, nodedig, rhyfedd *cyffredin*

anghymdeithasgar *(ans.)* anghymdogol, anghyfeillgar, digroeso, anghymwynasgar *cymdeithasgar*

anghymedrol *(ans.)* afresymol, eithafol, byrbwyll, amhwyllog, angall *cymedrol*

anghymen *(ans.)* anniben, aflêr, blêr, di-drefn, anhrefnus, blith draphlith, di-lun *cymen*

anghymeradwy *(ans.)* annerbyniol, gwrthodedig *cymeradwy*

anghymeradwyo *(brf.)* gwrthod, gomedd, gwgu, cuchio *cymeradwyo*

anghymwyso *(brf.)* diarddel, diawdurdodi, atal, gwahardd

anghymwyster *(enw)* anaddaster, anghyfaddaster *cymhwyster*

anghymwys *(ans.)* amhriodol, anweddus, anaddas, anghyfaddas *cymwys*

anghynefin *(ans.)* anghyfarwydd, anadnabyddus *cynefin*

anghynhyrchiol *(ans.)* gwrthgynhyrchiol, negyddol, amhroffidiol, anfuddiol, digynnyrch *cynhyrchiol*

anghynnes *(ans.)* oer, rhewllyd, fferllyd, oerllyd, di-wres; anghyfeillgar

anghysbell *(ans.)* diarffordd, pell, pellennig, anhygyrch *hygyrch*

anghyson *(ans.)* anwadal, di-ddal, anghytûn, gwamal, chwit-chwat *cyson*

anghysondeb *(enw)* afreoleidd-dra, anwadalwch, gwamalrwydd *cysondeb*

anghysur *(enw)* anesmwythyd, aflonyddwch, pryder

anghysurus *(ans.)* anghyfforddus, anesmwyth *cysurus*

anghytbwys *(ans.)* anghyfartal, anwastad *cytbwys*

anghytgord *(enw)* 1. anghyseinedd 2. anghytundeb, anghydfod *cytgord*

anghytûn *(ans.)* anghyson, anwastad *cytûn*

anghytundeb *(enw)* anghydweliad, ffrae, ffrwgwd, ymrafael, cweryl, ymraniad, cynnen *cytundeb*

anghytuno *(brf.)* anghydweld, anghydsynio, ffraeo, ymrafael, ymryson, ymgiprys, cweryla *cytuno*

anghywir *(ans.)* gwallus, cyfeiliornus, beius, diffygiol, heb fod yn iawn, o chwith, ar gam *cywir*

anghywirdeb *(enw)* 1. twyll, brad 2. gwall, camgymeriad, amryfusedd, cyfeiliornad *cywirdeb*

angladd *(enw)* cynhebrwng, claddedigaeth, arwyl

angof *(enw)* ebargofiant, anghofrwydd *cof*

angorfa *(enw)* hafan, porthladd, harbwr

angylaidd *(ans.)* perffaith, annwyl *drygionus*

ailadrodd *(brf.)* ail-ddweud, ailfynegi, aildraethu

ailasesu *(brf.)* ailfeddwl, ailystyried

ailbrisio *(brf.)* ailasesu, ailwerthuso, ailbwyso

ailddechrau *(brf.)* ailgychwyn, ailgodi

ailddigwydd *(brf.)* ailgodi, ailddamweinio, ailddarfod, ailgyfodi

ailgymryd *(brf.)* aildderbyn, adfeddu, ailfeddiannnu, adfeddiannu

ailosod *(brf.)* ailddodi, ail-leoli, adsefydlu

alaeth *(enw)* tristwch, gofid, galar, gwae, ing, blinder, trallod

alaethus *(ans.)* trist, blin, galarus, gofidus, trallodus, ingol

alaru *(brf.)* syrffedu, blino ar, casáu, ffieiddio

alaw *(enw)* 1. melodi, cân, tiwn, tôn, cainc, cathl 2. lili

allan *(adf.)* (y) tu allan, i maes, (y) tu maes *i mewn*

allanfa *(enw)* allfa, ffordd allan,

dihangfa *mynedfa*

alltud *(enw)* alltudiaeth, deholiad; un a alltudiwyd

alltudio *(enw)* deol, diarddel, bwrw allan, gyrru i ffwrdd

allwedd *(enw)* agoriad; ateb, datrysiad

allweddol *(ans.)* hollbwysig, tyngedfennol

am *(ardd.)* 1. oherwydd, oblegid, o achos 2. o amgylch, o gwmpas, o boptu, oddeutu, ynghylch, ynglŷn â

amaeth *(enw)* amaethyddiaeth, hwsmonaeth, ffermwriaeth

amaethdy *(enw)* fferm, ffermdy, tŷ fferm, tyddyn

amaethu *(brf.)* ffermio, trin y tir, hwsmona, aredig

amaethwr *(enw)* ffermiwr, hwsmon, arddwr

amaethyddol *(ans.)* gwledig, gwladaidd *trefol, dinesig*

amarch *(enw)* sen, gwarth, gwaradwydd, gwarthrudd, anfri, sarhad *parch*

amatur *(enw)* dechreuwr, un dibrofiad/anghyfarwydd *hen law*

amaturaidd *(ans.)* dibrofiad, amhrofiadol, anghelfydd, amhroffesiynol *profiadol, celfydd*

amau *(brf.)* drwgdybio, anghytuno, petruso *ymddiried*

ambell *(ans.)* ychydig, achlysurol, rhai *(lluos.) llawer; holl, pob*

amcan *(enw)* arfaeth, nod, bwriad, pwrpas, diben, cynllun, perwyl

amcangyfrif 1. *(enw)* cyfrif bras, cyfrif agos 2. *(brf.)* asesu'n fras

amcanu *(brf.)* arfaethu, bwriadu, cynllunio, anelu, pwrpasu, golygu, arofun

amddifad *(ans.)* 1. diymgeledd, anghenus, di-gefn 2. heb rieni, unig

amddifadu *(brf.)* difreinio, difuddio, difeddiannu, dwyn oddi ar

amddiffyn *(brf.)* diogelu, cadw, noddi, achlesu, gwarchod, achub, gwaredu *ymosod*

amddiffynfa *(enw)* amddiffyniad; caer, castell, lle cadarn; noddfa, cysgod, lloches

amddiffynnydd *(enw)* diogelwr, noddwr *ymosodwr; erlynydd*

amgáu *(brf.)* cynnwys, amgylchynu, cwmpasu *hepgor*

amgen *(ans./adf.)* amgenach, arall, gwell, gwahanol, amryw

amgueddfa *(enw)* creirfa, cywreinfa; archifdy

amgyffred *(brf.)* deall, dirnad, gwybod, cydnabod

amgyffrediad *(enw)* dirnadaeth, dealltwriaeth, syniad *annealltwriaeth*

amgylchedd *(enw)* 1. cylch, cwmpas, cylchfesur 2. amgylchyfyd

amgylchiad *(enw)* cyflwr, amod, achlysur, digwyddiad, adeg

amgylchynu *(brf.)* amgylchu, cwmpasu, cylchynu

amharchu *(brf.)* cam-drin, dianrhydeddu, gwarthruddo, gwaradwyddo, sarhau, difrïo, diystyru *parchu*

amharchus *(ans.)* dianrhydedd, gwaradwyddus, gwarthus *parchus*

amharod *(ans.)* anfodlon, anewyllysgar, anfoddog, o anfodd, yn wysg ei drwyn *parod*

amharodrwydd *(enw)* anfodonrwydd, anewyllysgarwch *parodrwydd*

amharu *(brf.)* niweidio, andwyo, sbwylio, difrodi, difetha, drygu

amhendant *(ans.)* amhenodol, ansicr, penagored, amwys *pendant*

amhendantrwydd *(enw)* ansicrwydd, petruster, amwyster *pendantrwydd*

amherffaith *(ans.)* anghyflawn, anorffenedig, gwallus, diffygiol, beius, anghywir *perffaith*

amherffeithrwydd *(enw)* bai, diffyg, nam, gwendid, anghyflawnder *perffeithrwydd*

amhersain *(ans.)* anghyseiniol, croch, aflafar *persain*

amheuaeth *(enw)* 1. petruster, dadl, ansicrwydd, amheuon *(lluos.)* 2. drwgdybiaeth *ymddiriedaeth*

amheus *(ans.)* 1. ansicr 2. amhendant, amhenodol, amwys 3. petrus, drwgdybus *sicr, siŵr*

amheuthun 1. *(enw)* danteithfwyd, enllyn, moethyn 2. *(ans.)* hyfryd, dymunol, dewisol, blasus, danteithiol, prin, anghyffredin *amhleserus*

amhleidiol *(ans.)* diduedd, di-ochr, amhartïol *pleidiol*

amhleserus *(ans.)* annymunol, cas, atgas *pleserus*

amhriodol *(ans.)* anaddas, anghyfaddas, anghyfleus *priodol*

amhrisiadwy *(ans.)* gwerthfawr, anhybris, uwchlaw gwerth *diwerth*

amhrofiadol *(ans.)* dibrofiad, amaturaidd, anghyfarwydd *profiadol*

amhroffidiol *(ans.)* anfuddiol, anghynhyrchiol, gwrthgynhyrchiol, negyddol, di-fudd, di-les, dielw *proffidiol*

amhur *(ans.)* budr, brwnt, aflan, llygredig *pur*

amhuredd *(enw)* amhurdeb, budreddi, llygredd, bryntni, aflendid, llygredigaeth *purdeb*

amhwyllo *(brf.)* gwallgofi, ynfydu, mwydro, colli pwyll, mynd o'i gof *ymbwyllo*

aml *(ans.)* niferus, lluosog, llawer, mynych *prin*

amlder *(enw)* amldra, mynychder, helaethrwydd, digonedd, cyflawnder, lluosowgrwydd *prinder*

amlhau *(brf.)* cynyddu, chwyddo, lluosogi, ychwanegu, helaethu, ehangu *prinhau*

amlinelliad *(enw)* braslun, brasddarlun, cynllun; cylchlinell

amlinellu *(brf.)* brasddarlunio, awgrymu, cynrychioli, cyfleu, portreadu

amlochredd *(enw)* dawn, talent

amlochrog *(ans.)* dawnus, talentog, amryddawn, llawn doniau *didalent*

amlwg *(ans.)* 1. diamwys, eglur, clir, golau 2. gweledig 3. enwog, blaenllaw *aneglur, anenwog*

amlygrwydd *(enw)* eglurder; pwys, pwysigrwydd, enwogrwydd *dinodedd, distadledd*

amlygu *(brf.)* datguddio, dangos, profi, mynegi, egluro *celu*

amnaid *(enw)* arwydd, awgrym, nòd

amneidio *(brf.)* rhoi arwydd, awgrymu, nodio

amod *(enw)* cytundeb, teler, cyfamod, ymrwymiad, addewid

amodi *(brf.)* cyfamodi, gwneud telerau, cytuno, ymrwymo, rhwymo

amodol *(ans.)* dibynnol, ar amod *diamod*

amrantiad *(enw)* eiliad, ennyd, trawiad llygad, moment, winc, chwinc

amrantun *(enw)* cyntun, byrgwsg, cwsg, hun, nepyn

amrantuno *(brf.)* hepain, pendrymu, pendwmpian

amrediad *(enw)* cylch, rhychwant

amrwd *(ans.)* crai, anaeddfed *gorffenedig*

amryddawn *(ans.)* amlochrog, dawnus, talentog *di-ddawn*

amryfal *(ans.)* amrywiol, gwahanol,

annhebyg

amryfusedd *(enw)* camgymeriad, cyfeiliornad, camsyniad, gwall, bai *cywirdeb*

amryliw *(ans.)* brith, brych, cymysgliw

amryw *(ans.)* gwahanol, llawer, niferus, amryfal, amryfath

amrywiaeth *(enw)* gwahaniaeth, amrywiad; amrediad, dewis *unfathiant*

amrywio *(brf.)* gwahaniaethu, annhebygu, newid

amrywiol *(ans.)* gwahanol, amryfath, amryfal

amser *(enw)* adeg, tro, pryd, cyfnod, oes

amseriad *(enw)* curiad, tempo

amserol *(ans.)* tymorol, tymhoraidd, prydlon, mewn pryd, yn llygad yr amser *annhymig*

amseru *(brf.)* dyddio, mesur

amwys *(ans.)* aneglur, anghlir, amhendant, amhenodol, ansicr, ansiŵr, amheus *pendant*

amwysedd *(enw)* ansicrwydd, amhendantrwydd *pendantrwydd*

amynedd *(enw)* dyfalbarhad, pwyll, dioddefgawrch, goddefgarwch *anoddefgarwch, annioddefgarwch*

amyneddgar *(ans.)* goddefgar, dioddefgar, pwyllog, hirymarhous, mwyn *diamynedd*

anadl *(enw)* chwyth, gwynt

anadnabyddus *(ans.)* anghyfarwydd, anghynefin, anhysbys *adnabyddus*

anaddas *(ans.)* anghyfaddas, amhriodol, anweddus, anghyfleus *addas*

anaeddfed *(ans.)* ifanc, plentynnaidd; amharod *aeddfed*

anaele *(ans.)* ofnadwy, arswydus, dychrynllyd, gresynus, echrydus, echryslon, marwol

anaf *(enw)* bai, mefl, gwall, archoll, briw, nam, diffyg

anafu *(brf.)* niweidio, archolli, anurddo, brifo, clwyfo, difwyno, gwanu

anafus *(ans.)* dolurus, clwyfus, poenus *di-boen, diddolur*

anair *(enw)* drygair, gwarth, enllib, athrod *clod*

anallu *(enw)* gwendid, anfedrusrwydd, anabledd, methiant *gallu*

analluog *(ans.)* anabl, anfedrus, methiannus *galluog*

anaml *(ans.)* anfynych, prin, anghyffredin, anarferol, eithriadol *aml*

anamlder *(enw)* prinder, anfynychder

anamserol *(ans.)* annhymig, hwyr/cynnar *amserol*

anap *(enw)* damwain, anffawd, anlwc, aflwydd, niwed, colled *lwc, ffawd*

anarferol *(ans.)* anghyffredin, eithriadol *arferol*

anatebol *(ans.)* anghyfrifol, anystyriol, annibynadwy *atebol*

andwyo *(brf.)* sbwylio, niweidio, difetha, drygu, distrywio, dinistrio, difa

andwyol *(ans.)* niweidiol, colledus, o anfantais, anfanteisiol, anffafriol *cefnogol, ategol*

aneglur *(ans.)* amwys, anghlir, amhendant, amhenodol, tywyll *eglur*

aneirif *(ans.)* di-rif, afrifed, dirifedi, difesur, anfeidrol *meidrol*

anelu *(brf.)* amcanu, bwriadu, arfaethu, cynnig, cyfeirio, ymgyrchu at, pwyntio

anemosiynol *(ans.)* pwyllog, sad, didaro, difater, hunanfeddiannol *emosiynol*

anenwog *(ans.)* anadnabyddus,

distadl, di-nod *enwog*

anerchiad *(enw)* sgwrs, ymgom; cyfarchiad

anesboniadol *(ans.)* diesboniad, disylfaen, di-sail *esboniadol*

anesgusodol *(ans.)* digyfiawnhad, diesgus, anfaddeuol *esgusodol*

anesmwyth *(ans.)* aflonydd, diorffwys, blin, anghysurus, pryderus, trafferthus, trallodus *esmwyth*

anesmwythder *(enw)* anesmwythyd, aflonyddwch, anghysur, pryder, blinder, trallod *esmwythyd*

anesmwytho *(brf.)* aflonyddu, pryderu, poeni, dechrau gofidio *ymdawelu*

anewyllysgar *(ans.)* amharod, anfoddog, anfodlon *ewyllysgar*

anfad *(ans.)* drwg, ysgeler, erchyll, drygionus, echrys, echrydus, echryslon *da, mad*

anfadwaith *(enw)* ysgelerder, erchylltra, drygioni, echryslonder *daioni*

anfaddeuol *(ans.)* difaddau, digyfiawnhad, diesgus, anesgusodol *maddeuol*

anfantais *(enw)* colled, niwed *mantais*

anfanteisiol *(ans.)* anffafriol, amhroffidiol, di-les, anghyfleus *manteisiol*

anfarwol *(ans.)* 1. di-dranc, tragwyddol *marwol* 2. bythgofiadwy, gwych, rhagorol, ardderchog *diddrwg-didda, symol*

anfedrus *(ans.)* anghelfydd, trwsgl, trwstan, lletchwith, llibin, di-fedr, diallu *medrus*

anfeidrol *(ans.)* diddiwedd, difesur, annherfynol, diderfyn, anferth *meidrol*

anferth *(ans.)* enfawr, dirfawr, aruthr,

difesur, eang, anfeidrol *pitw, mân*

anfoddog *(ans.)* anfodlon, anewyllysgar, amharod, o anfodd, yn wysg ei drwyn *bodlon*

anfodlonrwydd *(enw)* amharodrwydd, anfodd, anewyllysgarwch *bodlonrwydd*

anfoesgar *(ans.)* anghwrtais, anfoneddigaidd, aflednais, di-foes, anweddaidd, digywilydd, cwrs *cwrtais*

anfoesgarwch *(enw)* anghwrteisi, afledneisrwydd, digywilydd-dra, anfoneddigeiddrwydd *cwrteisi*

anfoesol *(ans.)* anllad, llygredig, anweddaidd, digywilydd, anfucheddol *moesol*

anfoesoldeb *(enw)* llygredd, gwŷd, anlladrwydd *moesoldeb*

anfon *(brf.)* danfon, gyrru, hel, hela, trosglwyddo; hebrwng *derbyn*

anfoneddigaidd *(ans.)* anghwrtais, di-foes, anfoesgar, aflednais, cwrs, anfonheddig *boneddigaidd*

anfri *(enw)* gwarth, amarch, gwaradwydd, cywilydd, difenwad, sarhad, sen *bri*

anfuddiol *(ans.)* anghynhyrchiol, di-fudd, amhroffidiol, di-les, dielw, diwerth *buddiol*

anfwriadol *(ans.)* difwriad, difeddwl *bwriadol*

anfynych *(ans.)* anaml, prin, anghyffredin, anarferol, eithriadol *mynych*

anffaeledig *(ans.)* di-ffael, perffaith, di-nam, di-feth *ffaeledig*

anffawd *(enw)* anlwc, aflwydd, anap, trychineb, anghaffael, trallod *lwc dda*

anffodus *(ans.)* anlwcus, anffortunus, aflwyddiannus, truenus *ffodus*

anffurfio *(brf.)* sbwylio, difwyno, andwyo, niweidio, anharddu, llygru, drygu

anffyddlon *(ans.)* anghywir, bradwrus, twyllodrus, annibynadwy, anonest *ffyddlon*

anffyddlondeb *(enw)* anghywirdeb, brad, anonestrwydd, twyll *ffyddlondeb*

anhapus *(ans.)* anfodlon, anfoddog, annedwydd, adfydus, trist, penisel, digalon *hapus*

anhapusrwydd *(enw)* tristwch, prudd-der, digalondid *hapusrwydd*

anharddu *(brf.)* andwyo, sbwylio, hagru *harddu*

anhawster *(enw)* problem, caledi, cyfyngder, afrwyddineb, rhwystr, dryswch *hawster*

anheddu *(brf.)* trigo, ymsefydlu, ymgartrefu, byw, preswylio *crwydro*

anheintus *(ans.)* heintrydd, pur *amhur*

anhepgor *(ans.)* anhepgorol, afraid, afreidiol, angenrheidiol, hollbwysig, rheidiol *dieisiau, diangen*

anhrefn *(enw)* llanastr, annibendod, dryswch, tryblith, aflywodraeth, blerwch, esgeulustod *trefn*

anhrefnu *(brf.)* annibennu, drysu *cymhennu*

anhrefnus *(ans.)* di-drefn, anniben, blith draphlith, dilywodraeth, di-lun, didoreth, di-sut *cymen*

anhrugarog *(ans.)* didrugaredd, creulon, didostur, annynol, ffiaidd, ciaidd, bwystfilaidd *trugarog*

anhuddo *(brf.)* gorchuddio, cuddio, enhuddo *dadorchuddio*

anhunedd *(enw)* 1. anesmwythyd, pryder *esmwythyd* 2. diffyg cwsg *cwsg*

anhwyldeb *(enw)* anhwylder, clefyd, afiechyd, salwch, gwaeledd, tostrwydd *iechyd*

anhwylus *(ans.)* 1. afiach, claf, sâl, gwael, tost *iach* 2. anghyfleus

anhwylustod *(enw)* 1. clefyd, salwch, gwaeledd, tostrwydd 2. anghyfleustra

anhyblyg *(ans.)* anystwyth, diysgog, diwyro, cyndyn, caled, syth; ystyfnig *hyblyg*

anhydrin *(ans.)* anhywaith, anhydyn; afreolus, aflywodraethus, anystywallt *hydrin*

anhyfryd *(ans.)* annymunol, ffiaidd, atgas *hyfryd*

anhygar *(ans.)* anhawddgar, diserch, anghyfeillgar, digroeso, gwrthun; hyll, hagr *hawddgar*

anhyglyw *(ans.)* anghlywadwy, aneglur *hyglyw*

anhygoel *(ans.)* anghredadwy, amheus *tebygol*

anhygyrch *(ans.)* anghysbell, pellennig, diarffordd, anial *hygyrch*

anhysbys *(ans.)* anadnabyddus, dieithr *hysbys*

anhywaith *(ans.)* anhydrin, afreolus, aflywodraethus, anesmwyth, aflonydd, gwyllt *disgybledig*

anial *(ans.)* diffaith, gwyllt, anghyfannedd *ffrwythlon*

anialwch *(enw)* anialdir, diffeithwch

anian *(enw)* 1. natur, anianawd 2. tymer

anianol *(ans.)* 1. naturiol 2. cynhenid, gwreiddiol

anifail *(enw)* bwystfil, creadur, mil

anifeilaidd *(ans.)* bwystfilaidd, creulon, annynol; afiach, aflan, brwnt, budr *ystyriol*

anlwc *(enw)* anffawd, aflwydd, anap, anghaffael, trychineb *lwc, ffawd*

anlwcus *(ans.)* anffodus, anffortunus, aflwyddiannus *lwcus, ffodus*

anllad *(ans.)* trythyll, anniwair, trachwantus

anlladrwydd *(enw)* trythyllwch, anniweirdeb, trachwant

anllythrennog *(ans.)* annysgedig, di-ddysg, anwybodus *llythrennog*

annaearol *(ans.)* iasol, annaturiol, bwganaidd *naturiol*

annaturiol *(ans.)* artiffisial, o law dyn, celfyddydol; dieithr *naturiol*

annealladwy *(ans.)* annirnad, anodd, cymhleth *dealladwy*

annechau *(ans.)* anghelfydd, carbwl, di-glem, trwstan, afrosgo, trwsgl, llibin *dechau, dethau*

annedwydd *(ans.)* anhapus, trist, penisel, prudd, digalon, anfoddog, anfodlon *dedwydd*

annedd *(enw)* tŷ, cartref, preswylfod, anhedd-dy, cartrefle, trigfa, preswyl

annefnyddiol *(ans.)* di-fudd, amhroffidiol, anfuddiol, di-les *defnyddiol*

annefodol *(ans.)* anghonfensiynol, anarferol, anghydffurfiol *defodol*

annel *(enw)* amcan, nod; magl; ateg; plyg

annelwig *(ans.)* di-lun, afluniaidd, aneglur; anghelfydd *lluniaidd*

anner *(enw)* heffer, treisiad *bustach, eidion*

annerch 1. *(enw)* anerchiad, cyfarchiad 2. *(brf.)* cyfarch, croesawu; traddodi *tewi*

annhebyg *(ans.)* anghyffelyb, anghyfryw, gwahanol *tebyg*

annheg *(ans.)* anghyfiawn, anghyfreithlon, anghytbwys, anonest *teg*

annhegwch *(enw)* anghyfiawnder, anonestrwydd *tegwch*

annheilwng *(ans.)* anhaeddiannol, dirinwedd, diwerth *teilwng*

annherfynol *(ans.)* diddiwedd, difesur, diderfyn, di-ben-draw, anfeidrol, dihysbydd *terfynol*

annhymig *(ans.)* anamserol, cyn pryd, anaeddfed, cynamserol *amserol*

anniben *(ans.)* aflêr, blêr, di-drefn, di-sut, di-lun, anhrefnus, blith draphlith *cymen, destlus*

annibendod *(enw)* blerwch, aflerwch, anhrefn; esgeulustod, llanastr, cybolfa *trefn*

annibyniaeth *(enw)* ymreolaeth, hunanlywodraeth, ymlywodraeth *dibyniaeth*

anniddan *(ans.)* anhapus, anfoddog, anfodlon, prudd, penisel, digalon, trist *diddan*

anniddig *(ans.)* blin, croes, piwis *bodlon*

anniddigrwydd *(enw)* blinder, anesmwythyd, anfoddogrwydd *bodlonrwydd*

anniddorol *(ans.)* annifyr, anniddanus, annifyrrus, di-fflach, di-ffrwt *diddorol*

annidwyll *(ans.)* anniffuant, anonest, twyllodrus, bradwrus *didwyll*

annigonol *(ans.)* anfoddhaol, anniwall, diffygiol *digonol*

anniogel *(ans.)* ansicr, an-saff, peryglus, annibynadwy *diogel*

annirnad *(ans.)* annealladwy, cymhleth, anodd, aneglur, astrus *dealladwy*

annisgwyl *(ans.)* sydyn, dirybudd, disymwth *disgwyliedig*

anniwall *(ans.)* annigonol, diwala *digonol*

annoeth *(ans.)* angall, ynfyd, gwirion, ffôl, penwan, disynnwyr *doeth*

annog *(brf.)* cymell, calonogi, perswadio, annos, argymell, cyffroi, denu *anghymell*

annormal *(ans.)* ansafonol, anarferol, o chwith *normal*

annos *(brf.)* annog, hysio, gyrru, hela, cymell, cyffroi

annosbarth 1. *(enw)* anhrefn, cyffro, terfysg, annibendod, tryblith, dryswch, llanastr **trefn** 2. *(ans.)* aflywodraethus, annosbarthus, afreolus, gwyllt, anwar, terfysglyd **disgybledig**

annuwiol *(ans.)* di-dduw, digrefydd, anghrefyddol, anffyddiol, paganaidd **duwiol**

annuwioldeb *(enw)* annuwiaeth, anffyddiaeth **duwioldeb**

annw(f)n *(enw)* afagddu, uffern, tywyllwch, isfyd **nef**

annwyd *(enw)* 1. *(gwr.)* anhwyldeb 2. *(ben.)* natur, anianawd, anian

annwyl *(ans.)* cu, caruaidd, hoff, serchog, cariadus, hawddgar, dymunol **atgas**

annymunol *(ans.)* amhleserus, anhyfryd, cas, atgas, annewisol **dymunol**

annynol *(ans.)* bwystfilaidd, ciaidd, brwnt, aflan; didrugaredd, creulon, didostur **dynol, trugarog**

annysgedig *(ans.)* di-ddysg, anghoeth, anniwylliedig, di-ddiwylliant, anwybodus **dysgedig**

anobaith *(enw)* digalondid, diffyg hyder/gobaith **gobaith**

anobeithio *(brf.)* digalonni, gwangalonni, colli ffydd **gobeithio**

anobeithiol *(ans.)* digalon, anhyderus, diobaith **gobeithiol**

anochel *(ans.)* anhepgor, sicr, anorfod, anocheladwy, anesgor; anorchfygol **ansicr**

anodd *(ans.)* afrwydd, caled **hawdd, rhwydd**

anogaeth *(enw)* symbyliad, calondid, cymhelliad, ysgogiad, ysbrydoliaeth **anghymhelliad**

anonest *(ans.)* annibynadwy, twyllodrus, bradwrus, anghyfiawn, anfoneddigaidd, â dwylo blewog **gonest**

anonestrwydd *(enw)* twyll, hoced, anfoneddigeidd-dra **gonestrwydd**

anorchfygol *(ans.)* anorfod, di-drech **archolladwy**

anorfod *(ans.)* 1. anesgor, anocheladwy, sicr **ansicr** 2. anorchfygol , diguro

anorffenedig *(ans.)* anghyflawn, diorffen, amherffaith **gorffenedig**

anrhaith *(enw)* ysbail, lladrad, ysglyfaeth, cyfoeth; distryw

anrheg *(enw)* rhodd, cyflwyniad, gwobr, calennig

anrhegu *(brf.)* rhoi, gwobrwyo, cyflwyno **dwyn**

anrheithio *(brf.)* ysbeilio, lladrata, dwyn, ysglyfaethu; difetha, difrodi

anrheithiwr *(enw)* ysbeiliwr, lleidr

anrhydedd *(enw)* clod, bri, parch, urddas, moliant, canmoliaeth; enwogrwydd **amarch**

anrhydeddu *(brf.)* parchu, clodfori, moli, canmol, dyrchafu **amharchu, sarhau**

anrhydeddus *(ans.)* mygedol, parchus, o fri, clodfawr, gwiw, urddasol **amharchus**

ansad *(ans.)* ansicr, simsan, gwamal, anwadal, di-ddal, ansefydlog **sefydlog**

ansadrwydd *(enw)* gwamalrwydd, ansefydlogrwydd, anwadalwch **sefydlogrwydd**

ansathredig *(ans.)* 1. didramwy, anhygyrch, anghysbell 2. anghyffredin, anarferol **cyffredin**

ansawdd *(enw)* natur, anian, cyflwr, rhinwedd, cynneddf, dull

ansawrus *(ardd.)* drycsawrus, drewllyd, amhleserus, afiach *persawrus*

ansefydlog *(ans.)* gwamal, ansicr, ansad, anwadal, simsan, bregus *sefydlog*

ansicr *(ans.)* amheus, petrus, ansiŵr, amhendant *sicr*

ansicrwydd *(enw)* petruster, amheuaeth *sicrwydd*

ansoffistigedig *(ans.)* anghoeth, anniwylliedig, diddiwylliant, di-ddysg; diniwed, anwybodus, syml *soffistigedig, diwylliedig*

anterth *(enw)* uchafbwynt, eithaf *isafbwynt*

antur *(enw)* anturiaeth, mentr, beiddgarwch, profedigaeth, hap ac anap

anturiaethus *(ans.)* anturus, beiddgar, mentrus *difentro, dihyder*

anturio *(brf.)* mentro, beiddio, herio, ymgynnig, cynnig, ymgeisio

anudon *(enw)* celwydd, anwiredd, anudoniaeth *gwirionedd*

anufudd *(ans.)* anystywallt, ystyfnig, penstiff, pengaled *ufudd*

anufuddhau *(brf.)* herio, ystyfnigo *ufuddhau*

anunion *(ans.)* cam, crwca *union, syth*

anuniongyrchol *(ans.)* cwmpasog; amleiriog, hirwyntog *uniongyrchol*

anurddo *(brf.)* sbwylio, difwyno, andwyo, anharddu *harddu*

anwadal *(ans.)* gwamal, simsan, bregus; di-ddal, chwit-chwat, oriog, cyfnewidiol *sefydlog, dibynadwy*

anwadalu *(brf.)* gwamalu, petruso *sefydlogi*

anwadalwch *(enw)* ansefydlogrwydd, gwamalrwydd, ansadrwydd *sefydlogrwydd*

anwar *(ans.)* anwaraidd, barbaraidd, gwyllt, anfwyn, anfoesgar,
anfoneddigaidd, di-ddiwylliant *diwylliedig*

anwariaid *(enw lluos.)* barbariaid, canibaliaid, gwylliaid

anwastad *(ans.)* 1. garw 2. ansefydlog, gwamal *gwastad*

anwedd *(enw)* tawch, ager, stêm, cyddwysiad

anweddu *(brf.)* ymageru, troi'n stêm

anweddus *(ans.)* anweddaidd, gwrthun, aflednais, amhriodol, di-foes *gweddus*

anwel *(ans.)* anweledig, anweladwy, anamlwg, aneglur *gweladwy*

anwes *(enw)* maldod, anwyldeb, mwythau *(lluos.)*

anwesu *(brf.)* anwylo, maldodi, tolach, mwytho, mynwesu, coleddu, cofleidio

anwir *(ans.)* celwyddog, gau, ffals, twyllodrus *gwir*

anwiredd *(enw)* ffalster, celwydd, twyll *gwirionedd*

anwr *(enw)* adyn, dihiryn; llwfrgi *arwr*

anwybodus *(ans.)* di-ddysg, annysgedig, anniwylliedig, anghoeth, diwybod, diwybodaeth *gwybodus*

anwybyddu *(brf.)* esgeuluso, dibrisio, diystyru, gwadu *ystyried*

anwydog *(ans.)* anhwylus; oer, oerllyd, fferllyd, rhynllyd, dan annwyd *cynnes*

anwyliadwrus *(ans.)* anofalus, diofal, esgeulus, anochelgar *gwyliadwrus*

anwyliaid *(enw lluos.)* cyfnesiaid, carennydd, ceraint, cyfeillion, cymdeithion, cydnabyddion

anwylo *(brf.)* anwesu, maldodi, tolach, coleddu, mynwesu, cofleidio, mwytho

anwylyd *(enw)* cariad, cyfaill, cariadfab/cariadferch *casddyn*

anynad *(ans.)* piwis, sarrug, croes, blin, afrywiog, cecrus, cynhennus *bodlon*

anystwyth *(ans.)* anhyblyg, syth, caled, di-ildio; ystyfnig, penstiff *ystwyth*

anystyriol *(ans.)* difeddwl, di-hid, didaro *ystyriol, meddylgar*

anystywallt *(ans.)* gwyllt, anhydrin, afreolus, anhywaith, annosbarthus *disgybledig*

apêl *(enw)* ple, ymbil, erfyniad, gofyniad

apelio *(brf.)* gofyn, ymofyn, erfyn, pledio, ymbil, crefu

ar *(ardd.)* uwchben, ar uchaf, ar warthaf, ar ben, acha, goruwch, uwchlaw *o dan*

arab *(ans.)* ffraeth, digrif, doniol, llawen, llon, ysmala, cellweirus *swrth, sarrug*

arabedd *(enw)* ffraethineb, hiwmor, ysmaldod, digrifwch, donioldeb *prudd-der*

araf *(ans.)* pwyllog, hamddenol, hwyrfrydig, araf deg, linc-di-lonc *cyflym, buan*

arafu *(brf.)* pwyllo, hamddena, cymedroli, llusgo traed *cyflymu*

arafwch *(enw)* pwyll, cymedroldeb, hwyrfrydigrwydd *cyflymdra, buanedd*

araith *(enw)* anerchiad, ymadrodd, lleferydd, sgwrs

araul *(ans.)* heulog, teg, disglair, gloyw, golau, hyfryd, tesog *diflas*

arbed *(brf.)* achub, cynilo, gwaredu, cadw, safio, sbario *afradu*

arbenigrwydd *(enw)* nodwedd; rhagoriaeth, godidowgrwydd, goruchafiaeth *dinodedd*

arbennig *(ans.)* neilltuol, anghyffredin, rhagorol *cyffredin*

arbrawf *(enw)* prawf, cynnig, ymgais, ymdrech

arbrofi *(brf.)* profi, arloesi

arch 1. *(enw)* deisyfiad, cais, erfyniad, dymuniad *(lluos. - eirchion)*; cist, coffr, coffin *(lluos. - eirch)* 2. *(rhag.)* carn-, drwg, ysgeler, gwaethaf; uchaf, pennaf, prif

archeb *(enw)* gorchymyn, ordor

archebu *(brf.)* gorchymyn, ordro, erchi, ceisio

archifau *(enw lluos.)* cofnodion, croniclau

archifdy *(enw)* creirfa, cywreinfa, amgueddfa

archoll *(enw)* clwyf, briw, anaf, dolur, gweli, toriad, cwt

archolli *(brf.)* anafu, clwyfo, brifo, gwanu, niweidio

archwaeth *(enw)* blas, chwant, awydd, blys, chwaeth

archwaethu *(brf.)* blasu, blysio, chwantu, chwannog, chwennych

archwilio *(brf.)* profi, chwilio, ystyried

ardal *(enw)* bro, rhanbarth, talaith, parth, rhandir, cymdogaeth, dosbarth

ardystio *(brf.)* tystiolaethu, profi, gwirio

arddangosfa *(enw)* sioe, siew

arddel *(brf.)* cydnabod, hawlio, honni, addef, cyfaddef; cymeradwyo, defnyddio *diarddel*

arddeliad *(enw)* argyhoeddiad, hyder, cydnabyddiaeth, sicrwydd, eneiniad *anhyder*

ardderchog *(ans.)* rhagorol, bendigedig, gwych, godidog, campus, ysblennydd, dan gamp *diddrwg-didda*

arddull *(enw)* ieithwedd, dull, modd, ffordd, steil

ardduniant *(enw)* urddas, arucheledd, mawredd, harddwch *gwaeledd*

arddunol *(ans.)* godidog, aruchel, mawreddog, dyrchafedig, hardd, urddasol *gwael*

arddwr *(enw)* ffermiwr, hwsmon, amaethwr, aradrwr

aredig *(brf.)* arddu, arddyd, troi/ymhoelyd y tir

areithio *(brf.)* traethu, llefaru, darlithio, pregethu

areithiwr *(enw)* llefarwr, rhethregwr, ymadroddwr; pregethwr; darlithydd

arf *(enw)* offeryn, teclyn, twlsyn

arfaeth *(enw)* bwriad, nod, cynllun, amcan, pwrpas

arfaethedig *(ans.)* bwriedig, a gynigir *anfwriadol*

arfaethu *(brf.)* bwriadu, amcanu, pwrpasu, cynllunio, arofun

arfer 1. *(enw)* defod, arferiad, moes, tuedd, defnydd 2. *(brf.)* defnyddio, manteisio ar, ymarfer, cyfarwyddo, cynefino *hepgor*

arferol *(ans.)* cyffredin, cynefin *anarferol, eithriadol*

argae *(enw)* clawdd, cored, cronfur, morglawdd, dyfrglawdd

arglwydd *(enw)* pendefig, meistr, llywodraethwr; iarll, dug, ardalydd, barwn

arglwyddaidd *(ans.)* urddasol, pendefigaidd, bonheddig *diurddas*

arglwyddes *(enw)* pendefiges, meistres, bonesig; iarlles, ardalyddes, duges, barwnes

arglwyddiaeth *(enw)* awdurdod, llywodraeth; ystad

arglwyddiaethu *(brf.)* rheoli, tra-awdurdodi, llywodraethu

argoel *(enw)* arwydd, awgrym, rhagarwydd, nod

argoeli *(brf.)* arwyddo, awgrymu, rhagarwyddo, darogan, rhagfynegi, rhag-ddweud

argraff *(enw)* nod, ôl, delw, argraffnod

argraffiadol *(ans.)* trawiadol, gafaelgar *symol*

argyfwng *(enw)* creisis, cyfyngder

argyfyngol *(ans.)* peryglus, tyngedfennol

argyhoeddi *(brf.)* darbwyllo, perswadio, gwrthbrofi; ceryddu *anghymell*

argyhoeddiad *(enw)* cred, darbwylliad, barn, safbwynt, perswâd *anhyder, petruster*

argymell *(brf.)* cymell, annog, cynnig, cymeradwyo, annog, calonogi *anghymell*

argymhelliad *(enw)* cymhelliad, anogaeth

arholi *(brf.)* archwilio, holi, stilio, profi

arholiad *(enw)* prawf, ymholiad

arholwr *(enw)* chwiliwr, archwilwr, profwr, holwr, stiliwr

arhosfa *(enw)* gorffwysfa, trigfa, man aros

arhosiad *(enw)* oediad, trigiad, preswyliad *ymadawiad*

arhosol *(ans.)* parhaol, parhaus, sefydlog *diflanedig, dros dro*

arian *(enw)* cyllid, cyfalaf, pres

ariangar *(ans.)* cybyddlyd, crintach, clòs *hael*

ariangarwch *(enw)* cybydd-dod, crintachrwydd *haelioni*

ariannog *(ans.)* cefnog, cyfoethog, goludog, abl *tlawd, llwm*

arlunydd *(enw)* peintiwr, artist

arlwy *(enw)* 1. darpariaeth, paratoad 2. gwledd

arlwyo *(brf.)* darparu, trefnu, paratoi

arlliw *(enw)* blas, lliw, argoel, ôl, eiliw, gwawr

arllwys *(brf.)* tywallt, diwel

arobryn *(ans.)* teilwng, haeddiannol *annheilwng*

arofun 1. *(enw)* arofuned, bwriad, arfaeth, amcan, pwrpas, cynllun 2.

(brf.) bwriadu, arfaethu, amcanu, golygu, anelu, meddwl

aroglau *(enw lluos.)* arogl, persawr, sawr, perarogl

arogleuo *(brf.)* gwyntio, clywed, sawru

arolwg *(enw)* ardrem, archwiliad

arolygu *(brf.)* archwilio, goruchwylio, profi

arolygydd *(enw)* 1. archwiliwr 2. goruchwyliwr

aros *(brf.)* sefyll, oedi, trigo, preswylio, disgwyl *gadael*

arswyd *(enw)* dychryn, ofn, braw

arswydo *(brf.)* dychryn, brawychu, ofni

arswydus *(ans.)* dychrynllyd, ofnadwy, brawychus, erchyll, echryslon, echrydus

artaith *(enw)* poen, dirboen

arteithio *(brf.)* poenydio, dirboeni

artiffisial *(ans.)* annaturiol, celfyddydol, o law dyn *naturiol*

aruchel *(ans.)* arddunol, mawreddog, godidog, dyrchafedig, bendigedig *bas, gwael*

aruthr *(ans.)* aruthrol, rhyfeddol, syn, anferth, dirfawr, enfawr, difesur *pitw*

arwahanrwydd *(enw)* unigrwydd; arbenigrwydd *dinodedd, distadledd*

arwain *(brf.)* tywys, blaenori, cyfarwyddo *dilyn, canlyn*

arweiniad *(enw)* cyfarwyddyd, blaenoriaeth, hyfforddiant, tywysiad; rhagymadrodd; esiampl

arweinydd *(enw)* tywysydd, blaenor, hyfforddwr, cyfarwyddwr *dilynwr*

arwerthiant *(enw)* gwerthiant, arwerthiad, ocsiwn, sêl; marchnad, mart

arwisgo *(brf.)* urddo, dilladu, gwisgo, addurno, urddwisgo

arwriaeth *(enw)* dewrder, gwroldeb,

gwroniaeth, beiddgarwch, ehofndra, glewdra *llwfrdra, gwangalondid*

arwrol *(ans.)* dewr, gwrol; epig, hanesiol *llwfr, gwangalon*

arwydd *(enw)* nod, argoel, amnaid, awgrym; mynegbost

arwyddlun *(enw)* symbol, arwydd, emblem

arwyddnod *(enw)* marc, nod, llofnodiad

arwyddo *(brf.)* amneidio, dynodi, nodi, awgrymu, symboleiddio; llofnodi

arwyddocâd *(enw)* ystyr, meddwl, pwysigrwydd *dinodedd, distadledd*

arwyddocaol *(ans.)* pwysig, o bwys, sylweddol *di-nod, dibwys*

arwyddocáu *(brf.)* 1. mynegi, amneidio 2. cyfleu, dynodi, golygu, meddwl

arwyl *(enw)* angladd, cynhebrwng, claddedigaeth

arwynebedd *(enw)* wyneb, arwyneb, rhan allanol

arwynebol *(ans.)* bas; disylwedd *dwfn*

asbri *(enw)* hwyl, nwyf, bywiogrwydd, hoen, ysbryd, sbri, bywyd *marweidd-dra*

asesu *(brf.)* pwyso a mesur, arfarnu, gwerthuso, prisio

asgellog *(ans.)* adeiniog, hedegog

(a)sglodyn *(enw)* darn, pric, dellt

asio *(brf.)* cydio, cyfannu, ieuo, cysylltu, uno, soldro *datgysylltu, dadwneud*

astell *(enw)* ystyllen, dellten, planc; silff

astrus *(ans.)* anodd, cymhleth, dyrys, aneglur, amwys *syml, clir*

astud *(ans.)* gofalus, ystyriol, myfyrgar, diwyd, dyfal, prysur, diflin *diofal, dihidio*

astudiaeth *(enw)* myfyrdod, efrydiaeth, sylw, ymchwil

astudio *(brf.)* myfyrio, efrydu, meddwl, dysgu *diystyru, esgeuluso*

asyn *(enw)* mul, mwlsyn, mulsyn

asynnaidd *(ans.)* mulaidd, twp; ystyfnig

at *(ardd.)* i, hyd at, nes, i gyfeiriad, tua, hyd nes, hyd, tan *o*

atal *(brf.)* lluddias, llesteirio, rhwystro, gwahardd, cadw'n ôl *gadael*

atalfa *(enw)* ataliad, ataliaeth, rhwystr, llestair, gwaharddiad

ateb 1. *(enw)* atebiad, gwrtheb; datrysiad, dehongliad, esboniad 2. *(brf.)* rhoi ateb, dweud yn ôl; bodloni *tewi, anwybyddu*

atebol *(ans.)* cyfrifol, dibynadwy *anatebol*

atebolrwydd *(enw)* cyfrifoldeb, dibynadwyedd *anatebolrwydd*

ateg *(enw)* post, cynhalbren, gwanas; cynhaliaeth, cymorth, cefnogaeth

ategu *(brf.)* cynnal, cefnogi, dal i fyny, cadarnhau, cydsynio *tanseilio*

atgas *(ans.)* cas, ffiaidd, gwrthun, annymunol, mochaidd, ciaidd *dymunol, hyfryd*

atgasedd *(enw)* atgasrwydd, cas, casineb, gwrthuni, ffieidd-dra, digasedd *hyfrydwch, hynawsedd*

atglafychu *(brf.)* gwaethygu, dirywio *gwella, ymadfer*

atgof *(enw)* cof, coffa *angof*

atgofio *(brf.)* cofio, atgoffa, dwyn/galw i gof, coffáu, atgoffáu *anghofio*

atgyfnerthu *(brf.)* cryfhau, cadarnhau, cefnogi; ymfywiogi *gwanhau, gwanychu*

atgyfodi *(brf.)* 1. ailgodi 2. adfer, adfywio, dadebru

atgyfodiad *(enw)* adferiad, adfywiad,

ailgyfodiad, ymadfywiad

atgynhyrchu *(brf.)* ailgynhyrchu, ailgreu, ail-lunio *difetha, dinistrio*

atgyweirio *(brf.)* trwsio, cywiro, cyweirio, unioni, ail-wneud *torri*

atodi *(brf.)* ychwanegu, cyplysu, ôl-ddodi

atodiad *(enw)* ychwanegiad, atodlen

atolygu *(brf.)* deisyf, erfyn, ymbil, crefu, ymhŵedd

atsain *(enw)* adlais, eco, datsain, adlef, ailadroddiad

atseinio *(brf.)* adleisio, ailadrodd, diasbedain, datsain, adlefain

atyniad *(enw)* tynfa, swyn, atynfa *gwrthnysedd*

atyniadol *(ans.)* deniadol, swynol, hudol, atynnol, magnetig di-apêl

atynnu *(brf.)* denu, swyno, hudo, tynnu *diflasu*

athrawes *(enw)* ysgolfeistres, addysgwraig, hyfforddwraig

athrawiaeth *(enw)* dysgeidiaeth, credo, pwnc, hyfforddiant

athrawiaethu *(brf.)* dysgu, addysgu, cyfarwyddo, hyfforddi

athro *(enw)* hyfforddwr, ysgol-feistr, addysgwr, dysgedydd *disgybl*

athrod *(enw)* enllib, sen, sarhad, anair, anghlod, drygair, cabl *clod, canmoliaeth*

athrodi *(brf.)* enllibio, sarhau, bwrw sen *moli, clodfori*

athrodwr *(enw)* enllibiwr, cablwr, ymosodwr *amddiffynnydd*

athrofa *(enw)* coleg, prifysgol, academi, ysgol

athronyddu *(brf.)* damcaniaethu, meddwl, synied, tybied

athrylith *(enw)* talent, medr, gallu, cywreinrwydd

athrylithgar *(ans.)* talentog, dawnus, dysgedig, disglair *didalent,* *dieneiniad*

awch *(enw)* 1. min, miniogrwydd, llymder *pylni* 2. eiddgarwch, sêl, awydd, angerdd *syrthni*

awchus *(ans.)* 1. miniog, siarp, llym *pŵl, di-fin* 2. eiddgar, selog, angerddol, awyddus *swrth*

awdur *(enw)* llenor, ysgrifennwr, gŵr llên, creawdwr *(ben. - awdures)*

awdurdod *(enw)* gallu, grym, pŵer; cyfrifoldeb, atebolrwydd; corff, sefydliad

awdurdodi *(brf.)* caniatáu, cyfreithloni, rhoi hawl *gomedd, gwrthod*

awdurdodol *(ans.)* swyddogol, dilys; llym *llac*

awel *(enw)* chwa, gwynt, brisyn

awen *(enw)* 1. afwyn, llinyn ffrwyn 2. athrylith, ysbrydoliaeth, dawn, talent

awenydd *(enw)* bardd, prydydd,

rhigymwr

awenyddiaeth *(enw)* barddoniaeth, prydyddiaeth

awenyddu *(brf.)* rhigymu, barddoni, prydyddu

awgrym *(enw)* awgrymiad, crybwylliad, arwydd, hint

awgrymu *(brf.)* lledfynegi, crybwyll, cyfleu, dynodi

awtomatig *(ans.)* hunanysgogol, ymysgogol, ymsymudol; robotaidd; peiriannol, prennaidd

awydd *(enw)* dymuniad, dyhead, chwant, chwenychiad

awyddus *(ans.)* awchus, chwannog, eiddgar, gwancus, selog *amharod, anfodlon*

awyr *(enw)* wybr, wybren, ffurfafen, nen, aer *daear*

awyrgylch *(enw)* aer, awyr; naws, teimlad, hinsawdd

b

baban *(enw)* plentyn, maban, babi *henwr*

babanaidd *(ans.)* plentynnaidd, anaeddfed *aeddfed*

babandod *(enw)* 1. plentyndod, mabandod, mebyd, maboed *aeddfedrwydd* 2. dechreuad

bach 1. *(enw)* bachyn, colyn; cilfach, tro, congl 2. *(ans.)* pitw, mân, bychan; annwyl, hoff, cu *mawr*

bachgen *(enw)* llanc, llencyn, hogyn, crwt, crwtyn, mab, gwas *dyn; merch*

bachgendod *(enw)* mebyd, bore oes, plentyndod, ieuenctid, llencyndod *aeddfedrwydd*

bachgennyn *(enw)* crwt, crwtyn, llanc, llencyn, hogyn *dyn; hogen, croten*

bachog *(ans.)* gafaelgar, treiddgar, trawiadol *di-fflach*

bachu *(brf.)* 1. gafael/cydio yn, sicrhau, bachellu, dal *gollwng* 2. camu, llechu

bad *(enw)* cwch, ysgraff; cwrwgl, rafft, iot, canŵ; llong

badwr *(enw)* cychwr, rhwyfwr

baddon *(enw)* ymdrochle, bath, ymolchfa; cawod

bae *(enw)* 1. cilfach fôr, braich fôr, geneufor, culfor, angorfa, moryd, morgainc 2. llawryf

baeddu *(brf.)* 1. curo, maeddu, trechu, gorchfygu, goresgyn, taro, bwrw 2. difwyno, llygru, llychwino, sbwylio, anharddu, difetha, andwyo *harddu*

bag *(enw)* cwd, ysgrepan, cod, sach, ffetan, cwdyn, pwrs

bagad *(enw)* 1. grŵp, lliaws, torf, nifer 2. clwstwr, sypyn 3. haid

bagl *(enw)* 1. ffon gnwpa, bugeilffon

2. coes, hegl

baglu *(brf.)* 1. baglan, llithro, cwympo, syrthio 2. rhedeg i ffwrdd, heglu, diflannu, ffoi

bai *(enw)* 1. diffyg, nam, camgymeriad, amryfusedd, ffaeledd 2. drygioni, trosedd *perffeithrwydd*

baich *(enw)* 1. llwyth, pwn, cargo, pwysau *(lluos.)* 2. byrdwn, prif fater

balch *(ans.)* trahaus, ffroenuchel, chwyddedig, ymffrostgar, bostfawr; llawen, bodlon

balchder (enw) ymffrost, rhyfyg, rhodres, trahauster, balchedd; urddas, gwychder *cywilydd*

baldordd *(enw)* cleber, lol, dadwrdd, mân-siarad, siaradach, rwdl, rwtsh

baldorddi *(brf.)* siarad lol, clebran, dwli, dadwrdd, preblan, brygawthan, clecian *pwyllo*

balm *(enw)* eli, ennaint

balmaidd *(ans.)* tyner, lliniarus, iachusol

ban 1. *(enw)* crib, copa, uchelder; cornel, congl, rhan, parth *gwaelod, godre* 2. *(ans.)* uchel, tal; swnllyd, llafar *isel; tawel*

banc *(enw)* 1. ariandy 2. codiad tir, bryn, bryncyn, ponc, twyn, twmpath *gwastadedd*

band *(enw)* 1. seindorf 2. rhwymyn

baner *(enw)* fflag, lluman, penwn

banllef *(enw)* bonllef, gwaedd, bloedd, ysgrech, crochlef

bar *(enw)* 1. bollt, trosol 2. cownter 3. tafarn, tŷ tafarn, tafarndy, dioty

bâr *(enw)* 1. dicter, dicllonedd, llid, cynddaredd, ffyrnigrwydd *bodlonrwydd* 2. chwant, trachwant, blys, gwanc, hunanoldeb *anhunanoldeb*

barbaraidd *(ans.)* anwar, diddiwylliant, gwyllt, afreolus, aflywodraethus, cyntefig *gwâr*

barbareiddiwch *(enw)* cyntefigrwydd, gwylltineb, ffyrnigrwydd, afreoleidd-dra *gwareiddiad*

barclod *(enw)* ffedog, brat, piner

bardd *(enw)* prydydd, awenydd, rhigymwr, baledwr

barddoniaeth *(enw)* prydyddiaeth, awenyddiaeth *rhyddiaith*

barddoni *(brf.)* prydyddu, awenyddu, rhigymu

barddonol *(ans.)* barddol, prydyddol, telynegol; tyner, dychmygus *rhyddieithol*

bargeinio *(brf.)* bargenna, marchnata, delio, cytuno

bargod *(enw)* bondo, godre; ymyl, ffin, goror

barn *(enw)* safbwynt, tyb, meddwl, dedfryd, dyfarniad, daliad, cred

barnu *(brf.)* ystyried, dedfrydu, penderfynu, beirniadu

barnwr *(enw)* ynad, ustus, brawdwr; beirniad

barrug *(enw)* llwydrew, crwybr, arien, llorrew

barus *(ans.)* 1. gwancus, trachwantus, rheibus, blysig, bolrwth *hael* 2. dicllon, llidiog *bodlon*

bas 1. *(enw)* llais isel; sylfaen; llewyg *soprano* 2. *(ans.)* arwynebol; diwerth, gwael *dwfn*

bath 1. *(enw)* baddon; math, gradd, dosbarth, categori, rhywogaeth 2. *(ans.)* bathedig

bathu *(brf.)* llunio, ffurfio, argraffu

baw *(enw)* tom, budreddi, aflendid, bryntni, llaid, llaca, carthion *glendid, glanweithdra*

bawaidd *(ans.)* bawlyd, brwnt, budr, aflan, gwael, isel, ffiaidd *glân*

becso *(brf.)* pryderu, gofidio, poeni, blino, bod ar bigau'r drain

bedyddfaen *(enw)* ffons, ffynnon

bedd *(enw)* beddrod, beddgell, claddgell, gweryd

beichio *(brf.)* 1. llwytho, pynio *dadlwytho* 2. brefu, bygylad 3. igian, wylo, llefain, crio *chwerthin*

beichus *(ans.)* llethol, gormesol, gorthrymus, gwasgedig *ysgafn*

beiddgar *(ans.)* eofn, hy, haerllug, digywilydd, di-ofn, rhyfygus *ofnus*

beiddgarwch *(enw)* dewrder, rhyfyg, hyfdra, haerllugrwydd, ehofnder/ ehofndra *ofnusrwydd, swildod*

beiddio *(brf.)* herio, mentro, anturio, meiddio, rhyfygu *ofni*

beili *(enw)* 1. *(lluos. - beilïaid)* goruchwyliwr, hwsmon 2. *(lluos. - beilïau)* buarth, clos, iard, cwrt

beio *(brf.)* cyhuddo, ceryddu

beirniad *(enw)* barnwr, aseswr

beirniadaeth *(enw)* dyfarniad, barn, asesiad

beirniadu *(brf.)* 1. gweld/cael bai, beio, lladd ar 2. dyfarnu, asesu, pwyso a mesur, barnu, gwerthuso

beius *(ans.)* diffygiol, ar fai, i'w feio, camweddus *di-fai, perffaith*

bellach *(adf.)* erbyn hyn, mwyach, o hyn allan, yn awr, eto

bendigedig *(ans.)* bendigaid, sanctaidd, gwynfydedig; gwych, rhagorol, campus, ardderchog *melltigedig*

bendith *(enw)* mawl, diolch, ffafr *melltith*

bendithio *(brf.)* bendigo, cysegru, diolch; clodfori, moliannu, moli *melltithio*

benthyca *(brf.)* benthycio, rhoi

echwyn/benthyg, echwynna, cael benthyg

benthyg 1. *(enw)* benthyciad, echwyn 2. *(ans.)* benthyciol, ar fenthyg

benyw 1. *(enw)* menyw, gwraig, merch 2. *(ans.)* benywaidd *gwryw*

bera *(enw)* tas, mwdwl, helm, crug, pentwr

berfa *(enw)* whilber, carthglwyd, derfa

berw 1. *(enw)* bwrlwm, cynnwrf, terfysg, cythrwfl *llonyddwch* 2. *(ans.)* berwedig; cythryblus *llonydd*

berwi *(brf.)* coginio; byrlymu; ffyrnigo, mudlosgi *ymdawelu*

betws *(enw)* capel, tŷ gweddi, cafell gweddi, tŷ cwrdd

beudy *(enw)* glowty, tŷ gwartheg, côr

beunydd *(adf.)* beunyddiol, parhaus, beunydd beunos, o ddydd i ddydd, yn ddi-baid, dyddiol, bob amser, yn gyson, o hyd (ac o hyd), byth a hefyd, byth a beunydd, yn wastad, gwastadol, bob tro, bob gafael, bob cynnig

bilidowcar *(enw)* mulfran, morfran, Wil wal waliog

blaen 1. *(enw)* pwynt, pen main, pig, copa; arweiniad; ffin, goror *godre, gwaelod* 2. *(ans.)* cyntaf, arweiniol, blaenllaw, amlycaf *olaf*

blaenllaw *(ans.)* amlwg, enwog, pwysig; parod; beiddgar; blaenorol *di-sylw, di-nod*

blaenor *(enw)* 1. arweinydd, pennaeth, penadur 2. diacon, henadur

blaenori *(brf.)* blaenu, tywys, arwain, rhagflaenu, bod ar y blaen; rhagori *dilyn, canlyn*

blaenoriaeth *(enw)* arweiniad, tywysiad; rhagoriaeth, amlygrwydd; diaconiaeth

blaenorol *(ans.)* rhagflaenol, cynt; pennaf, prif *nesaf*

blagur *(enw)* egin, impyn, imp, ysbrigyn

blaguro *(brf.)* egino, blaendarddu, glasu, blodeuo, tyfu, datblygu

blanced *(enw)* gwrthban, cwrpan, brecan, gorchudd, carthen, siten

blas *(enw)* chwaeth, archwaeth, sawr; awch, mwyniant, pleser, mwynhad *anfodlonrwydd*

blasu *(brf.)* profi, chwaethu, archwaethu, sawru; mwynhau, hoffi *casáu*

blasus *(ans.)* chwaethus, archwaethus, dymunol, hyfryd, amheuthun *annymunol*

blawd *(enw)* can, fflŵr

blêr *(ans.)* aflêr, anniben, di-drefn, esgeulus, anhrefnus, anghymen, blith draphlith *taclus, destlus*

blerwch *(enw)* aflerwch, annibendod, anhrefn, llanastr, esgeulustod, dryswch, traed moch, tryblith *destlusrwydd, taclusrwydd, cymhendod*

blingo *(brf.)* croeni, digroeni, tynnu croen

blin *(ans.)* 1. lluddedig, blinedig, blinderus, blinderog 2. croes, anynad, gofidus *bodlon, hapus*

blinder *(enw)* 1. lludded 2. gofid, helbul, trallod *bodlondeb, hapusrwydd*

blino *(brf.)* 1. lluddedu, diffygio 2. gofidio, poeni, trallodi, trafferthu, peri blinder *bodloni*

blocio *(brf.)* creu bloc, rhwystro, atal

blodeuo *(brf.)* blaguro, egino; llewyrchu, ffynnu *methu*

bloedd *(enw)* gwaedd, ysgrech, llef, bonllef, crochlef, dolef, cri

bloeddio *(brf.)* gweiddi, dolefain, crochlefain, ysgrechian *tewi*

bloesg *(ans.)* aneglur, anghroyw,

anhyglyw, anghlir, myngus *croyw, clir*

bloneg *(enw)* blonegen, braster, gwêr, saim

blonegog *(ans.)* tew, bras, blonegaidd *tenau, main*

blot *(enw)* ysmotyn, anaf, mefl, blotyn

blwch *(enw)* bocs, cist, cas, llestr, coffr, cynhwysydd

blwng *(ans.)* sarrug, swrth, anfoesgar, gwgus, di-wên, dihiwmor *siriol*

blys *(enw)* chwant, trachwant, archwaeth, dyhead, dymuniad

blysio *(brf.)* dymuno, chwennych, dyheu am, deisyf, trachwantu, crefu

blysiog *(ans.)* blysig, blysgar, chwantus, trachwantus, chwannog, gwancus, hunanol *hael, anhunanol*

bocs *(enw)* blwch, cist, coffr, cas, llestr, cynhwysydd

boch *(enw)* grudd, cern, bochgern

bod 1. *(enw)* bodolaeth *marwolaeth* 2. *(brf.)* bodoli, byw *marw*

bodio *(brf.)* trafod, trin, cyffwrdd, ymyrryd, teimlo

bodlon *(ans.)* wrth ei fodd, ewyllysgar, hapus, boddhaus, parod, o wirfodd *anniddig, anfodlon*

bodlondeb *(enw)* bodlonrwydd, boddhad, bodlonedd, ewyllysgarwch *anfodlondeb*

bodloni *(brf.)* boddhau, rhyngu bodd; derbyn; ateb, diwallu

bodolaeth *(enw)* bywyd, hanfod *marwolaeth*

bodoli *(brf.)* bod, byw, goroesi *marw*

bodd *(enw)* ewyllys, caniatâd *anfodd*

boddhad *(enw)* bodlonrwydd, pleser, hyfrydwch, llawenydd *anhapurwydd*

boddhaol *(ans.)* dymunol, hyfryd, digonol, boddhaus *anfoddhaol*

boddhau *(brf.)* bodloni, rhyngu bodd, plesio, boddio *anfodloni*

boddi *(brf.)* gorlifo, suddo, soddi

boddio *(brf.)* boddhau, bodloni, rhyngu bodd, plesio *anfodloni*

boglwm *(enw)* boglyn, bogelyn, cnap, bwcl, addurn; bwrlwm; clwstwr

bol *(enw)* tor, cest, ystumog, cylla, bola

bolgar *(ans.)* trachwantus, gwancus, glwth *anhunanol*

bolheulo *(brf.)* torheulo, ymdorheulo

bolio (brf.) ymwthio, ymchwyddo; traflyncu

boliog *(ans.)* tew, cestog, corffol *tenau, main*

bolrwth *(ans.)* gwancus, barus, awchus, trachwantus, hunanol

bollt *(enw)* 1. bar 2. dart 3. taranfollt

bôn *(enw)* bonyn, cyff, boncyff, coes, troed, gwaelod *copa, brig*

bonclust *(enw)* ergyd, cernod, clewten, clowten, palfod

bonedd *(enw)* 1. urddas, mawredd, gwychder *taeogrwydd* 2. ach, hil, tylwyth, llinach, haniad

boneddigaidd *(ans.)* bonheddig, pendefigaidd, urddasol, nobl, haelfrydig, moesgar, tirion *anurddasol, taeogaidd, anghwrtais*

boneddigeiddrwydd *(enw)* lledneisrwydd, urddas; pendefigaeth *aflednesirwydd*

bonesig *(enw)* gwraig fonheddig, arglwyddes, pendefiges, boneddiges *cenawes*

bonheddwr *(enw)* gŵr bonheddig, pendefig, arglwydd *taeog, cnaf*

bonllef *(enw)* banllef, gwaedd, cri, ysgrech, bloedd, crochlef

bonws *(enw)* tâl, mantais, ychwanegiad *anfantais*

bonyn *(enw)* bôn, cyff, boncyff

bord *(enw)* 1. bwrdd 2. astell, borden

boreddydd *(enw)* gwawr, bore, cyfddydd, glas y dydd, toriad dydd, clais y dydd, gwawrddydd *cyfnos*

bost *(enw)* ymffrost, brol, bocsach

bostfawr *(ans.)* ymffrostgar, bocsachus *diymhongar, gwylaidd*

bostio *(brf.)* ymffrostio, bocsachu, brolio, brolian, bragio

both *(enw)* canol, craidd; bŵl

bowlio *(brf.)* taflu, lluchio

brad *(enw)* bradychiad, bradwriaeth, dichell, twyll, ffalster, anffyddlondeb, cyfrwystra *anrhydedd*

bradu *(brf.)* bradychu, twyllo; cynllwyn *cefnogi*

bradwr *(enw)* bradychwr, traetur, twyllwr *arwr*

bradwrus *(ans.)* twyllodrus, annibynadwy, bradwrol, bradwriaethol, bradwriaethus, bradychus, ffals *dibynadwy*

braen *(ans.)* pwdr, llwgr

braf *(ans.)* hyfryd, dymunol, teg, hardd, pleserus, gwych, coeth *annymunol*

braidd *(adf.)* prin, bron, ymron, agos, hytrach, o'r braidd; go, tra, gweddol, lled, pur, rhannol, cymedrol, symol, i (ryw) raddau

braint *(enw)* hawl, ffafr, anrhydedd, mantais, cymwynas, rhagorfraint *amarch*

bras *(ans.)* tew, ffrwythlon, mawr, braisg, toreithiog, seimllyd, cyffredinol *llwm*

braslun *(enw)* amlinell, sgets; blaengynllun

braslunio *(brf.)* amlinellu, sgetsio

brat *(enw)* cerpyn, rhecsyn, clwtyn, bretyn, llarp; arffedog, barclod

bratiog *(ans.)* carpiog, rhacsog, clytiog, llarpiog; carbwl

brath *(enw)* brathiad, cnoad, pigiad, gwaniad

brathog *(ans.)* trawiadol, gafaelgar,

deifiol, llym, miniog

brathu *(brf.)* cnoi, pigo, gwanu, trywanu

brau *(ans.)* eiddil, bregus, gwan, hyfriw *sicr, cadarn*

braw *(enw)* dychryn, arswyd, ofn

brawd *(enw)* 1. *(gwr., lluos. - brodyr)* cyd-blentyn; cyfaill *chwaer* 2. *(ben., lluos. - brodiau)* barn, penderfyniad

brawdol *(ans.)* caredig, ystyriol, amddiffynnol, cymwynasgar *angharedig, dihidio*

brawdoliaeth *(enw)* cymdeithas, cwmni

brawychu *(brf.)* arswydo, dychryn, dychrynu, gyrru ofn ar

brawychus *(ans.)* arswydus, ofnadwy, dychrynllyd, echrydus, echryslon

brech 1. *(enw)* blorynnau *(lluos.)*; chwistrelliad, brechiad; brechlyn 2. *(ans. ben.)* brych, brith

brechu *(brf.)* rhoi'r frech, chwistrellu

bregliach *(brf.)* preblan, clebran, baldorddi, boddran, brygawthan, clecian, bragaldian *pwyllo*

bregus *(ans.)* brau, eiddil, gwan, hyfriw, anniogel, annibynadwy *dibynadwy*

breinio *(brf.)* breintio, anrhydeddu; rhyddhau *difreinio*

brenhines *(enw)* teyrn, pennaeth, penadures, llywodraethwraig

brenhinol *(ans.)* urddasol, teyrnaidd *anurddasol, di-urddas*

brenin *(enw)* teyrn, pennaeth, penadur, llywodraethwr

brest *(enw)* dwyfron, bron, mynwes

bretyn *(enw)* clwtyn, rhecsyn, llarp, brat, cerpyn

breuder *(enw)* eiddilwch, gwendid, breuoldeb, breuolder; marwoldeb *cryfder, nerth*

breuddwyd *(enw)* gweledigaeth;

dyhead *hunllef*

breuddwydio (*brf.*) dychmygu, pensynnu, gwlana; dyheu am, ysu am

breuddwydiol (*ans.*) dychmygol, afreal *real*

brewlan (*brf.*) briwlan, gwlithlawio, bwrw glaw mân; ymryson; baldorddi

bri (*enw*) clod, enwogrwydd, enw da, anrhydedd, urddas *anfri*

bribsyn (*enw*) darn, tamaid, dryll

brifo (*brf.*) briwio, archolli, dolurio, poeni, clwyfo, niweidio, anafu

brig (*enw*) crib, copa, pen, top; cangen, brigyn *gwaelod, godre*

brigbori (*brf.*) blaenbori, blewynna

brigdocio (*brf.*) brigdorri, tocio, clipio, brigladd

brigo (*enw*) canghennu, egino; brigdorri; torri i'r wyneb

brigog (*ans.*) canghennog, ceinciog

brigyn (*enw*) imp, impyn, ysbrigyn, brig

brith (*ans.*) brych, amryliw, cymysg, anghyfliw; aneglur, llwyd

brithlaw (*enw*) gwlithlaw, glaw mân, ysmwclaw

britho (*brf.*) 1. ysmotio, brychu 2. gwynnu, llwydo

brithryw (*ans.*) cymysgryw, heterogenus, afryw

briw 1. (*enw*) clwyf, archoll cwt, gweli, dolur, clais, anaf, ysgiad 2. (*ans.*) briwedig, clwyfedig, archolledig, toredig, drylliog, drylliedig, chwilfriw; blin, tost, dolurus, poenus, anafus, gofidus

briwio (*brf.*) brifo, archolli, anafu, amharu, difrodi, dolurio, poeni

briwsion (*enw lluos.*) darnau, drylliau, mwydion

bro (*enw*) ardal, rhanbarth, parth, dosbarth, tir, tiriogaeth, gwlad

broc (*ans.*) amryliw, cymysgliw, brych, brith, llwydwyn

broch 1. (*enw*) mochyn daear, pryfyn llwyd, pryf penfrith, mochyn bychan, daearfochyn, byrfochyn, twrch daear; ewyn; dicter; cyffro 2. (*ans.*) dig, ffyrnig *bodlon*

brochi (*brf.*) cynhyrfu, digio, ffyrnigo, cynddeiriogi, berwi, anesmwytho, ffromi *ymfodloni, ymdawelu*

brodorol (*ans.*) genedigol, cynhenid *dieithr, allanol*

brolio (*brf.*) ymffrostio, bocsachu, bragio, bostio, ymfalchïo

bron 1. (*enw*) mynwes, dwyfron, brest (*lluos. -* bronnau); bryn, bryncyn, rhiw, tyle, cnwc, moel (*lluos. -* bronnydd) 2. (*adf.*) ymron, agos, braidd

brongoch (*enw*) robin, cochgam, bronrhuddyn, bronrhuddog

brown (*ans.*) gwinau, cochddu, melynddu, llwyd, gwineugoch, melyngoch, dugoch

brwd (*ans.*) gwresog, poeth, twym; selog, eiddgar, brwdfrydig, tanbaid *claear, llugoer*

brwdfrydedd (*enw*) tanbeidrwydd, angerdd, taerineb, aidd, eiddgarwch, penboethni, hwyl *difrawder*

brwnt (*ans.*) 1. budr, aflan, bawlyd, mochaidd, tomlyd *glân* 2. ffyrnig, creulon *caredig*

brws (*enw*) ysgubell, gwrychell

brwsio (*brf.*) ysgubo, dysgub, sgwrio

brwydr (*enw*) cad, ymrafael, ymryson, gwrthdaro, gornest, batel, ymladdfa

brwydro (*brf.*) ymladd, ymryson, gwrthdaro, gwrthwynebu

brwyn (*enw*) pabwyr, llafrwyn

brwysg (*ans.*) meddw, wedi meddwi, wedi cnapo *sobr*

brych (*ans.*) brith, amryliw

brycheuyn (*enw*) ysmotyn, bai,

diffyg, nam, anaf, mefl, staen
perffeithrwydd

brychni *(enw)* brychau *(lluos.)*, blodau
haf *(lluos.)*, sbrychni, smotiau haf
(lluos.)

bryd *(enw)* meddwl, bwriad, arfaeth,
cynllun, amcan, nod

brygawthan *(brf.)* clebran, bregliach,
bragaldian, baldorddi, boddran,
preblan, clecian *pwyllo*

bryn *(enw)* bryncyn, moel, twmpath,
ponc, rhiw, tyle, bron

bryntni *(enw)* aflendid, mocheidd-dra,
budreddi, ffieidd-dra, tail, tom, llaca
glendid, glanweithdra

brys *(enw)* 1. ffrwst, hast, prysurdeb,
ffwdan, tarf *hamdden* 2. argyfwng

brysio *(brf.)* rhuthro, hastu, cyflymu,
ffwdanu, gwylltu, gwylltio, prysuro
hamddena, ymdroi

brysiog *(ans.)* ar frys, ar hast, prysur,
llawn brys, mewn tarf *hamddenol* 2.
diofal, esgeulus *gofalus*

buan *(ans.)* cyflym, clau, ebrwydd,
chwyrn, di-oed *araf*

buander *(enw)* buandra, buanedd,
cyflymdra, cyflymder *arafwch*

buarth *(enw)* iard, clos, beili, cwrt,
ffald, ffalt, rhewl

buchedd *(enw)* bywyd, ymddygiad,
ymarweddiad, moesoldeb

bucheddol *(ans.)* moesol, duwiol,
crefyddol, defosiynol, ystyriol
anfoesol

bucheddu *(brf.)* byw, preswylio, trigo
marw

budr *(ans.)* brwnt, mochaidd, aflan,
ffiaidd, afiach, bawlyd, cas *glân*

budreddi *(enw)* aflendid, mocheidd-
dra, bryntni, baw, tom, tail, llaca
glendid, glanweithdra

budd *(enw)* lles, elw, proffid, mantais,
buddiant, buddioldeb *anfuddioldeb,*
colled

buddiol *(ans.)* manteisiol, ffafriol,
proffidiol, o fudd, defnyddiol, llesol
di-fudd, anfuddiol

buddugol *(ans.)* buddugoliaethus,
gorau, gorchfygol, goruchaf, trech
gwaethaf

buddugoliaeth *(enw)* goruchafiaeth,
gorchfygiad *crasfa, curfa*

buddugwr *(enw)* enillwr, gorchfygwr
collwr

bugeilio *(brf.)* bugeila, gofalu am,
gwylio, gwylied, gwarchod

bun *(enw)* morwyn, gwyryf, geneth,
merch, llances, morwynig *llanc,*
macwy

burgyn *(enw)* abo, celain, corff,
corpws, ysgerbwd

burum *(enw)* berman, berem

busnes *(enw)* gwaith, masnach,
gorchwyl, neges, pwrpas, trafferth;
cwmni

busnesa *(brf.)* ymyrryd, ymhél â, trin
ceffyl pobl eraill

busneslyd *(ans.)* busnesgar, ymyrgar

bustach *(enw)* eidion, ych *anner*

bustachu *(brf.)* ymdrechu, bwnglera,
amryfuso, cawlach *perffeithio*

bwbach *(enw)* bwgan, bwci, pwci,
pwca, hwdwch, hudwg, ysbryd drwg

bwced *(enw)* stwc, crwc, cunnog,
ystên

bwhwman *(brf.)* symud, gwamalu,
petruso, anwadalu *sadio*

bŵl *(enw)* bwlyn, dwrn, pêl, pelen,
cylch, sffêr, glôb

bwlch *(enw)* adwy, agen, agendor,
hollt, culffordd, ceunant

bwndel *(enw)* sypyn, bwrn, bwrnel

bwnglera *(brf.)* amryfuso, bustachu,
cawlach, stompio *perffeithio*

bwnglerwaith *(enw)* cawlach, stomp
perffeithrwydd, arbenigwaith

bwrdd *(enw)* 1. astell 2. dec 3. panel, corff, pwyllgor, sefydliad

bwriad *(enw)* amcan, arfaeth, nod, pwrpas, cynllun, diben

bwriadol *(ans.)* o bwrpas, o fwriad, amcanus, bwriadus *anfwriadol*

bwriadu *(brf.)* amcanu, meddwl, golygu, pwrpasu, arofun, anelu, arfaethu

bwrlwm *(enw)* cloch ddŵr, yswigen; bywiogrwydd, sioncrwydd *marweidd-dra*

bwrw *(brf.)* taro, ergydio, curo, taflu, lluchio; glawio; tybio; cyfrif; treulio

bwthyn *(enw)* bwth, caban, tyddyn, annedd, lluest, cut, preswylfod

bwyd *(enw)* ymborth, lluniaeth, maeth, cynhaliaeth, porthiant, ebran

bwydo *(brf.)* porthi, bwyda, ymborthi *newynu*

bwystfil *(enw)* anifail, creadur, mil

bwystfilaidd *(ans.)* annynol, creulon, didostur, anwar, direswm, ffiaidd, ciaidd *ystyriol, trugarog*

bwyta *(brf.)* ymborthi, porthi, cymryd bwyd, ciniawa; pori, ysu, difa *newynu*

bwyty *(enw)* tŷ bwyta, caffe, ffreutur, pantri

bychan *(ans.)* bach, mân, pitw *mawr, anferth*

bychanu *(brf.)* gwneud yn fach o, dirmygu, sarhau, difrïo, amharchu, iselhau, lleihau *mawrygu*

byd *(enw)* 1. bydysawd, hollfyd, cylch, glôb, sffêr, galaeth, Llwybr Llaethog 2. bywyd, hoedl

bydeang *(ans.)* bydlydan, cyffredinol, trwy'r byd

bydenwog *(ans.)* o fri, hyglod *anenwog, di-nod*

bydol *(ans.)* lleyg, daearol, bydolaidd *crefyddol, eglwysig*

byddaru *(brf.)* gwneud yn fyddar, creu byddardod, gwneud yn hurt, hurto, siarad dwli

byddin *(enw)* llu; catrawd, lleng, bataliwn, rhengoedd (lluos.)

bygwth 1. *(enw)* bygythiad, bygyledd 2. *(brf.)* bygythio, bygylu, bwlïo *sicrhau*

bygylad *(brf.)* bwgwlad, rhuo, puo, beichio, bygynad, bwgwnad

bygythiwr *(enw)* bygylwr, bwli

bylchog *(ans.)* adwyog, agennog *cyfan*

bylchu *(brf.)* rhicio, agennu, torri trwodd, torri bwlch

byr *(ans.)* cwta, prin, swta *tal; digonol*

byrbryd *(enw)* tamaid, tameidyn, lluniaeth ysgafn, tamaid a llwnc, tamaid i aros pryd

byrbwyll *(ans.)* amhwyllog, gwyllt, diddisgybaleth, difeddwl, anystyriol, rhyfygus, annisgybledig *pwyllog*

byrbwylltra *(enw)* rhyfyg, gwylltineb, diffyg pwyll *pwyll, gofal*

byrder *(enw)* byrdra, prinder, diffyg, bychander, bychandra *taldra; digonolrwydd*

byrdwn *(enw)* 1. cytgan 2. ystyr, neges

byrfyfyr *(ans.)* ar y pryd, difyfyr *paratoëdig*

byrhau *(brf.)* talfyrru, tocio, cwtogi, crynhoi, prinhau, lleihau, cwtanu *ehangu, helaethu*

byrlymu *(brf.)* llifo; sionci, bywiocáu, ymfywiogi

byrlymus *(ans.)* llawn bywyd, sionc, heini, afieithus *marwaidd, swrth*

byseddu *(brf.)* teimlo, profi, ymyrryd, trin, cyffwrdd

bystwn *(enw)* ewinor, ffelwm, ffalwm, clewyn

byth *(adf.)* o hyd (ac o hyd), bob

amser, yn wastad, yn oes oesoedd, yn dragywydd, beunydd; erioed

bythgofiadwy *(ans.)* diangof, nodedig *cyffredin*

bythol *(ans.)* tragwyddol, parhaol, cyson, di-dranc, di-baid, diddiwedd, oesol *diflanedig, marwol*

byw 1. *(enw)* bywyd, einioes, hoedl, oes, bodolaeth *marwolaeth* 2. *(ans.)* bywiog, hoenus, bywiol, sionc, heini, gwisgi, nwyfus *marwaidd* 3. *(brf.)* goroesi, trigo, preswylio, bod, bodoli, oesi, cartrefu *marw*

bywiog *(ans.)* llawn bywyd, heini, hoenus, sionc, llon, llawen, nwyfus *swrth, difywyd*

bywiogi *(brf.)* bywhau, bywiocáu, sirioli, llonni, ysbrydoli, calonogi, ysgogi

bywiogrwydd *(enw)* sioncrwydd, hoen, nwyf *marweidd-dra, syrthni*

bywoliaeth *(enw)* cynhaliaeth; gwaith, galwedigaeth

bywyd *(enw)* bod, bodolaeth, hanfod, einioes, oes, hoedl *marwolaeth, tranc*

bywyn *(enw)* mwydyn, mêr

C

cab (*enw*) cerbyd, tacsi; caban, bwthyn, lluest

caban (*enw*) bwthyn, lluest, bwth, cell, cwt, cut *palas, plasty*

cabinet (*enw*) cwpwrdd; panel, pwyllgor

cabledd (*enw*) cabl, difenwad, gwaradwydd, gwarth, cywilydd, cablair, cabledigaeth *mawl, clod*

cableddus (*ans.*) enllibus, athrodus, sarhaus *moliannus, clodforus*

cablu (*brf.*) rhegi, sarhau, bwrw sen ar, amharchu, difenwi, gwaradwyddo *moli, parchu*

cablwr (*enw*) cablydd, tyngwr a rhegwr, difenwr, ymosodwr, difrïwr, dilornwr *clodforwr, canmolwr*

caboledig (*ans.*) graenus, glân, destlus, chwaethus, coeth, llathraidd *di-raen, anghoeth*

caboli (*brf.*) gloywi, coethi, puro, llathru, llyfnhau, glanhau, twtio *difwyno, baeddu*

cad (*enw*) brwydr, ymladdfa, ymryson, ymrafael, gornest; byddin

cadach (*enw*) neisied, macyn, hances, napcyn

cadair (*enw*) 1. stôl, sedd, eisteddle, sêt 2. pwrs/piw buwch

cadarn (*ans.*) cryf, nerthol, grymus, pwerus, galluog, diysgog, penderfynol *gwan, di-nerth*

cadarnhad (*enw*) cryfhad, sicrhad, ategiad *nacâd, gwadiad*

cadarnhaol (*ans.*) sicrhaol, cryfhaol *negyddol*

cadarnhau (*brf.*) cryfhau, nerthu, grymuso; gwirio, ategu, eilio *negyddu, tanseilio*

cadernid (*enw*) cryfder, nerth, pŵer, grymuster, grym, gallu *gwendid, eiddilwch*

cadfridog (*enw*) cadlywydd; cyrnol, capten, uchgapten, llifftenant, maeslywydd, comander, cadweinydd

cadi (*enw*) blwch te; cludydd; dyn merchetaidd

cadlas (*enw*) iard, buarth, clos, cwrt, beili; gwersyll; pencadlys

cadno (enw) llwynog, madyn, canddo

cadnöes (*enw*) cadnawes, llwynoges

cadw (*brf.*) 1. dal, cynnal 2. arbed, achub, gwared *afradu, gwastraffu* 3. gwarchod, amddiffyn, diogelu

cadwedigaeth (*enw*) iachawdwriaeth, iechydwriaeth, ymwared, achubiaeth *damnedigaeth*

cadwraeth (*enw*) gofal, diogelwch, cynhaliaeth, gwarchodaeth, achubiaeth *difaterwch, difrawder*

cadwrus (*ans.*) tew, corffol, porthiannus, graenus *main, tenau*

cadwyno (*brf.*) rhwymo, caethiwo, gefynnu, llyffetheirio *rhyddhau, gollwng*

caddug (*enw*) niwl, tarth, gwyll, tywyllwch, düwch, niwlen

cae (*enw*) maes, dôl, gweirglodd, parc, coetgae

caead 1. (*enw*) clawr, gorchudd 2. (*brf.*) cau, amgáu, amgylchu, cylchynu, amgylchynu, cloi, terfynu *agor*

caeëdig (*ans.*) ar gau, dan glo, ar glo, cloëdig *ar agor*

cael (*brf.*) dod o hyd i, darganfod, canfod; meddu, perchnogi, caffael; ennill, cyrraedd *colli*

caen (*enw*) gorchudd, haen, cen, haenen, pilen, rhuchen, pilionen

caer *(enw)* castell, amddiffynfa, cadarnle; gwersyll

caeth 1. *(enw)* caethwas, caethfab, carcharor (ben. - caethes, caethferch, caethforwyn) *rhyddfreiniwr* 2. *(ans.)* rhwym, ynghlwm, llym *rhydd, dilyffethair*

caethiwed *(enw)* caethwasanaeth, cyfyngder *rhyddid, rhyddfraint*

caethiwo *(brf.)* carcharu, rhwymo *rhyddhau, gollwng*

cafell *(enw)* cell, nodded, noddfa, cysegr, cangell

caffael *(brf.)* cael, derbyn *colli, methu*

caffaeliad *(enw)* mantais, lles; ysbail *anfantais*

caffe *(enw)* bwyty, cantîn, tŷ bwyta; ffreutur

cafflo *(brf.)* twyllo, hocedu

cangen *(enw)* cainc, brigyn; adran, isadran

cain *(ans.)* gwych, teg, hardd, coeth, braf, lluniaidd, dillyn *di-raen, afluniaidd*

cainc *(enw)* 1. *(lluos. - cangau)* cangen, brigyn 2. *(lluos. - ceinciau)* tôn, tiwn, alaw, cân, melodi

cais *(enw)* 1. cynnig, ymdrech, ymgais 2. sgôr; dymuniad, arch, deisyfiad

caled *(ans.)* 1. sych, cras 2. gwydn, cadarn, cryf 3. anodd, dyrys *hawdd, rhwydd*

caledi *(enw)* caledwch, gwydnwch, cryfder; anhawster, dryswch; cyni *hawster, rhwyddineb*

caledu *(brf.)* gerwino, solidio; crasu/awyru dillad *meddalu*

calon *(enw)* canol, craidd, rhuddin; dewrder, hyfdra, gwroldeb *llwfrdra*

calondid *(enw)* cysur, cefnogaeth; ysbrydoliaeth, symbyliad, ysgogiad; swmbwl, anogaeth *gwangalondid*

calonnog *(ans.)* ysbrydol, gobeithiol,

siriol, optimistaidd *diobaith, pesimistaidd*

calonogi *(brf.)* ysbrydoli, annog, cefnogi, symbylu, siriol, ysbarduno *gwangalonni, llwfrhau*

call *(ans.)* doeth, pwyllog, synhwyrol, meddylgar, ystyriol *angall, amhwyllog*

callineb *(enw)* doethineb, synnwyr, pwyll *diffyg pwyll, twpdra*

callio *(brf.)* pwyllo, ymbwyllo, mynd gan bwyll *gwylltio, colli pwyll*

cam 1. *(enw)* cerddediad; anghyfiawnder, camwri, cyfeiliornad, annhegwch, drwg, niwed *cyfiawnder* 2. *(ans.)* anunion, crwca; anghyfiawn, annheg, anghywir, gau, twyllodrus *iawn, cyfiawn*

camarweiniol *(ans.)* cyfeiliornus, ffals, anghywir *cywir, gwir*

cam-drin *(brf.)* camddefnyddio, camarfer, cam-droi; difenwi, difrïo, dilorni *parchu, anrhydeddu*

camdriniaeth *(enw)* camddefnydd, camarfer, camddefnyddiad *parch*

camddarlunio *(brf.)* cambortreadu, camgyfleu, camddisgrifio, camesbonio, camhysbysu, camliwio *cynrychioli*

camddeall *(brf.)* camamgyffred, camsynied, camddehongli *amgyffred, deall*

camddealltwriaeth *(enw)* camsyniad, annealltwriaeth, camamgyffrediad *dealltwriaeth*

camedd *(enw)* cam-dro, gwyrni, camder, camdra *uniondeb*

camfa *(enw)* sticil, sticill, clwyd

camgymeriad *(enw)* gwall, amryfusedd, cam-farn, camsyniad, cyfeiliornad, diffyg, nam *perffeithrwydd*

camgymryd *(brf.)* camsynied,

amryfuso, camweithredu, cyfeiliorni *amgyffred, dirnad*

camlas *(enw)* dyfrffos, canél

camleoli *(brf.)* camosod, camddodi, colli *darganfod, dod o hyd i*

camog *(enw)* ffelys, cwrb, cwrbyn

camp *(enw)* 1. gorchest, gwrhydri, rhagoriaeth *methiant, aflwydd* 2. gêm, chwarae

campus *(ans.)* godidog, ardderchog, gwych, bendigedig, ysblennydd, penigamp, rhagorol, dan gamp *diddrwg-didda, symol*

camreoli *(brf.)* camlywodraethu, camdrefnu, camgyfeirio *gwneud cyfiawnder*

camsyniad *(enw)* gwall, amryfusedd, cyfeiliornad, camgymeriad *dealltwriaeth*

camsynied *(brf.)* amryfuso, cyfeiliorni, camgymryd *llwyddo, amgyffred*

camu *(brf.)* 1. cerdded, brasgamu *rhedeg* 2. plygu, gwyro *unioni*

camwedd *(enw)* trosedd, bai, cam, tramgwydd, trawsedd, drygioni, tor-cyfraith *cyfreithlonrwydd*

camwri *(enw)* cam, drwg , niwed, bai, difrod *moesoldeb*

camymddwyn *(brf.)* camfihafio, camfucheddu, camweithredu *ymddwyn yn dda, bucheddu*

can 1. *(enw)* blawd, fflŵr 2. *(ans.)* cannaid, gwyn *du, tywyll* 3. *(rhif.)* cant

cân (enw) 1. alaw, melodi, cainc, tôn, tiwn, caniad, cathl 2. cerdd

candryll *(ans./enw lluos.)* teilchion, chwilfriw, cyrbibion, yfflon, darnau mân *cyfan*

canfod *(brf.)* gweld, dirnad, amgyffred, deall, edrych ar, sylwi ar *esgeuluso, anwybyddu*

caniatâd *(enw)* cennad, hawl, trwydded, rhyddid, cydsyniad *gwrthodiad*

caniatáu *(brf.)* rhoi hawl, gadael, cydsynio, goddef, trwyddedu *gwrthod, nacáu*

caniedydd *(enw)* canwr, cantwr, cantor, cethlydd, cerddor

canlyn *(brf.)* dilyn, mynd/dod ar ôl, erlid, ymlid; caru gyda *arwain*

canlyniad *(enw)* effaith, ffrwyth, dylanwad

canllaw *(enw)* rheilen; arweiniad, cyfarwyddyd, amlinelliad, braslun

canmol *(brf.)* clodfori, moli, mawrygu, moliannu, addoli, anrhydeddu *difrïo, amharchu*

canmoladwy *(ans.)* canmoledig, teilwng *annheilwng, anfoddhaol*

canmoliaeth *(enw)* clod, mawl, moliant, bri *melltith, cabledd*

canmoliaethus *(ans.)* canmoliaethol, clodforus *cableddus*

cannaid *(ans.)* gwyn, disglair, llachar, claer, gloyw, llathr, llathraidd *tywyll, du*

cannu *(brf.)* gwynnu, disgleirio, gloywi *tywyllu, pylu*

canol *(enw)* craidd, calon, rhuddin, canolbwynt, man canol *diwedd; dechrau*

canolddydd *(enw)* canol dydd, nawn, hanner dydd *canol nos*

canoli *(brf.)* canolbwyntio; cymrodeddu, cyflafareddu, eiriol, cyfryngu, cymodi

canolig *(ans.)* symol, diddrwg-didda, cymedrol, gweddol, rhesymol, cyffredin, dieneiniad *eneiniedig, ysbrydoledig, gwych*

canolog *(ans.)* hollbwysig, allweddol, tyngedfennol *dibwys, ymylol*

canolwr *(enw)* dyfarnwr, refferî, dyn

canol; chwaraewr canol; cyfryngwr, eiriolwr

canon *(enw)* 1. *(lluos. - canonau)* rheol, cyfarwyddyd, safon 2. *(lluos. - canoniaid)* offeiriad

cansen *(enw)* gwialen, ffon

canslo *(brf.)* dileu, diddymu, dirymu *cadarnhau, gwireddu*

cant 1. *(enw)* ymyl, min, cantel; teier; cromen; canpwys 2. *(rhif)* pum ugain

cantawd *(enw)* cantata, canig

cantor *(enw)* canwr, cantwr, caniedydd, cethlydd, cerddor *(ben. - cantores, cantwraig)*

canu *(brf.)* cathlu, pyncio

canys *(cys.)* oblegid, oherwydd, o achos, gan, am

cap *(enw)* capan, het

capel *(enw)* tŷ cwrdd, betws, addoldy

capsiwl *(enw)* tabled, pilsen; llong ofod

capten *(enw)* pennaeth, penadur, arweinydd, blaenor, ysbrydolwr; swyddog

car *(enw)* cerbyd, modur; cert, men, ôl-gerbyd

câr *(enw)* cyfaill, perthynas, cyfnesaf *(ben. - cares)* **dieithryn, allanolyn**

carbwl *(ans.)* trwsgl, trwstan, llibin, afrosgo, anfedrus, lletchwith *celfydd, deheuig*

carc *(enw)* gofal, sylw, cadwraeth, gwarchodaeth **difaterwch, difrawder**

carco *(brf.)* gofalu, edrych ar ôl, gwarchod, cadw golwg, diogelu, gwylio *esgeuluso, anwybyddu*

carcus *(ans.)* gofalus, ystyriol, pwyllog, gwyliadwrus, gofidus *diofal, esgeulus*

carchar *(enw)* carchardy, jêl, dalfa

carcharu *(brf.)* caethiwo, cyfyngu *rhyddhau*

cardod *(enw)* elusen, elusengarwch

dyngasedd, hunanoldeb

cardota *(brf.)* deisyf, ymbil, begian, erfyn, gofyn *rhoi, anrhegu*

cardotyn *(enw)* beger, trempyn, tramp, sipsi, crwydryn *pendefig*

caredig *(ans.)* mwyn, tyner, hynaws, ystyriol, rhadlon, cu, caruaidd *angharedig, anfwyn*

caredigrwydd *(enw)* haelioni, hynawsedd, rhadlonrwydd, tiriondeb, boneddigeiddrwydd, cymwynasgarwch, gwasanaeth *angharedigrwydd, anfoneddigeiddrwydd*

carfan *(enw)* plaid, clymblaid, mintai, twr; rhestr, rhes, gwanaf

cargo *(enw)* llwyth, baich, pwn

cariad *(enw)* 1. cariadfab, cyfaill; cyfeilles, cariadferch, wejen 2. serch, hoffter, anwyldeb *casineb*

cariadus *(ans.)* hoffus, caruaidd, ystyriol, serchog, serchus, anwesog, mwyn *diserch, annymunol*

cario *(brf.)* cludo, dwyn, cywain

carlam *(enw)* rhuthr, brys, ras

carlamu *(brf.)* rhedeg, brysio, rhuthro, rasio, gwylltio, gwylltu, mynd ar garlam *arafu, ymlusgo*

carn 1. *(enw)* troed, ewingarn; dwrn offeryn; llawer, llu; carnedd, pentwr, crug, crugyn, twr, twmpath 2. *(rhag.)* drwg, ysgeler; arch-, prif, pennaf, pen-, uchaf

carnifal *(enw)* dathliad, gŵyl, ffair, gorymdaith

carol *(enw)* cân, cathl, cerdd

carp *(enw)* cerpyn, rhecsyn, llarp, clwtyn, clwt, brat

carpio *(brf.)* carpu, dryllio, rhwygo *trwsio*

carpiog *(ans.)* bratiog, rhacsog, llarpiog, clytiog *graenus, trwsiadus*

carreg *(enw)* maen, gro *(lluos.)*, graean

(*lluos.*)

cartref (*enw*) tŷ, preswylfa, preswylfod, annedd, anhedd-dy, trigfa, cartrefle

cartrefu (*brf.*) ymgartrefu, trigo, byw, preswylio, trigiannu *crwydro*

carth (*enw*) ysbwriel, sorod, gwehilion (*lluos.*)

carthen (*enw*) blanced, gwrthban, gorchudd, siten, brecan, cwrpan, cwrlid

carthffos (*enw*) dyfrffos, ffos, ceuffos; traen, cwter

carthu (*brf.*) clirio, sgwrio, puro, glanhau *anhrefnu, amharu*

caru (*brf.*) serchu, ymserchu, hoffi, gorhoffi, mwynhau, cael blas ar *casáu*

caruaidd (*ans.*) serchog, annwyl, hynaws, rhadlon, tirion, mwyn, tyner *diserch, sarrug*

carw (*enw*) hydd, cerwydd, cellaid *ewig*

carwr (*enw*) cariad, cariadfab, cyfaill, ffrind; perthynas *casddyn*

cas 1. (*enw*) blwch, cynhwysydd, gorchudd; casineb, atgasedd, gelyniaeth, ffieidd-dra; gelyn, gwrthwynebydd, casáwr *cariad, hoffter* 2. (*ans.*) atgas, ffiaidd, annymunol, angharedig *dymunol, hynaws*

casáu (*brf.*) ffieiddio, dwyn casineb, bod yn gas gennych

casgen (*enw*) baril, twba, twb, twbyn, barilan

casgliad (*enw*) 1. crynhoad 2. barn, penderfyniad, safbwynt 3. gôr, crawn

casglu (*brf.*) 1. crynhoi, hel, cynnull, cronni; ymgynnull, ymhél, ymgasglu, tyrru *chwalu* 2. dod i gasgliad; awgrymu, cyfleu

casineb (*enw*) atgasedd, ffieidd-dra,

gelyniaeth, gwrthwynebiad *cariad, serch*

cast (*enw*) ystryw, pranc, dichell, tric, twyll, stranc, cnac; rhestr actorion

castell (*enw*) caer, amddiffynfa, cadarnle

castellu (*brf.*) amddiffyn, cadarnhau, cryfhau, caeru, nerthu, grymuso, atgyfnerthu *tanseilio, gwanhau*

castio (*brf.*) chwarae castiau; moldio; cyfrif; dethol actorion

castiog (*ans.*) ystrywgar, dichellgar, chwareus, twyllodrus, pranciog, stranciog, cnaciog *boneddigaidd*

catalog (*enw*) rhestr, mynegai, indecs; cylchgrawn, llyfryn

categori (*enw*) dosbarth, israniad, grŵp, isadran, rhaniad, adran

cathl (*enw*) cân, caniad, carol, cerdd, melodi, alaw, peroriaeth

cathlu (*brf.*) canu, pyncio, trydar, grillian, yswitian, cogor

catholig 1. (*ans.*) cyffredinol, bydeang, bydlydan; pabaidd, pabyddol 2. (*enw*) pabydd *protestannaidd, ymneilltuol, anghydffurfiol*

cau 1. (*ans.*) gwag, coeg, ceugrwm; amgaeëdig 2. (*brf.*) caead, cloi, rhoi dan glo, diweddu, dibennu, terfynu, gorffen *agor, datgloi*

cawdel (*enw*) cymysgfa, cymysgwch, dryswch, llanastr, annibendod, cybolfa, cawl *destlusrwydd*

cawdelu (*brf.*) cymysgu, cawlach, amryfuso, cyfeiliorni, gwneud stomp, bwnglera *gosod trefn*

cawell (*enw*) 1. basged 2. crud 3. caets

cawg (*enw*) powlen, basn, noe, piser

cawl (*enw*) potes, lobsgows; cawlach, cawdel, cymysgfa, cybolfa, llanastr *trefn*

cawnen (*enw*) 1. conyn, corsen 2.

gwelltyn, calaf, bonyn, cecysen, brwynen

cawod *(enw)* cafod, cawad, tywalltiad; baddon, bath, ymdrochiad, ymdrochle

cawraidd *(ans.)* anferth, enfawr *mân, pitw*

cawsu *(brf.)* cawsio, tewhau, tewychu, ceulo *teneuo*

cêbl *(enw)* cablen, rhaff wifrau

cebystr *(enw)* penffestr, tennyn, rhaff; melltith

cecru *(brf.)* ffraeo, cweryla, ymrafael, ymryson, anghytuno, anghydweld, ymgecru *cyd-weld*

cecrus *(ans.)* ymrafaelus, cwerylgar, ymrysongar, dadleugar, ymgecrus, dadleuol *diddig*

ced *(enw)* rhodd, anrheg, ffafr; calennig

cefn *(enw)* 1. rhan ôl, tu ôl 2. cynhalbren; cefnogaeth, cynhaliaeth 3. cefnen

cefnen *(enw)* cefn, trum, crib, esgair, llethr, bron

cefnfor *(enw)* môr, eigion, gweilgi, cyfanfor

cefnog *(ans.)* cyfoethog, goludog; abl, da ei fyd/ei ffawd, ar ben ei ddigon; dewr, gwrol *tlawd, llwm*

cefnogaeth *(enw)* ateg, cynhaliaeth, cymorth, cynhorthwy, help llaw, calondid, ysbrydiaeth *gelyniaeth, gwrthwynebiad, tanseiliad*

cefnogi *(brf.)* cynnal, ategu, annog, cynorthwyo, helpu *gwrthwynebu, tanseilio*

cefnogwr *(enw)* cynorthwywr, cynhaliwr; pleidiwr, dilynwr *gelyn, gwrthwynebydd*

cefnu *(brf.)* ymadael â, gadael, gadu, gwrthod, ffoi, encilio *ategu*

ceffyl *(enw)* march, cel, stalwyn; pynfarch *caseg*

ceg *(enw)* genau, safn; pen, agoriad

cega *(brf.)* traflyncu; clebran; cecru *tewi*

cegog *(ans.)* siaradus, parablus, tafodrydd; cecrus *tawel, di-ddweud*

cei *(enw)* porthladd, harbwr, glanfa, angorfa, hafan

ceidwad *(enw)* gofalwr, gwarchodwr, ymgeleddwr, diogelwr, amddiffynnwr; gwaredwr, achubwr *ymosodwr*

ceidwadaeth *(enw)* gwarchodaeth, gofal, achubiaeth *ymosodiad*

ceinder *(enw)* harddwch, prydferthwch, tegwch, glendid, gwychder, coethder *hagrwch, hylltod*

ceinion *(enw lluos.)* gemau, tlysau, addurniadau

ceintach *(brf.)* 1. achwyn, grwgnach, tuchan, cwyno, conan 2. cweryla, ffraeo *ymfodloni, ymdawelu*

ceintachlyd *(ans.)* 1. ceintachus, achwyngar, grwgnachlyd, cwynfannus, cwynfanllyd 2. cwerylgar, ymrafaelgar *llonydd, bodlon*

ceisio *(brf.)* deisyf, dymuno, erchi, ymofyn, chwilio am, cynnig am, ymgeisio

cel *(enw)* ceffyl, march, stalwyn *caseg*

cêl *(ans.)* cudd, cuddiedig, dirgel, cyfrinachol, cyfrin, o'r golwg *agored, cyhoeddus*

celain *(enw)* corff, burgyn, abo, ysgerbwd

celf *(enw)* gwaith llaw, celfyddyd, crefft

celfi *(enw lluos.)* 1. offer/arfau/gêr/ twls, cyfarpar 2. dodrefn, moddion tŷ

celfydd *(ans.)* medrus, galluog, abl, hyfedr, celfyddgar, dechau/dethau, deheuig *afrosgo, llibin*

celfyddyd *(enw)* celf, crefft,

cywreinrwydd, celfyddwaith *barbareiddiwch, fandaliaeth*

celu *(brf.)* cuddio, llechu, cwato, celcio, celcu *amlygu, dangos*

celwrn *(enw)* twb, twba, twbyn, stwc

celwydd *(enw)* anwiredd, dywediad gau, twyll, hoced *gwirionedd, geirwiredd*

celwyddog *(ans.)* anwireddus, twyllodrus, camarweiniol, ffug, gau, ffals, anwir *geirwir*

celli *(enw)* llwyn, gwigfa, allt goed

cellwair 1. *(enw)* ffraetheb, ffraethineb, ysmaldod, jôc, donioldeb, arabedd, digrifwch *difrifwch* 2. *(brf.)* cellweirio, ysmalio, gwatwar, tynnu coes *sobri*

cellweiriwr *(enw)* ysmaliwr, digrifwr, wàg, tynnwr coes *costog, cerlyn*

cellweirus *(ans.)* cellweiriol, ysmala, digrif, doniol, arabus, ffraeth *difrifol, surbwch*

cen *(enw)* pilen, pilionen, haen, haenen, caenen, gorchudd; lliw

cenadwri *(enw)* neges, cenhadaeth, gair

cenau *(enw)* llwdn; gwalch, adyn, dihiryn, anwr, cnaf, twyllwr (ben. - cenawes)

cenedl *(enw)* 1. pobl; gwlad 2. math, rhywogaeth 3. rhyw

cenfaint *(enw)* gyr, diadell, haid

cenfigen *(enw)* eiddigedd, malais, sbeit *hynawsedd*

cenfigennus *(ans.)* cenfigenllyd, eiddigeddus, sbeitlyd, gwenwynllyd, maleisus *difalais*

cenhadaeth *(enw)* neges, cenadwri

cenhadwr *(enw)* negesydd, cennad, efengylydd *(ben. - cenhades)*

cenhedlaeth *(enw)* to, oes, hiliogaeth

cenhedlig *(ans.)* ethnig, pagan *Iddewig, Cristnogol*

cenllif *(enw)* llifeiriant, rhyferthwy, llif, dilyw, cerrynt, ffrydlif

cennad *(enw)* 1. caniatâd, hawl, trwydded *gwrthodiad, nacâd* 2. cenhadwr, negesydd 3. cenhadaeth, neges

cerbyd *(enw)* car, coets, clud, siarret

cerdd *(enw)* cân, cathl, caniad; rhigwm; tro; ymdaith; crefft

cerdded *(brf.)* mynd am dro, rhodio, teithio *rhedeg, rhuthro*

cerddoriaeth *(enw)* miwsig, peroriaeth

cerddwr *(enw)* rhodiwr, crwydrwr, heiciwr, ffawdheglwr, bodiwr *rhedwr, rasiwr*

cerfio *(brf.)* ysgythru, naddu, llunio, crafu

cerfiwr *(enw)* ysgythrwr, naddwr

cerflun *(enw)* cerfddelw, model, cerfiad, ysgythriad

cerlyn *(enw)* taeog, costog, un sarrug *digrifwr, gŵr bonheddig*

cern *(enw)* grudd, boch, gên, bochgern, dwyen

cernod *(enw)* cernen, clowten, clewten, bonclust, ergyd, clatsien

cernodio *(brf.)* rhoi bonclust, ergydio, taro, bwrw, clewtian, clatsio

cerpyn *(enw)* rhecsyn, clwtyn, llarp, brat, bretyn, clwt

cerrynt *(enw)* llif, rhediad; llwybr; dull; taith

cert *(enw)* trol, cerbyd, ôl-gerbyd, wagen, men, gambo, trap, trwmbel

certh *(ans.)* 1. ofnadwy, dychrynllyd, arswydus, echryslon *rhyfeddol, gwyrthiol* 2. dwys 3. llym, craff

cerwyn *(enw)* twb, twba, twbyn, baril, casgen, baddon

cerydd *(enw)* cystwyad, cosb, cosbedigaeth, sen, pryd o dafod, ceryddiad *clod, canmoliaeth*

ceryddu *(brf.)* dwrdio, cymhennu, dweud y drefn, cosbi, cystwyo *canmol, annog*

ceryddwr *(enw)* dwrdiwr, cymhennwr, cystwywr, cosbwr *anogwr; gwenieithwr*

cestog *(ans.)* boliog, tew, tordyn *main, gosgeiddig*

cetyn *(enw)* 1. darn, tamaid, gronyn, mymryn, dryll *cyfanrwydd* 2. pibell, pib

cethern *(enw lluos.)* ellyllon, cythreuliaid, dieifl; gelynion *angylion*

cethin *(ans.)* 1. tywyll, croenddu 2. caled, llym 3. hyll, hagr, salw *prydferth, pert*

cethlydd *(enw)* 1. canwr, telorydd, caniedydd 2. cog, cwcw

ceudod *(enw)* gwacter, ceubwll; bol; calon; mynwes, meddwl *llawnder*

ceugrwm *(ans.)* cafnog, cau, ceuol *argrwm, amgrwm*

ceulo *(brf.)* cawsu, suro, caledu, solidio, tewychu, tewhau, torthi *teneuo*

ceunant *(enw)* cwm, hafn, nant, dyfnant

cewyn *(enw)* cadach, clwtyn, clwt, carp, llarp, rhecsyn, brat

ci *(enw)* corgi, daeargi, gafaelgi, helgi, tarfgi, bytheiad, adargi, milgi, corfilgi, costawci, hyddgi, gwaedgi *gast*

ciaidd *(ans.)* annynol, bwystfilaidd, didostur, didrugaredd, creulon, anwar, ffyrnig *gŵar, gwareiddiedig*

cib *(enw)* plisgyn, mesglyn; llestr, cawg, cist, cwpan

cibddall *(ans.)* dall, coegddall, hurt, dwl, twp *deallus, rhesymol*

cieidd-dra *(enw)* ffyrnigrwydd, barbareiddiwch, creulonder, bryntni, anfadwaith, ysgelerder, ffieidd-dra

tosturi, trugaredd

cignoeth *(ans.)* poenus, dolurus, arteithiol *di-boen*

cil *(enw)* cornel, encil, lloches, congl, enciliad, encilfa, cilcyn *canolbwynt*

cilchwerthin *(brf.)* lledchwerthin, glaschwerthin, glaswenu, cilwenu, gwatwar

cildynnu *(brf.)* bod yn gyndyn, ystyfnigo, stwbwrno *ildio*

cildynnus *(ans.)* cildyn, cyndyn, ystyfnig, pengaled, penstiff, gwarsyth, pengam *ystwyth, didaro*

cildynrwydd *(enw)* ystyfnigrwydd, cyndynrwydd, anhyblygrwydd *hyblygrwydd, ystwythder*

cilfach *(enw)* cornel, congl, lloches, ymguddfan, encil; bae

cilio (brf.) ffoi, dianc, diengyd, ymneilltuo, encilio, tynnu'n ôl *dychwelyd*

cilwg *(enw)* gwg, cuwch *gwên, chwerthiniad*

cilwgus *(ans.)* gwgus, cuchiog *araul, siriol*

cilyddol *(ans.)* ymeffeithiol, atgyrchol

ciniawa (brf.) bwyta, cael cinio; swpera; gwledda, gloddesta, ymloddesta *newynu, ymprydio*

cip (enw) cipolwg, cipdrem, trem; plwc, tyniad, lladrad *llygadrythiad*

cipio (brf.) plycio, tynnu, dal, dwyn, dwgyd, lladrata, crapio *gollwng*

cist (enw) blwch, coffr, cynhwysydd

ciwed (enw) torfa, torf, dynionach (lluos.), haid, garsiwn; pobl, cenedl

cladd (enw) ffos, pwll, pydew

claddedig *(ans.)* dan ro, dan gŵys

claddedigaeth *(enw)* angladd, cynhebrwng, arwyl

claddfa *(enw)* mynwent, erw Duw

claddu *(brf.)* daearu, rhoi mewn bedd; cloddio, ceibio, palu

claear *(ans.)* 1. llugoer, oeraidd, mwygl *twym* 2. difraw, difater, diddrwg-didda *brwd*

claearu *(brf.)* 1. tirioni, tyneru, mwynhau 2. lliniaru, lleddfu, esmwytháu *gwylltio, aflonyddu*

claearwch *(enw)* claearineb, difaterwch, difrawder brwdfrydedd

claer *(ans.)* disglair, llachar, golau, gloyw; clir, eglur *pŵl, tywyll*

claerder *(enw)* disgleirdeb, eglurder *pylni, gwyll*

claf 1. *(enw)* un sâl, dioddefydd *meddyg* 2. *(ans.)* sâl, gwael, anhwylus, tost, afiach *iach*

clais *(enw)* 1. briw, dolur, anaf 2. ffrwd, nant, ffos, clawdd

clamp *(enw)* clobyn, talp *gronyn*

clap *(enw)* 1. cnap, talp, cwlff, cwlffyn 2. clec, cleber, mân siarad

clapgi *(enw)* clecyn, clepgi, chwedleuwr, clebryn, prepiwr

clapio *(brf.)* 1. curo dwylo, cymeradwyo *anghymeradwyo* 2. clecian, hel straeon, chwedleua, dweud clecau

clasur *(enw)* campwaith, gorchestwaith *bwnglerwaith*

clasurol *(ans.)* gorchestol, meistrolgar, campus, safonol, bythgofiadwy; enghreifftiol, diarhebol *di-raen, tila*

clau *(ans.)* cyflym, buan, ebrwydd, rhwydd, sionc, ar wib, ar frys *araf deg*

clawdd *(enw)* argae, ffos, gwrych, còb

clawr *(enw)* gorchudd, caead

cleber *(enw)* mân siarad, siaradach, clec, clonc, preblach

clebran *(brf.)* baldorddi, brygawthan, cyboli, bragaldian, preblan, chwedleua, bregliach, cloncian

clebryn *(enw)* clapgi, clecyn, chwedleuwr, prepiwr (ben. - clebren)

clec *(enw)* 1. clep, ergyd, sŵn 2. clap, chwedl, cleber, clegar

clecian *(brf.)* 1. clepian, ergydio, clician 2. chwedleua, clepio, hel straeon/cleb/clap/clep/clec/clonc, cario clec, clebran

cledr(en) *(enw)* 1. trawst, tulath 2. canllaw, rheilen

cledro *(brf.)* bwrw, taro, ergydio, clewtian, slapio

cleddyf *(enw)* cledd, cleddau; meingledd, llafn, sabr

clefyd *(enw)* dolur, afiechyd, salwch, anhwylder, selni, haint, tostrwydd *iechyd*

cleisio *(brf.)* dolurio, poeni, anafu, briwio, brifo, gadael marc, peri clais

clem *(enw)* amcan, syniad, crap, amgyffred, dealltwriaeth *annirnadaeth*

clemio *(brf.)* newynu, llwgu, starfio *gloddesta, gwledda*

clên *(ans.)* hawddgar, rhadlon, hynaws, llariaidd, hyfryd, dymunol, bonheddig *annymunol, cas*

clensio *(brf.)* tynhau, sythu, caledu *gollwng, llacio*

clep *(enw)* ergyd; clap, chwedl, clec, mân siarad, siaradach

clepian *(brf.)* clecian, baldorddi, brygawthan, preblan, hel straeon, chwedleua, laban, straella, janglio

clêr *(enw lluos.)* 1. cerddorion, beirdd crwydrol 2. cylion, gwybed, pryfed ffenestr

clerigwr *(enw)* offeiriad, pregethwr, gweinidog, ficer, person, rheithor, curad, deon, diacon, canon *lleygwr*

clertian *(brf.)* ofera, segura, gorweddian, lolian, gwybeta, gwagsymera, swmera *gweithio, ymbrysuro*

clewten *(enw)* ergyd, clipen, slap,

palfod

clir *(ans.)* eglur, plaen, amlwg, diamwys; rhydd, dieuog *anghlir, amwys*

clirio *(brf.)* glanhau, rhwyddhau, esmwytháu, esmwytho *anhrefnu, creu llanastr*

clobyn *(enw)* cwlff, talp; palff *(ben. -* cloben) *tameidyn*

cloc *(enw)* awrlais, oriawr

clochaidd *(ans.)* swnllyd, trystiog, croch, soniarus, uchel, trystfawr *tawel, diymhongar*

clochdar *(brf.)* clochdorian, clwcian, clocian, clindarddach, clochdran, clegar, crecian

clod *(enw)* mawl, moliant, canmoliaeth, bri, enwogrwydd, anrhydedd, clodforedd *melltith, amarch*

clodfori *(brf.)* canmol, mawrygu, moli, moliannu, addoli, anrhydeddu *melltithio, amharchu*

cloddfa *(enw)* mwynglawdd, chwarel, glofa, pwll

cloddio *(brf.)* ceibio, claddu, palu, turio, ffosi, rhychu, rhigoli

cloff *(ans.)* llipa, clipa, herciog, tila

cloffi *(brf.)* hercian; petruso

clog *(enw)* clogyn, mantell, cot, côt, cochl, hug, hugan

clogwyn *(enw)* dibyn, craig, creigle, clogwrn

clogyrnaidd *(ans.)* trwsgl, trwstan, afrosgo, anghelfydd, llibin, carbwl, lletchwith *celfydd, deheuig*

clogyrnog *(ans.)* creigiog, serth, garw, gerwin *llyfn, gwastad*

cloi *(brf.)* cau, diogelu; diweddu *agor*

clonc 1. *(enw)* cleber, mân siarad, siaradach, clec, chwedl, clap, clep 2. *(ans.)* clwc, clwc, gorllyd, gorllwyd

clopa *(enw)* dwrn, pen, brig, clwpa

cloren *(enw)* llosgwrn, cwt, cynffon, cwtws

clorian *(enw)* mantol, tafol

cloriannu *(brf.)* tafoli, mantoli, pwyso, mesur, asesu, arfarnu, ystyried

clos *(enw)* 1. *(lluos. -* closau) llodrau *(lluos.),* trwser, trywsus 2. *(lluos. -* closydd) iard, buarth, cwrt, beili

clòs *(ans.)* trymaidd, mwll, mwrn, mwygl, tesog, mwrnaidd; cybyddlyd *ffres; hael*

closio *(brf.)* dynesu, agosáu *pellhau*

clown *(enw)* digrifwr, twpsyn, llelo, hurtyn, penbwl, ynfytyn *athrylith*

cludiant *(enw)* cludiad, trosglwyddiad

cludo *(brf.)* cario, dwyn, cywain

cludydd *(enw)* porthor, drysor, cludwr, cariwr

clunhercian *(brf.)* hercian, cloffi

clwb *(enw)* cymdeithas, cwmni

clwc *(ans.)* 1. clwca, drwg, gorllyd, gorllwyd *perffaith* 2. gwael, sâl, tost *iach*

clwstwr *(enw)* mintai, twr, grŵp, bagad, lliaws, nifer, swp

clwt *(enw)* clwtyn, brat, bretyn, cerpyn, rhecsyn, llarp, lliain

clwyd *(enw)* 1. llidiart, iet, gât, porth, clwyden 2. esgyrnbren

clwyf *(enw)* dolur, briw, anaf, gweli, clefyd, archoll, cwt

clwyfedig *(ans.)* archolledig, anafedig, briwedig *dianaf, holliach*

clwyfo *(brf.)* clafychu; brifo, archolli, anafu, poeni, dolurio, briwio

clwyfus *(ans.)* dolurus, poenus, tost, blin, anhwylus *di-boen*

clyd *(ans.)* cysurus, cyfforddus, diddos, cynnes, cysgodol, cryno *anghysurus, anghyfforddus*

clydwch *(enw)* cysur, cynhesrwydd, cysod, diddosrwydd *anghysur*

clyfar *(ans.)* medrus, galluog, celfydd,

dechau/dethau, deheuig, hyfedr *twp,*
anghelfydd

clyfrwch *(enw)* deheurwydd, sgil,
medrusrwydd, gallu, medr *twpdra,*
anallu

clymblaid *(enw)* undeb, clic, cyfrinfa

clymu *(brf.)* rhwymo, cysylltu, cyplysu
datod, dad-wneud

clytio *(brf.)* cywiro, trwsio, atgyweirio,
unioni *torri*

clytiog *(ans.)* darniog, llarpiog,
bratiog, carpiog; carbwl *cyfan;*
celfydd

cnaf *(enw)* dihiryn, adyn, gwalch,
cenau, cyfrwysddyn, twyllwr *arwr,*
gŵr bonheddig

cnafaidd *(ans.)* cyfrwys, drygionus,
dichellgar, twyllodrus, bawaidd,
brwnt, ciaidd *boneddigaidd*

cnaif *(enw)* cnu, cnufyn, cnuf

cnap *(enw)* cnepyn, talp, telpyn, cwlff,
cwlffyn, clap, darn *cyfanrwydd*

cnapiog *(ans.)* talpiog, clapiog,
cnyciog, tameidiog, anwastad

cneifio *(brf.)* gwelleifio, tocio, torri

cnewyllyn *(enw)* bywyn, canol, calon,
craidd, canolbwynt

cno *(enw)* tamaid, cnoad, cnofa,
brathiad, brath, pigiad, gwaniad

cnoc *(enw)* ergyd, trawiad, cnocell

cnocio *(brf.)* ergydio, taro, bwrw, curo,
cnocellu

cnoi *(brf.)* brathu, bwyta; curio, poeni,
dolurio

cnu *(enw)* cnuf, cnufyn, cnaif

cnwc *(enw)* bryncyn, bryn, bron,
twmpath, ponc, moel, poncyn

cnwd *(enw)* cynnyrch, ffrwyth

cnydfawr *(ans.)* toreithiog,
ffrwythlon, cynhyrchiol, cnydiog,
cnydiol *tlawd, digynnyrch*

cnydio *(brf.)* cynhyrchu, ildio,
ffrwytho *gwarafun*

cob *(enw)* mantell, hugan, clogyn,
cochl, clog, cot, côt

còb *(enw)* argae, morglawdd, clawdd,
ffos; corryn

coblyn *(enw)* andras, ellyll, ysbryd
drwg, bwgan, bwci, drychiolaeth,
diafol *angel*

cocosen *(enw)* cogen, deintrod, còg,
dant

coch *(ans.)* rhudd, ysgarlad,
rhuddgoch, purgoch, fflamgoch,
carmin, fermiliwn

cochi *(brf.)* rhuddo, gwrido,
cywilyddio

cochl *(enw)* mantell, hugan, clog,
clogyn, cob, cot, côt

cochni *(enw)* cochder, cochi, gwrid,
lliw coch

cod *(enw)* 1. cwd, ysgrepan, ffetan,
sach 2. coden, codyn, plisgyn, masgl

codi *(brf.)* 1. cyfodi, cwnnu, dyrchafu
disgyn 2. adeiladu 3. chwyddo 4.
achosi, creu 5. cynhyrchu 6. tarddu
diweddu

codiad *(enw)* cyfodiad, tarddiad,
esgynfa, dyrchafiad, cynnydd
gwaered, disgyniad

codl *(enw)* cymysgwch, lol, sothach,
nonsens *synnwyr*

codlo *(brf.)* drysu, cymysgu; siarad
dwli, cyboli, siarad ar ei gyfer

codog 1. *(enw)* cybydd, mab y crinwas
2. *(ans.)* cybyddlyd, cyfoethog,
crintachlyd, llawgaead *hael,*
haelfrydig, haelionus

codwm *(enw)* cwymp, syrthiad,
cwympiad, disgyniad *esgyniad,*
dyrchafael

coed *(enw)* pren; coedwig, fforest,
gwig, gwigfa; prennau/gwŷdd/
coelfenni/llwyni *(lluos.)*

coediwr *(enw)* torrwr coed,
coedwigwr, fforestwr, cymynwr,

cwympwr coed

coedd *(ans.)* cyhoeddus, cyffredin, agored *cudd, cyfrin*

coeg *(ans.)* 1. coeglyd, gwag *llawn* 2. ofer 3. gwirion, ffôl *call, doeth* 4. dall, tywyll

coegfeddyg *(enw)* crachfeddyg, cwac *arbenigydd*

coegni *(enw)* coegedd, gwagedd, oferedd, gwatwareg, coegfalchder, gorwagedd

coegwych *(ans.)* coegfalch, gorwych, llachar, coegynnaidd, mursennaidd *dirodres, diragrith*

coel *(enw)* arwydd, cred, crediniaeth, ymddiried, credyd, goglyd *anghrediniaeth*

coelio *(brf.)* credu, ymddiried, hyderu, goglyd *anghredu*

coes *(enw)* 1. *(ben.)* aelod, esgair 2. *(gwr.)* bonyn, dwrn, carn, corn

coeth *(ans.)* 1. pur, glân, purlan 2. gwych, cain 3. diwylliedig *anghoeth*

coethder *(enw)* gwychder, ceinder, puredd, purdra, coethiad; diwylliant *gwaeledd*

coethedig *(ans.)* coeth, cain, gwych, diwylliedig *anghoeth*

coethi *(brf.)* puro, glanhau, teru; blino; cosbi; cyffroi; clebran *difwyno, andwyo*

coets *(enw)* cerbyd, bws

cof *(enw)* atgof, coffa, coffadwriaeth, synnwyr iawn, iawn bwyll *angof, ebargofiant*

cofadail *(enw)* cofarwydd, cofgolofn, gwyddfa, beddadail

cofeb *(enw)* coffa, coffadwriaeth, cofarwydd *ebargofiant*

cofiadwy *(ans.)* cofus, bythgofiadwy, hygof *diddrwg-didda*

cofio *(brf.)* dwyn ar gof, galw i gof, bod ar gof, atgofio, cadw ar gof,

cadw mewn cof *anghofio, gollwng dros gof*

cofl *(enw)* côl, mynwes, cofleidiad

coflaid (enw) llond, braich, llond cesail, llond côl, cowlaid, cowlad; anwylyd

cofleidio *(brf.)* anwylo, mynwesu, gwasgu, mwytho *diystyru*

cofnod *(enw)* nodyn, glôs, cofysgrif, nodiad

cofnodi *(brf.)* nodi, rhoi ar glawr, rhoi ar gof a chadw, ysgrifennu *hepgor*

cofnodion *(enw lluos.)* croniclau, archifau, cofysgrifau; hanes

cofrestr *(enw)* rhestr, coflyfr

cofrestru *(brf.)* rhestru, nodi; ymgofrestru, ymuno, ymaelodi, listio

cofrodd *(enw)* rhodd goffa, swfenîr, memento

coffa *(enw)* coffadwriaeth, coffâd, cof; cofeb *anghofrwydd, ebargofiant*

coffaol *(ans.)* coffadwriaethol, er cof

coffáu *(brf.)* dwyn i gof, cadw mewn cof, atgofio, atgoffa, atgoffáu *anghofio*

coff(o)r *(enw)* blwch, bocs, cist, cynhwysydd

cog *(enw)* cogydd; cwcw, cethlydd

coginio *(brf.)* paratoi bwyd; crasu, ffrio, rhostio, berwi, pobi, lledferwi

cogio *(brf.)* cymryd ar, ymhonni, ffugio, ffuantu, honni, twyllo

cogor *(brf.)* grillian, gwichian, trydar, yswitian, crecian, clegar

cogwrn *(enw)* tas, helm, côn, copyn; masgl; dwrn

congl *(enw)* cornel, cil, cwr, ongl

coleg *(enw)* athrofa, prifysgol, ysgol bolitechnig

colero *(brf.)* gafael/cydio yn, dal, gosod eich pump ar *gollwng*

colfen *(enw)* 1. cainc, cangen 2. coeden, pren

colio *(brf.)* brathu, pigo, colynnu

colofn *(enw)* piler, rhes, ateg

cols *(enw lluos.)* marwor, marwydos

coluddion *(enw lluos.)* ymysgaroedd, perfeddion

coluro *(brf.)* lliwio, ymbincio, peintio; rhwbio; cuddio

colwyn *(enw)* ci bach, cenau

colyn *(enw)* col, brath; colfach

coll 1. *(enw)* bai, diffyg, nam, gwendid, ffaeledd, mefl, gwall *perffeithrwydd* 2. *(ans.)* colledig, colledus, ar goll, ar gyfeiliorn

colledig *(ans.)* ar goll, ar gyfeiliorn, ar grwydr, colledus, ar ddisberod, diflanedig; damniedig

colledigaeth *(enw)* colled; dinistr, distryw; damnedigaeth *iachawdwriaeth*

collfarnu *(brf.)* euogfarnu, condemnio *rhyddhau*

colli *(brf.)* gweld eisiau, gwastraffu, methu, gollwng, bod ar eich colled *dod o hyd i*

comedi *(enw)* digrifwch, donioldeb, ysmaldod; drama ysgafn *trasiedi*

comin *(enw)* cytir, tir cyd, tir cyffredin

comisiwn *(enw)* dirprwyaeth, awdurdod; corff, panel, sefydliad

conan *(brf.)* conach, cwyno, cwynfan, grwgnach, achwyn, ceintach *ymfodloni*

concro *(brf.)* gorchfygu, trechu, darostwng, maeddu, curo, ennill *ffoi*

concwerwr *(enw)* gorchfygwr, goresgynnwr, trechwr, maeddwr, buddugwr, enillwr, darostyngwr *collwr*

concwest *(enw)* buddugoliaeth, gouchafiaeth, darostyngiad *ffoëdigaeth*

condemniad *(enw)* collfarniad, euogfarn *rhyddfarn, dieuogiad*

condemnio *(brf.)* euogfarnu, collfarnu *rhyddfarnu, dieuogi*

confensiynol *(ans.)* defodol, arferol, rheolaidd, cydymffurfiol *anghonfensiynol*

consuriaeth *(enw)* dewiniaeth, hud a lledrith, hudoliaeth, cyfaredd, dewindabaeth, swyn, swyngyfaredd

consurio *(brf.)* ystrywio, dewino, hudo, swyno

consuriwr *(enw)* dewin, dyn hysbys, swynwr, swyngyfareddwr

cop *(enw)* copyn, corryn, pryf copyn, cor

copa *(enw)* pen, brig, blaen, top; twff *gwaelod, godre*

copi *(enw)* 1. eileb, adysgrif; efelychiad, hudoliaeth, dynwarediad *y gwreiddiol* 2. cyfrol, llyfr

copïo *(brf.)* adysgrifennu; dynwared, efelychu

copïwr *(enw)* adysgrifennwr; dynwaredwr, efelychwr *crëwr*

cor *(enw)* 1. dyn bach, corrach, corddyn *cawr* 2. corryn, cop, copyn, pryf copyn

côr *(enw)* 1. mintai, grŵp 2. sedd, eisteddle 3. stabl, beudy

corco *(brf.)* neidio, ysboncio, dychlamu; rhoi corcyn

cordeddu *(brf.)* cyfrodeddu, troi, dirwyn, nyddu *datod, ymddatod*

cordyn *(enw)* cordyn, corden, rhaff, rheffyn, tennyn, llinyn

corddi *(brf.)* terfysgu, cyffroi, troi, ysgwyd, cynhyrfu, siglo *ymdawelu*

corddiad *(enw)* troad, cynhyrfiad, ysgydwad, siglad *llonyddwch*

cored *(enw)* argae, cronfa

corfran *(enw)* jac-y-do, cogfran, cawci, jac ffa

corff *(enw)* 1. celain, corpws 2. sefydliad, mudiad, panel, cymdeithas, corfforaeth

corfflosgfa *(enw)* amlosga, darlosgfa, crematoriwm

corffol *(ans.)* corffog, tew, mawr, boliog, cestog *main, gwachul*

corffolaeth *(enw)* maint, taldra, uchder; corffoledd

corfforaeth (enw) corff, cwmni, sefydliad, cymdeithas

corffori *(brf.)* cynnwys, cyfuno, uno *chwalu*

corfforol *(ans.)* ffisegol, materol; llwyr *ysbrydol, meddyliol*

corgan *(enw)* siant, erddigan, peroriaeth, melodi, alaw, harmoni

corganu *(brf.)* siantio, llafarganu

corgi *(enw)* costog, taeog, cerlyn, cnaf, adyn, dihiryn *arwr*

coridor *(enw)* tramwyfa, rhodfa

corlan *(enw)* ffald, lloc, pen

corlannu *(brf.)* casglu, crynhoi, llocio, ffaldio *chwalu, gwasgaru*

corn *(enw)* 1. utgorn, trwmped 2. stethosgob 3. nerth 4. tyfiant

cornant *(enw)* nant, ffrwd, afonig, gofer, aber

cornel *(enw)* congl, encilfa, cwr, cil, ongl, cornelyn

cornicyll *(enw)* cornchwiglen, hen het, cwtiad, chwilgorn

cornio *(brf.)* ymosod, cyrchu, crychu

cornwyd *(enw)* pendduyn, llinoryn, clöyn, clowyn, clewyn

coron *(enw)* 1. penwisg, coronig, talaith, coronbleth 2. pumswllt

coroni *(brf.)* anrhydeddu, urddo, urddwisgo, arwisgo *dianrhydeddu, amharchu*

corrach *(enw)* cor, corddyn, dynyn, dynan, dynionach *(lluos.),* dyneddon *(lluos.) cawr*

corryn *(enw)* cop, copyn, pryf copyn, cor

cors *(enw)* mignen, siglen, sugn, corstir, gwern *crastir*

corsen *(enw)* cawnen, cecysen, calaf, brwynen, llafrwynen

cortyn *(enw)* cordyn, llinyn, tennyn, rheffyn

corwgl *(enw)* 1. corwg, cwrwgl, cwrwg, bad pysgota, cwch 2. corff 3. cnaf, adyn, dihiryn

corwynt *(enw)* trowynt, hyrddwynt *chwa*

cosb *(enw)* cosbedigaeth, cerydd, dirwy, dioddefaint, poen *gwobr*

cosbi *(brf.)* ceryddu, niweidio, poeni, ymddial *gwobrwyo*

cosbol (ans.) cosbedigaethol, cosbedigol *gwobrwyol*

cosfa *(enw)* 1. cos, crafu, cosi 2. crasfa, curfa, cweir, coten

cosi 1. *(enw)* cos, cosfa, y crafu 2. *(brf.)* crafu, ysu

cost (enw) pris, traul, gwerth

costog 1. *(enw)* corgi, taeog, cerlyn *gŵr bonheddig* 2. *(ans.)* taeog, taeogaidd, sarrug, swrth *boneddigaidd, dymunol*

costrel *(enw)* potel, llestr, ffiol

costus *(ans.)* costfawr, drud, prid, gwerthfawr, drudfawr *rhad, di-gost*

cot *(enw)* 1. côt, mantell, clogyn, clog, côb 2. coten, cweir

crablyd *(ans.)* sur, sarrug, surbwch, chwerw; bach, pitw *melys; mawr*

crac 1. *(enw)* hollt, agen, toriad, rhaniad 2. (ans.) dig, llidiog, cynddeiriog, fel cacynen mewn bys coch *bodlon, hapus*

cracio *(brf.)* hollti, torri *trwsio*

crachach *(enw lluos.)* crachfonheddwyr, snobyddion, rhagrithwyr *ciwed, gwerinos*

crachen *(enw)* 1. cramen 2. clefyd, afiechyd, clafr

crachfonedd *(enw)* crachuchelwyr *(lluos.)*, crachach *(lluos.)*; snobyddiaeth

crachfonheddig *(ans.)* snobyddlyd, trwynuchel *diymhongar, dirodres*

crachfonheddwr *(enw)* coeg uchelwr, snob, rhagrithiwr *taeog, cerlyn*

crafanc *(enw)* pawen, palf, llaw, ewinedd *(lluos.)*

crafangu *(brf.)* crafu, trachwantu; dal, cydio, gafael, crafangio, cipio *gollwng*

crafangwr *(enw)* cipiwr, gafaelwr, rheibiwr, ysbeiliwr, anrheithiwr

crafat *(enw)* crafet, tei, ffunen, cadach gwddf, sgarff, torch, coler

crafiad *(enw)* clwyf, crip, cripiad, cosiad

crafion *(enw lluos.)* pilion, naddion, creifion, cribinion

crafu *(brf.)* 1. trachwantu, crafangu, ysu, 2. rhwbio, sgrapo, cripian, cripio, sgrabin, sgrapin

crafwr *(enw)* crafell, ysgrafell, crafiedydd, ffeil; sebonwr, cynffonnwr

craff *(ans.)* 1. eiddgar, llym, miniog 2. sylwgar 3. cyflym 4. doeth, call, â llygaid yn ei ben *twp, hurt*

craffter *(enw)* 1. eiddgarwch, llymder, miniogrwydd 2. sylwadaeth 3. cyflymder 4. callineb, doethineb *twpdra, ynfydrwydd*

craffu *(brf.)* gafael; sylwi, gwrando'n astud, edrych yn fanwl *esgeuluso, anwybyddu*

cragen *(enw)* gorchudd, crogen, tagell

crai *(ans.)* ffres, amrwd, ir, gwyrf, newydd *hen, mws*

craidd *(enw)* canol, calon, rhuddin, canolbwynt *ymyl*

craig *(enw)* clogwyn, dibyn, clegr, creigle*

crair *(enw)* swyn, trysor

cramen *(enw)* crachen, crawen

cramennu *(brf.)* crachennu, crawennu

cramwythen *(enw)* crempogen, ffroesen, ffreisen, poncagen

crand *(ans.)* ardderchog, gwych, bendigedig, campus, godidog *gwael, salw*

crandrwydd *(enw)* godidowgrwydd, gwychder, ardderchowgrwydd, mawredd *gwaeledd*

crap *(enw)* 1. gafael, dalfa 2. gwybodaeth, dealltwriaeth, amgyffred, dirnadaeth *annealltwriaeth*

crapio *(brf.)* bachu, gafael, dal, cydio, bachellu *gollwng, methu*

cras *(ans.)* 1. crasboeth, sych *oeraidd* 2. aflafar, gerwin, llym, cas, amhersain *persain*

crasfa *(enw)* cosfa, cweir, coten, curfa, cot

crasu *(brf.)* pobi, llosgi, sychu; rhoi cweir, maeddu *rhewi*

crau *(enw)* 1. twll, agorfa, soced, llygad 2. twlc, cut

crawcian *(brf.)* crygleisio, grymial

crawen *(enw)* crofen, crystyn, crwst, crwstyn, tonnen

crawn *(enw)* gôr, madredd, mater, gwaedgrawn

crawni *(brf.)* crawnio, casglu, crynhoi, gori, magu, hela pen

crawnllyd *(ans.)* gorllyd, madreddog

creadigaeth *(enw)* cread, bydysawd, hollfyd, creaduriaeth, creadwriaeth *dinistr, distryw*

creadigol *(ans.)* dychmygus, artistig, celfyddydol *diddychymyg, anghreadigol*

creadur *(enw)* anifail, bwystfil, mil, milyn *(ben. - creadures) dyn, bod dynol*

creawdwr *(enw)* crëwr, creawdydd, lluniwr, saernïwr *dinistriwr, chwalwr*

crebachlyd *(ans.)* crebach, gwywol, gwywedig, wedi deifio, wedi crychu, crychlyd, wedi tynnu ato *ir, ffres*

crebachu *(brf.)* tynnu ato, cywasgu, lleihau, crychu, gwywo, crino *blodeuo, egino*

crebwyll *(enw)* dychymyg, ffansi, darfelydd *annealltwriaeth*

crec *(enw)* creciad, clec, clep, toriad; eiliad

crecian *(brf.)* 1. clecian, clepian 2. trydar, cogor, yswitian, clochdar, grillian

creciar *(enw)* rhegen yr ŷd, sgrech yr ŷd, sgrech y gwair, rhegen y rhych

cred *(enw)* crediniaeth, coel, ffydd, hyder, ymddiried, ymddiriedaeth; llw *anghrediniaeth, anghred*

credadun 1. *(enw)* credwr, crefyddwr, Cristion, ffyddloniaid *(lluos.) pagan, anghredadun* 2. *(ans.)* credadwy, ffyddlon, cywir *anffyddlon, anghrediniol*

credadwy *(ans.)* hygoel, hygred *anhygoel, anghredadwy*

credo *(enw)* cred, crediniaeth, athrawiaeth, cyffes ffydd *anghred, anghrediniaeth*

credu *(brf.)* ymddiried, coelio, hyderu, goglyd *anghredu*

credyd *(enw)* ymddiriedaeth; cymeriad, enw da

credydwr *(enw)* credwr, echwynnwr

crefu *(brf.)* deisyf, ymbil, gofyn, atolygu, erfyn, ymhŵedd; cardota

crefydd *(enw)* cred, ffydd, defosiwn, addoliad, urdd *anghred*

crefydda *(brf.)* addoli, eglwysa, capela, crefyddu

crefydd-dy *(enw)* mynachlog, lleiandy, cwfaint, clas, priordy, brodordy, abaty

crefyddes *(enw)* lleian, mynaches

crefyddol *(ans.)* defosiynol, duwiol, duwiolfrydig, crefyddgar *digrefydd, annuwiol*

crefyddoldeb *(enw)* crefyddolder, duwioldeb, defosiwn *anghrediniaeth, paganiaeth*

crefyddwr *(enw)* credwr, credadun, Cristion; offeiriad; mynach *anghredadun*

crefft *(enw)* gwaith llaw, celfyddyd, galwedigaeth, crefftwaith

crefftus *(ans.)* medrus, celfydd, crefftwrus, crefftwrol, crefftwraidd *anghelfydd, anfedrus*

crefftwr *(enw)* gweithiwr llaw, celfyddwr, celfyddydwr, artist

creifion *(enw lluos.)* crafion, pilion, cribinion, naddion

creigiog *(ans.)* clogyrnog, anwastad, ysgithrog, garw, gerwin *gwastad, llyfn*

crempogen *(enw)* ffroesen, cramwythen, poncagen, ffreisen

crepach 1. *(enw)* diffrwythdra, fferdod 2. *(ans.)* gwyw, cwsg, diffrwyth *ir, bywiog*

creu *(brf.)* cynhyrchu, gwneud, llunio, saernïo, peri, achosi, achlysuro *dinistrio, difetha*

creulon *(ans.)* anfad, echrydus, milain, ffyrnig, anwar, erchyll, ysgeler *ystyriol, caredig*

creulondeb *(enw)* creulonder, anfadwaith, ysgelerder, mileindra, erchylltra, barbareiddiwch, echryslonder *caredigrwydd, gwareiddiad*

crëwr *(enw)* creawdwr, lluniwr, creawdydd, saernïwr *chwalwr, dinistriwr*

crëyr *(enw)* crehyr, crŷr, crychydd,

garan

cri *(enw)* bloedd, llef, dolef, gwaedd, crochlef, ysgrech, bonllef *gosteg, distawrwydd*

crib *(enw)* 1. copa, brig, trum *gwaelod, godre* 2. cribell, ysgrafell

cribddeilio *(brf.)* crafangu, rheibio, anrheithio, ysbeilio, budrelwa

cribo *(brf.)* crafu, ysgrafellu, cardio

cribog *(ans.)* 1. cobynnog, danheddog 2. serth *llyfn, gwastad*

cricedyn *(enw)* cricsyn, pryf tân, cric, criciedyn

crimog *(enw)* crimp; coesarf

crin *(ans.)* gwyw, sych, gwywedig, wedi gwywo, crebachlyd, crintach, crinllyd *ir, ffres*

crinder *(enw)* sychder, gwywder *irder, ffresni*

cringoch *(ans.)* coch, rhudd, cochlyd, melyngoch, llwytgoch

crino *(brf.)* gwywo, sychu, deifio, edwi, edwino *blaguro, tyfu*

crintach *(ans.)* crintachlyd, cybyddlyd, llawgaead, llawdyn, prin, ariangar *hael, haelionus*

crintachu *(brf.)* gorgynilo, arbed, bod yn gynnil *afradu, gwastraffu*

crintachwr *(enw)* cybydd, mab y crinwas *afradwr*

crio *(brf.)* wylo, wylofain, llefain, gweiddi, cyhoeddi, bloeddio, ysgrechain *chwerthin*

cripian *(brf.)* cropian, cripio, ymlusgo, ymgripio, ymgropian, ymgripian; crafu *gwibio, rhedeg*

criw *(enw)* mintai, corfflu, nifer, cwmni, dwylo *(lluos.)*

crïwr *(enw)* wylwr, gwaeddwr, bloeddiwr, crochlefwr, cyhoeddwr

crocbren *(enw)* croesbren, dienyddfa

croch *(ans.)* uchel, garw, aflafar, amhersain, brochus, cryg, angerddol, uchel ei gloch *tawel, persain*

crochan *(enw)* pair, berwedydd, cawg, callor, llestr

crochlefain *(brf.)* bloeddio, gweiddi, crio nerth ei ben, ysgrechian, ysgrechain *tewi*

croen *(enw)* gorchudd, cen, pil, pilionyn, crawnen, masgl, rhisgl

croendenau *(ans.)* llidiog, cythruddgar, sensitif, teimladol, teimladwy, hydeiml *croendew, dideimlad*

croendew *(ans.)* croengaled, caled, dideimlad *croendenau, sensitif*

croeniach *(ans.)* holliach, iach, dianaf, heb niwed, diarcholl, di-glwyf *clwyfedig, anafedig*

croes 1. *(enw)* croesbren, crog, dienyddfa; adfyd, dioddefaint, cystudd 2. *(ans.)* blin, traws, anynad, anfoddog, dig, dicllon *bodlon*

croesawgar *(ans.)* croesawus, cymdeithasgar, cynnes, twymgalon, dymunol, cymwynasgar, caredig *digroeso*

croesawu *(brf.)* cyfarch, derbyn *anwybyddu*

croesffordd *(enw)* cyffordd, ysgwâr, croesfa

croesgad *(enw)* crwsâd, Rhyfel y Groes

croegadwr *(enw)* crwsadwr, Rhyfelwr y Groes, croeswr

croesholi *(brf.)* holi, stilio, profi, gofyn, archwilio

croesi *(brf.)* mynd yn groes; ymswyno; gwrthwynebu; croesfridio

croesineb *(enw)* croesni, anghytundeb, aflwydd *llwyddiant; cytundeb*

croeso *(enw)* croesawiad, derbyniad

croestynnu *(brf.)* anghytuno, tynnu'n groes, gwrthwynebu; cecru, ffraeo, ymrafael, ymgecru *cytuno*

croeswr *(enw)* Gwaredwr; cariwr croes; croesgadwr; gwrthwynebydd

crofen *(enw)* crawen, crystyn, crwstyn, tonnen, crwst

crog 1. *(enw)* croes, dienyddfa, crocbren, croesbren, crogfa 2. *(ans.)* ynghrog, yn hongian

crogi *(brf.)* dienyddio, rhoi i farwolaeth, croeshoelio

croglath *(enw)* magl, trap

cronglwyd *(enw)* to, nen, nenfwd *llawr*

crombil *(enw)* ystumog, glasog, cylla, cropa; perfedd, canol, craidd

cromen *(enw)* cromnen, crymdo

cromlin *(enw)* tro, cord

cronfa *(enw)* 1. argae 2. ffynhonnell, trysorfa, casgliad

cronicl *(enw)* cofnod, hanes, coflyfr

croniclo *(brf.)* cofnodi, rhoi ar gof a chadw, nodi, cofrestru *esgeuluso, hepgor*

cronni *(brf.)* casglu, crynhoi, cynnull *chwalu*

croten *(enw)* geneth, merch, hogen, lodes, herlodes, llances, crotes *crwtyn; gwraig*

croth *(enw)* bru; bol, tor

croyw *(ans.)* gloyw, clir, eglur, claer, amlwg, ir, ffres *anghroyw, aneglur*

crug *(enw)* cruglwyth, crugyn, twmpath, twmp, twyn, tomen, pentwr, carnedd, twr, llu; chwydd, cornwyd

crugdardd *(enw)* cruccdardd, llinoryn, pothell, ploryn

cruglwytho *(brf.)* crugio, pentyrru; llethu, gorlwytho; gofidio

crupl *(ans.)* cloff, efrydd *holliach*

crwb *(enw)* crwbi, lwmp, crwbach, crwmp

crwc *(enw)* bwced, piser, ystên, twba, twb, twbyn, cunnog

crwca *(ans.)* anunion, cam, yn gwyro, gwargrwm *syth, union*

crwm *(ans.)* yn crymu, plygedig, yn gwargamu, gwargrwm, amgrwm, cam *syth, cefnsyth*

crwmach 1. *(enw)* crwbach, crwmp, crwb, cwman 2. *(ans.)* cam, crwca *syth*

crwn *(ans.)* 1. rownd, cylchog sgwâr 2. cyflawn, cyfan *anghyflawn*

crwst *(enw)* crwstyn, crawen, crystyn, tonnen, crofen

crwtyn *(enw)* crotyn, crwt, hogyn, llanc, llencyn, bachgennyn *croten; dyn*

crwth *(enw)* ffidil, fiolin, feiol

crwybr *(enw)* 1. barrug, llwydrew, arien, llorrew, tawch 2. dil mêl 3. gorewyn, sgum, ewyn

crwydro *(brf.)* rhodio, cyfeiliorni, mynd ar grwydr *ymsefydlu, ymgartrefu*

crwydrol *(ans.)* crwydrol, ar goll, ar gyfeiliorn *sefydlog*

crwydryn *(enw)* tramp, trempyn, sipsi; cerddwr, rhodiwr *(ben. - crwydren) preswylydd*

crybwyll *(brf.)* sôn am, cyfeirio at, awgrymu; clodfori

crybwylliad *(enw)* crybwyll, sôn, awgrym, hysbysiad, hint, sylw, cyfeiriad

crych 1. *(enw)* plygiad, plyg, rhych; cyffro, crychni *llyfnder* 2. *(ans.)* crychlyd, wedi rhychu *llyfn*

crychu *(brf.)* 1. cyrlio, crimpio 2. rhychu, rhychio 3. cyffroi, tonni *llyfnhau*

crychydd *(enw)* crŷr, crehyr, crëyr, garan

cryd *(enw)* twymyn, afiechyd, clefyd, cryndod, crydwst, ysgryd *iechyd*

crydd *(enw)* cobler, coblwr, trwsiwr esgidiau

cryf *(ans.)* grymus, nerthol, pwerus, galluog, cadarn, maethlon **gwan, eiddil**

cryfder *(enw)* nerth, pŵer, gallu, grym, grymuster, cryfdwr, cadernid **gwendid, llesgedd**

cryfhau *(brf.)* atgyfnerthu, nerthu, grymuso, cyfnerthu, cadarnhau, cynyddu, cryffa **gwanhau, gwanychu**

cryg *(ans.)* cryglyd, aneglur, bloesg **eglur, clir**

crymu *(brf.)* plygu, camu, gwyro, gwargrymu, gwargamu, plygu glin **sythu, ymunioni**

cryn 1. *(enw)* crŷn, cryndod 2. *(ans.)* tipyn, llawer, sylweddol, gweddol; crynedig, sigledig

cryndod *(enw)* cryn, crŷn, rhyndod, ias, crynfa, cryniad, dirgryniad **sefydlogrwydd**

crynedig *(ans.)* cryn, crŷn, sigledig, rhynllyd, yn crynu

crynhoad *(enw)* casgliad, cynulliad; crynodeb, talfyriad **gwasgariad, chwalfa**

crynhoi *(brf.)* casglu, cynnull, tyrru, ymgynnull, pentyrru, cronni; talfyrru **chwalu, gwasgaru**

cryno *(ans.)* twt, taclus, trefnus, dechau/dethau, cymen, destlus **ar chwâl, anghymen**

crynodeb *(enw)* byrhad, talfyriad, cwtogiad, crynhoad; taclusrwydd, trefnusrwydd **helaethiad; annibendod**

crynswth *(enw)* cyfanswm, swm, cwbl, cyfan, cyfanrwydd, llawnder, cyflawnder **rhan, darn**

crynu *(brf.)* ysgwyd, rhynnu, echrydu, arswydo, dirgrynu, siglo

crystyn *(enw)* crwst, crawen, crofen, crwstyn, tonnen

cu *(ans.)* annwyl, cariadus, hoff, dymunol, hawddgar, caredig, serchog **anghu, angharuaidd**

cuchio *(brf.)* gwgu, cilwgu, crychu aeliau **gwenu, chwerthin**

cuchiog *(ans.)* gwgus, llidiog, cilwgus, dan ei guwch **hapus, siriol**

cudyll *(enw)* curyll, hebog, corwalch, gwalch

cudyn *(enw)* cobyn, tusw, sypyn

cudd *(ans.)* cuddiedig, ynghudd, o'r golwg **agored, cyhoeddus**

cuddfa *(enw)* cuddfan, ymguddfa, lloches, dirgelfa, cronfa, encilfa, lle dirgel

cuddio *(brf.)* celu, llechu, ymguddio, cwato, gorchuddio, claddu, gorthoi **datguddio, amlygu**

cul *(ans.)* cyfyng, tenau, main, caeth; rhagfarnllyd **llydan; eangfrydig**

culfor *(enw)* cyfyngfor, sianel, culfa, ffiord

culhau *(brf.)* cyfyngu, teneuo, meinhau **llydanu, ehangu**

culni *(enw)* culder, meinder; rhagfarn, crintachrwydd **lled; haelioni**

cunnog *(enw)* bwced, ystên, ystwc, crwc, cunogyn, piser

cur *(enw)* 1. gofid, gofal, pryder 2. dolur, poen, gwŷn, gloes **cysur**

curfa *(enw)* cweir, crasfa, cosfa, cot, coten, trechiad

curiad *(enw)* trawiad, ergyd, dychlamiad; amseriad, tempo

curio *(brf.)* nychu, dihoeni, difa, gofidio, blino, poeni; gofalu am **ymfodloni**

curo *(brf.)* ergydio, bwrw, maeddu, baeddu, taro, trechu, ffusto

cut *(enw)* 1. hofel, caban, bwthyn, sied 2. twlc, cwt, ffald **palas, plasty**

cuwch *(enw)* gwg, cilwg **gwên**

cwafrio *(brf.)* crynu, crychleisio

cwarel *(enw)* paen, chwarel gwydr;

cweryl, ffrae

cwato *(brf.)* cuddio, cysgodi, ymguddio; cyrcydu, cwmanu *amlygu, dangos*

cwb *(enw)* cenel, caets, cwt, cut, twlc, cawell

cwbl 1. *(enw)* cyfan, popeth, crynswth *rhan* 2. *(ans.)* pawb, oll, holl, i gyd, cyfan, cyflawn *rhai*

cwblhau *(brf.)* gorffen, cwpla, cwplu, cyflawni, dibennu, dod i ben, terfynu *dechrau*

cwcw *(enw)* cog, cethlydd

cwch *(enw)* 1. bad, cwrwgl, ysgraff, canŵ, rafft 2. llestr gwenyn

cwd *(enw)* 1. cwdyn, bag, cod, ysgrepan, pwrs 2. sach, ffetan

cweir *(enw)* crasfa, curfa, cot, coten, cosfa, trechiad

cweryl *(enw)* ymrafael, ffrae, anghydweld, ymryson, cynnen, ffrwgwd, dadl *cydfod, cytundeb*

cweryla *(brf.)* ymryson, ymrafael, ffraeo, anghydweld, cynhennu, ymgiprys, ymgecru *cytuno, cydgordio*

cwerylgar *(ans.)* ymrysongar, cecrus, ymgecrus, ymrafaelgar, ffraegar, dadleugar *cytûn*

cwerylwr *(enw)* ffraewr, cecrwr, ymrysonwr, cecryn

cwestiwn *(enw)* gofyniad, ymholiad, hawl, holiad; dadl, testun, pwnc *ateb*

cwestiyna *(brf.)* cwestiyno, cwestiynu, holi, gofyn, stilio *ateb*

cwfaint *(enw)* mynachlog, lleiandy, clas, priordy, brodordy, abaty, crefydd-dy

cwffio *(brf.)* paffio, cernodio, palfodi, ymladd, curo

cwffiwr *(enw)* ymladdwr, paffiwr

cwhwfan *(brf.)* chwifio, chwyrlïo, ysgwyd, cyhwfan

cwilsyn *(enw)* cwilsen, pluen, plufyn; ysgrifbin

cwla *(ans.)* claf, anhwylus, clwyfus, sâl, tost, gwael, llesg *iach, holliach*

cwlff *(enw)* cwlffyn, talp, darn, tamaid, telpyn, clap, cnepyn *cyfan, cwbl*

cwlt *(enw)* addoliad, credo, dilyniad, ymroddiad

cwlwm *(enw)* clwm, rhwym, rhwymyn, cyplad; tusw, pwysi; cainc

cwm *(enw)* dyffryn, glyn, ystrad, bro, nant, hafn, ceunant *gwastadedd, gwastatir*

cwman *(enw)* cwrcwd; llestr, buddai; crwbi, crwmp, pedrain, crymiad

cwmanu *(brf.)* gwargamu, cyrcydu, mynd yn ei gwrcwd, plygu, swatio, gwyro, twtian *ymsythu*

cwmni *(enw)* cymdeithas, cwmpeini, mintai, grŵp, cymuned, cwmpni

cwmnïaeth *(enw)* cyfeillach, cymdeithas, cyfeillgarwch *unigrwydd*

cwmnïwr *(enw)* cyfaill, cydymaith, cwmnïydd, ymgomiwr, sgwrsiwr

cwmpas *(enw)* cymdogaeth, cymuned, amgylchoedd *(lluos.),* amgylchfyd, amgylchedd

cwmpasog *(ans.)* cylchynol, yn cwmpasu; amleiriog, anuniogyrchol *uniongyrchol, diwyro*

cwmpasu *(brf.)* amgylchynu, amgylchu, cylchynu, deall, rhychwantu, amredeg; mynd o amgylch *hepgor*

cwota *(enw)* rhan, cyfran, siâr, dogn *cyfan, cwbl*

cwpan *(enw)* dysgl, llestr, diodlestr; greal,

cwpl *(enw)* pâr, dau; pennill, cwpled; cowlas, cwlas, duad; cyswllt, cwlwm; cyplad

cwpláu *(brf.)* cwpla, cwblhau, gorffen, dibennu, terfynu, darfod, tynnu i ben *dechrau*

cwpon *(enw)* dogfen, tocyn, ffurflen

cwr *(enw)* 1. pen, cornel 2. ffin, goror, ymyl, cyffin, godre *canol*

cwrcwd *(enw)* cwman, plyg; cyrcydwr; person byr

cwrdd *(enw)* 1. *(enw)* cyfarfod, gwasanaeth, oedfa, cynulliad, cynhadledd, cymanfa 2. *(brf.)* cyfarfod, cwrddyd, cwarfod; cyffwrdd *gwasgaru, ymwahanu*

cwrlid *(enw)* cwilt, cwrpan, gwrthban, blanced, brecan, cylched

cwrs 1. *(enw)* gyrfa, rhedegfa, hynt, helynt, llwybr, taith; astudiaethau *(lluos.)* 2. *(ans.)* aflednais, anghwrtais

cwrt *(enw)* llys, iard, buarth, beili, cyntedd, clos, lawnt

cwrtais *(ans.)* bonheddig, moesgar, hynaws, rhadlon, ystyriol, graslon *anghwrtais, di-foes*

cwrteisi *(enw)* boneddigeiddrwydd, moesgarwch, hynawsedd, rhadlondeb, graslonrwydd *anghwrteisi, anfoesgarwch, anfoneddigeiddrwydd*

cwsg 1. *(enw)* hun, byrgwsg, amrantun, cyntun, nepyn; fferdod, diffyg teimlad *anhunedd* 2. *(ans.)* ynghwsg; fferllyd, dideimlad *ar ddi-hun, effro; byw*

cwsmer *(enw)* prynwr, cleient

cwstwm *(enw)* arferiad; cwsmeriaeth, masnach, busnes

cwt *(enw)* 1. cut, twlc, hofel, bwthyn, sied 2. archoll, clwyf, briw, gweli 3. tamaid 3. cynffon, llosgwrn, cwtws, cloren 4. adflas 5. coelbren

cwta *(ans.)* 1. byr, prin, cryno *hir* 2. sydyn, swta, disymwth *disgwyliedig* 3. cybyddlyd *hael*

cwter *(enw)* ffos, rhigol, sianel

cwtogi (brf.) byrhau, talfyrru, prinhau, crynhoi, cwtu, cwtanu, lleihau

helaethu, ehangu

cwtogiad (enw) byrhad, talfyriad, lleihad *helaethiad, ehangiad*

cwymp *(enw)* cwympiad, syrthiad, codwm, disgyniad, gwaered *esgyniad, dyrchafael*

cwympo *(brf.)* syrthio, disgyn, torri i lawr, cymynu *codi*

cwyn *(enw)* achwyniad, cyhuddiad; anhwyldeb; galar; cinio, gwledd, swper

cwynfan *(brf.)* 1. cwyno, griddfan, achwyn, grwgnach, dolefain, cwynofain *ymfodloni* 2. galaru *sirioli*

cwynfan(n)us *(ans.)* dolefus, trist, galarus, lleddf, trwm, alaethus *bodlon, diddig*

cwynwr *(enw)* achwynwr, grwgnachwr; erlynydd; casglwr milwyr

cwys *(enw)* rhigol, tywarchen, bedd, rhych

cybôl *(enw)* dwli, lol, ffwlbri, nonsens, twpdra *pwyll, synnwyr*

cybolfa *(enw)* llanastr, anhrefn, annibendod, cawdel, cawlach *cymhendod, taclusrwydd*

cyboli *(brf.)* clebran, siarad dwli, preblan, boddran, baldorddi, brygawthan, bragaldian *ymbwyllo*

cybydd *(enw)* crintachwr, mab y crinwas *afradwr*

cybydd-dod *(enw)* cybydd-dra, crintachrwydd *haelioni*

cybyddlyd *(ans.)* llawgaead, clòs, ariangar, tyn, mên, crintach *hael, diwarafun*

cychwr *(enw)* badwr, rhwyfwr, ysgraffwr

cychwyn 1. *(enw)* cychwyniad, dechreuad, codiad, symudiad, cychwynfa; cyffroad, cynhyrfiad *diwedd, terfyn* 2. (brf.) codi, symud,

dechrau; cyffroi, cynhyrfu, bwrw iddi
gorffen, cyrraedd
cychwynnol *(ans.)* dechreuol,
gwreiddiol, cysefin, cynhenid
diweddol, olaf
cyd 1. *(enw)* cydiad, cyplad, uniad,
cysylltiad 2. *(ans.)* unedig, cytûn;
cyhyd, mor hir â 3. *(rhag.)* gyda'i
gilydd, ynghyd
cyd-daro *(brf.)* cyd-ddigwydd; cytuno
anghytuno, anghydweld
cydbwyso (brf.) cloriannu;
gwrthbwyso
cyd-ddyn *(enw)* cyd-deithiwr,
cydymaith, cyd-greadur, cyd-
ddinesydd, cymrawd, cymar
cydfod *(enw)* cytundeb, cytgord,
cysondeb, cyfatebiaeth *anghydfod,
anghytundeb*
cyd-fynd (brf.) cytuno, cydsynio, cyd-
daro, cyfateb, cydfod, cydredeg
anghytuno
cydgynnull *(brf.)* cydymgynnull,
cydgasglu, casglu, crynhoi,
cydgrynhoi, tyrru *ymchwalu,
ymwasgaru*
cydiad *(enw)* cyswllt, cymal, cyfuniad,
uniad, asiad, ieuad, cyffordd
ymwahaniad
cydio *(brf.)* 1. cydied, uno, asio,
cysylltu, ieuo, cyplysu *rhannu,
gwahanu* 2. gafael *gollwng*
cydnabod *(brf.)* addef, cyfaddef,
arddel, caniatáu, talu *anwybyddu*
cydnabyddiaeth *(enw)*
adnabyddiaeth, dangosiad, taliad,
derbynneb, gwybodaeth,
cydnabyddiad
cydnabyddus *(ans.)* cyfarwydd,
cynefin, cydnabyddol, adnabyddus
anadnabyddus, anghyfarwydd
cydnaws *(ans.)* mewn cytgord, cytûn,
cyfaddas, o'r un natur, cyson

anghydnaws, anghytûn
cydnerth *(ans.)* cryf, cadarn, grymus,
pwerus, nerthol, cyhyrog, gewynnog
gwan, eiddil
cydol 1. *(enw)* cyfan, cwbl, crynswth,
cyfanrwydd *rhan* 2. *(ans.)* holl, cyfan
rhannol
cydradd *(ans.)* cyfartal, cyfwerth,
cydraddol, cystal, cyfuwch
anghyfartal
cydsyniad *(enw)* cytundeb,
cyfatebiaeth, cysondeb, caniatâd;
myfyrdod *anghydsyniad,
anghysondeb*
cydsynio *(brf.)* cydsynied, cytuno,
cyfateb, dygymod, cyd-weld, bodloni
anghydweld, anghytuno
cydweddiad *(enw)* cytundeb,
cyfatebiaeth, cymhariaeth,
tebygrwydd, cysondeb, cydbwysedd
anghydweddiad
cydweddol *(ans.)* cydymffurfiol,
cytûn, cyson, cydnaws *anghyson,
anghydnaws*
cydweddu *(brf.)* cytuno,
cydymffurfio, cyfateb *anghydweddu,
anghytuno*
cydweddus *(ans.)* addas, cyfaddas,
gweddus *anghydweddus,
anghyfaddas*
cyd-weld *(brf.)* cytuno, cydsynio,
bodloni, dygymod, cyfateb
anghydweld, anghydsynio
cydwybodol *(ans.)* dyfal, gofalus,
diwyd, ystyriol *digydwybod,
diegwyddor*
cydymaith *(enw)* cyd-deithiwr, cymar,
cyfaill, cydweithiwr, ffrind
cydymdeimlad *(enw)* tosturi,
trugaredd *creulondeb*
cydymdeimladol *(ans.)* tosturiol,
trugarog, sympathetig
digydymdeimlad, anhosturiol

cydymdeimlo *(brf.)* tosturio, trugarhau

cydymffurfio *(brf.)* dilyn, cydffurfio, bod yn gyson **anghydweddu**

cyfaddas *(ans.)* addas, gweddus, priodol, cymwys, cyfamserol, manteisiol, ffafriol **anghyfaddas, amhriodol**

cyfaddasiad *(enw)* addasiad, cymhwysiad

cyfaddasu *(brf.)* addasu, cymhwyso

cyfaddawd *(enw)* cytundeb, cymrodedd

cyfaddef *(brf.)* cydnabod, arddel, addef, cyffesu **cuddio**

cyfaddefiad *(enw)* addefiad, cyffes, cyffesiad

cyfagos *(ans.)* ger, gerllaw, ar bwys, yn ymyl, wrth, wrth ochr, ar gyfyl, o amgylch **pell, pellennig**

cyfaill *(enw)* ffrind, cydymaith, cymar, cydnabod *(ben.* - cyfeilles) **gelyn, gwrthwynebydd**

cyfalaf *(enw)* arian, cyllid

cyfamod *(enw)* cytundeb, bargen, contract, ymrwymiad

cyfamodi *(brf.)* cytuno, ymrwymo, bargeinio **anghytuno**

cyfamser *(enw)* cyfwng, egwyl; cyfle

cyfamserol *(ans.)* amserol, ffafriol, cyfleus, manteisiol, cyfaddas, prydlon, cydamserol **anamserol**

cyfan 1. *(enw)* cwbl, swm, crynswth, cyfanswm, cyfanrif **rhan** 2. *(ans.)* cyflawn, holl, i gyd, cyfan gwbl, llwyr, hollol, cyfan a chyflawn **rhannol**

cyfanfyd *(enw)* hollfyd, bydysawd, cread, galaeth, Llwybr Llaethog

cyfangorff *(enw)* cyfan, crynswth, swm, cwbl, cyfanswm **rhan, darn**

cyfanheddu *(brf.)* byw, trigo, preswylio, ymgartrefu **crwydro**

cyfannedd *(enw)* preswylfa, preswylfod, annedd, anhedd-dy, trigfan, tŷ, cartref

cyfannu *(brf.)* cyfanhau, uno, ieuo, cysylltu, gwneud yn gyfan, cyplysu **chwalu, torri**

cyfanrwydd *(enw)* crynswth, cyfan, cwbl, swm, cyflawnder **rhan**

cyfansoddi *(brf.)* gwneud, llunio, trefnu, ysgrifennu, saernïo **tanseilio**

cyfansoddiad *(enw)* 1. creadigaeth, cyfuniad, cyfansawdd **dinistr** 2. corffolaeth 3. cyfraith gwlad, deddfau *(lluos.)* **anhrefn**

cyfanswm *(enw)* swm, cyfanrif, swm y cyfan, cwbl, crynswth, cyfanrwydd, swm a sylwedd **rhan**

cyfarch *(brf.)* annerch, croesawu, cyfarch gwell **anwybyddu**

cyfarchiad *(enw)* annerch, anerchiad, croeso, croesawiad, dymuniad da

cyfaredd *(enw)* hud, lledrith, swyn, hudoliaeth, dewiniaeth, hud a lledrith **gwrthuni, ffieidd-dra**

cyfareddol *(ans.)* swynol, hudolus, hudol **gwrthun, ffiaidd**

cyfareddu *(brf.)* hudo, swyno, rheibio **diflasu**

cyfareddwr *(enw)* dewin, swynwr, swyngyfareddwr, dyn hysbys

cyfarfod 1. *(enw)* cwrdd, cynulliad, cymanfa, cyfarfyddiad, cynhadledd 2. *(brf.)* cwrdd, cwrddyd, cwarfod, ymgynnull, casglu, taro ar draws, dod ynghyd **gwasgaru, ymwahanu**

cyfarpar *(enw)* offer, peiriannaeth

cyfartal *(ans.)* cyfwerth, cydradd, cystal **anghyfartal**

cyfartaledd *(enw)* cyfartalwch, canolrif, nifer canol, cydraddoldeb, cydbwysedd, cymesuredd, llwybr canol **anghyfartaledd, anghymesuredd**

cyfartalu *(brf.)* mantoli, cymesuro

cyfarth *(brf.)* udo; pesychu; gweiddi

cyfarwydd 1. *(enw)* ystorïwr, chwedleuwr; arweinydd; arbenigwr; cyfarwyddyd 2. *(ans.)* cynefin, hysbys, adnabyddus, medrus, celfydd, hyfedr, cywrain *anghyfarwydd, anghynefin*

cyfarwyddo *(brf.)* arfer, cynefino, hyfforddi, dysgu, arwain, addysgu, cyfeirio

cyfarwyddwr *(enw)* dysgwr, addysgwr, arweinydd, hyfforddwr, llywodraethwr, llywydd

cyfarwyddyd *(enw)* hyfforddiant, dysg, addysg, arweiniad, gwybodaeth, cyngor

cyfateb *(brf.)* ateb i'w gilydd, ymdebygu, cytuno, ymgyffelybu, tebygu, cyffelybu, taro *gwahaniaethu*

cyfatebiaeth *(enw)* cytundeb, tebygrwydd, cyffelybiaeth, cydweddiad, cyfatebiad, cysondeb *gwahaniaeth, anghydweddiad, anghysondeb*

cyfatebol *(ans.)* tebyg, cyffelyb, yn cyfateb, cydweddol, cyfartal *anghyson, annhebyg*

cyfathrach *(enw)* masnach, cyfeillach, busnes, ymwneud

cyfathrachu *(brf.)* cyfeillachu, cynghreirio, uno, ymwneud â

cyfathrachwr *(enw)* câr, perthynas, cyfaill

cyfathrebu *(brf.)* cysylltu, ysgrifennu, gohebu *anwybyddu*

cyfddydd *(enw)* gwawr, glasddydd, toriad dydd, clais y dydd, glasiad dydd, boreddydd *cyfnos, noswaith*

cyfeddach 1. *(enw)* gwledd, gloddest *ympryd* 2. *(brf.)* gwledda, gloddesta *ymprydio, newynu*

cyfeiliorn *(enw)* cyfeiliornad,

amryfusedd, camgymeriad, camsyniad, cam-dyb; crwydr; penbleth *cywirdeb*

cyfeiliorni *(brf.)* crwydro, amryfuso, camgymryd, camsynied, camdybio

cyfeiliornus *(ans.)* anghywir, cam, o'i le, crwydrol, hereticaidd, gwallus, heb fod yn iawn *cywir, yn llygad ei le, iawn*

cyfeillach *(enw)* cyfeillgarwch, cymdeithas, cwmni, cyfathrach, seiat *anghyfeillgarwch*

cyfeillachu *(brf.)* cymysgu, cymdeithasu, cyfathrachu

cyfeillgar *(ans.)* caredig, cymdeithasgar, cymwynasgar, cyfeillachgar, cariadus, caruaidd *anghyfeillgar*

cyfeillgarwch *(enw)* caredigrwydd, rhadlonrwydd, rhadlondeb, hynawsedd, graslonrwydd *anghyfeillgarwch*

cyfeiriad *(enw)* 1. symudiad 2. cyfarwyddyd 3. trigfan 4. crybwylliad, sôn

cyfeirio *(brf.)* crybwyll, sôn, cyfarwyddo, anelu, trefnu

cyfer *(enw)* 1, cyfeiriad 2. erw, acer, cyferw

cyferbyniad *(enw)* gwahaniaeth, annhebygrwydd, gwrthgyferbyniad, cyferbyniaeth *tebygrwydd*

cyferbynnu *(brf.)* gwrthgyferbynnu, cyferbynied; gwrthsefyll *ymdebygu*

cyfiawn *(ans.)* iawn, dibechod, dieuog, gwir, teg, gonest, cyfreithlon *anghyfiawn*

cyfiawnder *(enw)* uniondeb, tegwch, daioni, gonestrwydd, cyfreithlonrwydd, iawnder *anghyfiawnder*

cyfiawnhau *(brf.)* amddiffyn, cyfreithloni *tanseilio*

cyfieithiad *(enw)* trosiad, dehongliad
cyfieithu *(brf.)* trosi, dehongli
cyfieithydd *(enw)* dehonglwr, dehonglydd, lladmerydd; ieithydd
cyflafan *(enw)* glanastra, trais, sarhad, llofruddiaeth, lladdfa, ysgelerder
cyflafareddu *(brf.)* cymrodeddu, cyfaddawdu, canoli, eiriol, cyfryngu *anghytuno, anghydweld*
cyflawn *(ans.)* cyfan, perffaith, llawn, llwyr *rhannol, tameidiog*
cyflawnder *(enw)* digon, digonedd, amlder, toreth, cyfandra, cyflawndeb *anghyflawnder*
cyflawni *(brf.)* perfformio, cwblhau, cwpla, cwpláu, dibennu, gorffen, diweddu *methu*
cyflead *(enw)* trefniad, awgrymiad; lleoliad, safle
cyfled *(ans.)* o'r un lled, mor llydan, cyn lleted
cyflenwad *(enw)* stoc, stôr, darpariaeth
cyflenwi *(brf.)* digoni/diwallu/ bodloni/ateb angen, darparu *cymryd*
cyfleu *(brf.)* awgrymu, portreadu, cynrychioli, darlunio; lleoli, gosod, trefnu
cyfleus *(ans.)* 1. hylaw, hwylus 2. amserol, manteisiol *anghyfleus*
cyfleustra *(enw)* 1. hwylustod, cyfleuster 2. cyfle *anghyfleustra*
cyflog *(enw)* tâl, pae, hur
cyflwr *(enw)* 1. sefyllfa, amgylchiadau *(lluos.)* 2. achos
cyflwyniad *(enw)* 1. cysegriad, ymroad, ymroddiad 2. anrheg, rhodd 3. rhagymadrodd, rhagair *diweddglo*
cyflwyno *(brf.)* 1. cysegru 2. rhoi, anrhegu, rhoddi *cymryd*
cyflym (ans.) buan, clau, chwim, chwimwth, ebrwydd; craff, deallus *araf*

cyflymder *(enw)* cyflymdra, buanedd, buandra, buander *arafwch*
cyflymu (brf.) chwimio, rhuthro, gwibio, brysio *arafu*
cyfnerthu (brf.) atgyfnerthu, cryfhau, cryffa, nerthu, grymuso, cadarnhau *gwanhau, tanseilio*
cyfnesaf *(enw)* câr, perthynas
cyfnewid 1. *(enw)* cyfnewidiad, newid; masnach; marsiandïaeth; brwydr; cyfuniad 2. *(brf.)* newid, altro, trwco *cadw, diogelu*
cyfnewidiad *(enw)* newid, altrad *cadwraeth*
cyfnewidiol *(ans.)* di-ddal, gwamal, chwit-chwat, anwadal, oriog *digyfnewid, sefydlog*
cyfnod *(enw)* oes, oed, ysbaid, gofod
cyfnos *(enw)* hwyr, brig y nos, min nos, gyda'r nos, erbyn nos, cyflychwyr, hwyrnos *cyfddydd, bore*
cyfodi *(brf.)* codi, dyrchafu, cwnnu, tarddu, dechrau, cychwyn, esgyn *disgyn, cwympo*
cyfodiad *(enw)* codiad, dyrchafiad, tarddiad, esgyniad *disgyniad, syrthiad*
cyfoeth *(enw)* golud, da, meddiant, eiddo, digonedd *tlodi, llymder*
cyfoethog *(ans.)* ariannog, cefnog, da ei fyd, goludog, abl, bras, ar ben/uwchben ei ddigon *tlawd, llwm*
cyfog *(enw)* chwydiad, salwch, cyfogiad
cyforiog *(ans.)* gorlawn, toreithiog, yn gorlifo *prin*
cyfradd 1. *(enw)* graddfa, gradd, cyfartaledd, cyflymder 2. *(ans.)* cyfuwch, cyfwerth, cyfartal, cydradd, cystal *anghyfartal*
cyfraith *(enw)* deddf, ystatud, defod
cyfran *(enw)* rhan, siâr, gwaddol, mymryn, gronyn, dogn, cwota *cyfan,*

cwbl

cyfraniad *(enw)* rhoddiad, taliad, tanysgrifiad

cyfrannu *(brf.)* talu, rhoi, tanysgrifio, cyfranogi, rhoddi; rhannu *cymryd*

cyfrannwr *(enw)* cyfranogwr, rhannydd, cymar, partner *manteisiwr*

cyfranogi *(brf.)* cael cyfran, cymryd rhan

cyfredol *(ans.)* presennol, hwn/hon/hyn *nesaf; diwethaf*

cyfreithiol *(ans.)* deddfol, ystatudol, cywir *anghyfreithiol*

cyfreithiwr *(enw)* bargyfreithiwr, twrnai, tafodog, dadleuydd, cynrychiolydd, amddiffynnydd, erlynydd

cyfreithlon *(ans.)* iawn, cyfiawn, derbyniol, deddfol, safonol *anghyfreithlon*

cyfreithloni *(brf.)* amddiffyn, cyfiawnhau, dieuogi *tanseilio, ymosod*

cyfres *(enw)* rhestr, rhes

cyfrgoll *(enw)* distryw, colledigaeth, damnedigaeth, condemniad

cyfrif 1. *(enw)* cyfrifiad, gosodiad, rhif, barn, golwg 2. *(brf.)* rhifo, barnu, bwrw, asesu

cyfrifol *(ans.)* atebol, ystyriol, parchus, dibynadwy, o fri, cyfrifadwy *anghyfrifol, annibynadwy*

cyfrifoldeb *(enw)* atebolrwydd, dibynadwyedd; gofal, bri, parch *anghyfrifoldeb*

cyfrifydd *(enw)* cyfrifwr, rhifwr; ystadegydd; rhifyddwr

cyfrin *(ans.)* dirgel, dirgelaidd, cyfriniol, preifat, tywyll, cudd, aneglur *agored, cyhoeddus*

cyfrinach *(enw)* dirgelwch, rhin

cyfrinachol *(ans.)* cyfrin, dirgel, preifat, o'r golwg, anhysbys,

anadnabyddus, cudd *adnabyddus, hysbys*

cyfrinfa *(enw)* undeb, cyfeillach, cymdeithas, cangen, cynghorfa

cyfrodedd *(enw)* cordeddog, troellog, dyrys *syml*

cyfrodeddu *(brf.)* cordeddu, troi, nyddu, ymgyfrodeddu, ymgordeddu, *datod, mysgu*

cyfrwng 1. *(enw)* ffordd, dull, moddion *(lluos.)* 2. *(ardd.)* rhwng, cyd-rhwng

cyfrwys *(ans.)* dichellgar, twyllodrus, call, cywrain, medrus, galluog *diniwed, gonest*

cyfrwystra *(enw)* dichell, twyll, callineb, medr, gallu, cyfrwyster *diniweidrwydd, gonestrwydd*

cyfryngu *(brf.)* canoli, cyflafareddu, cymodi, eirioli *anghytuno, anghydweld*

cyfryngwr *(enw)* canolwr, cyflafareddwr, cymodwr, eiriolwr, dyn canol

cyfryw *(ans.)* tebyg, cyffelyb, y fath *annhebyg, gwahanol*

cyfun *(ans.)* cytûn, unfryd, bodlon; cysylltiol, unedig *ar wasgar; anghytûn*

cyfundeb *(enw)* undeb, cymdeithas, undod, uniad

cyfundrefn *(enw)* trefn, system, dosbarth *anhrefn*

cyfuno *(brf.)* uno, cyduno, cysylltu, cyplysu, asio *ymwahanu, chwalu*

cyfuwch *(ans.)* mor uchel, cyn uched, cuwch

cyfwerth *(ans.)* cydradd, cyfartal, cyfuwch, cydraddol, cyfystyr, cystal *anghyfartal, anghydradd*

cyfwng *(enw)* 1. lle, gofod 2. saib, ysbaid, egwyl, seibiant 3. cyfyngder

cyfyng *(ans.)* cul, tyn, caeth *llydan,*

eang

cyfyngder *(enw)* blinder, ing, trallod, adfyd, cyni, caledi, helbul *hawddfyd, cysur*

cyfyng-gyngor *(enw)* problem, dryswch, penbleth, trallod *cysur*

cyfyngu *(brf.)* culhau, pennu, caethiwo, rhoi terfyn ar *rhyddhau*

cyfyl *(enw)* cymdogaeth, cylchoedd *(lluos.)*, cyffiniau *(lluos.)* *pellter*

cyff *(enw)* ach, hil, tylwyth, tras, llinach; bôn, cist

cyffelyb *(ans.)* tebyg, unwedd, fel, megis, yr un fath *anghyffelyb, annhebyg*

cyffelybiaeth *(enw)* tebygrwydd, cymhariaeth, llun, delw *annhebygrwydd*

cyffelybu *(brf.)* cymharu, tebygu *tynnu gwahaniaeth*

cyffes *(enw)* cyffesiad, addefiad, cyfaddefiad

cyffesu *(brf.)* addef, cyfaddef, cydnabod, syrthio ar ei fai *cuddio, celu*

cyffin *(enw)* cymdogaeth, cyfyl, tuedd, terfyn, ymyl, goror *pellter*

cyffordd *(enw)* croesffordd, man cyfarfod

cyfforddus *(ans.)* cysurus, esmwyth, diddan, diddanus, clyd, cyffyrddus, diddos *anghyfforddus, digysur*

cyffredin *(ans.)* cyffredinol, arferol, cynefin, plaen, gwael *anghyffredin, prin*

cyffredinedd *(enw)* plaendra, dinodedd, distadledd *arbenigrwydd*

cyffro *(enw)* cynnwrf, stŵr, symudiad, ysgogiad, ystwyrian, aflonyddwch, terfysg *llonyddwch*

cyffroi *(brf.)* cynhyrfu, aflonyddu, symud, syflyd, cymell, ysgogi *ymdawelu*

cyffrous *(ans.)* cynhyrfus, symudol, iasol, gwefreiddiol; fel gafr ar daranau *digynnwrf, digyffro*

cyffur *(enw)* meddyginiaeth, moddion *(lluos.)*, drygiau *(lluos.)*, ffisig

cyffwrdd *(brf.)* teimlo, cwrdd, cwrddyd, twtsied, byseddu

cyffyrddiad *(enw)* teimlad, cysylltiad

cyffyrddus *(ans.)* cyfforddus, esmwyth, diddan, diddanus, clyd, diddos, cysurus *anghyffyrddus, digysur*

cyngor *(enw)* 1. *(lluos. - cynghorau)* corff, panel, cynulliad 2. *(lluos. - cynghorion)* cyfarwyddyd, cymorth, arweiniad, barn, hyfforddiant

cyhoedd *(enw)* pobl, gwerin *bonedd, aristocratiaeth*

cyhoeddi *(brf.)* datgan, hysbysu, lledaenu, taenu ar led *cuddio, celu*

cyhoeddiad *(enw)* datganiad, hysbysiad; papur, llyfr, cyfnodolyn

cyhoeddus *(ans.)* cyffredinol, agored, gwybyddus, hysbys, ar goedd *preifat, anhysbys*

cyhuddiad *(enw)* achwyniad, cwyn, ymosodiad *amddiffyniad*

cyhuddo *(brf.)* beio, lladd ar, beirniadu, cwyno am, achwyn ar *amddiffyn, cefnogi*

cyhwfan *(brf.)* cwhwfan, ysgwyd, chwifio, symud, syflyd *ymlonyddu*

cyhyrog *(ans.)* cydnerth, cryf, gewynnog, nerthol, gwydn *gwachul, eiddil*

cylch *(enw)* 1. cant, cylchyn, cwmpas *sgwâr* 2. dosbarth 3. cyfnod 4. ardal, amgylchedd

cylchdaith *(enw)* amdaith, cylchdro, tro, cylched, cylchlwybr

cylchdroi *(brf.)* chwyldroi, amdroi, troi

cylchfa *(enw)* rhanbarth, parth, ardal, bro, cymdogaeth, cyffiniau *(lluos.)*

cylchynol *(ans.)* cylchol, cylchredol, amgylchynol; cyfnodol, ysbeidiol *sefydlog, canolog*

cylchynu *(brf.)* amgylchynu, cylchu, cylchio, amgylchu, cylcho, cwmpasu, rhychwantu

cylionen *(enw)* cleren, gwybedyn, pryfyn, piwiedyn, chwiw *(lluos.)*, pryf ffenestr

cyllell *(enw)* twca, llafn, dagr, stileto

cyllid *(enw)* arian, cyfalaf, incwm, elw, derbyniadau *(lluos.)*, refeniw

cyllidol *(ans.)* ariannol, cyfalafol

cymaint *(ans.)* mor fawr, mor niferus cyn lleied

cymal *(enw)* 1. cwgn, cyswllt 2. israniad

cymalwst *(enw)* cryd cymalau, gwynegon, cyhyrwayw, gwyniau *(lluos.)*

cymanfa *(enw)* cynulliad, cyfarfod, cwrdd, cyngor; dathliad

cymar *(enw)* cyfaill, cydymaith, cymrawd *(ben.-* cymhares*) gelyn, gwrthwynebydd*

cymathiad *(enw)* cydweddiad, tebygiad *anghydweddiad, annhebygrwydd*

cymathu *(brf.)* tebygu, ymdebygu, cydweddu, cymharu *gwahaniaethu*

cymdeithas *(enw)* cwmni, cymuned, cyfeillach, cymrodoriaeth *unigrwydd*

cymdeithasgar *(ans.)* cyfeillgar, cymwynasgar, ystyriol, gwâr, cyfeillachgar *anghymdeithasgar, digroeso*

cymdeithasol *(ans.)* cymunedol, cyffredin, cyhoeddus *anghymdeithasol, anghynnes*

cymdeithasu *(brf.)* cymysgu, cyfeillachu, cyfathrachu

cymdogaeth *(enw)* ardal, rhanbarth, rhandir, cyffiniau *(lluos.)*

cymdogaethol *(ans.)* agos, cyfagos, yn ymyl, ar gyfyl, gerllaw, yn y cyffiniau *pell, anghysbell*

cymdogol *(ans.)* cyfeillgar, cyfeillachgar, cymwynasgar, ystyriol, caredig, hynaws, rhadlon *anghyfeillgar*

cymedr *(enw)* cyfartaledd, cyfartalwch, canol *eithaf*

cymedrig *(ans.)* cyfartalog, canolog *eithafol*

cymedrol *(ans.)* rhesymol, canolig, sobr, gweddol, tymherus, cymesur, cytbwys *gwyllt, amhwyllog*

cymedroldeb *(enw)* arafwch, sobrwydd, atalfa, rhesymoldeb, cymedrolder, cydbwysedd, pwyll *diffyg pwyll*

cymell *(brf.)* denu, darbwyllo, perswadio, annog, ysgogi, gorfodi, erfyn *anghymell*

cymen *(ans.)* dillyn, taclus, twt, trefnus, destlus, gorffenedig, dosbarthus *anghymen, anhrefnus*

cymer *(enw)* aber, uniad, cyswllt, cysylltiad, man cyfarfod, cydiad, cydlif *ymwahaniad*

cymeradwy *(ans.)* derbyniol, ffafriol, croesawus *annerbyniol*

cymeradwyaeth *(enw)* curo dwylo, croeso, derbyniad, argymhelliad *anghymeradwyaeth*

cymeradwyo *(brf.)* curo dwylo, croesawu, argymell, canmol, rhoi gair da, derbyn *anghymeradwyo*

cymeriad *(enw)* natur, naws, enw da

cymesur *(ans.)* cytbwys, cyfartal, cyfwerth, cydradd, cystal *anghymesur, anghytbwys*

cymesuredd *(enw)* cydbwysedd, cyfartaledd *anghymesuredd, anghydbwysedd*

cymhariaeth *(enw)* tebygrwydd,

cyffelybiaeth *gwahaniaeth*

cymharu (*brf.*) tebygu, cyffelybu, gwneud cymhariaeth *tynnu gwahaniaeth*

cymhelliad (*enw*) ysgogiad, ysbardun, ysbrydoliaeth, anogaeth, cymhelliant *anghymhelliad*

cymhendod (*enw*) taclusrwydd, trefn, destlusrwydd, cymondeb, crynodeb *annibendod, anhrefn*

cymhennu (*brf.*) 1. twtio, tacluso, trefnu, cymoni, rhoi trefn ar *anhrefnu* 2. dwrdio, tafodi *canmol*

cymhleth (*ans.*) dyrys, anodd, afrwydd, astrus, cymhlyg *hawdd, rhwydd*

cymhlethdod (*enw*) dryswch, anhawster, astrusi, amwyster, penbleth *symlrwydd*

cymhlethu (*brf.*) cymysgu, drysu *datod, egluro*

cymhlyg 1. (*enw*) campws, adeiladau (*lluos.*) 2. (*ans.*) cymhleth, dyrys *syml*

cymhwysiad (*enw*) addasiad, cyfaddasiad, trefniad

cymhwyso (*brf.*) addasu, cyfaddasu, cywiro, twtian, unioni, gwella

cymhwyster (*enw*) addaster, cyfaddaster, cyfaddasrwydd, priodoldeb, teilyngdod *anaddaster*

cymod (*enw*) cytgord, cytundeb, bodlonrwydd, cydfod, iawn, heddwch, tangnefedd *anghytgord, anghytundeb, ymrafael*

cymodi (*brf.*) cysoni, setlo, heddychu, ymfodloni *anghytuno, anghydweld*

cymoni (*brf.*) cymhennu, trefnu, tacluso, twtio, rhoi trefn ar *anhrefnu, cawdelu*

cymorth 1. (*enw*) help, cynhorthwy, porth, help llaw *gwrthwynebiad* 2. (*brf.*) cynorthwyo, helpu, nerthu *tanseilio, gwrthwynebu*

cymrawd (*enw*) aelod, swyddog; cyfaill, ffrind, cydymaith, cymrodor *gelyn, gwrthwynebydd*

cymrodedd (*enw*) cytundeb, cyfaddawd, cymod, heddwch, cytgord *anghytundeb, anghytgord*

cymrodeddu (*brf.*) cytuno, cyfaddawdu, cymodi *anghytuno, anghydweld*

cymryd (*brf.*) derbyn, cael, bachellu, cipio *cyfrannu, rhoi*

cymun (*enw*) cymundeb, Swper, Sacrament/Sagrafen; cyfeillach

cymuned (*enw*) cymdeithas, cwmni, cyfeillach *unigrwydd*

cymunedol (*ans.*) cymdeithasol, cyhoeddus, cyffredinol, cyffredin *preifat*

cymwynas (*enw*) ffafr, cyfeillgarwch *gelyniaeth*

cymwynasgar (*ans.*) caredig, ystyriol, gwasanaethgar, hynaws, rhadlon *anghymwynasgar, anghyfeillgar*

cymwynaswr (*enw*) noddwr, cynorthwywr, gwasanaethwr *gelyn, gwrthwynebydd*

cymwys (*ans.*) 1. priodol, addas, abl, teilwng 2. union, diwyro *anghymwys*

cymylog (*ans.*) tywyll, aneglur, anghlir, bygythiol, pŵl, mwll, mwrn *clir, tesog*

cymylu (*brf.*) tywyllu, cuddio, bwrw cysgod dros *clirio, tecáu*

cymynrodd (*enw*) rhodd, cynhysgaeth, gwaddol, etifeddiaeth, treftadaeth *melltith*

cymynu (*brf.*) torri, cwympo

cymynnu (*brf.*) cymynroddi, gadael, ewyllysio

cymynwr (*enw*) torrwr coed, fforestwr, coediwr, cwypwr coed, coedwigwr

cymysg (*ans.*) amrywiol, brith, brych

unffurf

cymysgedd *(enw)* cymysgfa, cymysgwch, cybolfa, dryswch, tryblith, anhrefn *cymhendod, taclusrwydd*

cymysglyd *(ans.)* dryslyd, dyrys, cymhlyg, anhrefnus, di-drefn, annosbarthus *trefnus, clir*

cymysgu *(brf.)* drysu, cymhlethu *egluro, trefnu*

cyn 1. *(ardd.)* o flaen, yn gynt *wedi, ar ôl* 2. *(rhag.)* o'r blaen, cyntaf 3. *(cys.)* mor

cynaeafu *(brf.)* casglu, cywain, medi

cynamserol *(ans.)* annhymig, anaeddfed, cyn pryd, cynnar *amserol, prydlon*

cynaniad *(enw)* ynganiad, seiniad, sain

cynanu *(brf.)* ynganu, seinio, swnio, traethu, llefaru

cyndeidiau *(enw lluos.)* cyndadau, tadau, hynafiaid *disgynyddion*

cyndyn *(ans.)* ystyfnig, cildyn, cildynnus, anhydyn, anhydrin, gwarsyth, gwrthnysig *ystwyth, hyblyg*

cyndynrwydd *(enw)* ystyfnigrwydd, cildynrwydd, gwargaledwch *ystwythder, hyblygrwydd*

cynddaredd *(enw)* llid, cynddeiriogrwydd, bâr, gwylltineb, gwallgofrwydd, gorffwylltra, tymer *hynawsedd*

cynddeiriog *(ans.)* gwallgof, o'i gof, gorffwyll, ffyrnig, gwyllt, ynfyd *call, synhwyrol*

cynddeiriogi *(brf.)* ffyrnigo, gwylltu, gwylltio, ynfydu, colli pwyll, mynd o'i gof, gorffwyllo *ymbwyllo*

cynddrwg *(ans.)* mor ddrwg, dryced *cystal*

cynddydd *(enw)* cyfddydd, gwawr, clais y dydd, toriad dydd,

gwawrddydd, boreddydd, bore bach *cyfnos, noswaith, min nos*

cynefin 1. *(enw)* cartref 2. *(ans.)* cyfarwydd, adnabyddus, cydnabyddus *anghynefin, anghyfarwydd*

cynefino *(brf.)* arfer, ymgynefino, ymarfer, cyfarwyddo, ymgyfarwyddo

cynffon *(enw)* cwt, cwtws, llosgwrn, cloren *pen*

cynffonna *(brf.)* gwenieithio, ymgreinio, ceisio ffafr, truthio, seboni

cynffonwen *(enw)* crec yr eithin, clochdar y garreg, tinwen y garreg

cynffonnwr *(enw)* gwenieithiwr, sebonwr, truthiwr, crafwr, rhagrithiwr

cynhadledd *(enw)* cynulliad, trafodaeth, cyfarfod, symposiwm, cwrdd, cyngor, cymanfa

cynhaliaeth *(enw)* ymborth, bwyd; ateg, cynheiliad

cynhebrwng *(enw)* angladd, claddedigaeth, arwyl

cynhenid *(ans.)* gwreiddiol, greddfol, naturiol, hanfodol, cynhwynol *estron, dieithr*

cynhennus *(ans.)* cwerylgar, ymgecrus, cecrus, dadleugar, ffraegar, ymrysongar, ymrafaelgar *bodlon*

cynhesrwydd *(enw)* gwres, twymdra *oerni*

cynhesu *(brf.)* gwresogi, twymo, ymdwymo, poethi *oeri*

cynhorthwy *(enw)* cymorth, help, porth, help llaw, swcwr *tanseiliad*

cynhwysfawr *(ans.)* eang, helaeth, cyffredinol *cyfyng, prin*

cynhyrchiol *(ans.)* ffrwythlon, toreithiog *anghynhyrchiol*

cynhyrchu *(brf.)* creu, llunio, gwneud, saernïo, codi, dwyn ffrwyth *difetha, dinistrio*

cynhyrfiad *(enw)* cyffro, cynnwrf, stŵr, cythrwfl, ysgogiad, anogaeth, ysbrydoliaeth

cynhyrfu *(brf.)* cyffroi, symud, annog, annos, cymell, ennyn, codi *lladd*

cynhyrfus *(ans.)* cyffrous, llawn cyffro, llawn cynnwrf *digynnwrf, digyffro*

cynhysgaeth *(enw)* gwaddol, rhan, cyfran, etifeddiaeth, treftadaeth, cymynrodd

cyni *(enw)* caledi, trallod, cyfyngder, adfyd, helbul, ing, tryblith *hawddfyd, cysur*

cynigiad *(enw)* awgrym, gwelliant, cais, cynllun, arfaeth, cynnig

cynilo *(brf.)* cadw, arbed, safio, tolio *afradu, gwastraffu*

cyniwair *(brf.)* cyniweirio, mynychu, ymweld

cyniweirfa *(enw)* cyrchfa, cyrchfan, cyrchle

cynllun *(enw)* patrwm, plan; bwriad, amcan, arfaeth, trefniant, nod

cynllunio *(brf.)* arfaethu, bwriadu, planio, arofun; dylunio

cynllwyn 1. *(enw)* brad, bradwriaeth, ystryw, cydfwriad, dichell *gonestrwydd* 2. *(brf.)* bradfwriadu

cynllwynwr *(enw)* bradwr, twyllwr, ystrywiwr *arwr*

cynllyfan *(enw)* tennyn, llinyn, cortyn, rheffyn

cynnal *(brf.)* 1. dal, dal i fyny, ategu, cefnogi, bod yn gefn i 2. cadw *tanseilio, bygwth*

cynnar *(ans.)* bore, boreol, prydlon, mewn da bryd *hwyr*

cynnau *(brf.)* ennyn, llosgi, goleuo, tanio, rhoi ar dân, mynd ar dân *diffodd*

cynneddf *(enw)* natur, greddf, naws, tueddfryd, anian, tymer; medr

cynnen *(enw)* ffrae, dadl, ymryson, ymrafael, cweryl, anghydweld, dicter

bodlonrwydd

cynnes *(ans.)* gwresog, twym, poeth, brwd, brwdfrydig; croesawus, cyfeillgar *anghynnes, oer*

cynnig 1. *(enw)* ymgais, cais; cynigiad, gwelliant 2. *(brf.)* awgrymu; ceisio, ymgeisio; estyn, cyflwyno, rhoi

cynnil *(ans.)* 1. darbodus, diwastraff, crintach, prin, gofalus *anghynnil, afradlon* 2. tyner, cyfrwys, cywrain

cynnor *(enw)* post drws, gorsing, gorsin

cynnud *(enw)* coed tân, tanwydd, defnydd tân

cynnull *(brf.)* casglu, ymgasglu, ymgynnull, tyrru, ymdyrru, crynhoi, cydgrynhoi *chwalu, ymwasgaru*

cynnwrf *(enw)* cynhyrfiad, cyffro, cythrwfl, terfysg, aflonyddwch, stŵr, dadwrdd *tawelwch, llonyddwch*

cynnwys 1. *(enw)* cynhwysiad 2. *(brf.)* ymgorffori, rhychwantu, dal o fewn, dodi i mewn *hepgor*

cynnydd *(enw)* twf, tyfiant, datblygiad, amlhad, ehangiad, ychwanegiad *dirywiad, gwaethygiad*

cynnyrch *(enw)* ffrwyth, ildiad, cynhyrchiad, gwneuthuriad, creadigaeth *distryw, dinistr*

cynorthwyo *(brf.)* helpu, ategu, cefnogi, noddi, nerthu *gwrthwynebu, tanseilio*

cynradd *(ans.)* cyntaf, elfennol, sylfaenol, cychwynnol, dechreuol *uwchradd*

cynrhon *(enw lluos.)* maceiod, pryfed, chwilod

cynrychiolydd *(enw)* cynrychiolwr, asiant, dirprwy

cynsail *(enw)* elfen, sylfaen, sail, egwyddor

cynt 1. *(ans.)* cynharach, cyflymach,

ynghynt *arafach* 2. *(adf.)* o'r blaen *wedyn*

cyntaf *(ans.)* pennaf, blaenaf, prif, pen-, arch-, cynharaf *olaf*

cyntedd *(enw)* neuadd, mynedfa, porth, drws, cwrt, blaengwrt

cyntefig *(ans.)* cynnar, gwreiddiol, cysefin, boreol, anwar *gwareiddiedig, datblygedig*

cyntun *(enw)* byrgwsg, seibiant, saib, cwsg, hun, amrantun, nepyn

cynulleidfa *(enw)* casgliad, cynulliad, twr

cynulliad *(enw)* casgliad, crynhoad, cyfarfod, cwrdd, cymanfa

cynyddu *(brf.)* ychwanegu, amlhau, chwyddo, tyfu, datblygu, ehangu, helaethu *gostwng, lleihau*

cynysgaeddu *(brf.)* gwaddoli, donio, cyfoethogi *tynnu oddi wrth*

cyplysu *(brf.)* cysylltu, ieuo, cydieuo, uno, asio, cydio, cyplu *rhannu, ymwahanu*

cyraeddadwy *(ans.)* hygyrch, o fewn cyrraedd, hawdd mynd ato *anhygyrch*

cyrbibion *(enw lluos.)* teilchion, ysgyrion, yfflon, drylliau, gronynnau, darnau mân

cyrcydu *(brf.)* plygu, swatio, gwyro, mynd yn ei gwrcwd, cwmanu, gwargamu, gwargrymu *ymsythu*

cyrch *(enw)* ymosodiad, rhuthr *amddiffyniad*

cyrchfan *(enw)* cyrchfa, cyrchle, cyniweirfa, pen y daith *man cychwyn*

cyrchu *(brf.)* 1. ymosod 2. ymofyn, nôl, hôl, hercyd 3. mynd at, dynesu, nesáu *ymbellhau, cilio*

cyrhaeddiad *(enw)* cymhwyster, gallu, medr, llwyddiant *methiant*

cyrliog *(ans.)* cyrlog, crych, modrwyog *llyfn*

cyrraedd *(brf.)* cyrhaeddyd, dod/mynd

at, estyn, ymestyn, cael gafael ar *methu*

cyrren *(enw lluos.)* grawnwin, grawn Corinth, rhyfon, cwrens

cysefin *(ans.)* genedigol, brodorol, gwreiddiol, cynhenid, cynhwynol, cyntefig *estron, dieithr*

cysegr *(enw)* seintwar, noddfa

cysegredig *(ans.)* sanctaidd, sancteiddiedig, glân, cysegrlan, pur, dwyfol, crefyddol *bydol*

cysegru *(brf.)* sancteiddio, diofryd, cyflwyno, neilltuo *amharchu*

cysetlyd *(ans.)* mursennaidd, cynhenllyd, gorfanwl, misi, ffwdanus *dirodres, diragrith*

cysgadrwydd *(enw)* syrthni, anegni, diogi *sioncrwydd, bywiogrwydd*

cysglyd *(ans.)* swrth, ynghwsg, yn hanner cysgu, diegni, difywyd, marwaidd *effro, byw*

cysgod *(enw)* clydwch, cysgodfa, nodded, lloches, diddosfa, gwyll *haul, disgleirdeb*

cysgodi *(brf.)* amddiffyn, noddi, ymochel, tywyllu, gwasgodi, bwrw cysgod dros *tywynnu; ymosod*

cysgodol *(ans.)* yn y cysgod, diddos, clyd, amddiffynnol, o afael perygl *diamddiffyn, agored*

cysgu *(brf.)* 1. huno, hepian 2. merwino, fferru *dihuno, deffro*

cyson *(ans.)* parhaol, parhaus, di-baid, di-ball, rheolaidd, ffyddlon, cywir *anghyson, ysbeidiol*

cysondeb *(enw)* rheoleidd-dra, gwastadrwydd *anghysondeb*

cysoni *(brf.)* rheoleiddio, cymodi, gwastatáu, gwneud yn gytûn, cydraddoli *gwahaniaethu*

cystadleuaeth *(enw)* cydymgais, cydymgeisiaeth, ymryson, ymgiprys, ymddadlau

cystadlu *(brf.)* cydymgeisio, ymgiprys, ymryson

cystal *(ans.)* mor dda, cyfwerth, cyfuwch, cydradd, cyfartal *cynddrwg*

cystudd *(enw)* adfyd, trallod, cyfyngder, caledi, cyni, argyfwng, salwch *hawddfyd; iechyd*

cystuddio *(brf.)* gofidio, poeni

cystuddiol *(ans.)* adfydus, trallodus, cystuddiedig *esmwyth, diofid*

cystuddiwr *(enw)* gormeswr, poenwr *amddiffynnwr, noddwr*

cystwyo *(brf.)* ceryddu, dwrdio, curo, cosbi, cymhennu, tafodi, dweud y drefn *canmol, clodfori*

cysur *(enw)* esmwythyd, esmwythdra, diddanwch, esmwythâd *anghysur*

cysuro *(brf.)* rhoi cysur, swcro, diddanu, gwneud yn gyfforddus *anesmwytho, pryderu*

cysurus *(ans.)* cyffyrddus, cyfforddus, diddan, clyd *digysur, anghyfforddus*

cyswllt *(enw)* cymal, uniad, asiad, undeb, cysylltiad, perthynas *rhaniad*

cysylltu *(brf.)* uno, asio, ieuo, cydio, cyplysu, cyduno, cydgysylltu *rhannu, hollti*

cysyniad *(enw)* syniad, meddylddrych, drychfeddwl

cytgord *(enw)* cydfod, cytundeb, harmoni *anghytgord, anghytundeb*

cytir *(enw)* tir cyd, comin, tir comin, tir cyffredin

cytûn *(ans.)* unol, yn cydweld, gyda'i gilydd, yn cydgordio *anghytûn*

cytundeb *(enw)* cysondeb, cyfatebiaeth, cyfamod, cyd-ddealltwriaeth, bargen *anghytundeb*

cytuno *(brf.)* cyd-weld, cydgordio, cysoni, cyfamodi, dygymod, bodloni, cyfateb *anghydweld*

cythlwng *(enw)* ympryd, newyn *gwledd, gloddest*

cythraul *(enw)* diafol, ellyll, ysbryd drwg, Satan, andras, coblyn *angel*

cythreuldeb *(enw)* drygioni, drwg, direidi, ysgelerder, diawledigrwydd *perffeithrwydd*

cythreulig *(ans.)* dieflig, drwg, drygionus, direidus, ysgeler, ellyllaidd *perffaith, angylaidd*

cythrudd *(enw)* poen, blinder *cysur*

cythruddo *(brf.)* poeni, blino, llidio, poenydio, tralloli, ffyrnigo, trafferthu *cysuro*

cythruddol *(ans.)* blin, blinderus, trafferthus, trallodus, gofidus, helbulus *cysurus*

cythrwfl *(enw)* terfysg, aflonyddwch, tryblith, cynnwrf, dadwrdd, anesmwythyd *llonyddwch, tawelwch*

cythryblus *(ans.)* helbulus, aflonydd, terfysglyd, gofidus, blinderus, trallodus, trafferthus *llonydd, digyffro*

cyw *(enw)* 1. aderyn ifanc 2. llwdn, cnyw 3. dechreuwr, nofis, un dan hyfforddiant *hen law*

cywain *(brf.)* cario, dwyn, crynhoi, casglu

cywair *(enw)* cyweirnod, tôn, traw, tiwn, hwyl, tymer

cywaith *(enw)* cyfanwaith, prosiect, bwriadwaith, cynllun, cyfansoddiad

cywasgiad *(enw)* byrhad, talfyriad, cwtogiad, crebachiad *helaethiad, ehangiad*

cywasgu *(brf.)* lleihau, gwasgu, crebachu, crynhoi *ehangu, helaethu*

cyweirio *(brf.)* cweirio, cwyro, trefnu, unioni, trwsio, tiwnio *torri*

cywilydd *(enw)* gwarth, gwarthrudd, gwaradwydd, achlod, amarch *balchder*

cywilyddio *(brf.)* gwarthruddo, gwaradwyddo, amharchu *ymfalchïo*

cywilyddus *(ans.)* gwaradwyddus,

gwarthus *clodwiw, teilwng*

cywir *(ans.)* priodol, addas, iawn, yn llygad ei le, cyfiawn, ffyddlon, union *anghywir, o'i le*

cywirdeb *(enw)* iawnder, gweddusrwydd, uniondeb, ffyddlondeb *anghywirdeb*

cywiro *(brf.)* unioni, addasu, cymhwyso; ceryddu, cosbi, dwrdio, tafodi *andwyo; canmol*

cywrain *(ans.)* celfydd, cyfarwydd, medrus, hyfedr, doeth *anghelfydd, trwstan*

cywreinio *(brf.)* addurno, coethi *andwyo, difwyno*

cywreinrwydd *(enw)* celfyddyd, deheurwydd, medr, gallu, medrusrwydd, cywreindeb, cywreindod *bwnglerwaith, lletchwithdod*

ch

chwa *(enw)* awel, gwynt, chwyth, chwythwm, gwth o wynt

chwaeth *(enw)* archwaeth, safon

chwaethu *(brf.)* archwaethu, blasu, chwantu

chwaethus *(ans.)* clasurol, safonol, celfyddydol, artistig, coeth, dillyn *di-chwaeth*

chwaff *(ans.)* chwap, chwim, chwimwth, buan, cyflym, sydyn, di-oed *araf, hamddenol*

chwâl *(ans.)* gwasgarog, gwasgaredig, rhydd, ar wasgar, ar chwâl, ar daen, chwaledig, hwp-di-hap *trefnus*

chwalfa *(enw)* gwasgariad, dryswch, chwaliad *trefn*

chwalu *(brf.)* gwasgaru, drysu *crynhoi, casglu*

chwannog *(ans.)* awyddus, barus, gwancus, trachwantus, hunanol, blysig; tueddol

chwant *(enw)* 1. awydd, dymuniad, archwaeth 2. trachwant, blys

chwantu *(brf.)* dymuno, awyddu, blysio, ysu

chwantus *(ans.)* 1. awyddus 2. trachwantus, blysiog 3. barus, gwancus, rheibus *hael, anhunanol*

chwap 1. *(enw)* ergyd, trawiad; ennyd, encyd, moment, eiliad 2. *(ans.)* chwaff *araf*

chwarae 1. *(enw)* gêm, camp, difyrrwch, diddanwch, hwyl, adloniant 2. *(brf.)* cymryd rhan, actio, ymddifyrru, ymlacio, ymddiddanu

chwaraedy *(enw)* theatr, gwarwyfa

chwarel *(enw)* 1. cloddfa, cwar, mwynglawdd 2. gwydr, paen, cwarel 3. bollt, saeth

chwareus *(ans.)* chwaraegar, ysgafnfryd, nwyfus, ffraeth, cellweirus, ysmala, direidus *difrifol*

chwedl *(enw)* hanes, stori, saga, ffantasi, hanesyn, sôn, dywediad *gwirionedd*

chwedleua *(brf.)* clebran, clepian, clecian, ymddiddan, hel straeon, baldorddi, busnesa

chwedleugar *(ans.)* siaradus, parablus, tafodrydd *dywedwst, tawel*

chwedleuwr *(enw)* ystorïwr, cyfarwydd

chwedlonol *(ans.)* ffantastig, dychmygus, rhamantus, rhamantaidd *gwir, hanesyddol*

chweg *(ans.)* melys, dymunol, hyfryd *chwerw, annymunol*

chwennych *(brf.)* chwenychu, dymuno, awyddu, chwantu, bod ag eisiau/angen, ysu

chwerthingar *(ans.)* llawen, llon, hapus, ysgafnfryd, calonnog, siriol *prudd, penisel*

chwerthinllyd *(ans.)* digrif, gwrthun, twp, direswm, croes i reswm *rhesymol, rhesymegol*

chwerw *(ans.)* sur, bustlaidd, dig, cas, dicllon, llidiog, digofus *melys; dymunol*

chwerwder *(enw)* chwerwdod, chwerwedd, surni, suredd, bustledd; dicter, casineb *melystra; rhadlondeb*

chwerwi *(brf.)* suro, egru, chwiblo; digio, llidio, sorri, mulo *melysu*

ch(w)i *(rhagenw)* ch(w)ithau, chwy-chwi

chwibanogl *(enw)* chwisl, ffliwt, chwib, chwît

chwibon *(enw)* gylfinir, cwrlig, cwrlip, chwibanwr, cwrliwn, pig hir, cyrliw; ciconia, storc

chwifio *(brf.)* cyhwfan, ysgwyd, codi llaw

chwilbawan *(brf.)* chwilbawa, ymdroi, sefyllian *ymbrysuro, brysio*

chwilboeth *(ans.)* crasboeth, cras, sych *oer, fferllyd*

chwilenna *(brf.)* chwilota, chwilio, chwiwladrata, mân-ladrata, chwilmantan, bod â dwylo blewog

chwilfriw *(ans.)* yfflon, teilchion, yn ddarnau mân, cyrbibion, ysgyrion, drylliau

chwilfriwio *(brf.)* dryllio, torri'n yfflon *trwsio, atgyweirio*

chwilio *(brf.)* edrych am, ceisio, profi

chwilota *(brf.)* chwilio, chwilmantan, chwilmanta, chwilenna, chwilmentan

chwim *(ans.)* chwimwth, ebrwydd, clau, cyflym, buan, di-oed, sionc, ar wib, ar garlam, ar frys, mewn tarf *araf deg, ymarhous*

(ch)winc *(enw)* trawiad llygad, amrantiad, eiliad, ennyd, encyd, moment

chwip *(enw)* ffrewyll, fflangell, llach

chwipio *(brf.)* ffrewyllu, fflangellu

chwipyn *(adf.)* ar unwaith, yn syth, yn ddi-oed, yn ddiymdroi, yn ebrwydd, chwap *rywbryd, rywdro*

chwit-chwat *(ans.)* whit-what, wit-wat, anwadal, gwamal, di-ddal, annibynadwy, oriog *dibynadwy*

chwith *(ans.)* aswy, chwithig, dieithr, rhyfedd, anarferol, od, hynod *de; arferol*

chwithdod *(enw)* chwithdra, dieithrwch, odrwydd, hynodrwydd;

anghyfleustra, anhwylustod *naturioldeb*

chwithig *(ans.)* 1. chwith, dieithr 2. trwsgl, trwstan, carbwl, afrosgo, llibin *dechau/dethau, celfydd*

chwiw *(enw)* mympwy, ffit, ffasiwn, chwilen yn ei ben, gwamalwch *sadrwydd, sobrwydd*

chwiwgi *(enw)* llechgi, celgi, ystrelgi, bawddyn, cynllwyngi, adyn *gŵr bonheddig*

chwydd *(enw)* codiad, ymchwydd, ymchwyddiad, chwyddi *dadchwyddiad*

chwyddo *(brf.)* ymchwyddo, lledu, codi, dygyfor *dadchwyddo*

chwŷl *(enw)* tro, digwyddiad, ffawd, cwrs, newid

chwyldro *(enw)* chwyldroad, terfysg, gwrthryfel, cythrwfl, aflonyddwch *llonyddwch*

chwyldroadol *(ans.)* newydd sbon, cyffrous, gwreiddiol, gwefreiddiol *henffasiwn*

chwyldroi (brf.) dymchwel, gweddnewid, tanseilio *cefnogi, ategu*

chwynnu (brf.) glanhau, chwynu

chwyrlïo (brf.) chwyrnellu, troelli, cylchdroi, chwyrndroi, sïo

chwyrn (ans.) ffyrnig, buan, gwyllt, cyflym *sobr, araf*

chwyrnu (brf.) 1. gwibio, sïo, chwyrnellu 2. ysgyrnygu, rhochian, rhochain

chwyth (enw) 1. chwythad, chwythiad, chwa, awel, gwynt, chwythell 2. anadl

chwythu (brf.) anadlu, achosi awel *sugno*

d

da 1. *(enw)* daioni, lles, budd; eiddo; gwartheg; meddiannau *(lluos.)* 2. *(ans.)* mad, buddiol, llesol, addas, cyfiawn, dianaf *drwg*

dacw *(adf.)* dyna, wele *dyma*

da-da *(enw)* melysion, losin, taffis, fferins, candi

dadannudd *(enw)* dadorchuddiad, amlygiad, dadleniad; hawl *cuddiad*

dadansoddi *(brf.)* dadelfennu, dosrannu, dosbarthu, diffinio, archwilio

dadansoddiad *(enw)* dadelfeniad, dosraniad, dosbarthiad, archwiliad, diffiniad

dadansoddol *(ans.)* gwrthrychol, gwyddonol *anwrthrychol, personol*

dadchwyddo *(brf.)* lleihau, crebachu, tynnu ato'i hun, colli awyr *chwyddo*

dadebru *(brf.)* adfywio, adfywhau, ymadfywio, dadlewygu *llewygu, cysgu*

dadelfeniad *(enw)* pydriad, braeniad, ymddatodiad *cyfansoddiad*

dadelfennu *(brf.)* pydru, braenu, ymddatod *cyfansoddi*

dadeni *(enw)* adenedigaeth, ailenedigaeth, adfywiad *tranc, marwolaeth*

dadfachu *(brf.)* rhyddhau, datod, dad-wneud, datglymu *clymu, rhwymo*

dadfeilio *(brf.)* dihoeni, nychu, pydru, adfeilio, cwympo, syrthio, dirywio *bywiocáu*

dadfeiliedig *(ans.)* adfeiliedig, maluriedig, mewn adfeilion, yn furddun

dadflino *(brf.)* dadluddedu, adfywio, dadebru, diluddedu, torri blinder, gorffwys, ymorffwys *blino, lluddedu*

dadl *(enw)* 1. ymryson, ple, ymresymiad 2. amheuaeth

dadlaith 1. *(enw)* dadmer, meiriol, toddiad 2. *(brf.)* dadmer, toddi, ymdoddi, meirioli, dadleithio *rhewi*

dadlau *(brf.)* ymryson, pledio, rhesymu, ystyried, profi, ymresymu, siarad yn groes *cytuno*

dadleniad *(enw)* datguddiad, amlygiad, dadorchuddiad, dadannudd *cuddiad*

dadlennu *(brf.)* datguddio, amlygu, dangos, dadorchuddio, gwneud yn hysbys *cuddio, celu*

dadleoli *(brf.)* symud, trosglwyddo *lleoli*

dadleoliad *(enw)* symudiad, trosglwyddiad *lleoliad*

dadleuwr *(enw)* dadleuydd, ymrysonwr, plediwr, rhesymwr, eiriolwr *cytunwr*

dadluddedu *(brf.)* diluddedu, diflino, gorffwys, ymorffwys, adennill nerth, dadebru, adfywio *blino, diffygio*

dadlwytho *(brf.)* gwacáu, ysgafnhau, difeichio *llwytho*

dadmer 1. *(enw)* meiriol, dadlaith, toddiad 2. *(brf.)* dadlaith, meirioli, toddi, ymdoddi, dadleithio *rhewi*

dadorchuddiad *(enw)* dadleniad, amlygiad, dadannudd *gorchuddiad*

dadorchuddio *(brf.)* datguddio, dadlennu, dangos, amlygu, tynnu gorchudd *gorchuddio*

dadwino *(brf.)* edwino, dihoeni, nychu, edwi, gwywo, difa, marw *bywiocáu, sionci*

dadwisgo *(brf.)* tynnu dillad, dihatru, ymddihatru, dinoethi, ymddinoethi, diosg, ymddiosg *gwisgo*

dad-wneud *(brf.)* dadwneuthur, datod, mysgu, datglymu; andwyo, difetha, distrywio *gwneud, clymu*

dadwrdd *(enw)* twrw, sŵn, twrf, terfysg, cynnwrf, cyffro, cythrwfl *tawelwch, distawrwydd*

dadwreiddio *(brf.)* diwreiddio, cloddio, dileu, diddymu, dirymu, lladd *gwreiddio, ymwreiddio*

daear *(enw)* tir, pridd, llawr, daearen, priddell, gweryd, byd *nef, awyr*

daeardy *(enw)* daeargell, dwnsiwn, cell, carchar, dalfa, jêl

daearfochyn *(enw)* mochyn daear, broch, byrfochyn, twrch daear, pryf llwyd, mochyn bychan, pryf penfrith

daearu *(brf.)* claddu, cuddio *datguddio, cloddio*

dafad *(enw)* 1. mamog, oen, hwrdd, maharen 2. dafaden, tyfiant

dafn *(enw)* diferyn, defnyn, tropyn

daffodil *(enw)* cenhinen Bedr, gylfinog, lili bengam

dagr *(enw)* cyllell, bidogan, stileto; bidog; cleddyf

dagreuol *(ans.)* trist, prudd, penisel, pruddglwyfus, digalon, pruddaidd *hapus, llon*

daioni *(enw)* rhinwedd, da, lles, budd, buddiant, llesiant *drygioni*

daionus *(ans.)* da, mad, llesol, rhinweddol, buddiol, o les, o fudd *drygionus*

dal *(brf.)* dala, cydio, gafael, ymaflyd, goddiwes; parhau; atal, cadw; goddef, dioddef; cynnal, ategu, cefnogi *gollwng, colli*

dalen *(enw)* deilen; dau dudalen

dalfa *(enw)* 1. daliad 2. carchar, jêl 3. gafael, cadwraeth, gwarchodaeth

daliad *(enw)* tro, sifft, stem

daliadau *(enw lluos.)* credoau *(lluos.)*, safbwynt, barn, cyffes ffydd

dallineb *(enw)* dellni, dallter *golwg*

dallu *(brf.)* 1. disgleirio, pelydru, tywyllu, mygydu 2. mynd yn ddall

damcaniaeth *(enw)* tyb, tybiaeth, theori *ymarferiad*

damcaniaethol *(ans.)* tybiedig, theoretig *ymarferol*

damcanu *(brf.)* tybio, damcaniaethu

dameg *(enw)* stori, patrwm, enghraifft, esiampl, stori wers, alegori, aralleg

damhegol *(ans.)* alegoriol, enghreifftiol, ffigurol, alegoriaidd, arallegol

damnedigaeth *(enw)* condemniad, collfarn, cosbedigaeth, tynged *gwaredigaeth, iachawdwriaeth*

damnio *(brf.)* condemnio, melltithio, rhegi *gwaredu, achub*

damsang *(brf.)* sangu, mathru, sengi, troedio ar, sathru, llethu dan draed, damsgel, bagio, stablan

damwain *(enw)* digwyddiad; siawns, trychineb; anaf

damweinio *(brf.)* digwydd, codi, darfod

damweiniol *(ans.)* ar amcan, ar siawns, trwy ddamwain, trwy lwc, ar antur, ar hwrdd *pwrpasol*

dan *(ardd.)* tan, o dan, oddi tan, is, islaw *ar, uwchben*

danadl *(enw lluos.)* danad, dynad, dynaint, dail/dannedd poethion; mieri, drysi, drain

danfon *(brf.)* anfon, hel, hela, hebrwng, gyrru *dod â*

dangos *(brf.)* peri gweld, amlygu, dadorchuddio, dadlennu, arddangos, esbonio, egluro *celu*

dangoseg *(enw)* mynegai, indecs

dangosol *(ans.)* mynegol, pendant *amhendant, amhenodol*

danheddog *(ans.)* ysgithrog, garw, anwastad, pigog, llym, miniog *llyfn,* *gwastad*

dannod *(brf.)* ceryddu, edliw, gwawdio, rhoi stŵr/pryd o dafod i, cymhennu, tafodi *canmol, clodfori*

dansoddol *(ans.)* haniaethol, astrus, anodd *diriaethol, plaen*

danteithiol *(ans.)* amheuthun, blasus, melys, prin, dymunol *cas, chwerw*

danteithion *(enw lluos.)* amheuthun, melysfwyd, enllyn

danto *(brf.)* digalonni, blino, diffygio, lluddedu, llwfrhau *dadluddedu, ymwroli*

darbod *(brf.)* paratoi, darparu, cyflenwi, arlwyo *gwarafun*

darbodaeth *(enw)* 1. darpariad, paratoad 2. cynildeb *afradlonedd*

darbodus *(ans.)* cynnil, gofalus, crintach, diwastraff, darbodol *afradlon, gwastraffus*

darbwyll *(enw)* rheswm, perswâd

darbwyllo *(brf.)* bodloni, argyhoeddi, perswadio, dwyn perswâd ar *anghymell*

darfelydd *(enw)* gweiddioldeb, crebwyll, dychymyg, ffansi, delweddiad, amgyffrediad, dealltwriaeth, dirnadaeth *annealltwriaeth*

darfod *(brf.)* gorffen, dibennu, dod i ben, terfynu, cwpláu, marw; difa, dihoeni, nychu; digwydd, damweinio *dechrau, geni*

darfodedig *(ans.)* 1. diflanedig, darfodadwy 2. adfeiliedig, dadfeiliedig *parhaol, di-baid*

darfyddiad *(enw)* terfyniad, diwedd *dechrau, dechreuad*

darganfod *(brf.)* canfod, dod o hyd i, cael hyd i *colli*

dargyfeirio *(brf.)* ymwahanu, ymrannu, fforchi, gwasgaru, mynd ar chwâl, chwalu *cydgynnull, crynhoi*

darlith *(enw)* anerchiad, sgwrs, araith, llith, pregeth, homili

darlithio *(brf.)* areithio, annerch, pregethu

darlithydd *(enw)* darlithiwr, areithiwr, anerchwr, sgwrsiwr; pregethwr; rhetoregwr, rhetoregwr

darlosgi *(brf.)* amlosgi, corfflosgi

darlun *(enw)* llun, pictiwr, arlun

darlundy *(enw)* sinema, pictiwrs

darluniad *(enw)* portread, disgrifiad, cyflead

darluniadol *(ans.)* disgrifiadol, esboniadol, enghreifftiol

darlunio *(brf.)* disgrifio, portreadu, cyfleu, cynrychioli, delweddu, peintio, tynnu llun

darllaw *(brf.)* bragu, macsu

darllawydd *(enw)* darllawr, bragwr, macswr

darlledu *(brf.)* datgan, cyhoeddi, teledu, lledaenu

darlledwr *(enw)* datganwr, cyhoeddwr, teledwr, lledaenwr

darllenadwy *(ans.)* clir, amlwg, dealladwy, eglur; difyr, diddanus, diddanol *aneglur, annarllenadwy*

darllengar *(ans.)* myfyriol, myfyrgar, meddylgar, ystyriol *anystyriol, difeddwl*

darn *(enw)* dernyn, tamaid, pisyn, rhan, dryll, cetyn, cyfran *cyfan*

darnio *(brf.)* rhwygo, archolli, dryllio, briwio, torri'n yfflon *trwsio, cyfannu*

darogan 1. *(enw)* proffwydoliaeth, armes, rhagfynegiad, argoeliad 2. *(brf.)* rhagfynegi, rhag-ddweud, proffwydo, rhagddyfalu

daroganwr *(enw)* proffwyd, gweledydd

darostwng *(brf.)* iselu, iselhau, goresgyn, concro, gostwng, gorchfygu, dwyn dan iau/awdurdod,

torri crib, dal trwyn ar y maen
rhyddhau

darostyngedig *(ans.)* caeth, ufudd,
ymddibynnol *rhydd, annibynnol*

darostyngiad *(enw)* goresgyniad,
concwest; ufudd-dod *rhyddid*

darpar 1. *(enw)* darpariaeth, paratoad,
arlwy 2. *(ans.)* dyfodol, i fod, cyw- 3.
(brf.) darparu, arlwyo, paratoi, darbod

darwden *(enw)* tarwden, taroden,
gwreinen, marchwreinen,
tarddwreinen, drywinen, derwinen

datblygiad *(enw)* twf, tyfiant,
cynnydd, ehangiad, helaethiad
dadfeiliad

datblygu *(brf.)* tyfu, cynyddu,
ymagor, helaethu, ehangu, amlygu
dadfeilio, edwino

datgan *(brf.)* datganu, mynegi,
cyhoeddi, traethu, cyffesu, cyfleu *tewi*

datganiad *(enw)* mynegiad, traethiad,
cyhoeddiad, adroddiad, cyffesiad,
cyflead

datgeiniad *(enw)* canwr, cantor,
caniedydd, cantwr, adroddwr,
perfformiwr

datgelu *(brf.)* amlygu, dangos,
dadorchuddio, datguddio, dadlennu
celu, cuddio

datglo *(ans.)* agored, ar agor, di-gêl
cloëdig, ar gau

datgloi *(brf.)* agor, datod *cloi, cau*

datglymu *(brf.)* datod, mysgu *clymu,
rhwymo*

datgudd 1. *(enw)* datguddiad,
atgyfodiad *cuddiad, cêl* 2. *(brf.)*
datguddio, datgladdu *cuddio*

datguddiad *(enw)* dadleniad,
amlygiad, mynegiad, eglurhad,
esboniad, datganiad, dadannudd
cuddiad, cêl

datguddio *(brf.)* amlygu, dadlennu,
dangos *cuddio, celu*

datgysylltu *(brf.)* datod, datgymalu
cysylltu, cyfansoddi

datod *(brf.)* datgysylltu, dad-wneud,
rhyddhau, mysgu, daffod *clymu,
rhwymo*

datrys *(brf.)* dadrys, datod, dehongli,
egluro, esbonio, mysgu *drysu,
cymhlethu*

datrysiad *(enw)* ateb, esboniad,
eglurhad, dehongliad, datrysiad
dryswch, cymhlethdod

datsain *(enw)* atsain, eco, adlais, adlef,
ailadroddiad

datseinio *(brf.)* atseinio, diasbedain

dathliad *(enw)* gŵyl, ffair, dyddgwyl,
dygwyl, carnifal *galar*

dathlu *(brf.)* coffáu, cael hwyl,
ymddigrifo, cofnodi *galaru*

dauwynebog *(ans.)* twyllodrus,
dichellgar, anonest, annibynadwy,
celwyddog, rhagrithiol *gonest,
diragrith*

dawn *(enw)* talent, athrylith, gallu,
medr, medrusrwydd, celfyddyd,
deheurwydd *twpdra, anallu*

dawnus *(ans.)* talentog, athrylithgar,
galluog, medrus, hyfedr *di-ddawn,
analluog*

de/deau 1. *(enw)* deheubarth *(gwr.)*;
llaw dde, deheulaw *(ben.) gogledd;
chwith* 2. *(ans.)* deheuol; ar y llaw
dde *gogleddol; chwith*

deall 1. *(enw)* dirnadaeth,
amgyffrediad, dealltwriaeth,
deallgarwch, deallusrwydd
annealltwriaeth, annirnadaeth 2.
(brf.) dirnad, amgyffred, gwybod

dealladwy *(ans.)* dirnadwy,
amgyffredadwy, clir, eglur, rhesymol,
amlwg *annealladwy, amwys*

deallus *(ans.)* deallgar, call, pwyllog,
rhesymol, ystyriol, deallol *diddeall,
anneallus*

deallusrwydd *(enw)* dealltwriaeth,
dirnadaeth, amgyffrediad, synnwyr,
gwybodaeth, deallgarwch
annealltwriaeth, annirnadaeth

dechrau 1. *(enw)* dechreuad, tarddiad,
cychwyniad, gwreiddyn, deilliad
diwedd, terfyn 2. *(brf.)* cychwyn,
tarddu *diweddu, terfynu*

dechreunos *(enw)* cyfnos,
cyflychwyr, diwedydd, noswaith,
gyda'r nos, erbyn nos, min nos
cyfddydd, gwawr, bore bach

dechreuol *(ans.)* cychwynnol,
gwreiddiol, cynnar, cyntaf *terfynol,
olaf*

dechreuwr *(enw)* nofis, dysgwr *hen
law, arbenigwr*

dedfryd *(enw)* dyfarniad, rheithfarn,
barn, collfarn, penderfyniad, casgliad

dedfrydu *(brf.)* dyfarnu, penderfynu,
casglu, collfarnu, condemnio *dieuogi*

dedwydd *(ans.)* hapus, llon, bodlon,
llawen, wrth ei fodd, gwynfydedig
annedwydd, anhapus

dedwyddwch *(enw)* dedwyddyd,
hapusrwydd, bodlonrwydd,
llawenydd, gwynfyd, boddhad
tristwch

deddf *(enw)* cyfraith, ystatud,
deddfwriaeth, mesur

deddfol *(ans.)* cyfreithiol, ystatudol
anghyfreithiol

deddfu *(brf.)* rheoli, llywodraethu,
deddfwriaethu

defeidiog *(enw)* ffrith, ffridd, porfa,
tir pori, rhosfa, tir glas

defnydd *(enw)* deunydd, stwff; mater,
sylwedd; pwrpas, diben, nod; iws

defnyddio *(brf.)* arfer, manteisio ar
hepgor, esgeuluso

defnyddiol *(ans.)* buddiol, llesol,
hylaw, o gymorth, o fudd, o les, o
wasanaeth *di-fudd, diddefnydd*

defnyddioldeb *(enw)* buddioldeb,
gwasanaeth, iws, cymorth, budd, lles
anfuddioldeb

defnyn *(enw)* dafn, diferyn, tropyn

defnynnu *(brf.)* diferu, diferynnu,
syrthio, rhedeg

defod *(enw)* 1. arfer, arferiad 2.
seremoni 3. ordinhad

defodol *(ans.)* arferol, seremonïol,
confensiynol *anghonfensiynol,
annefodol*

defosiwn *(enw)* cysegriad,
ffyddlondeb, addoliad, teyrngarwch,
duwioldeb, cydwybodolrwydd
annuwioldeb

defosiynol *(ans.)* duwiol,
duwiolfrydig, crefyddol, buchheddol
di-dduw, digrefydd

deffro *(brf.)* deffroi, dihuno *cysgu*

deffroad *(enw)* adfywiad, adeni,
dadebriad *cwsg*

deheuig *(ans.)* celfydd,
dechau/dethau, medrus, galluog,
hyfedr, cywrain, cyfarwydd *trwsgl,
afrosgo*

deheurwydd *(enw)* medr,
medrusrwydd, gallu, sgil, celfyddyd
anfedrusrwydd, lletchwithdod

dehongli *(brf.)* esbonio, egluro,
cyfieithu *cymlethu, drysu*

dehongliad *(enw)* esboniad, eglurhad,
cyfieithiad *cymlethdod, dryswch*

dehonglydd *(enw)* dehonglwr,
esboniwr, eglurwr, cyfieithydd,
lladmerydd

deifio *(brf.)* llosgi, rhuddo, niweidio,
difa, anafu, ysu, mallu

deifiol *(ans.)* brathog, ysol, llosg,
niweidiol, llym, miniog, tost *pŵl, di-*
fin

deigryn *(enw)* deigr, dafn, diferyn,
defnyn

deiliad *(enw)* tenant, meddiannwr,

preswylydd *landlord, perchennog*

deiliadaeth *(enw)* tenantiaeth, meddiannaeth, preswyl

deilliad *(enw)* tarddiad, dechrau, ffynhonnell, tarddle *diwedd, pen y daith*

deillio *(brf.)* tarddu, codi, cychwyn, dechrau, dilyn *diweddu, terfynu*

deincod *(enw)* dincod, rhygnu/ rhincian dannedd, crensian, ysgyrnygu

deintio *(brf.)* darn-gnoi, brathu, cnoi, bwyta, brigbori

deintrod *(enw)* cocosen, cogen, còg, dant

deiseb *(enw)* deisyfiad, erfyniad, cŵyn, arch

deisebu *(brf.)* deisyfu, erfyn, erchi, cwyno

deisyf 1. *(enw)* deisyfiad, erfyniad, cais, arch, ymbil, ple 2. (brf.) deisyfu, erfyn, ymbilio, gofyn, ymofyn, ceisio, chwenychu

del *(ans.)* pert, hardd, prydferth, tlws, dillyn, taclus, destlus *hyll, hagr*

dêl *(enw)* bargen, trafodaeth

delfryd *(enw)* drychfeddwl, meddylddrych *hunllef*

delfrydol *(ans.)* perffaith, di-nam, di-fai, darluniadol *hunllefol, dychrynllyd*

delff *(enw)* hurtyn, penbwl, ffŵl, llabwst, ynfytyn, llaprwth, lleban *athrylith*

delio *(brf.)* masnachu, marchnata, bargeinio; ymwneud, trin, trafod, ymdrin

delw *(enw)* cerflun, llun, eilun, darlun, rhith, ffurf

delwedd *(enw)* drychfeddwl, meddylddrych, syniad

delweddiad *(enw)* darluniad, portread, cyflead

delweddu *(brf.)* portreadu, cyfleu, cynrychioli, darlunio

delwi *(brf.)* breuddwydio, gwelwi

dellni *(enw)* dallter, dallineb *golwg, trem*

delltio *(brf.)* delltu, hollti, dryllio *cyfannu, trwsio*

democrataidd *(ans.)* teg, cyfiawn *annemocrataidd*

democratiaeth *(enw)* gweriniaeth, gwerinlywodraeth *unbennaeth, totalitariaeth*

dengar *(ans.)* deniadol, hudol, swynol, atyniadol *anneniadol, di-apêl*

deniadau *(enw lluos.)* atyniadau, hudoliaethau, swynion *brychau*

denu *(brf.)* hudo, swyno, llithio, atynnu *diflasu*

deol *(brf.)* didoli, gwahanu; alltudio *casglu*

deoledig *(ans.)* didol, alltud, ar herw, ar wasgar *unedig*

deor *(brf.)* 1. deori, gori 2. atal, rhwystro

derbyn *(brf.)* cymryd, croesawu, cael *gwrthod, gomedd*

derbyniad *(enw)* derbynfa, croeso, croesawiad *gwrthodiad, gomeddiad*

derbyniadau *(enw lluos.)* incwm, enillion *(lluos.),* refeniw, cyllid *colledion*

derbyniol *(ans.)* cymeradwy, iawn, dymunol, i'w groesawu *annerbyniol*

dernyn *(enw)* darn, tamaid, gronyn, mymryn, tameidyn, dryll *cyfanrwydd*

dernynnach *(enw lluos.)* tameidiach, darnau mân, cyrbibion, bribys

derwen *(enw)* dâr, coeden dderw, pren derw

destlus *(ans.)* taclus, twt, dosbarthus, trefnus, trwsiadus, cryno, dillyn *di-drefn, anghymen*

destlusrwydd *(enw)* taclusrwydd,

dillynder, trefnusrwydd, trefn, cymhendod **anhrefn, annibendod**

dethau *(ans.)* dechau, celfydd, sgilgar, medrus, galluog; destlus, taclus **annethau, lletchwith**

dethol 1. *(ans.)* detholedig, dewisedig; prin, arbennig, anghyffredin, anarferol **cyffredin** 2. *(brf.)* dewis

detholiad *(enw)* dewis, dewisiad, amrywiaeth, amrediad

deublyg *(ans.)* dwbl, deuddyblyg, dyblyg, deuol **unigol**

deunydd *(enw)* defnydd, gwasanaeth, iws, lles, budd; stwff, mater, sylwedd; pwrpas, diben

deurudd *(enw lluos.)* dwyrudd, bochau, gruddiau, cernau, bochgernau

deutu *(enw lluos.)* dwy ochr, bob ochr, poptu

dewin *(enw)* swynwr, swyngyfareddwr, cyfareddwr, dyn hysbys, rheibiwr *(ben. - dewines)*

dewiniaeth *(enw)* swyn, swyngyfaredd, cyfaredd, hud a lledrith, hudoliaeth, dewindabaeth

dewiniol *(ans.)* cyfareddol, hudolus, hudol, lledrithiol, dewinaidd; proffwydol

dewino *(brf.)* hudo, swyno, cyfareddu, rheibio; proffwydo

dewis 1. *(enw)* dewisiad, detholiad, etholiad; dymuniad, awydd 2. *(brf.)* dethol, ethol; dymuno **gwrthod, anwybyddu, esgeuluso**

dewisol *(ans.)* dewisedig, detholedig; prin, arbennig **cyffredin**

dewr 1. *(enw)* gwron, arwr, dyn dewr **llwfrgi** 2. *(ans.)* gwrol, hy, glew, eofn, beiddgar, di-ofn **llwfr**

dewrder *(enw)* dewredd, gwroldeb, glewder, ehofndra, hyfdra, beiddgarwch, arwriaeth **llwfrdra**

diachos *(ans.)* diangen, dieisiau,

afraid, afreidiol, dianghenraid, dibwrpas **angenrheidiol**

diadell *(enw)* praidd, gyr, cenfaint

diaddurn *(ans.)* plaen, syml, moel, cartrefol **addurnedig**

diafael *(ans.)* di-ddal, llithrig

diafol *(enw)* cythraul, diawl, ellyll, Satan, gŵr drwg, coblyn, andras **angel**

diagram *(enw)* deiagram, llun, darlun, cynllun, braslun

diangen *(ans.)* dianghenraid, diachos, dieisiau, afraid, afreidiol **angenrheidiol, anhepgor**

di-ail *(ans.)* unigryw, dihafal, digyffelyb, digymar, heb ei debyg **diddrwg-didda**

dial 1. *(enw)* dialedd 2. *(brf.)* ymddial, cosbi, talu'r pwyth yn ôl, talu'r hen chwech yn ôl

dialgar *(ans.)* dialeddgar, creulon, didostur, didrugaredd **tosturiol, trugarog**

diallu *(ans.)* analluog, di-rym, di-nerth, gwan **galluog, nerthol**

diamau *(ans.)* diamheuol, diamheuaeth, diau, yn wir, heb os nac onibai, sicr, siŵr **ansicr, amheus**

diamcan *(ans.)* dibwrpas, dibwynt **pwrpasol**

diamddiffyn *(ans.)* anniogel, diymadferth, diymgeledd **diogel, cadarn**

diamser *(ans.)* bythol, tragwyddol, parhaol, di-baid; clasurol, safonol **diflanedig, dros dro**

diamwys *(ans.)* clir, eglur, plaen, pendant **amwys**

dianaf *(ans.)* di-nam, di-glwyf, croeniach **anafedig, archolledig**

dianc *(brf.)* diengyd, ffoi, cilio, diflannu, gochel, osgoi, rhedeg i ffwrdd, cymryd y goes **dychwelyd**

dianrhydeddu *(brf.)* amharchu, difrïo, diraddio, bwrw sen **urddo, anrhydeddu**

dianwadal *(ans.)* sad, diysgog, sicr, cadarn, dibynadwy, di-syfl, disymud **anwadal, simsan**

diarddel *(brf.)* gwadu, diswyddo, diaelodi, bwrw allan, alltudio, anfon i ffwrdd **derbyn**

diarddeliad 1. *(enw)* alltudiaeth **derbyniad** 2. *(ans.)* diargyhoeddiad, diysbrydoliaeth, dieneiniad, ansicr **eneiniedig, ysbrydoledig**

diarffordd *(ans.)* anghysbell, pell, pellennig, anhygyrch, anghyraeddadwy **hygyrch**

diargyhoedd *(ans.)* heb fai, di-fai, difeius, anffaeledig **ffaeledig, amherffaith**

diarhebol *(ans.)* cyffredin, gwybyddus, adnabyddus, hysbys, gwir, safonol, clasurol

diaros *(ans.)* di-oed, uniongyrchol, ar unwaith, heb aros **hwyrfrydig**

diarswyd *(ans.)* di-ofn, eofn, dewr, glew, gwrol **ofnus, llwfr**

diarwybod *(ans.)* dirybudd, annisgwyl **disgwyliedig**

diasbad *(enw)* bloedd, gwaedd, ysgrech, cri, llef

diasbedain *(brf.)* gweiddi, bloeddio; atseinio, adleisio, dadseinio

diatreg *(ans.)* di-oed, uniongyrchol, heb golli amser, yn syth, yn union, yn ebrwydd **hwyrfrydig**

diau *(ans.)* diamau, sicr, gwir, cywir, diamheuaeth, diamheuol, di-os **ansicr, petrus**

diawen *(ans.)* anfarddonol, diysbrydoliaeth, dieneiniad, di-fflach, diddychymyg, rhyddieithol **ysbrydoledig**

diawledig *(ans.)* cythreulig,

melltigedig, ysgymun, dieflig **angylaidd, nefolaidd**

diawledigrwydd *(enw)* cythreuldeb, drygioni, direidi **daioni**

diawydd *(ans.)* anawyddus, anfodlon, amharod **awyddus**

di-baid *(ans.)* gwastadol, parhaol, parhaus, diaros, diderfyn, cyson, diddarfod **diflanedig, dros dro**

di-ball *(ans.)* di-feth, di-ffael, di-fwlch, sicr, heb fethu **ffaeledig, ansicr**

dibechod *(ans.)* difrycheulyd, di-nam, di-fai, perffaith, dieuog **pechadurus, euog**

diben *(enw)* bwriad, amcan, nod, pwrpas, perwyl

di-ben-draw *(ans.)* diddiwedd, anfeidrol, diderfyn, annherfynol, anorffen, bythol, tragwyddol **terfynol**

dibeniad *(enw)* diwedd, terfyn, clo **dechrau, dechreuad**

dibennu *(brf.)* gorffen, cwblhau, cwpla, cwpláu, terfynu, dod/dirwyn i ben, diweddu **dechrau**

diberswâd *(ans.)* digyfaddawd, di-ildio, anhyblyg, anystwyth, ystyfnig, gwrthnysig, penstiff **hyblyg, rhesymol, ystwyth**

diberygl *(ans.)* diogel, saff **peryglus**

dibetrus *(ans.)* 1. di-oed, ar unwaith, heb betruso 2. diamau, sicr **petrusgar**

dibrin *(ans.)* heb brinder, toreithiog, ffrwythlon, niferus, digon, helaeth, aml **prin**

di-briod *(ans.)* digymar, sengl, gweddw **priod**

dibris *(ans.)* esgeulus, di-hid, difater, diofal, anystyriol **ystyriol, pwyllog**

dibrisio *(brf.)* esgeuluso, dirmygu, diystyru, ysgornio, anwybyddu, gwawdio **gwerthfawrogi**

dibristod *(enw)* esgeulustod, esgeulustra, anystyriaeth, rhyfyg, dirmyg *gwerthfawrogiad, gofal, pwyll*

dibrofiad *(ans.)* amhrofiadol, amaturaidd, anghelfydd, anghyfarwydd *profiadol*

dibroffes *(ans.)* digrefydd, anffyddiog, di-ffydd, di-dduw *crefyddol, duwiolfrydig*

dibwyll *(ans.)* amhwyllog, ffôl, disynnwyr, angall *pwyllog*

dibwys *(ans.)* amhwysig, di-nod, distadl *pwysig*

dibyn *(enw)* clogwyn, creigle, craig, tarren

dibyn-dobyn *(adf.)* pendramwnwgl, blithdraphlith, pendraphen *trefnus, dosbarthus*

dibynnu *(brf.)* ymddiried, hyderu, byw ar, bod â ffydd yn; crogi

dicllon *(ans.)* yn dal dig, digofus, llidiog, barus, blin, croes *bodlon*

dicllonedd *(enw)* dicllonrwydd, dicter, llid, bâr, digofaint, llidiowgrwydd, soriant *bodlondeb*

dicra *(ans.)* eiddil, bach, gwan, gwanllyd; cysetlyd *cryf, cydnerth*

dichell *(enw)* tric, twyll, hoced, ystryw, cast, stranc, cyfrwystra *gonestrwydd*

dichellgar *(ans.)* twyllodrus, ystrywgar, castiog, cyfrwys, cywrain, anonest, dichellus *gonest, unplyg*

dichon *(adf.)* efallai, hwyrach, ysgatfydd, o bosibl, gall fod, fe allai

di-chwaeth *(ans.)* diddiwylliant, taeogaidd, gwael, disafon *chwaethus*

didaro *(ans.)* difater, difraw, diofal *ystyriol*

di-daw *(ans.)* di-baid, di-ball *ysbeidiol*

dideimlad *(ans.)* creulon, didostur, didrugaredd; disynnwyr *trugarog, tosturiol*

dideimladrwydd (enw) difaterwch, difrawder, caledi *trugaredd, tosturi*

diderfyn *(ans.)* annherfynol, anfeidrol, diddiwedd, di-ben-draw, bythol, tragwyddol, diddarfod *meidrol*

diderfysg *(ans.)* llonydd, tawel, digynnwrf *terfysglyd, aflonydd*

didoli (brf.) gwahanu, rhannu, ysgar, chwynnu, neilltuo *cymysgu*

didolwr *(enw)* didolydd, gwahanwr

di-dor *(ans.)* parhaus, cyson, parhaol, di-baid, diatal, diaros, diddiwedd *ysbeidiol*

didoreth *(ans.)* di-sut, di-siâp, di-lun, di-drefn, diog, di-glem, diddarbod *cydwybodol, trefnus*

didostur *(ans.)* didosturi, didrugaredd, creulon, annynol, bwystfilaidd, anwar *tosturiol, trugarog*

didrafferth *(ans.)* rhwydd, hawdd, di-rwystr, dilyffethair, didramgwydd *anodd*

didraha *(ans.)* diymffrost, diymhongar, gwylaidd, mwyn, addfwyn, cymedrol, rhesymol *trahaus*

di-drai *(ans.)* di-feth, diddiwedd, diderfyn *terfynol, meidrol*

didramgwydd (ans.) di-rwystr, dilyffethair, rhwydd *anodd*

di-dranc *(ans.)* anfarwol, diddiwedd, diddarfod, diderfyn, bythol, tragwyddol *marwol, meidrol*

di-drech *(ans.)* anorchfygedig; cyfartal *darostyngedig*

di-drefn *(ans.)* di-sut, di-lun, di-siâp, anhrefnus, annosbarthus, anniben, anghymen *trefnus, cymen*

didrugaredd *(ans.)* didostur, didosturi, anhrugarog, creulon, annynol, digydymdeimlad, dideimlad *trugarog*

dideudd *(ans.)* di-ochr, amhleidiol, diwyro, amhleidgar, diogwydd, di-dderbyn-wyneb, teg *rhagfarnllyd*

didwrw *(ans.)* di-drwst, di-sŵn, tawel *swnllyd*

didwyll *(ans.)* diddichell, annichellgar, diffuant, gonest, cyfiawn, teg *anonest, twyllodrus*

didwylledd *(enw)* diffuantrwydd, gonestrwydd, tegwch, cyfiawnder, cywirdeb, dilysrwydd *anonestrwydd*

didda *(ans.)* di-les, di-fudd, anfuddiol *buddiol, o les*

di-ddadl *(ans.)* diamau, diamheuol, dilys, diau, sicr, pendant *amhendant, amhenodol*

di-ddal *(ans.)* anwadal, gwamal, chwit-chwat, annibynadwy, ansefydlog, ansad *sad, dibynadwy*

diddan *(ans.)* diddorol, difyrrus, dymunol, ysmala, diddanus, diddanol *anniddan, anhapus*

diddanion *(enw lluos.)* ffraethebau, ffraetheiriau, jôcs, digrifwch, cellwair, ysmaldod, doniolwch

diddanu *(brf.)* 1. diddori, adlonni, ysmalio, ffraethebu, difyrru 2. cysuro *gofidio*

diddanwch *(enw)* 1. difyrrwch 2. cysur *gofid, anghysur*

diddanwr *(enw)* diddanydd, digrifwr, difyrrwr; cysurwr

diddarbodus *(ans.)* afradlon, gwastraffus, anghynnil, diofal, esgeulus, annarbodus *darbodus, cynnil*

diddarfod *(ans.)* di-dranc, anfarwol, diddiwedd, diderfyn, di-ben-draw, parhaus, tragwyddol *meidrol*

diddeall *(ans.)* twp, hurt, pendew, anneallus, di-glem *deallus, clyfar*

diddefnydd *(ans.)* diwerth, didda, di-fudd, di-les, anfuddiol *buddiol, o les*

di-dderbyn-wyneb *(ans.)* diduedd, di-ochr, amhleidiol, teg, diogwydd, amhleidgar *rhagfarnllyd*

diddig *(ans.)* tawel, bodlongar, digyffro, llonydd *anniddan, anfodlon*

diddillad *(ans.)* noeth, noethlymun *wedi gwisgo*

diddim 1. *(enw)* diddymder, gwagle 2. *(ans.)* diwerth, da i ddim, di-fudd, didda, annefnyddiol, diddefnydd, anfuddiol *buddiol*

diddiolch *(ans.)* anniolchgar, swrth, sarrug, blwng, di-wên, surbwch *diolchgar*

diddiwedd *(ans.)* diderfyn, di-ben-draw, annherfynol *terfynol, meidrol*

diddori *(brf.)* difyrru, diddanu, adlonni *diflasu*

diddorol *(ans.)* yn dal sylw, diddanus, difyrrus, difyr *anniddorol, diflas*

diddos *(ans.)* clyd, cyfforddus, cynnes, cysgodol *anghyfforddus, digysgod*

diddosi *(brf.)* cysgodi, diogelu

diddosrwydd *(enw)* clydwch, cysur, cysgod, noddfa, lloches, diogelwch *anghysur*

di-dduw *(ans.)* anffyddiog, di-ffydd, digrefydd, di-gred, anghrediniol; anghristnogol, pagan *duwiolfrydig*

di-ddweud *(ans.)* dywedwst, tawel, mud, tawedog *siaradus, parablus*

diddymder *(enw)* diddymdra, gwagle, dim, dim byd

diddymiant *(enw)* diddymiad, difodiant, dilead, distryw *creadigaeth*

diddymu *(brf.)* difodi, dileu, distrywio, diwreiddio, rhoi pen/terfyn ar, difa, dirymu *creu*

di-ddysg *(ans.)* diddiwylliant, anwybodus *dysgedig, diwylliedig*

dieflig *(ans.)* cythreulig, satanaidd, ellyllaidd *angylaidd*

diegni *(ans.)* difywyd, swrth, di-rym, diymdrech, diymgais, diynni *bywiog*

dieisiau *(ans.)* diangen, dianghenraid, afraid, afreidiol, di-alw-amdano *angenrheidiol, anhepgor*

dieithr *(ans.)* estron, rhyfedd, od, anarferol, anghyffredin, anghynefin, anghyfarwydd *cyfarwydd*

dieithryn *(enw)* dyn dieithr, dyn dŵad, alltud, tramorwr, allanolyn, estron *cydnabod*

di-elw *(ans.)* di-les, di-fudd, anfuddiol, dibroffid, amhroffidiol, anghynhyrchiol *llesol, buddiol*

dienaid *(ans.)* didostur, didrugaredd, creulon, annynol, bwystfilaidd, anwar, ffiaidd *trugarog, tosturiol*

dieneiniad *(ans.)* diysbrydoliaeth, di-fflach, di-ffrwt, anwreiddiol, diddychymyg, rhyddieithol *eneiniedig*

dienw *(ans.)* anhysbys, anadnabyddus *hysbys, adnabyddus*

diepil *(ans.)* di-blant, diffrwyth, hysb *epilgar*

diesgus *(ans.)* anesgusodol, digyfiawnhad, di-sail *dealladwy*

dieuog *(ans.)* diniwed, di-fai, diddrwg *euog*

difa *(brf.)* dinistrio, difetha, ysu, treulio, nychu, dihoeni, difrodi *creu*

difancoll *(enw)* colledigaeth, distryw, dinistr *gwaredigaeth*

difaol *(ans.)* ysol, difrodol, distrywiol *creadigol, adeiladol*

difater *(ans.)* difraw, diofal, didaro, esgeulus, anystyriol *gofalus, ystyriol*

difaterwch *(enw)* diofalwch, difrawder, esgeulustra *gofal, carc*

difeddiannu *(brf.)* dwyn, cymryd, lladrata *rhoi*

difeddwl *(ans.)* anystyriol, amhwyllog, angall, afresymol *meddylgar, ystyriol*

difenwi *(brf.)* difrïo, amharchu, dirmygu, bwrw sen, dilorni, cablu, gwaradwyddo *parchu, anrhydeddu*

difenwr *(enw)* difrïwr, dilornwr, cableddwr, gwaradwyddwr, athrodwr, enllibiwr

diferyn *(enw)* dafn, defnyn, deigryn, tropyn

difesur *(ans.)* anfeidrol, diderfyn, anferth, enfawr, diddiwedd, di-ben-draw *terfynol, meidrol*

di-feth *(ans.)* di-ffael, anffaeledig *ffaeledig, amherffaith*

difetha *(brf.)* distrywio, difa, difrodi, andwyo, sbwylio *creu*

di-fin *(ans.)* di-awch, pŵl *miniog*

diflanedig *(ans.)* darfodedig, dros dro *parhaol, cyson*

diflannu *(brf.)* mynd ar goll, cilio, darfod, ei heglu hi, ei gwadnu hi, ei gloywi hi *ymddangos*

diflas *(ans.)* di-flas, anniddorol, cas, atgas, anhyfryd, annymunol *diddorol, dymunol*

diflastod *(enw)* diflasrwydd, atgasrwydd, atgasedd *diddordeb, hyfrydwch*

diflasu *(brf.)* alaru, syrffedu, peri diflastod *diddori; mwynhau, cael blas*

diflin *(ans.)* diflino, diwyd, dyfal, gweithgar, ymroddgar, ystig, ymrous *diog*

difodi *(brf.)* diddymu, dileu, distrywio, difa, difetha, rhoi terfyn ar *creu*

di-foes *(ans.)* anfoesgar, aflednais, anfoneddigaidd, anghwrtais, cwrs *moesgar, cwrtais*

difonedd *(ans.)* taeogaidd, gwerinol, gwerinaidd, gwrengaidd *bonheddig, aristocrataidd*

difraw *(ans.)* difater, didaro, diofal, anystyriol, esgeulus *ystyriol*

difrawder *(enw)* difaterwch, diofalwch, esgeulustra *gofal*

difreinio *(brf.)* amddifadu, diraddio

breinio

difrif *(ans.)* difrifol, o ddifrif, difrifddwys, meddylgar, sobr, pwyllog; pwysig *difeddwl, penchwiban*

difrïo *(brf.)* difenwi, rhoi tafod drwg i, dirmygu, bwrw sen ar, dilorni, cablu, rhegi *parchu, anrhydeddu*

difrod *(enw)* dinistr, distryw, niwed, colled, drwg *creadigaeth*

difrodi *(brf.)* dinistrio, difa, difetha, amharu, niweidio *creu*

difrycheulyd *(ans.)* di-nam, perffaith, anffaeledig, pur, glân, dilychwin *amherffaith*

di-fudd *(ans.)* di-les, anfuddiol, amhroffidiol, anghynhyrchiol, dielw, diwerth, didda *buddiol, o fudd*

difuddio *(brf.)* difreinio, amddifadu *breinio*

difwyno *(brf.)* diwyno, dwyno, trochi, andwyo, difrodi, difetha, niweidio *gwella*

difyfyr *(ans.)* byrfyfyr, dibaratoad, ar y pryd *paratoëdig*

difyr *(ans.)* difyrrus, diddan, diddanus, llon, siriol, diddorol, dymunol *diflas*

difyrru *(brf.)* diddanu, diddori, adlonni, llonni, sirioli *diflasu*

difyrrwch *(enw)* adloniant, diddanwch, hwyl *anhapusrwydd, tristwch*

difyrrwr *(enw)* diddanwr, diddanydd, digrifwr

difywyd *(ans.)* diegni, diynni, swrth, marwaidd, marw, digalon *bywiog, hoenus*

di-ffael *(ans.)* anffaeledig, di-feth, sicr, pendifaddau *ffaeledig, ansicr*

diffaith *(ans.)* anial, gwyllt, anghyfannedd; diffrwyth, didda

diffeithwch *(enw)* tir diffrwyth, anialdir, anialwch, diffeithdir,

anghyfanneddle *gwareiddiad*

diffeithio *(brf.)* difrodi, difa, difetha, dinistrio *creu*

diffiniad *(enw)* esboniad, eglurhad, darnodiad

diffinio *(brf.)* esbonio, egluro, darlunio, darnodi

diffodd *(brf.)* diffoddi, dileu, diddymu, lladd *cynnau*

diffrwyth *(ans.)* 1. di-les, di-fudd, diwerth, didda, diffaith 2. hysb 3. cwsg *buddiol, toreithiog*

diffrwytho *(brf.)* dirymu, difetha; gwanychu, gwywo, edwino, edwi, dihoeni *bywiocáu*

diffuant *(ans.)* dilys, gonest, didwyll, diledryw, pur, cywir, dibynadwy *rhagrithiol, anonest*

diffuantrwydd *(enw)* gonestrwydd, dilysrwydd, didwylledd, dibynadwyedd *rhagrith, anonestrwydd*

diffyg *(enw)* nam, eisiau, bai, mefl, gwall, gwendid, ffaeledd *perffeithrwydd*

diffygio *(brf.)* methu, ffaelu, aflwyddo; blino, colli nerth *ymfywiogi, egnïo*

diffygiol *(ans.)* amherffaith, anghyflawn; blinedig, lluddedig *perffaith, di-nam*

dig 1. *(enw)* dicter, dicllonedd, digofaint, dicter, llid, bâr, soriant *bodlondeb* 2. *(ans.)* llidiog, digofus, barus, dicllon *bodlon*

di-gabl *(ans.)* di-nam, di-fai, digerydd *amherffaith*

digalon *(ans.)* trist, penisel, diysbryd, prudd, pendrist, pesimistaidd, a'i ben yn ei blu *hapus, llon*

digalondid *(enw)* tristwch, prudd-der, iselder ysbryd, gwangalondid, anghefnogaeth, rhwystr, y felan *hapusrwydd, llonder*

digalonni *(brf.)* gwangalonni, colli hyder/ffydd, digysuro, rhoi'r ffidil yn y to *ymfywiogi, sirioli*

digamsyniol *(ans.)* amlwg, clir, eglur, sicr, siŵr *amwys, ansicr*

digartref *(ans.)* dilety, crwydrol *sefydlog*

digasedd *(enw)* atgasedd, casineb, cas, gelyniaeth *bodlondeb*

di-gêl *(ans.)* di-gudd, agored, di-lech, amlwg, anghudd, dilechiad *cudd, cêl*

digelfydd *(ans.)* lletchwith, afrosgo, trwstan, trwsgl, carbwl, amhroffesiynol, amaturaidd *deheuig, celfydd*

digellwair *(ans.)* difrifol, difrifddwys, di-wên, o ddifrif; diffuant, didwyll *cellweirus*

digio *(brf.)* dal dig, llidio, sorri, cythruddo, tramgwyddo, anfodloni, codi gwrychyn *bodloni*

di-glem *(ans.)* anghelfydd, diamcan, di-siâp, didoreth *celfydd, medrus*

digofaint *(enw)* dicter, llid, bâr, dicllonrwydd, dig *bodlondeb*

digofus *(ans.)* dig, dicllon, barus, llidiog, anfodlon, anhapus *hapus, bodlon*

digoll *(ans.)* cyflawn, perffaith, crwn, di-nam, di-fai *amherffaith, beius*

digon 1. *(enw)* toreth, gwala, digonedd, digonolrwydd, digonoldeb *prinder* 2. *(adf.)* digonol, boddhaol *annigonol, anfoddhaol*

digoni *(brf.)* diwallu, bodloni, boddhau, rhyngu bodd; pobi, rhostio

di-gred *(ans.)* digrefydd, di-dduw, di-ffydd, annuwiol, anghristnogol, pagan, anghrediniol *crefyddol, duwiol*

digrif *(ans.)* digrifol, difyr, difyrrus, diddan, comig, ysmala, ffraeth *difrifol*

digrifwch *(enw)* hiwmor, diddanwch, miri, cellwair, ysmaldod *difrifoldeb*

digrifwr *(enw)* digrifwas, clown, ysmaliwr, cellweiriwr *cerlyn*

digroeni *(brf.)* pilio, rhisglo, masglu, diblisgo, gwisgïo, masglo, plisgo

digroeso *(ans.)* llugoer, anghroesawus, anghyfeillgar, anghymdogol, anghymdeithasgar, anghymwynasgar *croesawus, cyfeillgar*

diguro *(ans.)* digymar, dihafal, di-ail *diddrwg-didda*

digwydd *(brf.)* damweinio, darfod, codi

digydwybod *(ans.)* diegwyddor, hunanol, anystyriol *cydwybodol*

digyfaddawd *(ans.)* di-ildio, digymrodedd, anhyblyg, anystwyth, anghymodlon *ystwyth, hyblyg*

digyfeiliorn *(ans.)* sicr, di-ffael, di-feth *ansicr*

digyfnewid *(ans.)* parhaol, cyson, anghyfnewidiol, bythol *cyfnewidiol*

digyffelyb *(ans.)* unigryw, di-ail, digymar, dihafal, anghymarol, dihefelydd *cyffredin*

digyffro *(ans.)* llonydd, tawel, di-stŵr, digynnwrf; difater, difraw, didaro *gwyllt, afreolus*

digymell *(ans.)* parod, difyfyr, naturiol, gwifoddol, o wirfodd *dan orfod*

digymeriad *(ans.)* gwael, amharchus; anniddorol, plaen, diysbrydoliaeth, dieneiniad *lliwgar*

digymorth *(ans.)* diymadferth, digynhorthwy, diymgeledd

digymrodedd *(ans.)* di-ildio, digyfaddawd, anhyblyg, anystwyth, anghymodlon *ystwyth, hyblyg*

digymysg *(ans.)* diledryw, pur, dilys *amhur*

digynnig *(ans.)* iawn, dros ben, ar y naw, tra, pur

digyrraedd *(ans.)* pendew, twp, hurt, dwl, ynfyd, diddeall *deallus, clyfar*

digyrrith *(ans.)* hael, haelionus, haelfrydig, digryno *cybyddlyd*

digysur *(ans.)* diflas, marwaidd *cysurus*

digyswllt *(ans.)* digysylltiad, amherthnasol *cysylltiedig*

digywilydd *(ans.)* haerllug, eofn, wynebgaled, hy, di-foes, anfoesgar, anweddus *gwylaidd*

digywilydd-dra *(enw)* haerllugrwydd, hyfdra, ehofndra, beiddgarwch *gwyleidd-dra*

dihafal *(ans.)* digyffelyb, di-ail, unigryw, digymar, anghymarol, dihefelydd *cyffredin*

dihangfa *(enw)* ymwared, ffoëdigaeth, allanfa, allfa

dihangol *(ans.)* dianaf, croeniach, diogel, diberygl *archolledig, peryglus*

dihalog *(ans.)* di-lwgr, pur, glân *amhur, llwgr*

dihareb *(enw)* gwireb, gwerseb, dywediad

dihatru *(brf.)* diosg, dinoethi, dadwisgo *gwisgo*

dihefelydd *(ans.)* dihafal, digyffelyb, di-ail, unigryw, digymar, anghymarol *cyffredin, arferol*

diheintio *(brf.)* puro, glanhau, clirio, steryllu, sterilio *llygru*

dihenydd *(enw)* diwedd, tranc, marwolaeth, angau, difancoll *genedigaeth*

diheuro *(brf.)* difeio, dyhuddo, rhyddhau, esgusodi *cyhuddo, euogfarnu*

dihewyd *(enw)* ymroddiad, ymroad, ymgysegriad; tuedd, awydd *diogi*

di-hid *(ans.)* dihidans, didaro, difater,

esgeulus, anystyriol *gofalus*

dihidlo *(brf.)* distyllu, defnynnu, diferu

dihirwch *(enw)* blinder; dihoendod; drygioni

dihiryn *(enw)* cnaf, gwalch, adyn, cenau, twyllwr, dihirwr, dyn gwastraff (*ben.* - dihiren) *gŵr bonheddig*

dihoeni *(brf.)* nychu, llesgáu, curio, llewygu, gwelwi *bywiocáu*

di-hun *(ans.)* di-gwsg, effro, ar ddi-hun *ynghwsg*

di-hwyl *(ans.)* anhwylus, tost, sâl, gwael, claf *iach*

dihyder *(ans.)* anhyderus, petrusgar, ofnus, swil, di-ffydd, petrus *hyderus*

dihysbydd *(ans.)* diderfyn, diddiwedd, di-ben-draw *terfynol, meidrol*

dihysbyddu *(brf.)* gwagio, gwacáu, hysbyddu, tynnu o, disbyddu *cyfrannu*

dilead *(enw)* diddymiad, dirymiad, difodiant *creadigaeth*

diledryw *(ans.)* pur, dilys, diffuant, digymysg, didwyll, gwir *amhur, llwgr*

dileferydd *(ans.)* dilafar, mud, disiarad *siaradus, parablus*

di-les *(ans.)* di-fudd, dielw, dibroffid, amhroffidiol, anghynhyrchiol, diwerth, didda *llesol, buddiol*

dilestair *(ans.)* di-rwystr, dilyffethair *afrwydd*

dileu *(brf.)* difodi, diddymu, dirymu, canslo *creu*

dilewyrch *(ans.)* twyll, digalon, digysur; di-lwydd, aflwyddiannus, diffyniant *llewyrchus*

dilin *(ans.)* coeth, cain, pur *anghoeth, amhur*

di-lol *(ans.)* diffwdan, dinonsens, difrifol, uniongyrchol, digwafars *gwamal*

dilorni *(brf.)* difenwi, cablu, difrïo,

gwaradwyddo, athrodi, enllibio, rhoi tafod drwg i *canmol, clodfori*

dilornus (*ans.*) cableddus, amharchus, enllibus, athrodus *canmoliaethus*

diluddeddu (*brf.*) dadluddeddu, dadflino, gorffwys, ymorffwys *diffygio, blino*

di-lun (*ans.*) di-siâp, afluniaidd, di-sut, didoreth, blêr, aflêr *trefnus, cymen*

di-lwgr (*ans.*) dilychwin, pur, diledryw *llwgr, amhur*

dilychwin (*ans.*) pur, glân, purlan, difrycheulyd, perffaith, di-nam, di-fefl *amherffaith, llwgr*

dilyffethair (*ans.*) di-rwystr, dilestair, rhydd *ynghlwm*

dilyn (*brf.*) canlyn, ufuddhau, deall, efelychu *arwain*

dilyniant (*enw*) cadwyn, rhes, rhestr, parhad

dilynol (*ans.*) canlynol, nesaf *diwethaf*

dilynwr (*enw*) canlynwr, cefnogwr *arweinydd*

dilys (*ans.*) gwir, sicr, diffuant, didwyll, diledryw *annilys*

dilysrwydd (*enw*) sicrwydd, gonestrwydd, unplygrwydd *annilysrwydd*

dilysu (*brf.*) gwarantu, ardystio

di-lyth (*ans.*) di-ball, di-baid, di-feth, diflin, dyfal, bywiog *diflanedig, tymhorol*

dilyw (*enw*) llif, llifeiriant, ffrydlif, rhyferthwy, cenllif, dylif

dilywodraeth (*ans.*) afreolus, annosbarthus, aflywodraethus, gwyllt *llywodraethus*

dilladu (*brf.*) gwisgo, gorchuddio, cuddio *dinoethi*

dillyn (*ans.*) coeth, chwaethus, pur, têr, lluniaidd, hardd, taclus *di-chwaeth, di-drefn*

dillynder (*enw*) coethder, coethiad,

ceinder, gwychder *mocheidd-dra*

dim (*enw*) diddim; dim byd, dim yw dim; rhywbeth, unrhyw beth, unrhyw, yr un *popeth*

dimensiwn (*enw*) maint, mesur, mesuriad, mesuriant

di-nam (*ans.*) di-fai, difai, perffaith, di-fefl, difrycheulyd *beius, amherffaith*

dinas (*enw*) caer; noddfa; tref

dinasfraint (*enw*) dinasyddiaeth, rhyddfraint *caethiwed*

di-nerth (*ans.*) diynni, difywyd, diymadferth, digymorth, digynhorthwy, diymgeledd *bywiog, nwyfus*

dinerthedd (*enw*) anallu, gwendid, eiddilwch, llesgedd *cryfder, cadernid*

dinesig (*ans.*) gwladol, trefol, sifil, dinasol

dinesydd (*enw*) dinaswr, bwrdais, deiliad; preswylydd

dinistr (*enw*) distryw, difodiant, dilead, difodiad, diddymiad, dinistriad *creadigaeth*

dinistrio (*brf.*) difa, difetha, dileu, difodi, andwyo, lladd, rhoi diwedd ar *creu*

dinistriol (*ans.*) distrywiol, andwyol *creadigol, adeiladol*

diniwed (*ans.*) diddrwg, dieuog; gwirion, ffôl *drygionus*

diniweidrwydd (*enw*) dieuogrwydd; naturioldeb; gwiriondeb *drygioni*

di-nod (*ans.*) distadl, amhwysig, dibwys, anenwog, anhysbys, anadnabyddus, di-sylw *enwog, adnabyddus*

dinodedd (*enw*) distadledd, anenwogrwydd *enwogrwydd*

dinoethi (*brf.*) amlygu, dangos, arddangos *cuddio, celu*

di-nwyf (*ans.*) difywyd, diegni,

diynni, swrth *nwyfus, sionc*

diobaith *(ans.)* anobeithiol, di-ffydd, dihyder *gobeithiol, hyderus*

diod *(enw)* dŵr, te, coffi, cwrw, gwin, seidr, llaeth/llefrith, coco, siocled, gwirod

diodlestr *(enw)* cwpan, godard, cawg, greal, gwydryn

dioddef *(brf.)* goddef, caniatáu

dioddefaint *(enw)* poen, poenedigaeth, gofid, trallod, blinder, dolur

dioddefgar *(ans.)* amyneddgar, goddefgar *diamynedd*

dioddefgarwch *(enw)* goddefgarwch, amynedd *diffyg amynedd*

di-oed *(ans.)* heb oedi, yn syth, ar unwaith, heb golli amser, ar amrantiad, rhag blaen *yn nes ymlaen*

di-oer *(ans.)* brwd, cynnes, twym *oer, anghynnes*

diofal *(ans.)* esgeulus, diolwg, hynod, rhyfedd, od, salw *gofalus*

diofalwch *(enw)* esgeulustod, esgeulustra, dibristod, anystyriaeth *gofal*

di-ofn *(ans.)* eofn, diarswyd, dewr, glew, beiddgar *ofnus, dihyder*

diofryd *(enw)* adduned, gofuned, addewid, ymrwymiad, llw; ymwadiad, gwaharddiad, tabŵ

diofrydu *(brf.)* addunedu, addo, ymrwymo; ymwadu â, gwahardd

diog *(ans.)* dioglyd, segur, ofer, musgrell, swrth, digyffro *gweithgar, diwyd*

diogel *(ans.)* diberygl, dianaf, saff, dihangol; cryn, mawr, eithaf *peryglus*

diogelu *(brf.)* amddiffyn, cysgodi, noddi, gwaredu, arbed, coleddu, llochesu *tanseilio*

diogelwch *(enw)* diogelfa, diogelrwydd *perygl*

diogi 1. *(enw)* segurdod *gweithgarwch* 2. *(brf.)* segura, gwagsymera, swmera, sefyllian, lolian, ofera *gweithio, ymdrechu, ymegnïo*

diogyn *(enw)* segurwr, oferwr, pwdryn *gweithiwr*

diolch *(enw)* diolchgarwch, gwerthfawrogiad *anniolchgarwch*

diolchgar *(ans.)* llawn diolch, gwerthfawrogol *anniolchgar*

diolwg *(ans.)* hagr, hyll, afluniaidd, salw; diofal *lluniaidd, golygus*

diomedd *(ans.)* heb ballu, diwarafun, diwrthod, hael, dinacâd *cybyddlyd*

diorchwyl *(ans.)* di-waith, segur *prysur*

diorffen *(ans.)* anorffenedig; diddiwedd *gorffenedig*

diorffwys *(ans.)* diflin, diflino, gweithgar, aflonydd, di-baid, diddiwedd *segur*

di-os *(ans.)* diamheuaeth, diamheuol, diamau, diau, sicr, heb os nac onibai, pendifaddau *ansicr, amheuol*

diosg *(brf.)* tynnu dillad oddi am, dihatru, dinoethi, dadwisgo *gwisgo, dilladu*

diota *(brf.)* yfed, llymeitian, slotian

diotwr *(enw)* yfwr, llymeitiwr, meddwyn

dioty *(enw)* tafarn, tŷ tafarn, tafarndy, tŷ yfed, tŷ diota

diraddiad *(enw)* dirywiad, darostyngiad *hyrwyddiad, dyrchafiad, hwb ymlaen*

diraddio *(brf.)* iselhau, gostwng, difreinio *dyrchafu, hyrwyddo*

diragrith *(ans.)* diffuant, didwyll, gonest, agored *rhagrithiol*

dirboen *(enw)* artaith, dirdyniad

dirboeni *(brf.)* poenydio, arteithio

dirboenus *(ans.)* arteithiol, dirdynnus

dirdyniad *(enw)* dirboen, artaith,

dirgryniad
dirdynnol *(ans.)* arteithiol, dirboenus
dirdynnu *(brf.)* arteithio, dirboeni, poenydio
direidi *(enw)* miri, drygioni, hwyl, difyrrwch, cellwair, digrifwch *sobrwydd, difrifwch*
direidus *(ans.)* drygionus, cellweirus, difyr, ysmala, ffraeth, digrif, ar gefn ei geffyl gwyn *difrifddwys*
direol *(ans.)* aflywodraethus, annosbarthus, afreolus, gwyllt, anystywallt, anhywaith, anhydrin *rheolus*
direswm *(ans.)* di-sail; hurt, afresymol, twp, dwl, ynfyd, gwirion *call, rhesymol*
dirfawr *(ans.)* enfawr, anferth, aruthrol, difesur, anfeidrol, diddiwedd, diderfyn *mân, pitw*
dirgel *(ans.)* dirgelaidd, cyfrinachol, cudd, cyfrin, cuddiedig, preifat *cyhoeddus, hysbys*
dirgelwch *(enw)* cyfrinach, cyfriniaeth
dirgryniad *(enw)* dirdyniad, cynhyrfiad
dirgrynu *(brf.)* crynu, ysgwyd, rhynnu, echrydu
dirgymell *(brf.)* argymell, cymell, annog, annos *anghymell*
diriaeth *(enw)* gwirionedd, realiti, sylwedd *haniaeth*
diriaethol *(ans.)* real, gwirioneddol *haniaethol*
di-rif *(ans.)* dirifedi, afrifed, aneirif, niferus *cyfyngedig*
dirmyg *(enw)* diystyrwch, ysgorn, esgeulustod, gwawd *parch, edmygedd*
dirmygedig *(ans.)* ysgymun, melltigedig, atgas, ffiaidd *cu, annwyl*
dirmygu *(brf.)* diystyru, ysgornio, gwawdio, gwatwar, rhoi clec ar ei fawd, tynnu pig *parchu*

dirmygus *(ans.)* diystyrllyd, ysgornllyd *parchus*
dirnad *(brf.)* deall, amgyffred, gwybod, dychmygu, synied, dirnabod
dirnadaeth *(enw)* dealltwriaeth, darfelydd, dychymyg, amgyffrediad, syniad, crafter *annirnadaeth*
dirnadol *(ans.)* deallus, craff, sylwgar, call, doeth *anneallus, diddealltwriaeth*
dirnadwy *(ans.)* dealladwy, amgyffredadwy *annealladwy*
dirodres *(ans.)* diymffrost, diymhongar, gwyladaidd *rhodresgar*
dirprwy *(enw)* 1. cennad 2. cynrychiolydd, asiant
dirprwyaeth *(enw)* cynrychiolaeth, dirprwyad, cenhadaeth
dirwest *(enw)* cymedroldeb, sobrwydd, llwyrymwrthodiad *anghymedroldeb*
dirwestwr *(enw)* ymataliwr, llwyrymwrthodwr, cymedrolwr *meddwyn*
dirwyn *(brf.)* troi, trosi, troelli *datod*
dirwynen *(enw)* sgriw, hoelen dro
di-rwystr *(ans.)* dilyffethair, dilestair, rhydd
dirybudd *(ans.)* sydyn, disymwth, disyfyd *hamddenol, paratoëdig*
di-rym *(ans.)* dirym, di-nerth, llesg, eiddil, gwan, gwanllyd *grymus, cryf*
dirymu *(brf.)* diddymu, dileu, difodi, canslo *creu*
dirywio *(brf.)* gwaethygu, adfeilio *datblygu, tyfu*
di-sail *(ans.)* disylfaen, digyfiawnhad, diesgus, anwir *gwir*
disathr *(ans.)* anhygyrch, didramwy, ansathredig, anghysbell, unig *hygyrch*
disberod *(ans.)* cyfeiliornus, crwydrol, ar grwydr, ar ddisberod *sefydlog*
disbydd *(ans.)* sych, hysb, wedi sychu

disbyddol *(ans.)* trwyadl, trylwyr, cynhwysfawr *rhannol*

disbyddu *(brf.)* dihysbyddu, gwacáu, gwagio, gwagu, tynnu ar *cyfrannu*

diserch *(ans.)* sarrug, cuchiog, gwgus, di-wên, blwng, prudd, digroeso *serchog, annwyl*

disg *(enw)* disgen, cylch; record *sgwâr*

disglair *(ans.)* llachar, claerwyn, disgleirwyn, gloyw, claer, golau, llewyrchus *pŵl*

disgleirdeb *(enw)* disgleirder, llewyrch, goleuni, gloywder *pylni*

disgleirio *(brf.)* tywynnu, pelydru, gloywi, llathru, llewyrchu, serennu, disgleinio *pylu*

disgleirwyn *(ans.)* claerwyn, llachar, golau, llathr, llathraidd, llathredig *pŵl, di-liw*

disgrifiad *(enw)* portread, darluniad, hanes, cyflead, awgrymiad, amlinelliad, darluniad

disgrifiadol *(ans.)* darluniadol, byw, dychmygus *diddychymyg*

disgrifio *(brf.)* portreadu, darlunio, cynrychioli, cyfleu, amlinellu, awgrymu

disgwyl *(brf.)* aros, hyderu, gobeithio, erfyn

disgwyliad *(enw)* hyder, gobaith, erfyniad, ymddangosiad *anobaith*

disgybl (enw) ysgolor, ysgolhaig, plentyn ysgol *athro*

disgyblaeth *(enw)* rheolaeth, trefn, llywodraeth, awdurdod, disgybledd *afreolaeth*

disgyblaethol *(ans.)* llym, caeth, llawdrwm *llac*

disgybledig *(ans.)* dan reolaeth, cyfundrefnol, systematig, trefnus *diddisgyblaeth*

disgyblu *(brf.)* hyfforddi, dysgu; rheoli, llywodraethu; ceryddu, cosbi

disgyn *(brf.)* cwympo, syrthio, gostwng, ymostwng, hanu, tarddu *esgyn*

disgyniad *(enw)* disgynfa, cwymp, syrthiad, cwympiad, codwm *esgynfa, esgyniad*

disgynneb *(enw)* disgyniad, gwanhad, gostyngiad; siom *esgynfa, dyrchafiad*

disgyrchiant *(enw)* disgyrchiad, dwysedd, pwysfawredd

di-sigl *(ans.)* cadarn, diysgog, di-syfl, sicr, safadwy, dianwadal, digyfnewid *anwadal, simsan*

di-sôn *(ans.)* tawel, di-sôn, di-stŵr, llonydd; anenwog, di-nod, distadl *swnllyd; enwog*

dist *(enw)* trawst, tulath, nenbren

distadl *(ans.)* di-nod, dibwys, di-sylw, tila, diystyr, isel, iselfryd *arbennig, enwog*

distadledd *(enw)* dinodedd, anenwogrwydd, amhwysigrwydd *arbenigrwydd, enwogrwydd*

distadlu *(brf.)* dirmygu, diystyru, dibrisio, ysgornio, anwybyddu *parchu, anrhydeddu*

distaw *(ans.)* tawel, llonydd, di-sŵn, di-stŵr, tawedog, dywedwst, digynnwrf *swnllyd, siaradus*

distawrwydd *(enw)* tawelwch, gosteg, taw *twrw, sŵn*

distewi *(brf.)* tewi, tawelu, gostegu, rhoi taw ar *cadw sŵn*

distrewi *(brf.)* tisian, trwsian, taro untrew

distryw *(enw)* dinistr, dinistriad, difancoll, colledigaeth, difrod, difrodaeth, difrodedd *creadigaeth*

distrywgar *(ans.)* dinistriol, distrywiol, difaol, difrodol, ysol *creadigol, adeiladol*

distrywio *(brf.)* difa, difetha, dinistrio, difrodi, ysu, andwyo, amharu *creu*

distrywiwr *(enw)* dinistrydd, ymosodwr, goresgynnwr, tanseiliwr *crëwr*

distyll *(enw)* 1. dihidliad, defnyniad, diferiad 2. trai

distyllu *(brf.)* dihidlo; defnynnu, diferu

di-sut *(ans.)* 1. di-siâp, di-lun, didoreth, di-glem *trefnus, graenus* 2. anhwylus, sâl, tost *iach*

diswyddo *(brf.)* diarddel, deol *cyflogi*

di-syfl *(ans.)* disymud, llonydd, digyffro, digynnwrf, diysgog *ansad, ansefydlog*

disyfyd *(ans.)* disymwth, diswta, sydyn, swta, diymdroi, di-oed, dirybudd *oediog*

disynnwyr *(ans.)* direswm, twp, hurt, gwirion, ynfyd, ffôl, annoeth *call, doeth*

di-wad *(ans.)* anwadadwy, diymwad, di-ddadl, diau, diamheuol, diamau *amheus, ansicr*

diwahân (ans.) anwahanadwy, anysgarol; diwahaniaeth

diwair *(ans.)* rhinweddol, diniwed, pur, dibechod, dillyn, chwaethus, difrycheulyd *llwgr, gwyrdroëdig*

di-wall *(ans.)* diwall, perffaith, di-nam, di-fefl, dieisiau, digonol *amherffaith, gwallus*

diwallu *(brf.)* digoni, bodloni, ateb, cyflenwi

diwarafun *(ans.)* 1. dirwgnach 2. dilestair, dilyffethair, di-rwystr, diwahardd 3. hael, haelionus *cybyddlyd*

diwedydd *(enw)* cyfnos, cyflychwyr, noswaith, brig y nos, erbyn nos, gyda'r nos, hwyr *boreddydd, cyfddydd, gwawr*

diwedd *(enw)* pen, terfyn, pwrpas, tranc, marwolaeth, diweddglo, clo *dechrau*

diweddar *(ans.)* hwyr; modern; ymadawedig

diweddglo *(enw)* clo, terfyniad, casgliad, diweddiad *dechrau, rhagair*

diweddiad (enw) terfyn, diwedd, terfyniad, diweddglo *dechrau*

diweddu *(brf.)* gorffen, terfynu, dibennu, darfod, cwblhau, cwpláu, cwpla, dirwyn i ben *dechrau*

diweirdeb *(enw)* purdeb, diniweidrwydd, glendid *amhurdeb, anniweirdeb*

diweithdra *(enw)* segurdod, anghyflogaeth *gwaith, cyflogaeth*

diwel *(brf.)* tywallt, arllwys

diwelyd *(brf.)* gogwyddo, goleddu, goleddfu, gwyro, plygu, tueddu *sythu*

diweniaith *(ans.)* diragrith, gonest, didwyll, piwr *gwenieithus, rhagrithiol*

diwerth *(ans.)* di-fudd, di-les, anfuddiol, diddefnydd, annefnyddiol, diwasanaeth *gwerthfawr*

diwreiddio *(brf.)* dadwreiddio, cloddio, dileu, difodi, lladd, dinistrio, difetha *gwreiddio*

diwrnod *(enw)* dydd, dwthwn *nos, noswaith*

diwrnodol *(ans.)* dyddiol, beunydd, beunyddiol *beunos*

diwrthdro *(ans.)* anochel, anorfod, anocheladawy, sicr *gocheladwy*

diwybod *(ans.)* diarwybod, anwybodol; anwybodus *effro; gwybodus*

diwyd *(ans.)* prysur, gweithgar, dyfal, ystig *segur, diog*

diwydiant *(enw)* gwaith, masnach, busnes

diwydrwydd *(enw)* gweithgarwch, dyfalwch, prysurdeb, dygnwch, ymdrech, ymroddiad *diweithdra*

diwyg *(enw)* gwisg, ymddangosiad,

trwsiad, trefn, dull, ffurf, agwedd

diwygiad *(enw)* cyfnewidiad, newidiad, chwyldro, adfywiad, adnewyddiad, chwyldroad

diwygiedig *(ans.)* newydd, ar ei newydd wedd, wedi ei ddiweddaru *hen, gwreiddiol*

diwygio *(brf.)* diweddaru, moderneiddio, adnewyddu, adfywio, adolygu, cywiro, gwella *cadw*

diwylliant *(enw)* cynnydd, gwareiddiad, meithriniad, gwrtaith *barbareiddiwch*

diwylliedig *(ans.)* addysgedig, coeth, goleuedig, chwaethus, hyddysg *diddiwylliant*

diwyllio *(brf.)* meithrin, goleuo, trin, coethi; gwrteithio, llafurio, amaethu

diwyro *(ans.)* syth, uniongyrchol, union, unionsyth *anuniongyrchol*

diymadferth *(ans.)* diynni, diegni, difywyd, di-nawdd, digynhorthwy, digymorth *sionc, nwyfus*

diymdroi *(ans.)* diymaros, ar unwaith, yn syth, di-oed, diatreg, heb golli amser *yn ddiweddarach*

diymhongar *(ans.)* diymffrost, gwylaidd, dirodres *ymffrostgar, rhodresgar*

diymod *(ans.)* diysgog, sefydlog, sad, di-syfl, cadarn, sicr, dibynadwy *ansad, ansefydlog*

diymwad *(ans.)* diamau, diau, diamheuaeth, diamheuol, di-wad, di-ddadl *ansicr, amheus*

diynni *(ans.)* di-nerth, eiddil, gwachul, gwan, gwanllyd, swrth, difywyd *bywiog, sionc*

diysgog *(ans.)* di-sigl, diymod, cadarn, safadwy, ffyrf, penderfynol, dianwadal *anwadal, simsan*

diystyrllyd *(ans.)* dirmygus, ffroenuchel, gwawdlyd, ysgornllyd,

gwatwarus, anystyriol *ystyriol*

diystyru *(brf.)* anwybyddu, dirmygu, gwawdio, gwatwar, ysgornio, tynnu pig *parchu*

diystyrwch *(enw)* esgeulustod, dirmyg, gwawd, tremyg, gwatwar, ysgorn *parch, anrhydedd*

doc *(enw)* porthladd, harbwr, hafan, angorfa, porth, cei, glanfa

doctor *(enw)* meddyg, ffisigwr; doethur, doethor

doctora *(brf.)* meddygu, meddyginiaethu, iacháu, gwella

dod *(brf.)* dyfod, cyrraedd, dŵad, digwydd, dynesu, agosáu *mynd, cilio*

dodi *(brf.)* rhoi, rhoddi; gosod, lleoli *cymryd*

dodrefn *(enw lluos.)* celfi, moddion tŷ; offer, cyfarpar; eiddo

dodrefnu *(brf.)* cyflenwi, darparu

doeth *(ans.)* call, pwyllog, dysgedig, hyddysg, diwylliedig, synhwyrol, craff *annoeth, angall*

doethineb *(enw)* callineb, pwyll, barn, synnwyr, tact *ffolineb, twpdra*

doethur *(enw)* doethor, doctor addysg

doethyn *(enw)* ffŵl, ffwlcyn, gwirionyn, penbwl, ynfytyn *athrylith*

dof *(ans.)* gwâr, hywedd, llywaeth, swci; difywyd, marwaidd *gwyllt*

dofednod *(enw lluos.)* da pluog, ffowls, adar dof; ieir, gwyddau, hwyaid

dofi *(brf.)* meistroli, gwareiddio, hyweddu, lliniaru, esmwytho, tawelu

Dofydd *(enw)* Duw, yr Arglwydd, yr Iôr, yr Iôn, Nêr, Naf

dogfen *(enw)* ysgrif, gweithred, papur, ffurflen

dogfennu *(brf.)* cofnodi, rhoi ar gof a chadw, ysgrifennu, nodi *hepgor*

dogn *(enw)* rhan, cyfran, siâr, saig *cyfanrwydd, crynswth*

dogni *(brf.)* rhannu, cyfrannu, dosrannu

dognus *(ans.)* digon, digonol, helaeth *prin*

dol *(enw)* doli, delw, tegan

dôl *(enw)* gweirglodd, cae, coetgae, parc, gwaun, tyno, maes

dolef *(enw)* cri, llef, gwaedd, bloedd, crochlef, ysgrech, oernad

dolefain *(brf.)* crio, llefain, gweiddi, bloeddio, ysgrechain, ysgrechian, crochlefain

dolefus *(ans.)* lleddf, cwynfanus, trist, alaethus, pruddglwyfus, cwynfanllyd, prudd

dolennog *(ans.)* troellog, cylchog, ymddolennus *syth, diwyro*

dolennu *(brf.)* troelli, troi, crwydro, cadwyno *ymsythu*

dolur *(enw)* poen, niwed, anaf, briw, archoll, gofid, anhwyldeb

dolurio *(brf.)* poeni, niweidio, archolli, brifo, anafu, briwio, clwyfo

dolurus *(ans.)* poenus, clwyfus, anafus, gofidus, tost, blin *di-boen*

domestig *(ans.)* cynhenid, brodorol, lleol, gwladol *tramor, dieithr*

dominyddiaeth *(enw)* arglwyddiaeth, rheol, llywodraeth, awdurdod, gormes, darostyngiad

dominyddu *(brf.)* arglwyddiaethu, tra-arglwyddiaethu, tra-awdurdodi, rheoli, llywodraethu, gormesu

donio *(brf.)* cynysgaeddu, cyfoethogi, cyfrannu, rhoi *cymryd, amddifadu*

doniog *(ans.)* dawnus, talentog, athrylithgar *di-ddawn, di-dalent*

doniol *(ans.)* ffraeth, arabus, digrif, cellweirus, ysmala, brathog *difrifddwys, difrifol*

donioldeb *(enw)* doniolwch, ffraethineb, ysmaldod, cellwair, arabedd, digrifwch *difrifoldeb*

dôr *(enw)* drws, porth, rhagddor

dosbarth *(enw)* 1. *(lluos. dosbarthiadau)* gradd, safon, rheol, categori; 2. *(lluos. dosbarthau)* adran, ardal, parth, rhanbarth, rhaniad, talaith, rhandir, isadran, israniad

dosbarthiad *(enw)* rhaniad, dosraniad *casgliad*

dosbarthiadol *(ans.)* adrannol, rhaniadol

dosbarthu *(brf.)* dosrannu, trefnu, categoreiddio, gwahaniaethu, didoli, gwahanu, gwasgaru *casglu*

dosbarthus *(ans.)* trefnus, taclus, twt, destlus, mewn trefn *annosbarthus, anghymen*

dot *(enw)* marc; pendro, madrondod, pensyfrdandod

dotio *(brf.)* ymgolli, gwirioni, ffoli, dylu *ymbwyllo*

dracht *(enw)* llymaid, llwnc, diod, tropyn, joch

drachtio *(brf.)* yfed, llyncu, llymeitian

draenen *(enw)* miaren, drysïen, pig

drafft *(enw)* cynllun, blaengopi, blaengynllun, amlinelliad, braslun

draw *(adf.)* hwnt, acw, yno, yna, y fan acw, yn y lle yna/hwnnw, tuag yno *yma*

dragio *(brf.)* llarpio, rhwygo, cynhinio, dryllio, darnio *cyfannu, trwsio*

dreng *(ans.)* swrth, sarrug, blwng, gwgus, di-wên, anfoesgar, cuchiog *siriol, llon*

drengyn *(enw)* costog, corgi, cerlyn, taeog *digrifwr*

dresel *(enw)* dreser, seld, ystlysfwrdd; cwpwrdd

drewdod *(enw)* drycsawr, aroglau drwg, gwynt cas, sawr drwg *persawr, perarogl*

dringo *(brf.)* dringad, codi, esgyn *disgyn*

dros *(ardd.)* tros, uwchben, uwch, ar, ar draws, ar uchaf, ar warthaf, ar groes o *dan, islaw*

drud *(ans.)* costus, costfawr, prid, gwerthfawr, drudfawr *rhad*

drudaniaeth *(enw)* prinder, anfynychder *digonedd*

drudwen *(enw)* drudwy, aderyn y ddrycin, sgrech, drydw, aderyn yr eira

drwg *(ans.)* drygionus, ysgeler, anfad, blin, gwael, sâl *da*

drwgdybiaeth *(enw)* amheuaeth, ansicrwydd *ymddiriedaeth*

drwgdybio *(brf.)* drwgdybied, amau *ymddiried yn*

drwgdybus *(ans.)* amheus, ansicr, petrus, rhwng dau feddwl *ymddiriedus*

drwgweithredwr *(enw)* troseddwr, tramgwyddwr, pechadur, drygwr

drws *(enw)* porth, dôr, rhagddor

drwy *(ardd.)* trwy, oherwydd, ar sail, oblegid, o ben bwy gilydd, gyda chymorth, trwy gydol, ledled, rhwng, o ben i ben, o ochr i ochr

drycin *(enw)* tywydd garw, tymestl, ystorm, tywydd mawr, rhyferthwy *hindda*

drycinog *(ans.)* garw, ystormus, tymhestlog, gerwin, gwyntog *teg, braf*

drych *(enw)* 1. gwydr 2. golwg, gwedd, agwedd

drychfeddwl *(enw)* syniad, meddylddrych, cysyniad

drychiolaeth *(enw)* ysbryd, bwgan, rhith, lledrith, ymddangosiad; toili, cyhyraeth

drychiolaethol *(ans.)* lledrithiol, rhithiol, ymddangosiadol, ysbrydol *gwironeddol, go iawn*

drygair *(enw)* athrod, enllib, cabl, sarhad, sen, absen, anghlod *clod,*

canmoliaeth

drygddyn *(enw)* adyn, dyn gwastraff, anwr, gwalch, dihiryn, cenau, cnaf, drygwr *arwr, gŵr bonheddig*

drygfyd *(enw)* adfyd, cyni, trallod, gofid, helbul, cyfyngder *hawddfyd*

drygiau *(enw lluos.)* cyffuriau; moddion, ffisig, meddyginiaeth

drygioni *(enw)* drwg, ysgelerder, anfadwaith, drygedd, drygwaith *daioni*

drygionus *(ans.)* ysgeler, anfad, drwg, direidus *da*

drygu *(brf.)* niweidio, andwyo, difwyno, sbwylio, difetha, difrodi, difa *harddu*

dryll *(enw)* 1. arf, gwn, magnel, cyflegr, llawddryll, reiffl, rifolfer 2. darn, dernyn, cetyn, rhan, bribsyn, cynhinyn, llerpyn *cyfan, cyfanrwydd*

drylliad *(enw)* toriad, difrod, colled, adfeiliad; llongddrylliad *trwsiad, creadigaeth*

drylliedig *(ans.)* drylliog, toredig, cynhiniog, bratiog, llarpiog, chwilfriw *cyfan*

dryllio *(brf.)* llarpio, cynhinio, chwilfriwio, rhwygo, malurio, difetha, difrodi *cyfannu, atgyweirio*

drysi *(enw lluos.)* mieri, drain, pigau

dryslyd *(ans.)* cymysglyd, astrus, anodd, anhrefnus, dyrys, di-drefn *hawdd, clir*

drysu *(brf.)* cymysgu, peri penbleth, anhrefnu *clirio, egluro*

dryswch *(enw)* anhrefn, cymysgwch, cymysgedd, penbleth, tryblith, terfysg, drysni *eglurder*

dryswig *(enw)* drysgoed, coedwig, jyngl, prysgwydd, llwyni *(lluos.)*

dryswr *(enw)* drysor, porthor, gofalwr, ceidwad porth

dudew *(ans.)* pygddu, pyglyd, fel y

fagddu *gwyn, disglair*

dull *(enw)* ffordd, modd, ffasiwn, ffurf, gwedd, math, trefn

dullwedd *(enw)* arddull, steil, ieithwedd

düwch *(enw)* duedd, tywyllwch, gwyll, cysgod, caddug *gwynder, llewyrch*

duo *(brf.)* tywyllu, pardduo, cymylu *tecáu, disgleirio*

Duw *(enw)* Arglwydd, Iôr, Iôn, Nêr, Naf, Hollalluog, Duwdod

duwiol *(ans.)* sanctaidd, crefyddol, duwiolfrydig, glân, bucheddol; Cristnogol *di-dduw, paganaidd*

duwioldeb *(enw)* duwiolfrydedd, sancteiddrwydd, crefyddoldeb, defosiwn *anghrediniaeth, anffyddiaeth*

dwbl *(ans.)* deuol, dyblyg, dauddyblyg, deublyg, dau cymaint, yn dwy ran *unigol*

dweud *(brf.)* dywedyd, ymadroddi, siarad, traethu, torri geiriau, datgan, mynegi *tewi*

dwfn *(ans.)* isel, dwys, ymhell i lawr *bas*

dwl *(ans.)* twp, hurt, ynfyd, gwirion, ffôl, annoeth, pendew *call, doeth*

dwli *(enw)* lol, ffwlbri, nonsens, gwiriondeb, ynfydrwydd, gwallgofrwydd, twpdra *callineb, synnwyr*

dwlu *(brf.)* dylu, ffoli, dotio, gwirioni, gwynfydu *callio, ymbwyllo*

dwndwr *(enw)* dadwrdd, twrw, sŵn, twrf, trwst, stŵr, terfysg *distawrwydd, llonyddwch*

dwnsiwn *(enw)* daeardy, daeargell, cell, carchar

dŵr *(enw)* dwfr, glwybwr, hylif, gwlybaniaeth, lleithder, gwlybyrwch *sychder*

dwrdio *(brf.)* tafodi, cymhennu, ceryddu, cystwyo, rhoi pryd o dafod i, dweud y drefn wrth *canmol*

dwrdiwr *(enw)* cymhennwr, cystwywr, ceryddwr, cosbwr *canmolwr*

dwrn *(enw)* llaw; carn, dolen, coes

dwst *(enw)* llwch, powdr

dwthwn *(enw)* diwrnod, dydd, dyddgwaith *nos*

dwyen *(enw lluos.)* bochau, genau, cernau, gruddiau, bochgernau

dwyfol *(ans.)* cysegredig, sanctaidd *bydol*

dwyfoldeb *(enw)* dwyfoliaeth, duwdod, cysegredigrwydd, sancteiddrwydd *ysgymunder*

dwyfoli *(brf.)* addoli, parchu, anrhydeddu, dyrchafu *ysgymuno, melltithio*

dwyfron *(enw)* bron, brest, mynwes

dwyn *(brf.)* dwgyd, cymryd, difeddiannu, lladrata, cipio, cario, cludo, cywair, mynd/dod â *rhoi*

dwys *(ans.)* 1. difrifol, difrifddwys, sobr, gofidus, blin 2. angerddol *arwynebol, penchwiban*

dwysáu *(brf.)* angerddoli, difrifoli, sobreiddio *dwlu*

dwyster *(enw)* difrifwch, difrifoldeb, angerddoldeb, pwysigrwydd, arwyddocâd *baster*

dwywaith *(adf.)* dau dro, dau cymaint, cymaint arall *unwaith*

dyblu *(brf.)* troi, plygu, dyblygu, ailadrodd, atgynhyrchu, ail-greu, copïo

dyblyg *(ans.)* dwbl, deuol, dauddyblyg, deublyg *unplyg, unigol*

dyblygedd *(enw)* twyll, hoced, dichell *unplygrwydd, gonestrwydd*

dybryd *(ans.)* gresynus, ofnadwy, arswydus, echrydus, echryslon, dygn, echrys

dychan *(enw)* gogan, coegni; gwawd, gwatwar *canmoliaeth, molawd*

dychanol *(ans.)* gwatwarus, goganus, gwawdus *canmoliaethus, moliannus*

dychanu *(brf.)* gwawdio, goganu, gwatwar, diystyru, gwneud sbort am ben *canmol, moli*

dychanwr *(enw)* gwawdiwr, goganwr, gwatwarwr

dychlamu *(brf.)* 1. curo, poeni 2. llamu, neidio

dychmygol *(ans.)* dychmygus, tybiedig, yn y meddwl, ffantasïol, ffansïol, ffantastig *gwirioneddol, ffeithiol*

dychmygu *(brf.)* dyfalu, tybied, consurio, breuddwydio

dychryn 1. *(enw)* dychrynfa, arswyd, braw, ofn, echryslonder, erchylltra 2. *(brf.)* dychrynu, arswydo, brawychu, gyrru ofn ar, cael ofn

dychrynllyd *(ans.)* arswydus, brawychus, ofnadwy, echrydus, echryslon, echrys, erchyll

dychwelyd *(brf.)* dod/mynd/rhoi/anfon yn ôl *cilio*

dychymyg *(enw)* crebwyll, darfelydd, ffansi, delweddiad *ffaith*

dydd *(enw)* diwrnod, dwthwn, dyddgwaith *nos*

dyddfu *(brf.)* llaesu dwylo, diffygio, blino, lluddedu *dadluddedu, gorffwys*

dyddiad *(enw)* adeg, amseriad

dyddiadur *(enw)* dyddlyfr, lòg

dyddio *(brf.)* dyddhau, gwawrio, goleuo; amseru; heddychu, cymodi *nosi*

dyddiol *(ans.)* beunyddiol, beunydd, bob dydd, o ddydd i ddydd *beunos*

dyddiwr *(enw)* canolwr, eiriolwr, cymodwr, cyflafareddwr, cyfaddawdwr, cyfryngwr

dyfais *(enw)* cynllun, cynllwyn, gwreiddioldeb, dychymyg, darfelydd, crebwyll

dyfal *(ans.)* diwyd, gweithgar, prysur, ystig, taer *segur, diog*

dyfalbarhad *(enw)* diwydrwydd, prysurdeb, gweithgarwch, stamina, ymroad, ymroddiad, taerineb *diogi*

dyfalbarhau *(brf.)* dal ati, ymbrysuro, ymroi, ymroddi, ymgyflwyno *diogi, segura*

dyfalbarhaus *(ans.)* diwyd, amyneddgar, di-ildio, ymroddgar, ymroddedig, ymrous *diog*

dyfaliad *(enw)* tyb, tybiaeth, amcan, dychymyg, ffansi, darfelydd; cymhariaeth

dyfalu *(brf.)* 1. bwrw amcan, dyfeisio, dychmygu 2. disgrifio, cymharu, cyfleu, portreadu

dyfarniad *(enw)* dedfryd, barn, penderfyniad, beirniadaeth, rheithfarn; gwobr

dyfarnu *(brf.)* barnu, penderfynu, dedfrydu, rheithfarnu; gwobrwyo

dyfarnwr *(enw)* canolwr, refferî; barnwr, beirniad

dyfeisgar *(ans.)* gwreiddiol, dychmygus *diddychymyg, anwreiddiol*

dyfeisio *(brf.)* dychmygu, creu, llunio, saernïo, cynllunio, cynllwyno *difrodi*

dyfnant *(enw)* ceunant, cwm, nant, hafn

dyfnhau *(brf.)* cloddio; suddo

dyfod *(brf.)* dod, dŵad, cyrraedd, dynesu, agosáu, closio; digwydd *mynd, cilio*

dyfodiad *(enw)* cyrhaeddiad, dynesiad, nesâd; dieithryn, newydd-ddyfodiad *enciliad*

dyfrffos *(enw)* camlas, canél, sianel, ffos ddŵr, cwter, rhigol; carthffos

dyfrllyd *(ans.)* dyfriog, dyfrol, gwlyb,

llaith, tenau, gwan *sych*

dyfynnu *(brf.)* ailadrodd; galw, gwysio, dyfyn

dyffryn *(enw)* cwm, glyn, ystrad, nant, dyffryndir; bro *gwastatir*

dygn *(ans.)* caled, llym, anodd, gerwin, tost, gresynus, blin *esmwyth*

dygnu *(brf.)* ymegnïo, ymdrechu, dal ati, dyfalbarhau *segura*

dygnwch *(enw)* diwydrwydd, dyfalbarhad *diogi*

dygwyl *(enw)* gŵyl, dathliad, dydd gŵyl *dydd gwaith*

dygyfor 1. *(enw)* ymchwydd; terfysg, cyffro, cynulliad, tyrfa, torf *llonyddwch* 2. *(brf.)* codi, ymchwyddo, tonni; casglu, cynnull, crynhoi *dadchwyddo, disgyn*

dygymod *(brf.)* goddef, derbyn, cytuno, bodloni, caniatáu, ymostwng, cydsynio *gwrthod*

dyhead *(enw)* dymuniad, chwant, awydd, blys, chwenychiad; uchelgais, breuddwyd

dyheu *(brf.)* 1. dymuno, chwenychu, hiraethu, ysu, bod â chwant 2. anadlu'n drwm

dyhuddo *(brf.)* cysuro, heddychu, bodloni, cymodi, tawelu, llonyddu *gofidio*

dyladwy *(ans.)* cyfaddas, addas, priodol, teilwng, cymwys *anaddas*

dyled *(enw)* rhwymedigaeth, ymrwymiad, cyfrifoldeb, rhwymau *(lluos.)*

dyledus *(ans.)* dyladwy, i'w dalu, o dan rwymau *i'w dderbyn*

dyletswydd *(enw)* rhwymedigaeth, cyfrifoldeb, atebolrwydd; gweddïau *(lluos.)* *hawl*

dylif *(enw)* llif, llifeiriant, dilyw, ffrydlif, cenllif, rhyferthwy

dylifo *(brf.)* llifo, ffrydio, rhedeg,

arllwys, tywallt, diwel

dylni *(enw)* dwli, dyli, twpdra, hurtrwydd, ynfydrwydd, ffolineb, gwiriondeb *clyfrwch*

dylu *(brf.)* dwlu, ffoli, dotio, gwirioni, ynfydu, gwynfydu *callio, pwyllo*

dylyn *(enw)* penbwl, ynfytyn, ffwlcyn, gwirionyn, ffŵl, hurtyn *athrylith*

dymchwel *(brf.)* dymchwelyd, troi wyneb i waered, bwrw/tynnu i lawr, distrywio, gorchfygu *codi, adeiladu*

dymuniad *(enw)* ewyllys, chwant, chwenychiad, dyhead, awydd, gofuned, eisiau

dymuno *(brf.)* bod ag eisiau/angen, chwennych, ewyllysio, ysu/dyheu/hiraethu am

dymunol *(ans.)* hyfryd, pleserus, i'w ddymuno *annymunol, amhleserus*

dyn *(enw)* gŵr, person, bod dynol *gwraig; bachgen*

dyna *(adf.)* dacw, wele *dyma*

dynaint *(enw lluos.)* danadl, dail poethion, danad, danadl, dynad

dynan *(enw)* corrach, dynyn, cor; adyn *cawr; arwr*

dyndod *(enw)* dewrder, gwroldeb, dewredd, glewder, ehofndra, hyfdra, beiddgarwch *llwfrdra*

dyneddon *(enw lluos.)* corachod, dynionach, dynos *cewri*

dynes *(enw)* gwraig, merch, benyw, menyw, gwraig fonheddig *dyn, gŵr bonheddig*

dynesiad *(enw)* nesâd, cyrhaeddiad, dyfodiad *enciliad, ymadawiad*

dynesu *(brf.)* nesáu, agosáu, closio, tynnu/dod yn nes, dynesáu *gadael, cilio*

dyngarol *(ans.)* dyngar, gwasanaethgar, defnyddiol, rhyddfrydig, hael, cymwynasgar, hunan-aberthol *hunanol, difeddwl*

dyngarwch *(enw)* caredigrwydd, anhunanoldeb, hunan-aberth, cymwynasgarwch, gwasanaeth, defnyddioldeb *hunanoldeb, dyngasedd*

dyngarwr *(enw)* cymwynaswr, gwasanaethwr, cyfaill y ddynoliaeth *dyngaswr*

dynladdiad *(enw)* llofruddiaeth, mwrdwr, lladdiad

dynodi *(brf.)* cyfleu, golygu, arwyddo, arwyddocáu, dangos, cynrychioli

dynodiant *(enw)* hynodrwydd, mynegiant

dynoliaeth *(enw)* dynol ryw, dynolryw, pobl *(lluos.)*, bodau dynol *(lluos.)*, y boblogaeth; dynoldeb, dynolder, tynerwch, tosturi, cydymdeimlad, rhinwedd

dynwared *(brf.)* efelychu, copïo, gwatwar, ffugio

dynwarediad *(enw)* efelychiad, copi *y gwreiddiol*

dynwaredwr *(enw)* efelychwr, copïwr, ffugiwr

dyrchafael *(enw)* esgyniad, codiad *disgynfa*

dyrchafiad *(enw)* codiad, cyfodiad, hwb ymlaen *diraddiad*

dyrchafu *(brf.)* codi, cyfodi, hyrwyddo, hybu, adeiladu, esgyn, cwnnu *diraddio*

dyri *(enw)* cân, cerdd, rhigwm, pennill

dyrifo *(brf.)* rhifo, cyfrif

dyrnaid *(enw)* llond dwrn, llond llaw, ychydig, rhai, rhywrai *llawer*

dyrnod *(enw)* ergyd, cernod, clewten,

clowten, palfod, slap

dyrnodio *(brf.)* ergydio, taro, bwrw, curo, dyrnu

dyrnu *(brf.)* 1. ffusto 2. curo, pwnio, dyrnodio, pwyo

dyrys *(ans.)* cymysg, cymysglyd, astrus, anodd, afrwydd, cymhleth *syml, rhwydd*

dyrysbwnc *(enw)* problem, pos, penbleth, tasg, gorchwyl *symlrwydd*

dysg *(enw)* addysg, hyfforddiant, cyfarwyddyd, gwybodaeth, disgyblaeth, dysgeidiaeth *twpdra*

dysgedig *(ans.)* hyddysg, coeth, diwylliedig, gwybodus *twp, di-ddysg*

dysgedydd *(enw)* athro, hyfforddwr, addysgwr, darlithydd *disgybl*

dysgeidiaeth *(enw)* athrawiaeth, credo, dysg, dysgedigaeth

dysgl *(enw)* llestr, cwpan; disg, coeten, cylch

dysglaid *(enw)* llond dysgl, cwpanaid, powlenaid

dysgu *(brf.)* ennill gwybodaeth, cael gwybod; rhoi gwybodaeth, addysgu, hyfforddi, athrawiaethu

dysgub *(brf.)* ysgubo, brwsio, dysgubo

dywediad *(enw)* ymadrodd, gair, traethiad, dihareb, gwireb

dywedwst *(ans.)* tawel, di-ddweud, tawedog; mud *siaradus, parablus*

dywedyd *(brf.)* dweud, traethu, mynegi, torri geiriau, siarad, ymadroddi, adrodd *tewi*

dywenydd *(enw)* hyfrydwch, pleser, hoffter, dedwyddwch *tristwch, anhapusrwydd*

e

eang *(ans.)* helaeth, llydan, mawr, dirfawr, ymledol *cyfyng*

ebargofi *(brf.)* anghofio, gollwng yn angof, gollwng dros gof *cofio*

ebargofiant *(enw)* angof, anghofrwydd *cof*

ebe *(brf.)* eb, ebr, dywedodd, meddai, medd, dywed

ebill *(enw)* taradr, gimbill, imbill, whimbil, tylliedydd, tyllwr

ebrwydd *(ans.)* buan, clau, cyflym, chwim, chwimwth *araf*

ebychiad *(enw)* ebwch, gwaedd, cri; ebychair

ebychu *(brf.)* gweiddi, llefain, bloeddio, crio, ysgrechain *tewi*

eco *(enw)* adlais, atsain, adlef

echel *(enw)* acstro, acstri, ecstro, ecstri, ecs

echryd *(enw)* cryndod, braw, ofn, arswyd, dychryn

echrydu *(brf.)* crynu, dychrynu, arswydo, cael ofn, ofni

echrydus *(ans.)* ofnadwy, arswydus, brawychus, dychrynllyd, echryslon

echryslonder *(enw)* braw, dychryn, ofn, arswyd

echwynna *(brf.)* benthyca, rhoi benthyg, cael benthyg

echwynnwr *(enw)* benthyciwr, credydwr *dyledwr*

edfryd *(brf.)* adfer, rhoi'n ôl, dychwelyd *cymryd*

edifar *(ans.)* edifeiriol, edifarus, blin, chwith *diedifar*

edifarhau *(brf.)* edifaru, bod yn edifar/ddrwg/flin/chwith gennych *llawenychu*

edifeirwch *(enw)* gofid, tristwch *llawenydd*

edliw *(brf.)* edliwio, dannod, ceryddu, gwaradwyddo *canmol, clodfori*

edliwiad *(enw)* cerydd, gwaradwydd *clod, canmoliaeth*

edmygedd *(enw)* parch, cariad, gwerthfawrogiad, syndod *diystyrwch, dirmyg*

edmygu *(brf.)* parchu, synnu at, caru *diystyru, dirmygu*

edmygwr *(enw)* parchwr, dilynwr, carwr, addolwr *dirmygwr*

edn *(enw)* aderyn, ffowlyn, ehediad

edrych *(brf.)* syllu, gwylio, tremu, gwylio, wynebu *anwybyddu*

edrychiad *(enw)* trem, ymddangosiad, gwedd, golwg *esgeulustod*

edwino *(brf.)* edwi, dihoeni, gwywo, nychu, crino *datblygu, blaguro*

efallai *(adf.)* hwyrach, dichon, gall fod, fe allai, ysgatfydd

efengylu *(brf.)* pregethu, cenhadu

efengylydd *(enw)* cenhadwr, pregethwr *lleygwr*

efelychiad *(enw)* dynwarediad, copi y *gwreiddiol*

efelychu *(brf.)* dynwared, copïo, ffugio, gwatwar

efelychwr *(enw)* dynwaredwr, copïwr, ffugiwr

efo *(ardd.)* gyda, ynghyd â, trwy, â *heb*

efô *(rhagenw)* efe, ef, yntau, fe, fo, y fo *hyhi*

efrydiau *(enw lluos.)* astudiaethau, cyrsiau, myfyrdod

efrydu *(brf.)* myfyrio, astudio

efrydydd *(enw)* myfyriwr, disgybl, dysgwr, astudiwr, darllenwr *athro, darlithydd*

efrydd *(ans.)* cloff, anafus, analluog *iach, holliach*

effaith *(enw)* canlyniad, ffrwyth, dylanwad *achos*

effeithio *(brf.)* dylanwadu, achosi, peri

effeithiol *(ans.)* dylanwadol, argraffiadol, effeithlon *dieffaith*

effro *(ans.)* gwyliadwrus, ar ddi-hun, wedi deffro, wedi dihuno *ynghwsg*

egin *(enw lluos.)* blagur *(lluos.)*, imp, blaenffrwyth, planhigion *(lluos.)*

egino *(brf.)* blaguro, impio, glasu, blaendarddu, datblygu *edwino, crino*

eglur *(ans.)* clir, amlwg, plaen, disglair, claer *aneglur, amwys*

eglurder *(enw)* eglurdeb, amlygrwydd; disgleirdeb, golau *aneglurder; tywyllwch*

eglureb *(enw)* darlun, eglurhad, esboniad, dameg

eglurhad *(enw)* esboniad, dehongliad *dryswch*

egluro *(brf.)* esbonio, dehongli *cymhlethu, drysu*

eglwys *(enw)* llan, addoldy, crefydd-dy; capel, betws

eglwyswr *(enw)* crefyddwr, addolwr, Cristion

egni *(enw)* ynni, grym, nerth, nwyfiant, bywyd *syrthni, gwendid*

egnïo *(brf.)* ymdrechu, ymegnïo, ymgeisio, ceisio; bywiogi

egnïol *(ans.)* ymdrechgar, cydnerth, grymus, bywiog, nwyfus *diegni, difywyd*

egr *(ans.)* hy, eofn, beiddgar, ffyrnig, milain *llwfr, dihyder*

egru *(brf.)* suro, chwerwi *melysu*

egwan *(ans.)* gwan, gwanllyd, gwachul, eiddil, llesg *cryf, cydnerth*

egwyddor *(enw)* gwyddor; sylfaen, elfen, uniondeb, sail

egwyddorol *(ans.)* uniawn, cyfiawn, gonest *diegwyddor*

egwyl *(enw)* saib, seibiant, hoe, hamdden, gorffwys

enghraifft *(enw)* esiampl, patrwm, eglureb

enghreifftiol *(ans.)* darluniadol, eglurhaol, esboniadol

ehangder *(enw)* helaethrwydd, amrediad, rhychwant, ymlediad, lled *prinder*

ehangu *(brf.)* helaethu, lledu, taenu, estyn, datblygu *prinhau*

ehedeg *(brf.)* hedeg, ehedfan, hedfan

ehediad *(enw)* hedfa; aderyn, ffowlyn, edn

ehedwr *(enw)* hedfanwr, awyrennwr, peilot

ehofndra *(enw)* ehofnder, beiddgarwch, hyfdra, dewrder, haerllugrwydd *gwangalondid, llwfrdra*

ehud *(ans.)* byrbwyll, anystyriol, rhyfygus, annoeth, angall *call, pwyllog*

eidion *(enw)* bustach, ych, tarw *buwch*

eiddew *(enw)* iorwg, eiddiorwg

eiddgar *(ans.)* selog, brwdfrydig, awchus, awyddus, tanbaid *diawydd*

eiddgarwch *(enw)* sêl, brwdfrydedd, awydd, tanbeidrwydd, awch *difaterwch, difrawder*

eiddigedd *(enw)* cenfigen, gwenwyn

eiddigeddus *(ans.)* cenfigennus, gwenwynllyd

eiddil *(ans.)* gwan, llesg, gwachul, egwan, musgrell *cryf, cadarn*

eiddilwch *(enw)* gwendid, llesgedd, nychdod, musgrellni *cryfder, cadernid*

eiddo *(enw)* meddiant, da, perchenogaeth; adeilad

eidduno *(brf.)* dymuno; addunedu, addo, diofrydu, ymrwymo

eigion *(enw)* môr, cefnfor; dyfnder,

canol, gwaelod *tir*

eil *(enw)* 1. coridor, ystlys 2. penty, cut, sied

eilchwyl *(adf.)* eto, unwaith eto, drachefn, eilwaith, eilwers

eiliad *(enw)* ennyd, encyd, moment, amrantiad

eilio *(brf.)* 1. cynorthwyo, cefnogi, ategu *gwrthwynebu* 2. plethu, cyfansoddi

eiliw *(enw)* lliw, arlliw

eiliwr *(enw)* eilydd, cefnogwr, ategwr, cynorthwywr *gwrthwynebydd*

eilun *(enw)* elw, eilun-ddelw, gwrthrych, gau dduw

eilunaddolwr *(enw)* pagan, anffyddiwr, anghredwr, anghredadun *Cristion*

eilwaith *(adf.)* eilwers, eilchwyl, eto, am yr ail dro, unwaith eto

eillio *(brf.)* siafio, torri barf

eilliwr *(enw)* siafiwr, barbwr, triniwr/torrwr gwallt

einioes *(enw)* bywyd, hoedl, oes *tranc, angau, marwolaeth*

eirias *(ans.)* tanbaid, chwilboeth, crasboeth, gwynias *fferllyd, rhynllyd*

eiriol *(brf.)* pledio, canoli, cyfryngu, ymbil, cymodi

eiriolwr *(enw)* eiriolydd, canolwr, cyfryngwr, cymodwr, dadleuydd

eirlaw *(enw)* odlaw, slap eira

eirlys *(enw)* blodyn yr eira, tlws yr eira, cloch maban, lili wen fach

eironi *(enw)* coegni, gwatwareg, gwawdiaith

eironig *(ans.)* gwatwarus, gwawdus

eisiau *(enw)* angen, chwant, blys, awydd, rhaid

eisin *(enw)* us, rhuddion/rhuchion/cibau *(lluos.)*, plisg, manus, siàff

eisoes *(adf.)* yn barod, cyn hyn, o'r blaen

eisteddfa *(enw)* eisteddle, côr, sedd, stôl, sêt, mainc, ffwrwm

eitem *(enw)* pwnc, peth, darn, testun

eitemeiddio *(brf.)* rhestru, categoreiddio, dosbarthu

eithaf 1. *(enw)* terfyn, man pellaf, pen draw 2. *(adf./ans.)* hollol, i raddau helaeth, lled, pur, gweddol, pellaf, i'r dim, i raddau mawr, go, braidd, hytrach, yn rhannol, tra, symol, llwyr

eithafbwynt *(enw)* terfyn, pen draw

eithafol *(ans.)* gwyllt, penboeth, digymrodedd, digyfaddawd, amhwyllog *pwyllog*

eithr *(cys./ardd.)* ond, namyn, ac eithrio, ar wahân i, heb, heblaw, oddieithr

eithriad *(enw)* gwahaniaeth, afreoleidd-dra *rheol*

eithriadol *(ans.)* arbennig, anarferol, anghyffredin, gwahanol, rhyfeddol *arferol, cyffredin*

eithrio *(brf.)* hepgor, rhyddhau, gadael allan

elfen *(enw)* sylfaen, mymryn, gronyn, defnydd

elfennol *(ans.)* sylfaenol, cyntefig, anaeddfed, dechreuol

eli *(enw)* ennaint, iryn, iraid

eliffantaidd *(ans.)* anferth, enfawr, dirfawr, cawrfilaidd, cawraidd *mân, pitw*

elusen *(enw)* cardod, elusengarwch, caredigrwydd, haelioni *hunanoldeb, dyngasedd*

elusendy *(enw)* tloty, wyrcws

elusengar *(ans.)* hael, caredig, rhyddfrydig, haelionus, cariadlon *hunanol, difeddwl*

elw *(enw)* budd, proffid, lles, mantais, cynnydd *colled*

elwa *(brf.)* manteisio, ymelwa, ennill, cael lles/budd/mantais *colli*

ellyll *(enw)* ysbryd drwg, cythraul, diafol, bwgan, drychiolaeth *angel*

ellyllaidd *(ans.)* cythreulig, dieflig, bwganaidd, rhithiol, drychiolaethol *angylaidd*

emosiwn *(enw)* teimlad, sensitifrwydd, ysmudiad, cyffro

emosiynol *(ans.)* teimladol, hydeiml, sensitif, teimladwy, ysmudol, cyffrous *dideimlad*

emyn *(enw)* hymn, cân o fawl

enaid *(enw)* ysbryd; ysbrydoliaeth, eneiniad *corff*

enbyd *(ans.)* enbydus, dychrynllyd, alaethus, blin, erchyll

enbydrwydd *(enw)* perygl, cyfyngder, ing, blinder, adfyd *diogelwch*

encil *(enw)* lloches, cysgod, dirgelfa, cuddfan, cornel *canol, canolbwynt*

encilgar *(ans.)* swil, gwylaidd *ymwthiol*

encilio *(brf.)* ffoi, dianc, diflannu, ymneilltuo, cilio *dynesu, agosáu*

encyd *(enw)* ennyd, moment, eiliad, amrantiad

eneiniad *(enw)* cysegriad; ysbrydoliaeth

eneiniedig *(ans.)* ysbrydoledig, disglair, athrylithgar *diysbrydoliaeth, dieneiniad*

eneinio *(brf.)* iro; cysegru, sancteiddio *amharchu*

eneiniog *(ans.)* cysegredig, sanctaidd *melltigedig*

enfawr *(ans.)* anferth, dirfawr, cawraidd, difesur, diderfyn *mân, pitw*

enfys *(enw)* bwa'r Drindod, bwa'r arch, pont y glaw

engrafu *(brf.)* ysgythru, llingerfio

enillfawr *(ans.)* enillgar, llesol, buddiol, manteisiol *amhroffidiol*

enillion *(enw lluos.)* incwm, tâl, cyflog, refeniw, derbyniadau (lluos.) *colledion*

enillydd *(enw)* enillwr, curwr, maeddwr, trechwr, manteisiwr *collwr*

enllib *(enw)* athrod, anair, amarch, cabledd, absen *clod, canmoliaeth*

enllibio *(brf.)* athrodi, cablu, amharchu, absennu, bwrw sen *clodfori, canmol*

enllibiwr *(enw)* athrodwr, absennwr, cablwr, ymosodwr, sennwr *clodforwr, canmolwr*

enllibus *(ans.)* athrodus, sarhaus, cableddus, amharchus, gwaradwyddus *parchus, anrhydeddus*

enllyn *(enw)* amheuthun, moethyn, danteithfwyd, danteithion *(lluos.)*, blasusfwyd *casbeth*

ennaint *(enw)* eli, iryn, iraid

ennill 1. *(enw)* mantais, budd, lles, buddiant, elw *colled* 2. *(brf.)* elwa, manteisio, cael, curo, trechu *colli*

ennyd *(enw)* encyd, moment, eiliad, amrantiad, ysbaid

ennyn *(brf.)* cynnau; cyffroi, llidio, cynhyrfu, cymell *tawelu, heddychu*

ensynio *(brf.)* awgrymu, cyfleu, lledfynegi, goblygu, ymhlygu, golygu

entrych *(enw)* ffurfafen, wybren, nen, uchelder, wybr *daear*

enwad *(enw)* sect, carfan

enwebu *(brf.)* dewis, dethol; cynnig, awgrymu, hybu

enwedig *(ans.)* arbennig, neilltuol, hynod, anghyffredin, anarferol

enwi *(brf.)* galw, rhoi enw ar

enwog *(ans.)* adnabyddus, o fri, hyglod, clodfawr *di-nod, anadnabyddus*

enwogi *(brf.)* rhoi bri, anfarwoli

enwogrwydd *(enw)* clod, bri, anrhydedd, enw da, gair da *dinodedd,* *distadledd*

eofn *(ans.)* eon, ewn, hy, beiddgar, haerllug *ofnus, dihyder*

epil *(enw)* plant, hil, hilogaeth, disgynyddion *(lluos.)* **rhieni**

epilgar *(ans.)* toreithiog, ffrwythlon *di-blant*

epilio *(brf.)* planta, hilio, bridio

epistol *(enw)* llythyr, gohebiaeth

eples *(enw)* lefain, surdoes; burum

eplesu *(brf.)* lefeinio, gweithio

er *(ardd.)* ar ôl, wedi, oddi ar; ers; am, yn lle, er mwyn, er gwaethaf

erbyn *(ardd.)* croes, gwrthwyneb, ar gyfer, at ddibenion

erch *(ans.)* erchyll, dychrynllyd, ofnadwy, arswydus, echryslon

erchi *(brf.)* deisyf, ymbil, pledio, gofyn, holi *ateb*

erchwyn *(enw)* ochr, ymyl

erchyll *(ans.)* ofnadwy, arswydus, dychrynllyd, echrys, brawychus

erchylltra *(enw)* erchyllter, ysgelerder, echryslonder

erfin *(enw lluos.)* maip, rwdins

erfyn 1. *(enw)* offeryn, twlsyn, celficyn, arf 2. *(brf.)* ymbil, deisyf, erchi, gofyn. atolygu

erfyniad *(enw)* ymbiliad, arch, ple, deisyfiad, dymuniad

ergyd *(enw)* dyrnod, cernod, trawiad, curiad; amcan, nod

ergydio *(brf.)* taro, curo, bwrw, cernodio, saethu

erioed *(adf.)* o gwbl, o'r dechrau, o'r cychwyn cyntaf; byth

erledigaeth *(enw)* erlid, ymlidiad, erlyniad *amddiffyniad*

erlid *(brf.)* ymlid, dilyn, hela, cwrsio, gorthrymu *amddiffyn*

erlidiwr *(enw)* ymlidiwr, gorthrymwr, gormeswr *amddiffynnydd*

erlyn *(brf.)* cyhuddo, beio, beirniadu

dieuogi

ernes *(enw)* ern, gwystl

erthygl *(enw)* ysgrif, adroddiad; isadran

erw *(enw)* acer, cyfer

erydu *(brf.)* ysu, llyncu, treulio, cymryd

esboniad *(enw)* 1. llyfr esboniadol 2. eglurhad, dehongliad *dryswch*

esboniadol *(ans.)* eglurhaol, darluniadol *dryslyd*

esbonio *(brf.)* egluro, dehongli *drysu*

esgair *(enw)* 1. coes, gar, clun 2. trum, cefn, crib

esgeulus *(ans.)* diofal, anystyriol, diystyrllyd *gofalus*

esgeuluso *(brf.)* anwybyddu, diystyru, dibrisio *sylwi ar, parchu*

esgeulustod *(enw)* diofalwch, dibristod, anystyriaeth *sylw, gofal*

esgor *(brf.)* rhoi genedigaeth, dwyn i'r byd, geni, creu, rhoi bywyd i *lladd*

esgud *(ans.)* cyflym, chwim, clau, gwisgi, heini *araf*

esgus *(enw)* esgusawd, ymhoniad, ymddiheuriad, rhith

esgusodi *(brf.)* gwneud esgus; ymddiheuro, ymesgusodi

esgyn *(brf.)* codi, cyfodi, cwnnu, dringo, dyrchafu *disgyn*

esgyniad *(enw)* codiad, cyfodiad, dringiad, dyrchafael *disgyniad, disgynfa*

esiampl *(enw)* enghraifft, patrwm, cynllun

esmwyth *(ans.)* cysurus, cyfforddus, llyfn, tawel, rhwydd *anesmwyth, anghysurus*

esmwythdra *(enw)* 1. esmwythder, esmwythâd, gollyngdod, diddanwch, esmwythyd 2. seguryd, moethusrwydd *anghysur, anesmwythyd*

esmwytho *(brf.)* esmwytháu, lliniaru, lleddfu, cysuro, diddanu aflonyddu

estron 1. *(enw)* dieithryn, alltud, allanolyn **brodor** 2. *(ans.)* estronol, tramor, dieithr, alltud, diarth *cyfarwydd, brodorol*

estyllen *(enw)* astell, planc, plencyn, dellten; silff

estyn *(brf.)* 1. cyrraedd 2. ymestyn, tynnu, ehangu, helaethu, hwyhau *crebachu* 3. rhoi, cyflwyno *cymryd*

estyniad *(enw)* ymestyniad, helaethiad, ehangiad, hwyhad; cyflwyniad *crebachiad*

etifeddiaeth *(enw)* 1. treftadaeth, cynhysgaeth *cymrodd* 2. etifeddeg

eto *(adf.)* 1. o hyd, unwaith eto, eilwaith, eildro, eilchwyl, drachefn, unwaith yn rhagor, am yr ail dro, eilwers 2. eto i gyd, serch/er hyn/hynny, er gwaethaf hyn/hynny; hefyd

ethol *(brf.)* dethol, dewis, enwi, enwebu *gwrthod*

etholedig *(ans.)* dewisedig, detholedig *gwrthodedig*

etholfraint *(enw)* dinasyddiaeth, rhyddfraint, braint, ffransies *caethiwed*

etholiad *(enw)* dewisiad, lecsiwn

euog *(ans.)* beius, diffygiol, tramgwyddol, troseddol *diniwed*

euogfarnu *(brf.)* collfarnu, condemnio *dieuogi, rhyddhau*

euogrwydd *(enw)* bai, diffyg, trosedd, tramgwydd *diniweidrwydd*

eurbinc *(enw)* nico, teiliwr Llundain, telor Llundain, peneuryn

eurgrawn *(enw)* trysor, trysorfa; cylchgrawn

eurof *(enw)* eurych, gof aur, gweiithiwr aur

ewino *(brf.)* crafu, crafangu, sgrapo, cripio, cripian

ewinor *(enw)* ffelwm, ffalwm, bystwn, clewyn, bystwm

ewinrhew *(enw)* gofitrew; maleithiau *(lluos.)*, llosg eira, cibwst

ewyllys *(enw)* 1. *(ben.)* llythyr cymyn, testament 2. *(gwr.)* dymuniad, pwrpas, awydd *anfodd*

ewyllysgar *(ans.)* parod, bodlon *anfodlon, anfoddog*

ewyllysgarwch *(enw)* parodrwydd, dymuniad, awydd, bodlonrwydd *amharodrwydd, anfodlonrwydd*

ewyllysio *(brf.)* 1. dymuno, chwennych, mynnu, dewis 2. cymynnu, cymynroddi, gadael

ewyn *(enw)* distrych; glafoer

ewythr *(enw)* ewyrth, ewa, wncwl *modryb*

f

faint *(rhagenw gofynnol)* pa faint, pa sawl, pa nifer, sawl, pa swm

fandaliaeth *(enw)* difrod, dinistr, distryw, chwalfa *gwareiddiad*

fel *(cys./ardd.)* tebyg, megis, cyffelyb, unwedd, ail *annhebyg, anghyffelyb*

felly *(adf.)* fel hynny, am/gan hynny

fersiwn *(enw)* cyfieithiad, trosiad; ffurf, math, gwedd; adroddiad

fertigol *(ans.)* unionsyth, plwm *llorwedd*

fest *(enw)* crys, isaf, gwasgod, crysbais, sircyn

festri *(enw)* gwisgfa, ystafell wisgo, ysgoldy

ficer *(enw)* offeiriad, rheithor, person, curad, gweinidog, pregethwr, deon, diacon, canon, efengylwr *lleygwr*

ficerdy *(enw)* persondy, rheithordy, mans, tŷ gweinidog

fiolin *(enw)* feiol, crwth, ffidil

fry *(adf.)* uwchben, i fyny, i lan *isod, i lawr*

fwlgariaeth *(enw)* anfoesgarwch, anfoneddigeidd-dra, anghwrteisi *cwrteisi, moesgarwch*

ff

ffabrig *(enw)* defnydd, deunydd, stwff, tecstil

ffabrigo *(brf.)* llunio, saernïo, ffugio *difrodi, chwalu*

ffactor *(enw)* elfen, nodwedd; rhif

ffael *(enw)* 1. diffyg, nam, bai, mefl, gwall *perffeithrwydd* 2. aflwydd, methiant *llwyddiant, llwydd*

ffaeledig *(ans.)* 1. gwallus, beius, diffygiol, amherffaith *di-ffael* 2. methedig, llesg, claf, clwyfus, metthiannus *iach*

ffaeledd *(enw)* 1. trosedd, bai, diffyg, nam, anaf 2. ffaeledigrwydd *llwyddiant; perffeithrwydd*

ffaelu *(brf.)* methu, llesgáu, diffygio *llwyddo*

ffafr *(enw)* cymwynas, caredigrwydd, cymeradwyaeth, cymorth, cynhorthwy *gelyniaeth*

ffafriaeth *(enw)* pleidiaeth, rhagfarn *gwrthwynebiad*

ffafrio *(brf.)* pleidio, boddio, cynorthwyo, derbyn wyneb, dewis *gwrthwynebu*

ffafriol *(ans.)* pleidiol, o blaid, o help, o gymorth, llesol, ffafrus *anffafriol*

ffagl *(enw)* fflam, tors, ffaglen

ffaglog *(ans.)* yn wenfflam, ar dân, ynghyn *wedi diffodd*

ffaglu *(brf.)* fflamio, llosgi *diffodd*

ffagod *(enw)* ffagoden, sypyn, bwndel

ffair *(enw)* marchnad, mart

ffaith *(enw)* gwirionedd, manylion *(lluos.)* stori, anwiredd

ffald *(enw)* lloc, corlan, pen

ffals *(ans.)* anwir, celwyddog, gau, twyllodrus, dichellgar *gwir, geirwir*

ffalster *(enw)* twyll, anwiredd, celwydd, geudeb, dichell, ffalsedd

gwirionedd, geirwiredd

ffanatig *(enw)* penboethyn, eithafwyr *(lluos.)*

ffansi *(enw)* darfelydd, dychymyg, delweddiad, crebwyll

ffansïo *(brf.)* dychmygu, delweddu, dyfeisio; hoffi

ffantasi *(enw)* chwedl, chwedloniaeth, saga; dychymyg, breuddwyd *hanes*

ffantastig *(ans.)* chwedlonol, gwyrthiol; dychmygol, dychmygus *ffeithiol, hanesyddol*

ffars *(enw)* comedi, dramodig; cybolfa, llanastr *trasiedi, trychineb*

ffarwél *(ebychiad)* ffárwel, yn iach, da boch, hwyl, hwyl fawr, dydd da *sut mae*

ffarwelio *(brf.)* canu'n iach, ymadael, gadael, cilio, dymuno'n dda *cyfarch*

ffasg *(enw)* ffasgell, bwndel, swp

ffasgu *(brf.)* clymu, rhwymo, bwndelu, sypio, sypynnu, pacio *datod, dadbacio*

ffasiwn *(enw)* dull, ffordd, modd, dullwedd, gwedd, arfer, defod

ffasiynol *(ans.)* modern, diweddar, diweddaraf *henffasiwn*

ffat *(enw)* slap, clewten, cernod, cernen, palfod, bonclust

ffatio *(brf.)* ergydio, clewtian, rhoi ffat, cernodio

ffatri *(enw)* gweithdy, gweithfa, siop waith, ystafell waith

ffau *(enw)* gwâl, lloches, cuddfan

ffawd *(enw)* tynged, tynghedfen, lwc, hap, digwyddiad

ffedog *(enw)* arffedog, brat, barclod, piner

ffei *(ebychair)* ymaith, i ffwrdd, wfft, rhag ei gywilydd, naw wfft, yn boeth y bo *croeso*

ffeil *(enw)* 1. llifddur, rhathell, durlif 2. clawr, dosier, dogfenni *(lluos.)*

ffeind *(ans.)* ffein, caredig, braf, teg, hardd, coeth, têr, dymunol, clên, caruaidd, bonheddig, hoffus, rhadlon, hynaws, gwych, llariaidd, ystyriol, annwyl, cu *swrth, sarrug*

ffeindio *(brf.)* ffindio, darganfod, dod o hyd i, cael hyd i, cael, canfod *colli*

ffeindrwydd *(enw)* caredigrwydd, hynawsed, rhadlondeb, boneddigeidd-dra, boneddigeiddrwydd *syrthni*

ffeirio *(brf.)* cyfnewid, bargeinio, trwco, trwpo, prynu a gwerthu

ffeithiol *(ans.)* gwir, gwirioneddol, go iawn, hanesyddol *gau, ffals*

ffel *(ans.)* annwyl, hoffus, cu; deallus, craff, cyfrwys *annymunol*

ffelder *(enw)* cyfrwystra, callineb, dichell *gonestrwydd*

ffelwm *(enw)* ffalwm, ewinor, bystwn, clewyn, bystwm

ffenestru *(brf.)* tyllu, rhidyllu *trwsio*

ffenomen *(enw)* rhyfeddod, syndod

fferins *(enw lluos.)* da-da, losin, taffis, candis

fferllyd *(ans.)* rhewllyd, oer, rhynllyd; wedi merwino, ynghwsg, digon oer i rewi/sythu'r brain *twym, poeth*

fferm *(enw)* ffarm, tyddyn, amaethdy, ffermdy, tŷ fferm

ffermio *(brf.)* ffarmio, amaethu, trin y tir, hwsmona, aredig, arddu

ffermiwr *(enw)* ffarmiwr, amaethwr, arddwr, hwsmon

ffermwriaeth *(enw)* amaeth, amaethyddiaeth, hwsmonaeth

fferru *(brf.)* rhewi, ceulo, caledu, trengi *twymo, gwresogi; dadlaith*

ffesant *(enw)* iâr goed, coediar, ceiliog y coed

ffest 1. *(enw)* gwledd; gŵyl 2. *(ans.)*

dygn; caled; tyn; cyflym

ffetan *(enw)* sach, bag, ysgrepan, cod, cwd, cwdyn

ffetus *(ans.)* cyfrwys, dichellgar, medrus *gonest, unplyg*

ffi *(enw)* tâl, cyfraniad

ffiaidd *(ans.)* atgas, milain, mochaidd, ciaidd, aflan *trugarog, tosturiol, caredig*

ffidil *(enw)* crwth, feiol, fiolin

ffieidd-dra *(enw)* ffieidd-dod, digasedd, atgasedd, cas, mileindra *trugaredd, tosturi*

ffieiddio *(brf.)* casáu, atgasu *hoffi, caru*

ffigur *(enw)* 1. rhif, nifer, rhifair 2. llun, ffurf

ffigurol *(ans.)* cyffelybiaethol, damhegol *llythrennol*

ffiloreg *(enw)* lol, ffregod, rhibidirês, dyli, ffwlbri, ffrec *synnwyr*

ffin *(enw)* terfyn, goror, cyffin, mers

ffinio *(brf.)* ymylu, cyffinio, terfynu

ffiol *(enw)* costrel, potel, costrelan, cwpan, cawg, dysgl

ffion *(enw lluos.)* bysedd cochion, bysedd/clatsh/catris y cŵn, blodyn dail crachod; rhosynnau

ffisig *(enw)* meddyginiaeth, moddion *(lluos.)*, cyffur

ffit *(ans.)* abl-iach, holliach, egnïol *afiach, anhwylus*

fflach *(enw)* fflachiad, pelydryn, llewyrchyn, llucheden, llygedyn, mellten *düwch, tywyllwch*

fflachio *(brf.)* pelydru, tanbeidio, tywynnu, melltennu

fflag *(enw)* baner, lluman, penwn

fflangell *(enw)* chwip, ffrewyll

fflangellu *(brf.)* ffrewyllu, chwipio, ffonodio, curo, cystwyo

fflam *(enw)* goleuni, gloywder *tywyllwch*

fflamadwy *(ans.)* hylosg, taniol *anfflamadwy*

fflamio *(brf.)* cynnau, llosgi, ffaglu *diffodd*

fflat 1. *(enw)* annedd 2. *(ans.)* gwastad, llyfn, esmwyth, isel *anwastad, garw*

ffliwt *(enw)* pibell, chwibanogl, chwisl, pib

fflodiart *(enw)* ffloliad, llidiart, iet, giât, clwyd, porth, gât

fflwcs *(enw)* ffrwcs, ysbwriel, sothach, ysborion/gwehilion *(lluos)*

fflŵr *(enw)* blawd, can

ffo *(enw)* ffoëdigaeth, encil, enciliad, ffoad *dyfodiad, cyrhaeddiad, dynesiad*

ffodus *(ans.)* ffortunus, lwcus, ffodiog, llwyddiannus *anffodus, anlwcus*

ffoi *(brf.)* cilio, dianc, ei heglu/gwadnu/gloywi hi, rhedeg i ffwrdd, diflannu, cymryd y goes, rhoi'r goes iddi *dychwelyd, sefyll*

ffôl *(ans.)* ynfyd, gwirion, twp, dwl, angall, penwan, annoeth *pwyllog, call*

ffoli *(brf.)* dotio, dwlu, gwirioni, gwynfydu, ynfydu, gwallgofi, colli pwyll *callio, pwyllo*

ffolineb *(enw)* ffoledd, ffwlbri, ynfydrwydd, gwiriondeb, penwendid *callineb, pwyll*

ffon *(enw)* gwialen, cansen

ffonodio *(brf.)* bwrw, taro, curo, maeddu, ergydio, ffondorio, pastynu

ffons *(enw)* bedyddfaen, ffynnon

fforchi *(brf.)* ymwahanu, ymrannu, dargyfeirio *cyfarfod, uno*

ffordd *(enw)* cwrs, llwybr, heol, stryd, lôn, priffordd; dull, modd; pellter

fforddio *(brf.)* dwyn traul, sbario

fforddiol *(ans.)* darbodus, cynnil, prin *gwastraffus, afradlon*

fforddol *(enw)* fforddolyn, teithiwr, crwydryn, cerddwr

fforddwr *(enw)* arweinydd, arloeiswr *dilynwr, canlynwr*

fforest *(enw)* coedwig, gwig, gwŷdd, coed *llannerch*

fforestwr *(enw)* coedwigwr, torrwr coed, coediwr

fformiwla *(enw)* ffaith, rheol, ffurfreol; patrwm

ffortiwn *(enw)* ffortun, cyfoeth, golud *tlodi*

ffortunus *(ans.)* ffodus, lwcus, ffodiog *anffortunus, anlwcus*

ffos *(enw)* cwter, rhigol, rhych, sianel, clais

ffothell *(enw)* pothell, chwysigen

ffracsiwn *(enw)* rhan, cyfran *crynswth, cyfanrwydd*

ffradach *(enw)* sitrach, stecs, llanastr, cybolfa, cawdel *trefn*

ffrae *(enw)* ymrafael, cweryl, ffrwgwd, ymryson, cynnen, dadl *cytundeb*

ffraegar *(ans.)* ymrysongar, cynhennus, ymgecrus, cwerylgar, ymrafaelgar, dadleugar *bodlon*

ffraeo *(brf.)* cweryla, anghydweld, ymrafaelu, ymgiprys, ymryson, dadlau *bodloni*

ffraeth *(ans.)* doniol, arabus, digrif, ysmala, rhugl *swrth, di-wên*

ffraethair *(enw)* ffraetheb, jôc, ysmaldod, cellwair *difrifoldeb, difrifwch*

ffraethineb *(enw)* ffraethder, doniolwch, arabedd, ysmaldod, hiwmor *difrifoldeb, difrifwch*

ffrâm *(enw)* ymyl, amlinelliad, rhimyn *canol*

fframwaith *(enw)* patrwm, braslun, strwythur, ysgerbwd, rhwydwaith

ffregod *(enw)* ffrec, baldordd, cleber, dadwrdd, lol, siaradach, ffiloreg *synnwyr, pwyll*

ffres *(ans.)* ir, newydd, gwyrf, crai, pur

hen, mws

ffresni *(enw)* irder, newydd-deb, purdeb, glendid *diflasrwydd*

ffreutur *(enw)* ystafell fwyta, cantîn, caffeteria

ffrewyll *(enw)* chwip, fflangell; llach

ffrewyllu *(brf.)* fflangellu, chwipio, llachio

ffridd *(enw)* ffrith, porfa, rhosfa, defeidiog

ffrind *(enw)* cyfaill, cydymaith, cymrawd, cymar, cymrodor *gelyn, gwrthwynebydd*

ffrio *(brf.)* coginio mewn braster, crasbobi, digoni

ffrit *(ans.)* diwerth, didda, dibwys, da i ddim *gwerthfawr*

ffrithiant *(enw)* rhwystrad, rhygniad, rhathiad, rhwbiad

ffroch *(ans.)* ffrochwyllt, ffyrnig, gwyllt, cynddeiriog *bodlon, tawel*

ffroenell *(enw)* pig, blaen, tu blaen, pen *cwt, cynffon*

ffroeni *(brf.)* gwynto, arogleuo, anadlu

ffroenuchel *(ans.)* trahaus, balch, diystyrllyd, snobyddlyd, uchel-ael *didraha, dirodres*

ffroesen *(enw)* crempogen, cramwythen, poncagen, ffreisen

ffrog *(enw)* ffroc, gwisg, gŵn

ffroga *(enw)* broga; llyffant

ffrom *(ans.)* ffromllyd, brochus, dicllon, sorllyd, digofus *bodlon, tawel*

ffromedd *(enw)* ffromder, llid, bâr, dicter, dicllonedd *bodlonrwydd*

ffromi *(brf.)* digio, brochi, sorri, gwylltu, cynddeiriogi *bodloni, ymfodloni*

ffrost *(enw)* ymffrost, bocsach, brol, bost

ffrostgar *(ans.)* ymffrostgar, bocsachus, bostfawr *diymffrost, diymhongar*

ffrostio *(brf.)* ymffrostio, brolio, bocsachu, brolian, bostio

ffrostiwr *(enw)* broliwr, ymffrostiwr, brolgi

ffrwd *(enw)* nant, llif, ffrydlif, afonig, clais, cornant

ffrwgwd *(enw)* ffrae, ymrafael, cweryl, ymryson, cynnen, dadl *cytundeb, cytgord*

ffrwst *(enw)* brys, rhuthr, ffwdan, hast, prysurdeb *hamdden, arafwch*

ffrwtian *(brf.)* poeri siarad, baldorddi; tasgu, berwi'n swnllyd

ffrwydrad *(enw)* tanchwa, ergyd, taniad

ffrwydro *(brf.)* chwalu, chwythu, tanio, ymrwygo

ffrwyno *(brf.)* atal, dal yn ôl, rheoli, disgyblu *diffrwyno*

ffrwyth *(enw)* cynnyrch, cnwd, aeron *(lluos.);* canlyniad, effaith, dylanwad *achos*

ffrwythlon *(ans.)* toreithiog, cnydfawr, bras, cynhyrchiol *prin, llwm*

ffrwythlondeb *(enw)* ffrwythlonrwydd, ffrwythlonedd, cynnyrch *prinder, llymdra*

ffrwythloni *(brf.)* cyfoethogi, brasáu *tlodi*

ffrydio *(brf.)* llifo, pistyllu, llifeirio

ffrydlif *(enw)* ffrwd, nant, cornant, afonig, clais, llif, llifeiriant

ffuant *(enw)* twyll, rhagrith, hoced, dichell, ystryw, ffuantwch *gonestrwydd, unplygrwydd*

ffuantus *(ans.)* rhagrithiol, anghywir, anonest, ffugiol, ffug, gau, dauwynebog *gonest, unplyg*

ffuantwr *(enw)* rhagrithiwr, twyllwr, hocedwr

ffug *(ans.)* gau, ffals, anghywir, anwir, ffugiol, ffuantus, ffugfawr *gwir, go* *iawn*

ffugio *(brf.)* cymryd ar, honni, ffuantu

ffugiwr *(enw)* twyllwr, copïwr, rhagrithiwr, hocedwr

ffull *(enw)* brys, hast, ffrwst *hamdden*

ffullio *(brf.)* rhuthro, brysio, prysuro, cyflymu *hamddena, arafu*

ffumer *(enw)* simnai, corn mwg

ffunegl *(enw)* cwys, rhigol, sianel, ffos

ffunen *(enw)* rhwymyn, cadach, macyn

ffunud *(enw)* ffordd, dull, modd, agwedd, math, ffasiwn

ffurf *(enw)* siâp, dull, llun, ystum, lliw a llun

ffurfafen *(enw)* wybr, wybren, nen, nef, yr awyr *daear, llawr*

ffurfaidd *(ans.)* lluniaidd, siapus, prydferth, hardd, gosgeiddig *afluniaidd, di-siâp*

ffurfiad *(enw)* lluniad, trefniad, saernïaeth *difwyniant*

ffurfio *(brf.)* llunio, saernïo, gwneud, ystumio, gwneuthur *chwalu, difrodi*

ffurfiol *(ans.)* defodol, trefnus, rheolaidd, seremonïol, anhyblyg *anffurfiol*

ffurfioldeb (enw) defodaeth, arferiaeth, confensiynoldeb *anffurfioldeb*

ffurflen *(enw)* dogfen, papur, cais, holiadur, cwpon

ffurfwasanaeth (enw) ffurfweddi, litwrgi

ffurfwisg *(enw)* lifrai, gwisg swyddogol, gwisg unffurf

ffusto (brf.) 1. ffustio, dyrnu 2. maeddu, curo, trechu, bwrw, gorchfygu

ffwdan *(enw)* helynt, stŵr, trafferth, tryblith, trwbwl *llonyddwch*

ffwdanu (brf.) trafferthu, poeni, ymboeni *ymlonyddu*

ffwdanus *(ans.)* trafferthus, ffwdanllyd, fel lladd nadroedd *llonydd, digyffro*

ffŵl *(enw)* ynfytyn, penbwla, hurtyn, gwirionyn, ffwlcyn *(ben. - ffolog, ffolcen) athrylith*

ffwlbri *(enw)* twpdra, nonsens, ynfydrwydd, gwiriondeb, lol *synnwyr, callineb*

ffwndro *(brf.)* drysu, cymysgu, mwydro

ffwndrus *(ans.)* dryslyd, cymysglyd, dyrys *clir, eglur*

ffwndwr *(enw)* cymysgwch, ffwdan, dryswch, penbleth *eglurder*

ffwrn *(enw)* popty; ffwrnais

ffwrwm *(enw)* mainc, setl, sedd, eisteddle, sêt, eisteddfa

ffydd *(enw)* cred, coel, ymddiriedaeth, hyder, goglyd *anghrediniaeth*

ffyddiog *(ans.)* ymddiriedus, hyderus *di-ffydd*

ffyddlon *(ans.)* cywir, dibynadwy, teyrngarol, triw *anffyddlon*

ffyddlondeb *(enw)* teyrngarwch, dibynadwyedd, cywirdeb *anffyddlondeb*

ffynhonnell *(enw)* tarddiad, dechrau, dechreuad, tarddle, tarddell, llygad y ffynnon *diwedd*

ffyniannus *(ans.)* llwyddiannus, llewyrchus, da ei fyd, ar ben ei ddigon *aflwyddiannus*

ffyniant *(enw)* llwyddiant, llwydd, cynnydd, llewyrch *methiant*

ffynidwydd *(enw lluos.)* coed ffer, coed pîn, pinwydd, ffyr

ffynnon *(enw)* tarddiad, tarddle, tarddell, pydew

ffynnu *(brf.)* llwyddo, tycio, prifio, gwneud cynnydd *methu*

ffyrf *(ans.)* cryf, praff, trwchus, cadarn *gwan, eiddil*

ffyrfder *(enw)* cryfder, praffter, trwch, tewder, tewdra *gwendid*

ffyrfhau *(brf.)* ffyrfeiddio, grymuso, cadarnhau, tewhau, brasáu *gwanhau*

ffyrnig *(ans.)* cas, milain, mileinig, anifeilaidd, cynddeiriog llonydd, *digyffro*

ffyrnigo *(brf.)* gwylltu, cynddeiriogi, gwallgofi, gorffwyllo, ynfydu *ymdawelu*

ffyrnigrwydd *(enw)* gwylltineb, cynddeiriogrwydd, mileindra *llonyddwch*

g

gadael *(brf.)* 1. gadel, gadu, ymadael, cefnu ar 2. caniatáu, goddef 3. ewyllysio, cymynroddi, cymynnu

gaeafol *(ans.)* gaeafaidd, oer, rhewllyd, rhynllyd, fferllyd, gerwin *hafaidd*

gafael 1. *(enw)* glyniad, cydiad, gwasgiad; sylwedd 2. *(brf.)* gafaelyd, gafel, cydio, crafangu, bachu, bachellu, dal, sicrhau *colli, gollwng*

gafaelgar *(ans.)* 1. gafaelus, tyn ei afael 2. trawiadol, brathog, argraffiadol, cyffrous

gafl *(enw)* fforch; croth

gaflach *(enw)* fforch; dart, gwaywffon

galanastra *(enw)* galanas, cyflafan, llofruddiaeth, lladdfa, brwydr; trosedd, ysgelerder

galar *(enw)* tristwch, gofid, wylofain, colled *llawenydd, hapusrwydd*

galargan *(enw)* galargerdd, marwnad

galarnad *(enw)* galar, cwynfan, alaeth, cwyn, wylofain *llawenydd, dathliad*

galaru *(brf.)* wylofain, galarnadu, cwynfan, hiraethu ar ôl, arwylo, gofidio, wylo, cwyno *llawenhau, dathlu*

galarus *(ans.)* gofidus, trist, cwynfanus, dolefus, alaethus *hapus, llon*

galw *(brf.)* gweiddi, gwysio; enwi; ymweld

galwad *(enw)* gwaedd, gwŷs, gwahoddiad; galwedigaeth

galwedigaeth *(enw)* gwaith, proffesiwn, gorchwyl

(g)allt *(enw)* 1. llethr goediog 2. tyle, rhiw, bryn, pitsh, cnwc, rhipyn 3. coedwig

gallu 1. *(enw)* medr, medrusrwydd, grym, nerth, pŵer, cryfder, awdurdod *anallu, gwendid* 2. *(brf.)* medru, bod yn abl

galluog *(ans.)* medrus, deheuig, abl, nerthol, grymus, cryf, cadarn *analluog, gwan*

gambo *(enw)* trol, cert, cart, men, trwmbel

gan *(ardd.)* ym meddiant, wrth, oddi wrth, trwy, gerfydd *heb*

gar *(enw)* coes, esgair

garan *(enw)* crëyr, crehyr, crychydd, crŷr

garsiwn *(enw)* 1. milwyr, gwarchodwyr/amddiffynwyr *(lluos.)* 2. ciwed, haid, torf afreolus, gwerinos

gartref *(adf.)* yn y tŷ, yn y cartref, yn nhref *i ffwrdd, absennol*

garth *(enw)* 1. caeadle, lloc, iard 2. bryn, rhiw, trum, cefn, tyle

garw 1. *(enw)* gerwinder, garwedd *llyfnder* 2. *(ans.)* cwrs, bras, aflednais; gerwin, gwyntog, tonnog, gaeafol; dybryd *llyfn, esmwyth*

garwhau *(brf.)* gerwino, crychu, ysgwyd *llyfnhau*

gât *(enw)* giât, iet, llidiart, clwyd

gau *(ans.)* ffug, ffals, twyllodrus, anwir, anghywir, cyfeiliornus, celwyddog *gwir*

gawr *(enw)* bloedd, gwaedd, dolef, cri, ysgrech, llef, crochlef

gefail *(enw)* gweithdy gof, siop y gof

gefyn *(enw)* llyffethair, hual

gefynnu *(brf.)* llyffetheirio, hualu; rhwymo, cyfyngu, caethiwo *rhyddhau*

geirda *(enw)* clod, cymeradwyaeth, cyfeireb *melltith, anghlod*

geiriad *(enw)* mynegiant, cyflead,

portread

geiriadur *(enw)* geirlyfr, geirfa, geirgrawn, thesawrws

geirio *(brf.)* lleisio, mynegi, cyfleu, portreadu, cynrychioli, ynganu

geiriog *(ans.)* cwmpasog, anuniongyrchol, amleiriog *uniongyrchol, laconig*

geirwir *(ans.)* gonest, gwir, union *ffals, celwyddog*

geirwiredd *(enw)* gonestrwydd, cywirdeb, uniondeb *celwydd, ffalster*

gelyn *(enw)* gwrthwynebydd, cydymgeisydd, ymosodwr *cyfaill, cefnogwr*

gelyniaeth *(enw)* dygasedd, atgasedd, casineb, cas, ymosodiad *cyfeillgarwch, cefnogaeth*

gelyniaethus *(ans.)* gelynol, ymosodol, gwrthwynebus, cas *cyfeillgar, cefnogol*

gem *(enw)* tlws, maen gwerthfawr, glain

gêm *(enw)* chwarae, difyrrwch, diddanwch *difrifwch*

gên *(enw)* dwyen *(lluos.)*, cern, bochgern, boch

genau *(enw)* ceg, safn, gweflau *(lluos.)*; aber

genedigaeth *(enw)* geni, dechreuad, cychwyn *marwolaeth*

genedigol *(ans.)* ganedig, cynhenid, brodorol, gwreiddiol, brodor *estron, dieithr*

geneth *(enw)* merch, lodes, hogen, croten, herlodes, meinir, llances, rhoces, genethig *bachgen; gwraig*

genethaidd *(ans.)* merchetaidd, benywaidd; gosgeiddig, lluniaidd *bachgennaidd, gwrywaidd*

geneufor *(enw)* morgainc, gwlff, cilfach fôr, braich fôr, bae, moryd

geni *(brf.)* dod i'r byd, cael bywyd, dechrau, tarddu, esgor *marw*

ger *(ardd.)* wrth, yn agos, ar gyfyl, yng nghyffiniau, ar bwys, yn ymyl, wrth ochr, gerllaw *ymhell*

gêr *(enw lluos.)* 1. offer, taclau, tresi, celfi 2. sothach, geriach, ysbwriel, llanastr

gerwin *(ans.)* garw, cwrs, gwyntog, tonnog, llym, caled *esmwyth, tawel*

gerwinder *(enw)* gerwindeb, llymder, caledwch, chwerwder *llonyddwch, esmwythyd*

gerwino *(brf.)* garwhau, chwerwi, gwylltio *esmwytháu, llonyddu*

geudeb *(enw)* twyll, hoced, dichell, anonestrwydd *gonestrwydd, unplygrwydd*

gewynnog *(ans.)* cyhyrog, cryf, cydnerth *gwan, gwanllyd*

gïach *(enw)* ysniden, dafad y gors

gimbill *(enw)* ebill, taradr, imbil, whimbil

glafoeri *(brf.)* slobran, dreflan, driflan, dreflu, driflo, bwrw glafoerion, slefrian

glan *(enw)* torlan, traeth, traethell, tywyn, arfordir *môr, dŵr, afon*

glân *(ans.)* 1. glanwaith, pur, sanctaidd, di-fai 2. prydferth, teg, golygus *aflan, brwnt*

glandeg *(ans.)* teg, prydweddol, pert, hardd, prydferth, glwys, golygus, hyfryd, tlws *hyll, hagr*

glanfa *(enw)* cei, harbwr, porthladd, porth, angorfa, porthfa

glanhau *(brf.)* puro, golchi, diheintio, twtio, carthu, clirio, sgwrio *anhrefnu, difwyno*

glanio *(brf.)* cyrraedd, tirio *ymadael*

glas *(ans.)* 1. asur 2. gwelw, gwyn 3. llwyd 4. gwyrdd, ir, ffres, newydd 5. ifanc, ieuanc, anaeddfed

glasddydd *(enw)* glasiad y dydd,

toriad dydd, boreddydd, clais y dydd, gwawr, bore bach, cyfddydd *cyfnos*

glasgoch *(ans.)* porffor, rhuddgoch, cochlas

glaslanc *(enw)* llanc, llencyn, crwtyn, hogyn, gwas, mab *dyn; llances*

glasog *(enw)* crombil, ystumog, cropa, bola

glasu *(brf.)* 1. gwynnu, llwydo, gwelwi 2. gwawrio 3. blaguro, egino, tyfu, datblygu

glaswellt *(enw)* gwelltglas, porfa; lawnt

gleiniau *(enw lluos.)* 1. gemau 2. pelenni gwydr, mwclis, paderau

glendid *(enw)* tegwch, prydferthwch, harddwch, purdeb, gwychder *aflendid, bryntni*

glesni *(enw)* 1. gwelwder 2. gwyrddni 3. irder, ffresni, iredd 4. lliw asur

glew *(ans.)* dewr, gwrol, beiddga, di-ofn, hy llwfr, gwangalon

glewder *(enw)* glewdra, dewrder, gwroldeb, beiddgarwch, hyfdra, ehofndra *llwfrdra, gwangalondid*

glin *(enw)* pen-glin, pen-lin

gloddest *(enw)* cyfeddach, gwledd, rhiatlwch, ysbleddach *ympryd, newyn*

gloddesta *(brf.)* gwledda, ciniawa, ymhyfrydu, cyfeddach *ymprydio, newynu*

(g)loes *(enw)* pang, poen, ing, gwayw, dolur, brath, pangfa *esmwythyd*

glofa *(enw)* pwll glo, mwynglawdd

glöwr *(enw)* torrwr glo, gweithiwr glo, colier

glöyn *(enw)* 1. marworyn, colsyn 2. magïen, pryf tân, pren pwdr

gloyw *(ans.)* disglair, claer, llachar, golau, llathr *afloyw, pŵl*

gloywder *(enw)* disgleirdeb, llewyrch, goleuni, pelydryn *pylni, tywyllwch*

gloywi *(brf.)* disgleirio, caboli, llathru,

pelydru, tywynnu *pylu, tywyllu*

glud 1. *(enw)* gliw 2. *(ans.)* glynol, gludiog, gafaelgar

gludio *(brf.)* glynu, uno, asio, cysylltu, cyplysu *datgysylltu*

gludog *(ans.)* gludiog, gludiol, glynol, ymlynol, glud

glwth 1. *(enw)* soffa 2. *(ans.)* bolrwth, gwancus, trachwantus, hunanol *anhunanol, hael*

glwys *(ans.)* teg, glân, prydferth, prydweddus, glandeg *diolwg, hyll*

glyn *(enw)* cwm, dyffryn, ystrad, bro, ceunant, hafn *gwastatir*

glynu *(brf.)* dal wrth, gludo, ymlynu, bod yn ffyddlon

glythineb *(enw)* glythni, trachwant, gwanc, hunanoldeb *anhunanoldeb*

go *(adf.)* braidd, lled, pur, tra, i *(ryw)* raddau, rhannol, gweddol, cymedrol, symol *iawn*

gobaith *(enw)* hyder, disgwyliad, dymuniad, dyhead *gwanobaith*

gobeithio *(brf.)* hyderu, dymuno, dyheu, disgwyl *anobeithio, gwanobeithio*

gobeithiol *(ans.)* hyderus, disgwylgar, addawol *anobeithiol, diobaith*

goblygu *(brf.)* ymhlygu, golygu, awgrymu, ensynio

gochel *(brf.)* gochelyd, gofalu/gwylio rhag, osgoi, pwyllo

gochelgar *(ans.)* gwyliadwrus, gofalus, pwyllog, ystyriol *diofal, amhwyllog*

godard *(enw)* llestr, cwpan, diodlestr; greal

godidog *(ans.)* ysblennydd, campus, gwych, bendigedig, rhagorol, ardderchog *diddrwg-didda, symol*

godidowgrwydd *(enw)* ardderchowgrwydd, ysblander, gwychder, rhagoriaeth, arbenigrwydd *cyffredinedd*

godre *(enw)* gwaelod, troed *copa, brig*

goddaith *(enw)* tân, coelcerth, tanllwyth

goddef *(brf.)* dioddef, caniatáu, dal, cydymddwyn *gwrthod, gomedd*

goddefgar *(ans.)* amyneddgar, dioddefgar *diamynedd, anoddefgar*

goddefgarwch *(enw)* goddefiad, dioddefgarwch, amynedd, pwyll, goddefiant *anoddefgarwch*

goddefol *(ans.)* goddefadwy, esgusodol; gweddol, cymedrol *diesgus*

goddiweddyd *(brf.)* goddiwes, dal, dilyn

goddrych *(enw)* pwnc, testun; eitem *gwrthrych*

goddrychol *(ans.)* personol, anwrthrychol *gwrthrychol*

gofal *(enw)* 1. pryder, gofid, trallod, ing 2. carc, cadwraeth, gwyliadwriaeth, awdurdod, cyfrifoldeb, gofalaeth *diofalwch, esgeulustod*

gofalu *(brf.)* 1. edrych ar ôl, gwylio, carco, gwarchod, amddiffyn, diogelu *esgeuluso* 2. pryderu, gofidio, malio, hidio, becso *ymdawelu*

gofalus *(ans.)* gwyliadwrus, carcus, sylwgar, ystyriol, gan bwyll *diofal, esgeulus*

gofer *(enw)* 1. nant, afonig, ffrwd, cornant, ffrydlif 2. gorlif

gofid *(enw)* trallod, galar, tristwch, tristyd, adfyd, alaeth, trymder *llawenydd, llonder*

gofidio *(brf.)* galaru, tristáu, hiraethu, blino, poeni, tralodi, ymboeni *llawenychu, gorfoleddu*

gofidus *(ans.)* blin, trallodus, alaethus, galarus, trist, cwynfanus, poenus *di-boen, cysurus*

gofod *(enw)* gwagle, gwacter, bwlch; bydysawd

gofuned *(enw)* 1. diofryd, addewid, adduned 2. dymuniad, awydd, chwant, dyhead

gofwy *(enw)* 1. ymweliad 2. trallod, helbul, trafferth, trwbl *cysur, esmwythyd*

gofyn 1. *(enw)* hawl, cais, arch, deisyfiad 2. *(brf.)* ceisio, holi, erchi, cwestiyno, hawlio, mynd ar ofyn

gofyniad *(enw)* arch, cwestiwn, cais, holiad, ymofyniad *ateb*

gofynnol *(ans.)* angenrheidiol, rheidiol, o angenrheidrwydd, gorfodol, anhepgor *diangen, dieisiau*

gogan *(enw)* dychan, coegni *clod, canmoliaeth*

goganu *(brf.)* dychanu, gwawdio, gwatwar, chwerthin am ben *clodfori, canmol*

goglais *(brf.)* gogleisio, difyrru *poeni, poenydio*

gogleisiol *(ans.)* doniol, diddan, difyr, difyrrus, ysmala *difrifol*

goglyd *(enw)* hyder, ymddiriedaeth, ffydd *anhyder*

gogoneddu *(brf.)* gorfoleddu, ymogoneddu, mawrygu, mawrhau, clodfori, dyrchafu, canmol *dianrhydeddu*

gogoneddus *(ans.)* dyrchafedig, mawrdeddog, ardderchog, godidog, bendigedig, gwych *symol*

gogoniant *(enw)* rhwysg, mawredd, gwychder, bri, dyrchafiad *gwarth, cywilydd*

gogr *(enw)* rhidyll, hidl, hesgyn, gwagr

gogrwn *(brf.)* gogryn, rhidyllu, hidlo

gogwydd *(enw)* gogwyddiad, tuedd, tueddiad, goledd(f), tueddfryd *unionder*

gogwyddo *(brf.)* tueddu, goledd(f)u, gwyro, plygu, diwelyd *ymsythu*

gogyfer 1. *(ans.)* gyferbyn, yn wynebu, yr ochr draw 2. *(ardd.)* at, er mwyn, at ddibenion, erbyn

gohebiaeth *(enw)* llythyrau *(lluos.)*, post

gohebu *(brf.)* ysgrifennu, cyfathrebu *anwybyddu*

gohir *(enw)* gohiriad, oediad

gohirio *(brf.)* oedi, cadw'n ôl *prysuro*

golau 1. *(enw)* goleuni, gwawl, llewyrch, dealltwriaeth *tywyllwch* 2. *(ans.)* disglair, gloyw, claer *tywyll*

golch *(enw)* 1. golchiad, eitemau golchi 2. losiwn, golchdrwyth

golchion *(enw lluos.)* trochion, dŵr golch

goledd(f) *(enw)* gogwydd, gogwyddiad, tuedd, tueddiad *gwastadedd*

goledd(f)u *(brf.)* gogwyddo, tueddu, pwyso, diwelyd *ymsythu*

goleuedig *(ans.)* ynghyn; deallus, gwybodus, darllengar *di-ddysg*

goleuo *(brf.)* cynnau; egluro, esbonio, dehongli *tywyllu*

golosg *(enw)* côc; marwor, marwydos, cols

golud *(enw)* cyfoeth, ffortiwn, meddiant, eiddo, digonedd, da lawer *tlodi*

goludog *(ans.)* cyfoethog, cefnog, ar ben ei ddigon, da ei fyd, ariannog *tlawd, llwm*

golwg *(enw)* 1. *(gwr.)* trem; drych *dellni* 2. *(ben.)* ymddangosiad, gwedd; golygfa

golwyth *(enw)* golwythen, golwythyn, ysglisen

golygu *(brf.)* meddwl, tybio, bwriadu, amcanu, awgrymu, arwyddo, ymhlygu

golygus *(ans.)* hardd, prydweddus, teg, glân, lluniaidd, gweddaidd, telaid *diolwg, hyll*

gollwng *(brf.)* 1. rhyddhau, rhoi rhyddid 2. diferu, colli dŵr *cipio, gafael*

gollyngdod *(enw)* rhyddhad, esmwythâd, esmwythyd; maddeuant *caethiwed*

gomedd *(brf.)* nacáu, gwrthod, pallu *caniatáu*

gomeddiad *(enw)* gwrthodiad, nacâd *caniatâd*

(g)onest *(ans.)* didwyll, unplyg, diddichell, uniawn, cywir *anonest, twyllodrus*

(g)onestrwydd *(enw)* didwylledd, unplygrwydd, geirwiredd *anonestrwydd, dichell*

gôr *(enw)* crawn, madredd, gwaedgrawn

gorchest *(enw)* camp, gwrhydri, rhagoriaeth, cyflawniad

gorchestol *(ans.)* meistrolgar, campus, rhagorol, meistrolaidd, medrus, bythgofiadwy *symol, canolig*

gorchestwaith *(enw)* campwaith, clasur *bwnglerwaith*

gorchfygiad *(enw)* trechiad, buddugoliaeth, dymchweliad *colledigaeth*

gorchfygu *(brf.)* trechu, dymchwel, maeddu, curo, goresgyn, concro, ennill *colli*

gorchfygol *(ans.)* buddugol, buddugoliaethus

gorchfygwr *(enw)* concwerwr, goresgynnwr, goresgynnydd, buddugwr *collwr*

gorchmynnol *(ans.)* angenrheidiol, gorfodol, anhepgor *diangen, dieisiau*

gorchudd *(enw)* 1. llen 2. clawr, caead

gorchuddio *(brf.)* cuddio, amddiffyn,

diogelu, toi, cysgodi, gordoi *dadorchuddio, datgelu*

gorchwyl *(enw)* tasg, gwaith, prosiect, gweithred, gweithgarwch

gorchymyn 1. *(enw)* archeb, archiad, ordor 2. *(brf.)* erchi, archebu, rheoli, hawlio, gorfodi, ordro

goresgyn *(brf.)* gorchfygu, trechu, maeddu, curo, darostwng *colli*

goresgyniad *(enw)* concwest, trechiad, darostyngiad, gormes, gorchfygiad *colledigaeth, crasfa*

goresgynnydd *(enw)* goresgynnwr, trechwr, concwerwr, enillydd, gormeswr *collwr*

gorfod 1. *(enw)* gorfodaeth, rheidrwydd, rhwymedigaeth, cymhelliad, rhwymau *(lluos.)*, rhaid *ewyllys* 2. *(brf.)* bod dan rwymedigaeth

gorfodi *(brf.)* gwneud, gyrru, treisio, gorthrechu, gwthio

gorfodol *(ans.)* rheidiol, o reidrwydd, rhwymedig, gorchmynnol, trwy rym *dewisol*

gorfoledd *(enw)* llawenydd, llonder, llonedd, hapusrwydd *tristwch, galar*

gorfoleddu *(brf.)* llawenhau, llawenychu, ymlawenhau, ymfalchïo, dathlu *tristáu, galaru*

gorfoleddus *(ans.)* llawen, llon, hapus, balch, siriol *gofidus, galarus*

gorffen *(brf.)* dibennu, cwblhau, cwpla, dirwyn i ben, terfynu, diweddu, darfod *dechrau*

gorffenedig *(ans.)* caboledig, graenus, perffaith *amherffaith, anorffenedig*

gorffeniad *(enw)* diweddiad, terfyniad, cwblhad, cwplâd, cyflawniad *dechreuad*

gorffwyll *(ans.)* gorffwyllog, ynfyd, gwallgof, o'i gof, gwyllt, cynddeiriog

call, pwyllog

gorffwyllo *(brf.)* ynfydu, mynd o'i gof, colli pwyll, gwallgofi, cynddeiriogi, gwynfydu, gwylltu *ymbwyllo*

gorffwylltra *(enw)* ynfydrwydd, gwallgofrwydd, gorffwylledd, gwylltineb, cynddaredd *callineb*

gorffwys 1. *(enw)* gorffwysiad, esmwythdra 2. *(brf.)* ymlacio, gorffwyso, ymorffwys, esmwytho, cymryd seibiant/hoe, llonyddu, tawelu, aros *gweithio, ymbrysuro*

gori *(brf.)* 1. deor, deori 2. crawni, crynhoi, casglu

gorifyny *(enw)* esgyniad, rhiw, tyle, codiad, bryn, gallt *goriwaered*

goriwaered *(enw)* disgyniad, disgynfa, llethr, llechwedd *gorifyny*

gorlawn *(ans.)* toreithiog, cyforiog, dan (ei) sang *gwag, llwm*

gorlif *(enw)* llif, llifeiriant, llifogydd *(lluos.) sychder*

gormes *(enw)* gormesiad, gorthrech, gorthrwm, gorthrymder *democratiaeth*

gormesol *(ans.)* llethol, gorthrymus, anghyfiawn, annemocrataidd *democrataidd*

gormesu *(brf.)* llethu, gorthrechu, gorthrymu *rhyddhau*

gormeswr *(enw)* gormesydd, gorthrymwr, treisiwr, teirant *democrat*

gormod *(enw)* gormodd, gormodedd, gormodaeth, rhysedd *rhy ychydig, prinder*

gormodiaith *(enw)* gor-ddweud, gorliwio, ymffrost

gormodol *(ans.)* eithafol, afradlon, gwastraffus, anghynnil *prin, annigonol*

(g)ornest *(enw)* ymryson, ymladdfa,

ymddadlau, cystadleuaeth, ymdrechfa
heddwch, tangnefedd

goroesi *(brf.)* byw, gor-fyw, para,
parhau *marw*

goror *(enw)* ffin, terfyn, mers, cyffin,
ymyl *canoldir*

gorsaf *(enw)* arhosfa, stesion

gorsedd *(enw)* gorseddfainc,
brenhinfainc, gorseddfa

gorseddu *(brf.)* coroni; anrhydeddu,
urddo, arwisgo, urddwisgo
dianrhydeddu, amharchu

gorthrech *(enw)* gorthrwm, gormes,
gorthrymder, trais *democratiaeth*

gorthrechu *(brf.)* trechu, gormesu,
gorthrymu, llethu, treisio *gollwng yn
rhydd*

gorthrechwr *(enw)* trechwr,
concwerwr, gorthrymwr, gormeswr,
teirant *democrat*

gorthrymder *(enw)* 1. gorthrwm,
gormes, gorthrech, trais
democratiaeth 2. trallod, gofid,
blinder, cystudd, ing, gloes

gorthrymus *(ans.)* gormesol, llethol,
anghyfiawn, annemocrataidd
democrataidd, teg, cyfiawn

gorthrymwr *(enw)* gorthrymydd,
gormeswr, treisiwr, teirant *democrat*

goruchaf *(ans.)* uchaf, pennaf, prif,
eithaf, hollalluog *isaf, gwaelaf*

goruchafiaeth *(enw)* meistrolaeth,
uchafiaeth, arglwyddiaeth *iselder,
gwaeledd*

goruchel *(ans.)* aruchel, arddunol,
mawreddog, dyrchafedig *gwael, bas*

goruchwyliaeth *(enw)* arolygiaeth,
gweinyddiad, trefn, stiwardiaeth, tasg

goruchwylio *(brf.)* arolygu,
gweinyddu, trefnu, rheoli,
cyfarwyddo

goruchwyliwr *(enw)* stiward,
arolygwr, gweinyddwr, rheolwr,

trefnwr *gweithiwr*

goruwch *(ardd.)* uwchben, uwchlaw,
ar uchaf, ar warthaf, dros *islaw*

gorwedd *(brf.)* gorffwys, cysgu *codi*

gorweddian *(brf.)* sefyllian, segura,
diogi, lolian, clertian, gwagsymera,
swmera *ymbrysuro*

gorweddog *(ans.)* gorweiddiog, yn
cadw gwely, gorweddol, tost, sâl *iach*

gorwych *(ans.)* ysblennydd, rhagorol,
godidog *canolig, diraen*

gosgedd *(enw)* ffigur, ffurf, siâp

gosgeiddig *(ans.)* telaid, lluniaidd,
siapus, cain, teg *diolwg, afluniaidd*

gosgeiddrwydd *(enw)* swyn,
cyfaredd, tegwch, harddwch,
prydferthwch, tlysni *hylltod, hagrwch*

gosgordd *(enw)* mintai, canlynwyr/
dilynwyr *(lluos.) arweinydd*

(g)oslef *(enw)* tôn, tonyddiaeth, acen

gosod 1. *(ans.)* ffug, annaturiol 2.
(brf.) dodi, rhoi, rhoddi, sefydlu,
lleoli, trefnu *dadleoli*

gosodiad *(enw)* dywediad, haeriad,
trefniant, mynegiant, cyflead

gosteg *(enw)* distawrwydd, tawelwch,
taw *sŵn, twrw*

gostegu *(brf.)* tawelu, llonyddu, tewi,
distewi *cadw sŵn*

gostwng *(brf.)* iselu, darostwng,
lleihau, iselhau, diraddio *dyrchafu*

gostyngedig *(ans.)* difalch, iselfrydig,
ufudd, diymhongar, gwylaidd,
diymffrost, dirodres *rhodresgar*

gostyngeiddrwydd *(enw)*
iselfrydedd, rhadlonrwydd, gwyleidd-
dra, lledneisrwydd *rhodres*

gradell *(enw)* llechfaen, llechwan,
planc, maen crasu

gradd *(enw)* 1. safon, safle, urdd, gris
2. anrhydedd

graddfa *(enw)* gris, safle, safon, maint

graddio *(brf.)* 1. graddoli, trefnu,

dosbarthu, categoreiddio *anhrefnu, cymysgu* 2. ennill gradd

graddol *(ans.)* o dipyn i beth, ychydig ar y tro, araf deg, gan bwyll, bob yn dipyn, o glun i glun

graean *(enw lluos.)* gro *(lluos.)*, grud, grut

graen *(enw)* crefft, gloywder, llewyrch, sglein *annibendod*

graenus *(ans.)* cain, gwiw, llewyrchus, llyfndew, telaid *anniben, di-raen*

gramoffon *(enw)* adleisydd, adseinydd

gras *(enw)* rhad, rhadlonedd, graslonrwydd, ffafr, cymwynas, bendith *melltith*

grasol *(ans.)* graslon, grasusol, rhadlon, graslawn, llawn gras *diras*

grawn *(enw lluos.)* 1. hadau ŷd 2. aeron 3. gronynnau, dernynnach, tameidiau

greal *(enw)* llestr, cwpan, diodlestr

greddf *(enw)* awen, natur, anian, tuedd, cymhelliad

greddfol *(ans.)* naturiol, digymell *annaturiol*

gresyn *(enw)* trueni, piti *(garw)*

gresynu *(brf.)* gofidio, galaru *llawenhau, gorfoleddu*

gresynus *(ans.)* truenus, gofidus, blin, poenus, trallodus, alaethus *llon, sionc*

griddfan *(brf.)* ochneidio, ochain, cwyno, galaru *chwerthin*

griddfan(n)us *(ans.)* cwynfanus, truenus, galarus *llawen, llon*

grillian *(brf.)* trydar, cogor, yswitian, pyncio, cathlu

grisialaidd *(ans.)* tryloyw, clir, gwydraidd, gloyw, croyw *afloyw*

gro *(enw lluos.)* graean *(lluos.)*, grud, grut

gronyn *(enw)* ychydig, mymryn, tameidyn *talp, cwlffyn*

grudd *(enw)* cern, boch, bochgern, gên

grugiar *(enw)* iâr y rhos, iâr y mynydd, iâr goch

grwgnach *(brf.)* tuchan, cwynfan, cwyno, achwyn, conan, conach *ymfodloni*

grwgnachlyd *(ans.)* cwynfanus, achwyngar, cwynfanllyd *hapus, bodlon*

grŵn *(enw)* 1. si, su, murmur 2. grwndi

grwnan *(brf.)* 1. mwmian canu, suo, sïo 2. canu crwth, canu grwndi

grŵp *(enw)* mintai, twr *cyfangorff*

grwpio *(brf.)* casglu, crynhoi, tyrru, cynnull; dosbarthu, graddoli, categoreiddio *chwalu, gwasgaru*

grym *(enw)* nerth, pŵer, cryfder, gallu, cadernid, ynni, grymuster, grymustra *gwendid, eiddilwch*

grymus *(ans.)* nerthol, pwerus, cryf, cydnerth, cadarn, galluog *gwan, gwachul*

grymuso *(brf.)* nerthu, cyfnerthu, atgyfnerthu, cryfhau, cryffa, cadarnhau *gwanychu*

gwacáu *(brf.)* gwagio, disbyddu, dihysbyddu, gwagu, arllwys, tywallt *llenwi*

gwacsaw *(ans.)* gwamal, disylwedd, diystyr, dibwys, diwerth *difrifddwys*

gwacter *(enw)* gwagle, bwlch, gofod, gwactod *cyflawnder*

gwachul *(ans.)* 1. gwan, gwanllyd, eiddil, llesg, llegach cryf, cydnerth 2. main, tenau *tew*

gwad *(enw)* gwadiad, gwrthodiad, nacâd *caniatâd, derbyniad*

gwadnu *(brf.)* ei heglu/gloywi hi, diflannu, rhedeg i ffwrdd, ffoi, dianc, dodi traed yn y tir

gwadu *(brf.)* diarddel, gwrthod, gadael, ymadael â *derbyn*

gwadd 1. *(enw)* twrch daear 2. *(ans.)* gwahodd, wedi ei wahodd 3. *(brf.)* gwahodd *diarddel*

gwaddoli *(brf.)* cynysgaeddu, rhoi, cyflwyno, rhoddi, donio, cyfoethogi *amddifadu*

gwae *(enw)* ing, trallod, cystudd, galar, gofid, trueni, adfyd *llawenydd, gorfoledd*

gwaedoliaeth *(enw)* ach, hil, llinach, cenedl, teulu, gwreiddiau *(lluos.)*

gwaedd *(enw)* bloedd, cri, ysgrech, llef, crochlef, dolef, bonllef *taw, gosteg*

gwael *(ans.)* sâl, tlawd, truan; claf, afiach, tost, anhwylus *iach*

gwaeledd *(enw)* afiechyd, salwch, tostrwydd, anhwyldeb, selni, clefyd *iechyd; rhagoriaeth*

gwaelod *(enw)* godre, troed, llawr, sail, sylfaen *pen, brig, copa*

gwaelu *(brf.)* clafychu, colli iechyd, mynd yn dost *gwella*

gwaered *(enw)* llethr, llechwedd, disgyniad, disgynfa, goriwaered *gorifyny*

gwaethygu *(brf.)* dirywio, adfeilio; clafychu, atglafychu *gwella, datblygu*

gwag *(ans.)* cau, coeg, coegfalch *llawn*

gwagedd *(enw)* oferedd, gwegi, gwagogoniant, coegfalchder, ffolineb *callineb*

(g)wagen *(enw)* men, trol, cert, cart, ôl-gerbyd

gwagio *(brf.)* gwacáu, gwagu, disbyddu, dihysbyddu, arllwys, tywallt *llenwi*

gwagle *(enw)* gwacter, gwactod, bwlch, gofod, diddim, diddymder *cyflawnder*

gwagnod *(enw)* dim, sero

gwagsymera *(brf.)* diogi, segura, ofera, sefyllian, clertian, swmera *gweithio, ymbrysuro*

gwahaniaeth *(enw)* 1. gwahân 2. didoliad; anghytundeb, anghysondeb, annhebygrwydd *tebygrwydd*

gwahaniaethu *(brf.)* anghytuno, annhebygu *ymdebygu*

gwahanol *(ans.)* anghyson, annhebyg, anghyffelyb, amgen, amrywiol *tebyg, cyffelyb*

gwahanu *(brf.)* didoli, rhannu, ymrannu, neilltuo, ysgar, ymwahanu *uno*

gwahardd *(brf.)* lluddias, rhwystro, atal, gwarafun, gomedd *caniatáu*

gwaharddiad *(enw)* llesteiriad, rhwystr, atalfa, gwrthodiad, lludd, ataliad *caniatâd*

gwahodd *(brf.)* dymuno, erchi, erfyn, denu *diarddel*

gwahoddedigion *(enw lluos.)* gwesteion, ymwelwyr

gwahoddiad *(enw)* deisyfiad, cais, dymuniad, erfyniad *diarddeliad, alltudiaeth*

gwaith 1. *(enw gwr.)* gorchwyl, tasg, gweithgarwch, gweithgaredd, llafur; cyfansoddiad; gweithfa *segurdod, diweithdra* 2. *(enw ben.)* tro, adeg, achlysur 3. *(cys.)* o waith, o achos, oherwydd, oblegid, canys, am, gan

(g)wal *(enw)* pared, gwahanfur, canolfur; magwyr, mur

gwâl *(enw)* lloches, ffau, gorweddle, cuddfan

gwala *(enw)* digon, digonedd, amlder, helaethrwydd, llawnder *prinder, diffyg*

gwalch *(enw)* 1. hebog, cudyll, curyll 2. dihiryn, cnaf, cenau, adyn, dyn gwastraff *arwr*

gwall *(enw)* diffyg, bai, nam, mefl, camsyniad, amryfusedd, camgymeriad *perffeithrwydd*

gwallgof *(ans.)* ynfyd, gorffwyll, amhwyllog, o'i bwyll, o'i gof, lloerig, gwallgofus *call, yn ei iawn bwyll*

gwallgofddyn *(enw)* ynfytyn, lloerig, gorffwyllog

gwallgofi *(brf.)* cynddeiriogi, amhwyllo, ynfydu, gorffwyllo, gwylltu, gwynfydu, mynd o'i gof *callio*

gwallgofrwydd *(enw)* gorffwylltra, gorffwylledd, ynfydrwydd, gwylltineb, cynddaredd *callineb, synnwyr*

gwallus *(ans.)* diffygiol, amherffaith, beius, anafus, cyfeiliornus, o'i le *perffaith, di-nam*

gwamal *(ans.)* anwadal, oriog, chwit-chwat, cyfnewidiol, di-ddal, ansefydlog, simsan *dibynadwy*

gwamalrwydd *(enw)* anwadalwch, ansefydlogrwydd, oriogrwydd, ysgafnder, petruster *dibynadwyedd*

gwamalu *(brf.)* anwadalu, gwamalio, petruso, simsanu *sadio, sefydlogi*

gwan *(ans.)* gwanllyd, eiddil, llesg, gwachul, egwan, llegach *cryf, cydnerth*

gwân 1. *(enw)* gwaniad, trawiad, brath; brwydr 2. *(brf.)* gwanu, taro, brathu

gwanaf *(enw)* 1. haen, haenen, caen 2. ystod o wair

gwanc *(enw)* trachwant, bâr, rhaib, bolrythi, hunanoldeb *anhunanoldeb*

gwancu *(brf.)* safnio, traflyncu, gwancio

gwancus *(ans.)* trachwantus, barus, bolrwth, blysig, hunanol *anhunanol*

gwangalon *(ans.)* digalon, penisel, llwfr *llawen, llon*

gwangalondid *(enw)* gwanobaith, digalondid, llwfrdra *dewrder,*

beiddgarwch

gwangalonni *(brf.)* colli calon, gwanobeithio, llwfrhau, colli ffydd *ymwroli*

gwanllyd *(ans.)* gwannaidd, gwachul, eiddil, llesg, claf, llegach, dinerth *cryf, cydnerth*

gwantan *(ans.)* gwan, gwael, anwadal, di-ddal, annibynadwy *dibynadwy*

gwanu *(brf.)* trywanu, tyllu, treiddio, brathu, dwysbigo

gwâr *(ans.)* gwaraidd, gwareiddiedig, soffistigedig, boneddigaidd, tirion, moesgar, mwyn *anwar*

gwaradwydd *(enw)* gwarth, gwarthrudd, cywilydd, sarhad, achlod, amarch *clod, balchder*

gwaradwyddo *(brf.)* cywilyddio, sarhau, gwarthruddo, amharchu, bwrw sen

gwaradwyddus *(ans.)* cywilyddus, gwarthus, sarhaus, amharchus *clodforus, teilwng*

gwarafun *(brf.)* gwrthod, gomedd, gwahardd *caniatáu, rhoi*

gwarant *(enw)* hawl, awdurdod, dilysrwydd, ernes, mechni, mechnïaeth

gwarantu *(brf.)* dilysu, ateb dros, mechnïo, sicrhau, cadarnhau

gwarantydd *(enw)* mechnïwr, mechnïydd, meichiau *tanseiliwr*

gwarchae 1. *(enw)* amgylchyniad, ymosodiad 2. *(brf.)* amgylchu, amgylchynu

gwarchod *(brf.)* cadw, amddiffyn, diogelu *ymosod, bygwth*

gwarder *(enw)* tirionwch, tynerwch, moesgarwch, boneddigeiddrwydd, gwaredd, trugaredd *creulondeb*

gwared *(enw)* gwaredigaeth, ymwared, arbediad, rhyddhad

gwaredu *(brf.)* achub, arbed, cadw, rhyddhau; prynu *colli*

gwaredwr *(enw)* prynwr, achubwr, arbedwr, ceidwad, iachawdwr, rhyddhäwr

gwareiddiedig *(ans.)* gwâr, gwaraidd, soffistigedig *anwar, barbaraidd*

gwareiddio *(brf.)* dofi, hyweddu, meistroli

gwargaled *(ans.)* cyndyn, ystyfnig, cildyn, gwrthnysig, gwarsyth, anhydyn, anystwyth *ystwyth, hyblyg*

gwargam *(ans.)* gwargrwm, yn crymu/plygu, gwarrog *syth, unionsyth*

gwargamu *(brf.)* plygu, crymu, gwargrymu, gwarro *ymsythu*

gwarged *(enw)* gweddill, gorged; proffid, elw, budd *colled, diffyg*

gwarth *(enw)* gwarthrudd, cywilydd, achlod, sarhad, gwaradwydd, amarch *clod, parch*

gwarthaf *(enw)* pen, brig, copa, rhan uchaf *godre, gwaelod*

gwartheg *(enw)* da, catel, buchod *(lluos.)*

gwarthruddo *(brf.)* gwaradwyddo, cywilyddio, sarhau, amharchu *parchu*

gwarthus *(ans.)* gwaradwyddus, cywilyddus, amharchus, sarhaus *parchus, clodforus*

gwas *(enw)* gwasanaethwr, llanc, gweinydd; gwastrawd *meistr*

gwasaidd *(ans.)* ufudd, taeogaidd *meistrolgar*

gwasanaeth *(enw)* 1. addoliad 2. defnydd, help, cymorth, iws, mantais, lles, budd

gwas(a)naethgar *(ans.)* defnyddiol, o fudd, o gymorth, buddiol, llesol, o les *anghymwynasgar, di-fudd*

gwas(a)naethu *(brf.)* gweini, gweinyddu *rheoli, archebu*

gwas(a)naethwr *(enw)* gweinydd, gwas *meistr*

gwasg *(enw)* 1. *(ben.- lluos.* gweisg, gwasgau)* argraffdy, swyddfa argraffu 2. *(gwr. - lluos.* gwasgoedd, gwasgau)* meingorff, canol

gwasgaredig *(ans.)* ar wasgar, ar chwâl, gwasgarog, ar hyd ac ar led, dros y lle *trefnus*

gwasgaru *(brf.)* gwasgar, chwalu, ysgaru, rhannu, ymrannu, lledu, taenu *trefnu, casglu*

gwasgedig *(ans.)* caled, mewn cyfyngder, trallodus, adfydus, gofidus, blin, alaethus *esmwyth*

gwasgfa *(enw)* cyfyngder, ing, trallod, anhawster, caledi, adfyd, helbul *esmwythyd, hawddfyd*

gwasgu *(brf.)* pwyso, llethu, gwthio

gwastad 1. *(enw)* gwastadedd, tir gwastad, gwastatir *mynydd-dir, ucheldir* 2. *(ans.)* fflat, llyfn, lefel, cydwastad; cyson, gwastadol *anwastad, garw*

gwastatáu *(brf.)* 1. lefelu, cydraddoli, llyfnu *garwhau, gerwino* 2. darostwng *dyrchafu*

gwastraff *(enw)* traul, difrod, gormodedd, afradlonedd *cynildeb, darbodaeth*

gwastraffu *(brf.)* afradu; difa, difrodi, anrheithio; treulio, gwario *cynilo*

gwastraffus *(ans.)* afradus, afradlon, anghynnil, annarbodus *darbodus, cynnil*

gwatwar *(brf.)* gwawdio, dynwared, diystyru, dirmygu, chwerthin/cael hwyl am ben *canmol*

gwatwareg *(enw)* gwawd, gwawdiaith, coegni, dirmyg, eironi, gwatwariaeth *clod, canmoliaeth*

gwatwargerdd *(enw)* cerdd watgar, dychangerdd, cerdd oganu

gwatwarus *(ans.)* dirmygus, goeglyd, gwawdlyd, goganus, dychanol *canmoliaethus, clodforus*

gwau *(brf.)* gweu, cysylltu, uno, clymu, rhwymo, nyddu, gwehyddu *datod*

gwaun *(enw)* gweundir, rhostir, gweirglodd, rhos, tir pori, dôl

gwawch *(enw)* ysgrech, nâd, gwaedd, oernad, oergri, dolef, llef *taw, distawrwydd*

gwawd *(enw)* 1. gwawdiaeth, gwatwar, dirmyg, gwatwareg, diystyrwch, ysgorn 2. dychan, gogan *clod*

gwawdio *(brf.)* gwatwar, dychanu, dirmygu, dychanu, diystyru, goganu, tynnu pig ar *moli, canmol*

gwawdlyd *(ans.)* gwatwarus, dirmygus, diystyrllyd, gwawdus, goganus, dychanol, gwawdlym *clodforus*

gwawl *(enw)* golau, goleuni, llewyrch *tywyllwch, nos*

gwawr *(enw)* 1. gwawrddydd, boreddydd, cyfddydd, clais y dydd, toriad dydd, glas y dydd, bore bach, bore glas *cyfnos, min nos* 2. lliw, arlliw, gwedd, eiliw, rhith

gwawrio *(brf.)* dyddio, goleuo *nosi, tywyllu*

gwayw *(enw)* 1. gwewyr, poen, ing, gloes, brath, pang, dolur, pangfa 2. gwaywffon, picell, bêr

gwddf *(enw)* gwddw, gwddwg; gwar, gwegil, mwnwgl; llwnc, lôn goch

gwead *(enw)* patrwm, ffurfiant, strwythur, fframwaith, rhwydwaith

gwedd *(enw)* 1. *(lluos. - gweddoedd)* pâr, cwpl, tîm, iau 2. *(lluos. - gweddau)* agwedd, ymddangosiad, trem, golwg, wyneb, dull, pryd

gwedder *(enw)* llwdn dafad, mollt, molltyn

gweddi *(enw)* deisyfiad, ple, ymbil, erfyniad, cais, dymuniad *melltith*

gweddill *(enw)* gwarged, gorged, rhelyw, balans

gweddïo *(brf.)* deisyf, ymbil, erfyn, gofyn, pledio, galw ar Dduw *melltithio*

gweddïwr *(enw)* erfyniwr, ymbiliwr, plediwr, deisyfwr *melltithiwr*

gweddnewid *(brf.)* trawsnewid, addasu *cadw, diogelu*

gweddol *(ans./adf.)* lled, pur, tra, cymedrol, symol, go, braidd, hytrach, i (ryw) raddau *iawn*

gweddu *(brf.)* gwneud y tro, ateb y diben, taro, bod yn addas/gymwys

gweddus *(ans.)* addas, cyfaddas, priodol, gweddaidd, cymwys *anaddas, anghymwys*

gwedduster *(enw)* gweddustra, gweddeidd-dra, addasrwydd, cymhwyster, priodoldeb, cyfaddaster *anaddaster*

gwefl *(enw)* min, gwefus

gwefr *(enw)* ias, cyffro, llymias

gwefreiddio *(brf.)* peri ias, cyffroi *llonyddu, lliniaru*

gwefreiddiol *(ans.)* cyffrous, treiddgar, iasol *diysbrydoliaeth, digyffro*

gwegi *(enw)* gwagedd, oferedd, gwagogoniant, coegfalchder *difrifwch*

gwegian *(brf.)* gwegio, siglo, simsanu *sadio, sefydlogi*

gwehelyth *(enw)* tras, ach, llin, llinach, hil, tylwyth, hiliogaeth

gwehilion *(enw lluos.)* sothach, ysbwriel, sorod, carthion/ysgubion/ ysgarthion *(lluos.)*

gweiddi *(brf.)* bloeddio, crochlefain, crio, dolefain, ysgrechain, ysgrechian, codi ei gloch *tewi*

gweilgi *(enw)* môr, cefnfor, eigion, cyfanfor *tir*

gweini *(brf.)* gwasanaethu, gweinyddu, gofalu am, gweithio dros *archebu, gorchymyn*

gweinidog *(enw)* offeiriad, pregethwr, ficer, curad, rheithor, person, diacon, deon, bugail, caplan, clerigwr, efengylydd *lleygwr*

gweinydd *(enw)* gwas, gwasanaethwr; gweinidog *(ben. - gweinyddes) rheolwr*

gweinyddu *(brf.)* rheoli, llywodraethu, trefnu, llywio, gofalu am *esgeuluso*

gweirglodd *(enw)* dôl, gwaun, gweundir, tir gwair, tir pori, cae, parc

gweiryn *(enw)* gwelltyn, porfeuyn, glaswelltyn

gweithdy *(enw)* gweithfa, ffatri, siop waith, ystafell waith, gweithle

gweithgar *(ans.)* prysur, diwyd, dyfal, ystig *segur, diog*

gweithgaredd *(enw)* gweithgarwch, tasg, gorchwyl, gwaith, diwydrwydd, dyfalwch, prysurdeb *segurdod*

gweithfaol *(ans.)* diwydiannol, masnachol, gweithiol *amaethyddol*

gweithio *(brf.)* 1. llafurio, ymbrysuro *gorffwys, segura* 2. eplesu, cyffroi 3. gweithredu, rhedeg

gweithiwr *(enw)* llafrurwr, labrwr; swyddog *oferwr, diogyn*

gweithred *(enw)* gweithrediad, act, dogfen

gweithredu *(brf.)* gweithio, rhedeg, gwneud, cyflawni, rhoi mewn grym

gweithredol *(ans.)* actif, mewn grym

gweladwy *(ans.)* gweledig, yn y golwg, hywel *anweledig, o'r golwg*

gweld *(brf.)* gweled, canfod, edrych; deall, amgyffred, dirnad; ymchwilio

gweledigaeth *(enw)* golwg, gwelediad; breuddwyd, dyhead

gweledydd *(enw)* proffwyd, daroganwr

gweli *(enw)* clwyf, anaf, dolur

gwelw *(ans.)* llwyd, glas, gwyn, di-liw, wynebwyn, glaswyn, wyneblas, gwelwlas, gwelwlwyd *lliwgar*

gwelwder *(enw)* llwydni, glaswynder *lliw*

gwelwi *(brf.)* wyneblasu, gwynnu, llwydo *gwrido*

gwely *(enw)* gorweddfa, glwth; teulu, tylwyth

gwella *(brf.)* iacháu, diwygio, newid er gwell, gwellhau *gwaethygu, clafychu*

gwellhad *(enw)* diwygiad, gwelliant, cynnydd, datblygiad *dirywiad*

gwellt *(enw lluos.)* glaswellt, porfa, gwelltglas

gwendid *(enw)* eiddilwch, llesgedd *cryfder, nerth*

gwenfflam *(ans.)* ynghyn, ar dân, ffaglog, yn fflamio, yn llosgi, yn ffaglu

gweniaith *(enw)* truth, canmoliaeth, clod *gwawd, dirmyg*

gwenieithio *(brf.)* truthio, canmol, clodfori, cynffonna, seboni *gwawdio, dirmygu*

gwenieithus *(ans.)* ffals, ffuantus, rhagrithiol, canmoliaethus *gwatwarus, dirmygus*

gwenieithiwr *(enw)* cynffonnwr, sebonwr, rhagrithiwr, truthiwr *gwatwarwr, gwawdiwr*

gwenwynig *(ans.)* gwenwynol, peryglus, marwol

gwenwynllyd *(ans.)* cenfigennus, eiddigeddus, piwis, croes, blin *diwenwyn*

gwepian *(brf.)* 1. gwepio, mingamu, tynnu wynebau/gwep 2. crio, wylo, llefain, wylofain

gwerin *(enw)* pobl, poblogaeth, y werin bobl, gwrêng, y bobl gyffredin *bonedd, aristocratiaeth*

gwerinol *(ans.)* gwerinaidd, gwrengaidd, arferol, cyffredin; democrataidd *aristocrataidd*

gwerinos *(enw)* dynionach *(lluos.)*, ciwed, garsiwn, y dorf *boneddigion*

gwern *(enw)* 1. *(lluos.)* coed gwern 2. cors, siglen, mignen, morfa, sugn, corstir *crastir*

gwers *(enw)* 1. deunydd dysgu 2. tro, adeg, achlysur, gwaith

gwersyll *(enw)* gwersyllfa, lluestfa

gwerth *(enw)* rhinwedd, pris, cost, ansawdd, pwys, teilyngdod

gwerthfawr *(ans.)* drud, prid, costfawr, buddiol, teilwng *diwerth*

gwerthfawrogi *(brf.)* prisio, meddwl yn fawr o *dirmygu, diystyru*

gwerthiant *(enw)* arwerthiant, sêl, ocsiwn, acsiwn

gwerthu *(brf.)* cyfnewid, rhoi ar werth *prynu*

gwerthuso *(brf.)* asesu, pwyso a mesur, arfarnu, tafoli, cloriannu

gwerthyd *(enw)* echel, acstri, acstro, ecsto, ecstri, ecs

gwerthydd *(enw)* gwerthwr, arwerthwr, siopwr *prynwr*

gweryd *(enw)* pridd, daear, y bedd, priddell, tir

gwesteion *(enw lluos.)* gwahoddedigion, ymwelwyr *gwesteiwyr*

gwesteiwr *(enw)* lletywr, tafarnwr *gwestai*

gwesty *(enw)* hotel, hostel, motel, llety, tafarn

gwg *(enw)* cuwch, cilwg *gwên*

gwgu *(brf.)* cuchio, crychu'r aeliau, anghymeradwyo *gwenu, chwerthin*

gwgus *(ans.)* cilwgus, cuchiog, di-wên *siriol*

gwialen *(enw)* ffon, cansen, cainc

gwialenodio *(brf.)* ffonodio, ergydio, bwrw, taro, maeddu, curo

gwib 1. *(enw)* rhuthr, gwibiad, crwydrad, rhodiad 2. *(ans.)* chwim, clau, cyflym, ar wib, ar frys, ar garlam, gwibiog, fel cath o dân, nerth eich traed *araf, hwyrfrydig*

gwibio *(brf.)* brysio, rhuthro, rasio, carlamu; crwydro *hamddena*

gwich *(enw)* ysgrech, gwawch

gwichian *(brf.)* ysgrechain, ysgrechian, crecian

gwichlyd *(ans.)* ysgrechlyd, main, meinllais, uchel ei sain *taranllyd*

gwiddon *(enw)* gwrach, dewines, gwiddan, rheibes

(g)wifren *(enw)* wirsen, weir, weiren, weier, weiar

(g)wifrio *(brf.)* weiro, wirso, gwifro

gwig *(enw)* coedwig, gallt, coed, fforest, gwigfa

gwingo *(brf.)* troi a throsi, ffwdanu, ymnyddu, ystwyrian, strancio, nogio *ymlonyddu*

gwinau *(ans.)* melyngoch, brown, gwineugoch, cochddu, dugoch

gwir 1. *(enw)* gwirionedd, ffaith, uniondeb, cywirdeb, geirwiredd, gonestrwydd *anwiredd, celwydd* 2. *(ans.)* gwirioneddol, go iawn, hanesyddol, ffeithiol, geirwir, cywir, yn llygad ei le, iawn *anwir, ffals*

gwireb *(enw)* dywediad, dihareb

gwireddu *(brf.)* profi'n wir, cadarnhau; sylweddu, gweithredu, rhoi mewn grym *gwrthbrofi*

gwirfodd *(enw)* ewyllys, ffafr, cymeradwyaeth, cytundeb *anfodd*

gwirfoddol *(ans.)* o fodd, digymell, heb orfodaeth, heb ei ofyn, o ewyllys *(rhydd) o anfodd*

gwirio *(brf.)* taeru, haeru, honni, cadarnhau *negyddu, nacáu*

gwirion *(ans.)* ffôl, ynfyd, twp, disynnwyr, angall, amhwyllog, annoeth *doeth, call*

gwiriondeb *(enw)* ynfydrwydd, ffwlbri, ffolineb, twpdra, diniweidrwydd *callineb, synnwyr*

gwirionedd *(enw)* gwir, ffaith, uniondeb, geirwiredd, gonestrwydd, cywirdeb *anwiredd*

gwirioneddol *(ans.)* gwir, go iawn, ffeithiol, dilys, diffuant, diledryw, diymwad *anwir, gau*

gwirioni *(brf.)* ynfydu, ffoli, dwlu, dotio, gwynfydu, colli pwyll *ymbwyllo, callio*

gwisg *(enw)* dillad *(lluos.)*; ffrog, ffroc, gŵn

gwisgi *(ans.)* heini, sionc, hoenus, ysgafn, ysgafndroed, bywiog *difywyd, swrth*

gwisgo *(brf.)* dilladu, tynnu amdanoch *dadwisgo, diosg*

gwiw *(ans.)* addas, cymwys, teilwng, cyfaddas, priodol, gweddus *amhriodol, anwiw*

gwlad *(enw)* cenedl, bro, daear, tir, tiriogaeth, cefn gwlad *tref*

gwladaidd *(ans.)* gwledig, amaethyddol, gwladwraidd *trefol*

gwladfa *(enw)* sefydliad, trefedigaeth, gwladychfa, gwladychiad *mamwlad*

gwladol *(ans.)* cenedlaethol, sifil

gwladwr *(enw)* gwerinwr, amaethwr; gwladgarwr *trefwr*

gwladychu *(brf.)* ymsefydlu, ymgartrefu, byw, trigo, preswylio, cyfanheddu *crwydro*

gwledig 1. *(enw)* arglwydd, brenin, pendefig, rheolwr 2. *(ans.)* gwladaidd, amaethyddol *trefol*

gwledd *(enw)* cyfeddach, gloddest, gŵyl, dathliad *ympryd*

gwledda *(brf.)* gloddesta, ciniawa, dathlu, cyfeddach *ymprydio*

gwlithlaw *(enw)* ysmwclaw, glaw mân

gwlyb *(ans.)* llaith, wedi gwlychu, gwlybyrog *sych*

gwlybaniaeth *(enw)* lleithder, dŵr, gwlybedd, gwlych *sychder*

gwlybwr *(enw)* hylif, lleithion *(lluos.),* gwlybyrwch

gwlychu *(brf.)* lleithio, rhoi yng ngwlych, mwydo, trochi *sychu*

gwlydd *(enw lluos.)* callod, gwellt, cyrs, gwrysg

gwn *(enw)* dryll, magnel, cyflegr, llawddryll, arf

gŵn *(enw)* gwisg, ffrog, ffroc

gwneud *(brf.)* gwneuthur, creu, llunio, cynhyrchu, gwneuthuro, achosi, peri, gweithredu, saernïo *dad-wneud*

gwneuthuriad *(enw)* ffurfiad, lluniad, saernïaeth, creadigaeth *chwalfa, dinistr*

gwneuthurwr *(enw)* lluniwr, ffurfiwr, crëwr, saernïwr *chwalwr, difrodwr*

gwnïad *(enw)* pwyth, pwythyn, meglyn

gwniadwaith *(enw)* brodwaith, gwaith nodwydd, brodiad, brodiaeth, gwniadyddiaeth

gwniadyddes *(enw)* gwniadwraig, gwniyddes, nodwyddes

gwnïo *(brf.)* pwytho, brodio

gwobr *(enw)* gwobrwy, gobrwy, tâl *cosb*

gwobrwyo *(brf.)* rhoi, rhoddi, cyflwyno, talu *cosbi*

gŵr *(enw)* dyn, priod, priod, cymar *gwraig*

gwrach *(enw)* gwiddon, rheibes, dewines, gwiddan

gwraig *(enw)* priod, cymhares, gwreigen, merch, menyw, benyw, merch briod *gŵr*

gwrêng *(enw)* gwerin, y bobl gyffredin, y dorf, gwerinwyr *(lluos.)* **bonedd, aristocratiaeth**

gwreiddiol *(ans.)* cyntefig, cynhenid, cysefin, dechreuol, cychwynnol, hen; dychmygus

gwreiddioldeb *(enw)* dychymyg, crebwyll, darfelydd

gwreinen *(enw)* tarwden, darwden, taroden, marchwreinen, tarddwreinen

gwres *(enw)* poethder, cynhesrwydd, twymdra; llid, angerdd *oerni*

gwresog *(ans.)* twym, poeth, cynnes; brwd, taer *oer*

gwresogi *(brf.)* twymo, cynhesu, poethi *rhewi*

gwrhydri *(enw)* dewrder, gwroldeb, hyfdra, beiddgarwch, glewder, gwroniaeth, arwriaeth *llwfrdra*

gwrid *(enw)* cochni, cywilydd

gwrido *(brf.)* cochi, cywilyddio *llwydo, gwelwi*

gwridog *(ans.)* gwritgoch, bochgoch, rhosliw, wynepgoch, rhuddgoch, rhudd, iach *gwelw, llwyd*

gwrogaeth *(enw)* parch, cydnabyddiaeth, teyrngarwch *amarch, anfri*

gwrol *(ans.)* gŵraidd, dewr, glew, hy, beiddgar, di-ofn, eofn *llwfr, gwangalon*

gwroldeb *(enw)* dewrder, glewder, arwriaeth, hyfdra, beiddgarwch, ehofndra, gwroniaeth *llwfrdra*

gwron *(enw)* arwr, rhyfelwr, dyn dewr *llwfrgi*

gwrtaith *(enw)* diwylliant, tail, achles

gwrthallt *(enw)* llechwedd, llethr, goleddf

gwrthban *(enw)* blanced, cwrpan, brecan, cwrlid, siten, dilledyn gwely, cwilt

gwrthbwyth(i) *(enw)* cyndynrwydd, ystyfnigrwydd, cildynrwydd *ystwythder, hyblygrwydd*

gwrthdaro *(brf.)* dod/mynd i wrthdrawiad, taro yn erbyn; anghydweld, anghytuno

gwrthdyb *(enw)* croeseb, paradocs, croesddywediad, gwrth-ddywediad *cysondeb*

gwrthdynfa *(enw)* tyndra, tensiwn, tyniant

gwrthdystiad *(enw)* gwrth-ddadl, protest, gwrthwynebiad

gwrthdystio *(brf.)* protestio, gwrth-ddadlau, gwthwynebu *derbyn, cytuno*

gwrthdystiwr *(enw)* gwrthwynebydd, protestiwr

gwrth-ddweud *(brf.)* gwrth-ddywedyd, croes-ddweud, dadlau yn erbyn *cytuno*

gwrthgefn *(enw)* cefnogaeth, ateg, cymorth, cynhorthwy *gwrthwynebiad*

gwrthgiliad *(enw)* enciliad, ciliad, ymneilltuad *dynesiad, cyrhaeddiad*

gwrthgilio *(brf.)* encilio, cilio, ymneilltuo; syrthio i bechod *dynesu, agosáu*

gwrthglawdd *(enw)* rhagfur, amddiffynfa

gwrthgloch *(ans.)* sarrug, swrth, blwng, diserch, sorllyd, taeog, gwrthgroch *siriol*

gwrth-heintiol *(ans.)* gwrth-heintus, antiseptig, gwrthseptig *afiach, amhur*

gwrthnaws 1. *(enw)* atgasedd, digasedd, atgasrwydd, casineb, gwrthnawsedd, gwrthnysedd *cariad* 2. *(ans.)* atgas, cas, gwrthun, ffiaidd *dymunol*

gwrthneidio *(brf.)* adlamu, gwrthlamu, neidio'n ôl

gwrthnysig *(ans.)* cyndyn, ystyfnig, cildyn, anhydyn, gwarsyth, stwbwrn *cymodlon, ystwyth*

gwrthod *(brf.)* pallu, gomedd, nacáu *caniatáu*

gwrthodiad *(enw)* nacâd, gomeddiad *caniatâd*

gwrthrych *(enw)* eitem, pwnc, testun, peth *goddrych*

gwrthrychol *(ans.)* dadansoddol, gwyddonol *goddrychol, personol*

gwrthryfel *(enw)* terfysg, gwrthsafiad, cythrwfl, aflonyddwch, cyffro *llonyddwch, heddwch*

gwrthryfela *(brf.)* terfysgu, codi'n erbyn, gwrthsefyll *heddychu*

gwrthryfelgar *(ans.)* terfysglyd, anufudd, afreolus, annosbarthus, aflywodraethus *heddychlon*

gwrthryfelwr *(enw)* rebel, gwrthwynebydd, terfysgwr

gwrthsefyll *(brf.)* gwrthwynebu, gwrthladd, protestio *derbyn*

gwrthun *(ans.)* atgas, cas, ffiaidd *dymunol, hyfryd*

gwrthuni *(enw)* atgasedd, digasedd, ffieidd-dra, cas, ffieidd-dod *hyfrydwch, pleser*

gwrthuno *(brf.)* andwyo, anffurfio, difwyno *harddu, addurno*

gwrthweithiad *(enw)* adwaith, adweithiad, ymateb; rhwystr

gwrthweithio *(brf.)* rhwystro, atal, adweithio *ategu*

gwrthwyneb *(ans.)* croes, cyfarwyneb, gyferbyn, gogyfer *cyson*

gwrthwynebiad *(enw)* gwrthsafiad, gwrth-ddadl *derbyniad*

gwrthwynebrwydd *(enw)* atgasedd, digasedd, cas, ffieidd-dra, ffieidd-dod *hyfrydwch*

gwrthwynebu *(brf.)* gwrthsefyll, gwrthladd *derbyn, cytuno*

gwrthwynebydd *(enw)* gwrthwynebwr, gelyn, cydymgeisydd, protestiwr *cyfaill, cefnogwr*

gwrych *(enw)* perth, clawdd, shetin

gwrysg *(enw lluos.)* callod, gwlydd, gwellt, cyrs

gwth *(enw)* hwb, hwp, hyrddiad, hwrdd, ergyd, hergwd, gwân *tynfa, plwc*

gwthio *(brf.)* hyrddio, ergydio, cilgwthio, hwpo, sgwto *tynnu*

gwybedyn *(enw)* cleren, pryf ffenestr, cylionen, piwiedyn, cylionyn

gwybeta *(brf.)* sefyllian, gwagsymera, ofera, segura, ymdroi, lolian, swmera *gweithio, ymbrysuro*

gwybodaeth *(enw)* dirnadaeth, deralltwriaeth, amgyffrediad, canfyddiad, dysg, adnabyddiaeth *anwybodaeth*

gwybodus *(ans.)* hyddysg, dysgedig, deallus, cyfarwydd *anwybodus*

gwybyddus *(ans.)* adnabyddus, hysbys *anadnabyddus, anhysbys*

gwych *(ans.)* campus, ysblennydd, rhagorol, ardderchog, bendigedig, braf, têr *symol, canolig*

gwychder *(enw)* ysblander, rhwysg, gogoniant, coethder, godidowgrwydd *plaendra*

gwydlon *(ans.)* gwydlawn, pechadurus, drygionus, drwg, anfad *daionus*

gwydn *(ans.)* caled, cyndyn, cryf, di-ildio *meddal, gwan*

gwydnwch *(enw)* caledi, caledwch, cyndynrwydd, cryfder, gwydnedd *meddalwch, gwendid*

gŵydd 1. *(enw)* gwyddfod, presenoldeb *absenoldeb* 2. *(ans.)* gwyllt, diffaith

gwŷdd *(enw)* 1. *(unigol - gwydden)* coed *(lluos.)*, fforest, coedwig, gwig,

gwigfa 2. aradr 3. gwehydd 4. ffrâm
wau

gwyddfid (enw) gwyddwydd, llaeth y
gaseg

gwyddor (enw) egwyddor, sylfaen,
elfen

gwyfyn (enw) pryfyn dillad, meisgyn

gŵyl 1. (enw) dygwyl, dathliad,
diwrnod i'r brenin 2. (ans.) gwylaidd,
swil, diymhongar, diymffrost,
dirodres, anymwthgar **rhodresgar,
rhwysgfawr**

gwyleidd-dra (enw) gwylder,
gwedduster, lledneisrwydd, swildod
rhwysg, rhodres

gwyliadwriaeth (enw) gochelgarwch,
gofal, pwyll, cyfnod gwylio
diofalwch

gwyliadwrus (ans.) pwyllog, gofalus,
gochelgar, effro **anwyliadwrus, diofal**

gwylio (brf.) gwylied, gwarchod,
gofalu, edrych ar ôl, gochel
esgeuluso

gwyliwr (enw) gwyliedydd, gofalwr,
gwarchodwr

gwyll (enw) tywyllwch, caddug,
cysgod, düwch **llewyrch, goleuni**

gwyllt (ans.) ynfyd, gwallgof,
gorffwyll, o'i gof, wedi gwallgofi,
lloerig, cynddeiriog; anwar, afreolus,
annosbarthus, aflywodraethus, direol,
anifeilaidd, bwystfilaidd, nwydus;
diffaith, anial **dof, call, gwâr**

gwylltineb (enw) gorffwylledd,
cynddaredd, gwallgofrwydd; llid,
ffyrnigrwydd **llonyddwch**

gwylltio (brf.) gwylltu, arswydo, ofni;
tarfu, ffyrnigo, terfysgu, cynddeiriogi,
colli rheolaeth **ymdawelu**

gwymp (ans.) teg, pert, hardd,
prydferth, golygus, prydweddus **hyll,
hagr**

gwyn (ans.) gwelw, llwyd, di-liw;

glân, sanctaidd, cysegredig **du, tywyll**

gwŷn (enw) 1. poen, cur, gloes, dolur
cysur, esmwythyd 2. cynddaredd 3.
nwyd, blys, chwant

gwynad (ans.) poenus, dolurus,
llidiog **di-boen**

gwynfa (enw) paradwys, nef, nefoedd
(lluos.), gwynfyd **uffern**

gwynfyd (enw) dedwyddyd,
dedwyddwch, hapusrwydd,
gwynfydedigrwydd **tralled**

gwynfydedig (ans.) gwyn ei fyd,
hapus, dedwydd, bendigedig, wrth ei
fodd **anfoddog, anhapus**

gwynegon (enw) cryd cymalau,
cymalwst, rhiwmatig, cyhyrwayw,
gwyniau (lluos.)

gwynias (ans.) chwilboeth, crasboeth,
poeth iawn **rhewllyd, fferllyd**

gwynio (brf.) poeni, anafu, dolurio,
brifo, gwynegu, brathu **esmwytháu**

gwynnu (brf.) cannu, gloywi **tywyllu**

gwynt (enw) 1. awel/chwa gref 2.
anadl 3. arogl, sawr, drewdod,
drycsawr **persawr**

gwyntio (brf.) gwynto, sawru, clywed
gwynt, arogli, drewi

gwyntog (ans.) 1. ystormus,
tymhestlog, gerwin, garw, gaeafol
llonydd, tawel, teg 2. chwyddedig,
amleiriog **laconig**

gwyntyllu (brf.) gwyntyllio, nithio,
puro; archwilio, ymchwilio

gŵyr (ans.) lletraws, ar osgo, ar
oleddf, anunion, cam, crwca,
gwyrgam **union**

gwŷr (enw lluos.) dynion, milwyr,
chwaraewyr

gwyrdroi (brf.) camdroi, trawswyro,
llygru, anffurfio, ystumio; camliwio,
cambortreadu **unioni**

gwyrdd (ans.) glas, gwyrddlas,
glaswyrdd

gwyrddni *(enw)* glesni, gwyrddedd, gwyrddlesni

gwyrf *(ans.)* newydd, ffres, ir, crai, pur, croyw

gwyriad *(enw)* osgoad, gwyrdro, gwyrdroad, trawswyriad, llygriad *llwybr union*

gwyrni *(enw)* camedd, tro, camder *unionder*

gwyro *(brf.)* osgoi, troi o'r neilltu

gwyrth *(enw)* rhyfeddod, syndod, miragl *cyffredinedd*

gwyrthiol *(ans.)* rhyfedd, rhyfeddol, aruthr, aruthrol, syn, goruwchnaturiol *arferol, cyffredin*

gwyryf *(enw)* gwyry, morwyn, morwynig, merch, geneth

gwyryfol *(ans.)* pur, diwair, dilychwin, difrycheulyd, glân

gwŷs *(enw)* dyfyn, rhybudd, galwad

gwystl *(enw)* mach, adnau, ern, ernes, gwystleidiaeth, gwystloriaeth

gwythïen *(enw)* 1. gwaedlestr, rhydweli; capilari, mân-wythi

(lluos.); aorta 2. haen

gwyw *(ans.)* 1. gwywedig, crin, wedi gwywo *ir, ffres* 2. eiddil, gwan, llesg, gwachul, llegach *cryf*

gwywo *(brf.)* crino, edwino, edwi, deifio, dihoeni, colli lliw *tyfu, blaguro*

gyda *(ardd.)* gydag, ynghyd â, efo *heb*

gyferbyn *(ardd.)* yr ochr arall, cyfarwyneb, gogyfer, yn wynebu

gylfinir *(enw)* chwibanogl y mynydd, cwrlip, chwibanwr, cwliwn, cwrlig

gylfinog *(enw)* daffodil, cenhinen Bedr, lili bengam

gynnau *(adf.)* eiliad yn ôl, ychydig amser yn ôl, gynnau fach, dro yn ôl

gynt *(adf.)* yn flaenorol, yn yr hen amser, yn y dyddiau gynt

gyr *(enw)* diadell, cenfaint, mintai, praidd, dafates

gyrddwynt *(enw)* gyrwynt, corwynt, teiffŵn, trowynt *chwa*

gyrfa *(enw)* hynt, rhedegfa, cwrs

gyrru *(brf.)* anfon, hela, ymlid, gwthio

h

hac *(enw)* bwlch, agen, rhic, rhint, toriad, hollt

had *(enw lluos.)* epil, hil, hiliogaeth

haeddiannol *(ans.)* teilwng, gwiw, clodwiw **dihaeddiant, annheilwng**

haeddiant *(enw)* teilyngdod, rhyglyddiant

haeddu *(brf.)* teilyngu, rhyglyddu

hael *(ans.)* haelfrydig, haelionus, rhyddfrydig, caredig, anhunanol, parod, rhydd **cybyddlyd**

haelioni *(enw)* haelfrydedd, caredigrwydd, anhunanoldeb **cybydd-dod, hunanoldeb**

haen *(enw)* 1. haenen, trwch, gwanaf 2. gwythïen

haeriad *(enw)* datganiad, honiad, taeriad, pendantrwydd **gwadiad**

haerllug *(ans.)* digywilydd, hyf, di-foes, anfoesgar, ymwthiol, eofn **ystyriol, cwrtais**

haerllugrwydd *(enw)* digywilydd-dra, anfoesgarwch, hyfdra, ehofndra **cwrteisi, mwyneidd-dra**

haeru *(brf.)* taeru, datgan, honni, gwirio, sicrhau **gwadu**

hafaidd *(ans.)* teg, braf, hefin **gaeafol, gerwin**

hafal *(ans.)* tebyg, cyffelyb, cyfartal, cydradd **annhebyg, anghyffelyb**

hafan *(enw)* porthladd, harbwr, angorfa

hafn *(enw)* cwm, ceunant, nant

hafod *(enw)* hafdy, hafoty, tŷ haf **hendref**

hafog *(enw)* dinistr, difrod, distryw, niwed, colled **atgyweiriad**

hagr *(ans.)* hyll, diolwg, salw, diofal **hardd, prydferth**

hagru *(brf.)* difwyno, anharddu, anffurfio, amharu, sbwylio, baeddu **harddu, addurno**

hagrwch *(enw)* hylltod, hylltra **prydferthwch, tlysni**

haid *(enw)* gyr, diadell, praidd, cenfaint; mintai, torf, twr

haint *(enw)* 1. afiechyd, pla, gwendid, salwch, tostrwydd **iechyd** 2. llewyg, pangfa, llesmair **dadebriad**

hala *(brf.)* danfon, gyrru, taenu; gwario **nôl**

halio *(brf.)* halian, tynnu, llusgo, cario, cludo, cywain, dwyn

halogedig *(ans.)* llwgr, llygredig, amhur **pur, dilychwin**

halogi *(brf.)* llygru, difwyno, amharu **puro, coethi**

halogrwydd *(enw)* llygredigaeth, amhuredd, bryntni, halogedd, halogiad **purdeb**

hamdden *(enw)* saib, seibiant, hoe, oediad, difyrrwch, diddanwch **gwaith**

hamddena *(brf.)* ymlacio, gorffwys, ymorffwys, ymddiddanu, ymddifyrru **gweithio**

hamddenol *(ans.)* pwyllog, heb frys, wrth ei bwysau, lin-di-lonc **prysur**

hances *(enw)* cadach poced, neisied, macyn, napcyn

hanes *(enw)* 1. hanesiaeth, hanesyddiaeth 2. ystori, chwedl, hanesyn, saga 3. adroddiad

hanesyddol *(ans.)* ffeithiol, gwironeddol, gwrthrychol **chwedlonol**

hanfod 1. *(enw)* ansawdd, rhinwedd, natur, cymeriad, naws 2. *(brf.)* hanu, tarddu, deillio, dod/disgyn o

hanfodol *(ans.)* angenrheidiol, rheidiol, anhepgor, o bwys, sylfaenol, elfennol *diangen, dieisiau*

haniad *(enw)* had, hiliogaeth, disgyniad, tarddiad

haniaeth *(enw)* priodoledd, syniad, cysyniad

haniaethol *(ans.)* damcaniaethol, meddyliol *diriaethol*

hap *(enw)* tynged, tynghedfen, ffawd, lwc, damwain, siawns *bwriad*

hapus *(ans.)* dedwydd, llon, llawen, bodlon, wrth ei fodd, gwynfydedig, llawn hwyliau *anhapus, trist*

hapusrwydd *(enw)* dedwyddwch, llawenydd, llonder, gwynfydedigrwydd *anhapusrwydd, tristwch*

harbwr *(enw)* porthladd, hafan, angorfa, doc, glanfa

hardd *(ans.)* prydferth, teg, pert, prydweddus, golygus, tlws, cain *hagr, hyll*

harddu *(brf.)* prydferthu, tecáu, addurno *hagru, andwyo*

harddwch *(enw)* prydferthwch, tegwch, ceinder, glendid *hylltod, hagrwch*

harnais *(enw)* gêr/celfi/offer *(lluos.)*

harneisio *(brf.)* clymu, rhwymo, caethiwo, gorfodi, uno, cyplysu *rhyddhau, datod*

hast *(enw)* brys, tarf, rhuthr, ffrwst, prysurdeb, ffwdan

hastu *(brf.)* hastio, rhuthro, gwylltu, gwylltio, stico, brysio

hawdd *(ans.)* rhwydd, di-rwystr, dilyffethair, dilestair, hwylus *anodd, afrwydd*

hawddamor 1. *(enw)* croeso, cyfarchiad 2. *(ebychair)* henffych well, dydd da *da boch*

hawddfyd *(enw)* esmwythyd, esmwythdra, esmwythder, esmwythâd, cysur, rhwyddineb,

moeth *adfyd, cyni*

hawddgar *(ans.)* serchus, rhadlon, hynaws, grasol, tirion, cyfeillgar, serchog *sarrug, swrth*

hawddgarwch *(enw)* serchowgrwydd, hynawsedd, tiriondeb, rhadlonrwydd, cyfeillgarwch, graslonrwydd *syrthni, sarugrwydd*

hawl *(enw)* 1. gofyniad, cais, arch *ateb* 2. braint, dyled, iawn *dyletswydd*

hawlio *(brf.)* mynnu, gofyn, ceisio *rhoi, rhoddi*

heb *(ardd.)* ar wahân i, ac eithrio *gyda, efo*

heblaw *(ardd.)* yn ogystal â, yn ychwanegol at

hebog *(enw)* gwalch, cudyll, curyll

hebrwng *(brf.)* mynd gyda, danfon, arwain, ymuno â

hedeg *(brf.)* hedfan, ehedeg, ehedfan, hofran

hedyn *(enw)* eginyn, blaguryn, impyn, imp

hedd *(enw)* heddwch, tangnefedd, tawelwch, llonyddwch *rhyfel, aflonyddwch*

heddgeidwad *(enw)* heddwas, plisman, plismon *troseddwr*

heddychlon *(ans.)* heddychol, tangnefeddus, llonydd, tawel, distaw, digyffro *terfysglyd, aflonydd*

heddychu *(brf.)* gwneud heddwch, tawelu, dyhuddo, dofi, llonyddu, cadw'r/dal y ddysgl yn wastad *rhyfela*

hefelydd *(ans.)* hafal, tebyg, cyffelyb *annhebyg, anghyffelyb*

hefyd *(adf.)* yn ogystal, yn ychwanegol, at hyn/hynny

heffer *(enw)* treisiad, anner *bustach, eidion*

hegl *(enw)* coes, esgair, gar

heglu *(brf.)* rhedeg, ymaith, dianc, diflannu, dodi traed yn y tri, ei gwadnu/gloywi hi *aros*

heibio *(adf.)* gerllaw, y tu hwnt i

heidio *(brf.)* tyrru, cydgrynhoi, cydgasglu, ymgynnull *chwalu, gwasgaru*

heigio *(brf.)* epilio, hilio, bod yn llawn/frith *prinhau*

heini *(ans.)* bywiog, sionc, hoyw, hoenus, bywiog *marwaidd, difywyd*

heintio *(brf.)* llygru, amhuro, difwyno *diheintio, puro*

heintrydd *(ans.)* anheintus, di-haint, glân, pur *heintus, amhur*

heintryddid *(enw)* glendid, purdeb, iechyd *aflendid, amhuredd*

heintus *(ans.)* clefydus, afiach, amhur, aflan *heintrydd, pur*

hel *(brf.)* 1. crynhoi, casglu, cynnull *chwalu* 2. gyrru, anfon, danfon *nôl*

hela *(brf.)* 1. ymlid, erlid, ceisio, dal, cwrsio 2. hala, gyrru, anfon, danfon, treulio, gwario

helaeth *(ans.)* 1. eang, ehelaeth, llydan *cyfyng* 2. toreithiog, digonol, digon *prin*

helaethrwydd *(enw)* ehangder, amlder; maint, hyd, mesur *cyfyngder*

helaethu *(brf.)* ehangu, cynyddu, mwyhau *culhau, crebachu*

helbul *(enw)* blinder, trallod, trafferth, adfyd *esmwythyd, hawddfyd*

helbulus *(ans.)* blinderus, trallodus, trafferthus *esmwyth, didrafferth*

helfa *(enw)* helwriaeth, dalfa

helgi *(enw)* ci hela, bytheiad

heli *(enw)* dŵr hallt, môr *dŵr croyw*

helm *(enw)* 1. *(lluos. - helmydd)* tas, bera, rhic, crug 2. *(lluos. - helmau)* llyw llong; penwisg, cap diogelu

help *(enw)* cymorth, cynhorthwy, porth, help llaw *rhwystr, lludd*

helpu *(brf.)* cynorthwyo, ategu, cefnogi, nerthu *rhwystro, tanseilio*

helynt *(enw)* 1. hynt, cyflwr 2. ffwdan, stŵr, trafferth, blinder, trallod *esmwythyd, rhwyddineb*

helyntus *(ans.)* trafferthus, ffwdanus *esmwyth, didrafferth*

hen *(ans.)* oedrannus, hynafol, henaidd, henffasiwn, mewn gwth o oedran *newydd*

hendad *(enw)* tad-cu, taid *henfam*

henfam *(enw)* mam-gu, nain *hendad*

heol *(enw)* ffordd, ystryd, lôn, beidr, wtre; priffordd

hepgor *(brf.)* gadael allan, anwybyddu, esgeuluso, sbario *cynnwys, ymgorffori*

hepian *(brf.)* hanner cysgu, huno, cysgu, lled-gysgu, amrantuno, pendrymu, pendwmpian *deffro, dihuno*

her *(enw)* sialens; gwrthwynebiad

herc *(enw)* llam, hec, naid, hwb, sgip

hercian *(brf.)* hecian, cloffi, clunhercian; siarad yn afrwydd/ag atal-dweud

hercyd *(brf.)* cyrraedd, estyn; cyrchu, nôl, ymofyn, hôl *cymryd, mynd â*

heresi *(enw)* gau gred, cam gred, gwrthgred, gau athrawiaeth, cyfeiliornad, cam goel *uniongrededd*

heretic *(enw)* camgredwr, camgoeliwr *cydymffurfiwr*

hereticaidd *(ans.)* anuniongred, cyfeiliornus *uniongred*

herfeiddio *(brf.)* beiddio, herio, herian, rhoi her/sialens, gwrthwynebu *cefnogi*

herfeiddiol *(ans.)* beiddgar, hy, eofn, dewr, heriog *ofnus, swil*

hergwd *(enw)* gwth, hwb, hwrdd *tynfa, tyniad*

herodraeth *(enw)* achyddiaeth,

gwyddor achau

herw (enw) 1. cyrch 2. crwydrad

herwa (brf.) crwydro ar herw; lladrata, ysbeilio, anrheithio

herwr (enw) 1. crwydryn; ysglyfaethwr, lleidr, anrheithiwr, ysbeiliwr 2. dyn didol, alltud, gwylliad

herwriaeth (enw) crwydredigaeth, alltudiaeth

herwydd (ardd.) yn ôl, gerfydd, wrth

het (enw) hat, cap, capan

heulo (brf.) tywynnu, disgleirio, pelydru *bwrw glaw, cymylu*

heulog (ans.) araul, braf, teg, hyfryd *cymylog, gerwin*

hewcan (brf.) crwydro, gwibio, gwibdeithio *ymsefydlu, ymgartrefu*

hewer (enw) hof, chwynnogl, chwynnydd

hewo (brf.) hofio, chwynnu, chwynnogli

hi (rhagenw) hithau, hyhi *ef*

hidio (brf.) ystyried, pryderu, trafferthu, malio, gwneud sylw, becso

hidl (enw) hidlydd, gogor, gwagr, rhidyll, hiddil, hilydd, hidlen

hidlo (brf.) rhidyllu, gogrwn, gogryn, gogrynu

hil (enw) hiliogaeth, llinach, tylwyth, perthynas, tras, epil, disgynyddion (lluos.), ach

hilio (brf.) epilio, bridio, planta, lluosogi, amlhau

hin (enw) tywydd, hinsawdd, tymheredd

hindda (enw) hinon, tywydd sych/teg/braf *tywydd garw, drycin*

hinoni (brf.) tecáu, clirio *gerwino*

hir (ans.) maith; tal *byr*

hiraeth (enw) 1. dyhead, dymuniad, chwant 2. galar, gofid

hiraethu (brf.) 1. dyheu, dymuno 2.

galaru, gofidio

hirbell (ans.) pell, pellennig, anghysbell *agos*

hirben (ans.) call, craff, doeth, clyfar, cyfrwys *angall, annoeth*

hirhau (brf.) hwyhau, estyn, helaethu, llaesu, ehangu

hirheglyn (enw) pryf teiliwr, lleidr y gannwyll, Jac y baglau

hirwyntog (ans.) amleiriog, anuniongrychol *uniongyrchol, laconig*

hirymarhous (ans.) amyneddgar, goddefgar *diamynedd*

hiwmor (enw) donioldeb, digrifwch, arabedd, cellwair, ysmaldod *difrifoldeb*

hobi (enw) diddordeb, pleser, hamdden *gwaith, galwedigaeth*

hoced (enw) twyll, anonestrwydd, dichell, ystryw, tric *gonestrwydd*

hocedu (brf.) twyllo, cafflo

hocedwr (enw) twyllwr, castiwr, cwac; dihiryn, gwalch, cenau *gŵr bonheddig*

hodi (brf.) blaguro, egino, blaendarddu, datblygu, tyfu *edwino, gwywo*

hoe (enw) hamdden, saib, seibiant, gorffwys *gwaith*

hoeden (enw) merch benwan, mursen, coegen

hoedl (enw) bywyd, einioes, oes *marwolaeth*

hoelio (brf.) cethru, gwanu, trywanu

hoen (enw) nwyfiant, asbri, arial, bywyd, bywiogrwydd, egni, hoenusrwydd *syrthni, anegni*

hoenus (ans.) bywiog, nwyfus, egnïol, llon, sionc, llawen, siriol, araul *difywyd, swrth*

hof (enw) hewer, chwynnogl, chwynnydd

hofio *(brf.)* hewo, chwynogli, chwynnu

hofran *(brf.)* hedfan, gwibio, hedeg

hoff *(ans.)* annwyl, cu, caruaidd, cariadus, serchus, serchog, cariadlon *diserch, anghyfeillgar*

hoffi *(brf.)* caru, gorhoffi, anwylo, serchu *casáu*

hoffter *(enw)* serch, cariad; pleser, hyfrydwch *casbeth, casineb*

hoffus *(ans.)* rhadlon, hynaws, tirion, hawddgar, anwesog *diserch, blwng*

hogen *(enw)* croten, merch, geneth, genethig, rhoces, llances, llafnes *hogyn; gwraig*

hogfaen *(enw)* hôn, agalen, hogalen, calen hogi, carreg hogi

hogi *(brf.)* minio, awchu, awchlymu, blaenllymu, rhoi min ar *pylu*

hogyn *(enw)* crwtyn, crwt, llanc, bachgen, mab, gwas, llencyn *hogen; dyn*

hôl *(brf.)* nôl, cyrchu, ymofyn, dod â, hercyd *mynd â, cymryd*

holi *(brf.)* gofyn, stilio, ceisio, ymofyn, ymholi, cwestiyna; cateceisio *ateb*

holwr *(brf.)* gofynnwr, stiliwr, archwiliwr; cateceisiwr, holwyddorwr *atebwr*

holl *(ans.)* i gyd, oll, y cwbl, y cyfan *rhai, rhan*

hollalluowgrwydd *(enw)* hollalluogaeth, gallu diderfyn *anallu*

hollbwysig *(ans.)* tyngedfennol, allweddol, anhepgor, angenrheidiol *dibwys, dieisiau*

hollfyd *(enw)* byd, bydysawd, cread, creadigaeth, galaeth

holliach *(ans.)* croeniach, iach, dianaf, dihangol *anafus, clwyfedig*

hollol *(ans.)* cwbl, cyfan, i gyd, cyfan gwbl, llwyr; cyrn, croen a charnau *rhannol*

hollt *(enw)* agen, rhigol, rhwyg, toriad

hollti *(brf.)* rhannu, rhwygo, torri, agennu, haneru, trychu *cyfannu*

homili *(enw)* pregeth, darlith, sgwrs, anerchiad

honcian *(brf.)* honcio, siglo, ysgwyd; cloffi, clunhercian, hercian, hecian

honedig *(ans.)* cyhoeddedig, gwybyddus *gwir, gwirioneddol*

honiad *(enw)* hawl, taeriad, haeriad *gwadiad*

honni *(brf.)* hawlio, taeru, haeru, mynnu, ffugio, cymryd arnoch *gwadu, nacáu*

hoyw *(ans.)* sionc, nwyfus, bywiog, hoenus, heini, llon, llawen *difywyd, diynni*

hoywdeb *(enw)* hoywder, bywiogrwydd, hoen, nwyfiant, sioncrwydd *marweidd-dra, anegni*

hoywi *(brf.)* bywiogi, bywhau, bywiocáu, sionci, ymfywiogi

hual *(enw)* gefyn, llyffethair, llestair, rhwystr

hualu *(brf.)* gefynnu, llyffetheirio *rhyddhau*

huawdl *(ans.)* llithrif, rheithegol, llyfn, hylithr, rhwydd, rhugl, ymadroddus *petrus, tafodrwym*

hud *(enw)* lledrith, cyfaredd, swyn, dewiniaeth, dewindabaeth, swyngyfaredd, hudoliaeth

hudo *(brf.)* swyno, cyfareddu, rheibio, lledrithio, rhithio, hudoli

hudolus *(ans.)* hudol, cyfareddol, swynol, lledrithiol, lledrithiog, rhithiol *daearol*

hudwr *(enw)* ewin, rheibiwr, cyfareddwr, swynwr, swyngyfareddwr, dyn hysbys

huddygl *(enw)* parddu, smwt, tropas

hugan *(enw)* hug, cot, côt, mantell, côb, clog, cochl, cwrlid

hulio *(brf.)* taenu, gosod, trefnu

hun 1. *(enw)* cwsg, cysgfa **anhunedd**
2. *(rhagenw)* hunan, y person ei hun

hunan-barch *(enw)* hunan, myfïaeth, tyb, hunan-dyb, coegdyb, mympwy

hunan-dyb *(enw)* hunanoldeb, hunaniaeth, tyb, balchder, traha, hunangarwch **anhunanoldeb**

hunandybus *(ans.)* hunanol, coeg, balch, trahaus, ffroenuchel, snobyddlyd, snobyddol **diymhongar**

hunanfeddiannol *(ans.)* tawel, llonydd, hyderus, hunanhyderus **gwyllt, diddisgyblaeth**

hunanfodlon *(ans.)* hunanfoddhaus, hunanddigonol, rhyfygus, rhagrithiol **gwylaidd**

hunanoldeb *(enw)* hunan-les, hunan-fudd, hunangarwch **anhunanoldeb**

hunanreolaeth *(enw)* ymreolaeth, annibyniaeth, awtonomi, hunanlywodraeth, ymarfaethiad **dibyniaeth**

huno *(brf.)* cysgu, gorffwys; marw **deffro, dihuno**

huodledd *(enw)* llithrigrwydd, rhwyddineb ymadrodd, rheitheg

hur *(enw)* tâl, cyflog, pae

hurio *(brf.)* llogi, rhentu; cyflogi, rhoi gwaith, derbyn i wasanaeth **diswyddo**

hurt *(ans.)* dwl, pendew, gwirion, ynfyd, ffôl, syfrdan **call, doeth**

hurtio *(brf.)* hurto, madroni, syfrdanu, byddaru, cymysgu, cyffroi, drysu

hurtrwydd *(enw)* twpdra, gwiriondeb, dylni, twpanrwydd, ynfydrwydd **clyfrwch, callineb**

hurtyn *(enw)* delff, twpsyn, penbwl, ffŵl, llelo, clown **athrylith**

hwb *(enw)* hwp, hergwd, gwth, gwthiad, hwb ymlaen **tyniad, tynfa**

hwdwch *(enw)* hwdwg, hudwg, bwgan, bwbach, bwci, pwca

hwlcyn *(enw)* llabwst, llepan, bwbi, llaprwth, llabystryn

hwnt *(adf.)* draw, y tu draw, y tu hwnt, acw, hwnt, yno **yma**

hwpio *(brf.)* hwpo, gwthio, gyrru, hyrddio **tynnu**

hwrdd *(enw)* 1. hwp, hwb, gwth, gwthiad, pwt, hyrddiant **tyniad, tynfa**
2. maharen, mynharen **dafad**

hwsmon *(enw)* ffermwr, amaethwr, arddwr; goruchwyliwr, beili

hwsmona *(brf.)* ffermio, amaethu, trin y tir; goruchwylio, trefnu

hwsmonaeth *(enw)* amaethyddiaeth, triniaeth tir, amaeth; triniaeth, trefn

hwy *(rhagenw)* nhw, hwynt, nhwy, hwythau, hwynt-hwy, nhwythau

hwyhau *(brf.)* hirhau, estyn, ymestyn, ehangu, helaethu, llaesu **cwtogi ar, byrhau**

hwyl *(enw)* 1. cyflwr, mwynhad, tymer, brwdfrydedd **anhapusrwydd, syrthni** 2. cynfas hwylbren

hwylio *(brf.)* morio, mordwyo, gadael, ymadael

hwylus *(ans.)* iach, iachus; cyfleus, hawdd, rhwydd, esmwyth, hylaw **anhwylus, afiach**

hwyluso *(brf.)* rhwyddhau, hyrwyddo, gwneud yn haws **rhwystro, lluddias**

hwylustod *(enw)* cyfleustra, cyfleuster, rhwyddineb **anhwylustod**

hwyr 1. *(enw)* min nos, gyda'r nos, erbyn nos, cyfnos, cyflychwyr, wedi'r nos, noswaith, hwyrnos **bore, gwawr**
2. *(ans.)* diweddar, ar ôl amser **cynnar**

hwyrach 1. *(ans.)* diweddarach, nes ymlaen **cynharach, ynghynt** 2. *(adf.)* efallai, dichon, ysgatfydd, o bosibl, gall fod, fe allai

hwyrfrydig *(ans.)* amharod, anewyllysgar, anfodlon, araf, o anfodd, yn wysg ei drwyn **parod, ewyllysgar**

hwyrhau *(brf.)* mynd yn hwyr, nosi **gwawrio**

hy *(ans.)* eofn, dewr, beiddgar, haerllug, digywilydd, hyderus, rhyfygus **dihyder, swil**

hybarch *(ans.)* parchus, parchedig, i'w barchu; hen **di-barch**

hyblyg *(ans.)* ystwyth, hydwyth **anhyblyg, anystwyth**

hyblygrwydd *(enw)* ystwythder, hydwythedd, hyblygedd **anhyblygrwydd, anystwythder**

hybu *(brf.)* hyrwyddo, annog, cymell **tanseilio, gwrthwynebu**

hybwyll *(ans.)* pwyllog, call, doeth, cytbwys **amhwyllog, annoeth**

hyd 1. *(enw)* meithder, pellter; ysbaid, ennyd **lled** 2. *(ardd.)* mor bell â, nes, hyd nes, hyd at, at

hyder *(enw)* ffydd, ymddiried, coel, cred, goglyd **anhyder, petruster**

hyderu *(brf.)* ymddiried, bod â ffydd, coelio, credu **petruso**

hyderus *(ans.)* ymddiriedol, ffyddiog **di-ffydd, dihyder**

hydrefn *(ans.)* trefnus, taclus, cymen, cymon, twt, destlus **di-drefn, anghymen**

hydrin *(ans.)* hydyn, hywedd **anhydrin, anystywallt**

hydwf *(ans.)* ir, uchel, tal **gwyw**

hydwyll *(ans.)* diniwed, ffôl, hygoelus, gwirion **call, cyfrwys**

hydwyth *(ans.)* hyblyg, ystwyth **anhyblyg, anystwyth**

hydwythedd *(enw)* ystwythder, hyblygrwydd **anystwythder, anhyblygrwydd**

hydd *(enw)* carw, cerwydd, cellaid **ewig**

hyddof *(ans.)* dof, gwâr, hywaith,

hywedd **gwyllt, direolaeth**

hyddysg *(ans.)* dysgedig, diwylliedig, gwybodus **anwybodus, di-ddysg**

hyfder *(enw)* hyfdra, beiddgarwch, ehofndra, digywilydd-dra, haerllugrwydd **swildod, anhyder**

hyfedr *(ans.)* medrus, celfydd, sgilgar, galluog, abl, deheuig **anfedrus, carbwl**

hyfeth *(ans.)* ffaeledig, hyball, amherffaith **di-feth, perffaith**

hyfreg *(ans.)* hyfriw, brau, bregus, briwadwy **gwydn**

hyfryd *(ans.)* dymunol, pleserus, siriol, difyr, teg, braf, hyfrydaidd **annymunol, amhleserus**

hyfrydwch *(enw)* pleser, tegwch, sirioldeb **anhyfrydwch**

hyffordd *(ans.)* medrus, celfydd; rhwydd **anghelfydd, lletchwith**

hyfforddi *(brf.)* dysgu, cyfarwyddo, rhoi ar y ffordd, ymarfer, addysgu

hyfforddiant *(enw)* dysg, addysg, cyfarwyddyd, ymarferiad, addysgiad, disgyblaeth

hyfforddwr *(enw)* athro, cyfarwyddwr, dygedydd; llyfr hyfforddi, canllaw **disgybl**

hygar *(ans.)* hynaws, rhadlon, grasusol, hawddgar, serchog, dengar, atyniadol **anhygar, diserch**

hygaredd *(enw)* hawddgarwch, serchowgrwydd, rhadlondeb, rhadlonrwydd, caredigrwydd, graslonrwydd **sarugrwydd, syrthni**

hyglod *(ans.)* enwog, o fri, adnabyddus, clodfawr **anadnabyddus**

hygoel *(ans.)* credadwy, hygred **anhygoel**

hygyrch *(ans.)* hawdd mynd ato, o fewn cyrraedd, di-rwystr **anhygyrch, anghysbell**

hylathr *(ans.)* disglair, gloyw, cabol,

llachar *pŵl*

hylaw *(ans.)* cyfleus, celfydd, deheuig, medrus, hwylus *anhylaw, annechau*

hylif *(enw)* gwlybwr, gwlybyrwch; gwlybaniaeth, lleithder, dŵr, lleithion *(lluos.)* *sychder*

hylithr *(ans.)* llithrig; hawdd; parod, hael, haelionus *llawgaead, amharod*

hylon *(ans.)* llon, llawen, hapus, siriol, araul *trist, prudd*

hylwydd *(ans.)* llwyddiannus, ffyniannus; enwog *aflwyddiannus*

hyll *(ans.)* hagr, diolwg, diofal, salw *prydferth, golygus*

hylltra *(enw)* hylltod, hagrwch *prydferthwch, tlysni*

hylltod *(enw)* hylltra, hagrwch; swm mawr, nifer anferth

hyllu *(brf.)* hagru, anffurfio, andwyo, difwyno *harddu, cywreinio*

hymn *(enw)* emyn, cân o fawl

hynafgwr *(enw)* hen ŵr, henwr *bachgen, llanc*

hynafiaid *(enw lluos.)* cyndadau, tadau, cyndeidiau *disgynyddion*

hynafol *(ans.)* hen, hynafiaethol *modern, diweddar*

hynaws *(ans.)* caredig, caruaidd, serchog, rhadlon, tyner, tirion, hyfwyn *anfwyn, annymunol*

hynawsedd *(enw)* caredigrwydd, rhadlondeb, graslonrwydd, rhywiogrwydd, tynerwch, tiriondeb *syrthni*

hynod *(ans.)* hynodol, rhyfedd, nodedig, dieithr, enwog, eithriadol, od *cyffredin, arferol*

hynodi *(brf.)* enwogi, gwahaniaethu

hynodion *(enw lluos.)* nodweddion, teithi, rhinweddau

hynodrwydd *(enw)* arbenigrwydd,

rhagoriaeth, hynodwedd *cyffredinedd*

hynt *(enw)* ffordd, llwybr, cwrs, treigl, gyrfa, rhedegfa, taith

hyrddio *(brf.)* gwthio, taflu, lluchio *tynnu*

hyrddwynt *(enw)* corwynt, teiffŵn, gwynt cryf, gwth o wynt, cawod o wynt, trowynt *chwa*

hyrwydd *(ans.)* rhwydd/hawdd iawn, di-rwystr, dilestair *anodd, afrwydd*

hyrwyddo *(brf.)* hybu, cymell, annog, hwyluso, rhwyddhau *tanseilio, gwrthwynebu*

hyryw *(ans.)* hynaws, rhadlon, rhywiog, graslon, grasusol, grasus *diras, annymunol*

hysain *(ans.)* persain, perseiniol, swynol, hyfrydlais *croch, amhersain*

hysb *(ans.)* sych, diffrwyth

hysbys *(ans.)* gwybyddus, adnabyddus, amlwg, eglur, cyhoeddus, di-gêl *anhysbys, anadnabyddus*

hysbysiad *(enw)* cyhoeddiad, datganiad, rhybudd; hysbysebiad

hysbysrwydd *(enw)* gwybodaeth, manylion *(lluos.)*

hysbysu *(brf.)* rhoi gwybod, cyhoeddi, datgan, amlygu, egluro *celu, cuddio*

hysio *(brf.)* hysian, annog, annos, gyrru

hyson *(ans.)* croch, uchel, swnllyd *distaw, tawel*

hytrach *(adf.)* braidd, go, lled, gweddol, i raddau, cymedrol, o ran, rhannol

hywaith *(ans.)* deheuig, celfydd, medrus; dyfal, gweithgar, diwyd, ystig *anghelfydd; diog*

hywedd *(ans.)* dof, gwâr, llywaeth, swci *gwyllt, annosbarthus*

i

iach (*ans.*) iachus, iachusol, holliach, croeniach, iechydol *afiach, sâl*

iacháu (*brf.*) gwella, meddyginiaethu, adfer, gwellhau *clafychu*

iachawdwr (*enw*) achubwr, gwaredwr

iachawdwriaeth (*enw*) iechydwriaeth, gwaredigaeth, achubiaeth, ymwared *damnedigaeth*

iad (*enw*) pen, corun, copa *troed*

iaith (*enw*) parabl, lleferydd, ymadrodd

iard (*enw*) clos, buarth, beili, cwrt, blaengwrt

ias (*enw*) 1. cyffro, gwefr 2. crynodd, aeth

iasol (*ans.*) 1. cyffrous, gwefreddiol *digyffro* 2. crynedig, rhynllyd, oerllyd, fferllyd, aethus *poeth*

iau 1. (*enw*) cyplad, cysylltiad; afu, au; Dydd Iau, Difiau 2. (*ans.*) ifancach, ieuengach *hŷn*

iawn 1. (*enw*) iawndal, tâl; cymod, dial, dialedd, iawnder 2. (*ans.*) cywir, yn llygad ei le, purion *anghywir* 3. (*adf.*) tra, ar y naw, eithaf, dros ben, pur

iawnder (*enw*) cyfiawnder, iawn, uniondeb *anghyfiawnder*

iechyd (*enw*) iachusrwydd, gwellhad, adferiad *afiechyd* 2. iachawdwriaeth, iechydwriaeth, diogelwch

ieuanc (*ans.*) ifanc, anaeddfed *hen*

ieuenctid (*enw*) plentyndod, llencyndod, bachgendod, mebyd, bore oes, maboed *henaint*

ieuo (*brf.*) cyplysu, cysylltu, uno *rhannu, gwahanu*

igam-ogam (*ans.*) i gam o gam, anunion, lletgam *union*

ing (*enw*) gloes, trallod, gofid, galar, dirboen, cyni, artaith *esmwythyd,*
hawddfyd

ingol (*ans.*) trallodus, gofidus, galarus, poenus, arteithiol, dirboenus, dirdynnus *esmwyth, di-boen*

impio (*brf.*) blaguro, blaendarddu, tyfu, datblygu, egino, glasu *edwino, gwywo*

impyn (*enw*) imp, blaguryn, ysbrigyn, eginyn

incil (*enw*) llinyn, tâp

incwm (*enw*) tâl, cyflog, pae, cyllid, refeniw, derbyniadau (*lluos.*), enillion (*lluos.*) *colled*

iod (*enw*) iota, mymryn, gronyn, tameidyn, tipyn *llawer*

iolyn (*enw*) ffŵl, ynfytyn, clown, penbwl, dylyn, ffwlcyn, hurtyn *athrylith*

lôn (*enw*) Iôr, Arglwydd, Duw, Duwdod, Nêr, Naf

iorwg (*enw*) eiddew, eiddiorwg

ir (*ans.*) ffres, newydd, iraidd, croyw, crai, gwyrf *gwyw, crin*

irder (*enw*) ireidd-dra, ffresni, newydd-deb, croywder *crinder, gwywder*

isafbwynt (*enw*) gwaelod, godre, pwynt/man isaf, nadir *uchafbwynt*

isel (*ans.*) 1. i lawr *uchel* 2. gwael, distadl *graenus* 3. prudd, digalon *llon* 4. gostyngedig *bonheddig*

iselder (*enw*) gwasgfa, gostyngeiddrwydd, dyfnder *uchder, uchelder*

iselfryd (*ans.*) gostyngedig, difalch *rhodresgar*

iselhau (*brf.*) iselu, gostwng; diraddio, difreinio, darostwng *codi, dyrchafu*

iselysbryd (*ans.*) prudd, digalon, anobeithiol, diobaith, a'i ben yn ei blu *llon, siriol*

islaw *(ans.)* o dan, oddi tan, tan, dan *uwchlaw*

isod *(adf.)* obry, i lawr, oddi tanodd *uchod*

israddol *(ans.)* is, gwaeth, darostyngedig *uwchraddol*

iws *(enw)* defnydd, deunydd, defnyddioldeb, gwasanaeth, budd, lles, arfer; llog

j

jac-y-do *(enw)* corfran, cogfran, cawci, jac ffa

janglen *(enw)* clepwraig, clebren

janglio *(brf.)* clebran, baldorddi, brygawthan, cyboli, preblan, clecian

jêl *(enw)* dalfa, carchar, carchardy, cell, daeargell, dwnsiwn ***rhyddid***

ji-binc *(enw)* asgell fraith, asgell arian, pia'r gwinc, jin jin, pwynt, binc-binc, brig y coed

job *(enw)* gwaith, swydd, tasg, gorchwyl ***segurdod, diweithdra***

jôc *(enw)* cellwair, ffraethair, ffraetheb, ffraethineb, ysmaldod, ffraethder, arabedd, doniolwch ***difrifwch***

jocan *(brf.)* cellwair, ysmalio, cellwair ***difrifoli***

joch *(enw)* dracht, llymaid, llwnc

I

lab *(enw)* ergyd, trawiad, cnoc

labio *(brf.)* ergydio, taro, bwrw, curo

labro *(brf.)* llafurio, gweithio *segura, diogi*

labrwr *(enw)* llafurwr, gweithiwr *diogyn, pwdryn*

lamp *(enw)* llusern, lantern

landar *(enw)* cafn bargod, cafn (pen) tŷ, tryffin, troffin

lansio *(brf.)* cychwyn, dechrau, bwrw'r cwch i'r dŵr *gorffen, rhoi terfyn ar*

lapio *(brf.)* rhwymo, clymu, pacio, parselu *datod, datglymu*

lefelu *(brf.)* gwastatáu, llyfnhau, plaenio, llyfnu *crychu, rhychu*

lefain *(enw)* berman, burum, eples, surdoes

lefel 1. *(enw)* haen, llawr 2. *(ans.)* gwastad, cydwastad, llyfn *anwastad, garw*

leicio *(brf.)* licio, hoffi, caru, bod yn dda gennych *casáu*

lein *(enw)* llinell, llin, tennyn, cortyn, rheffyn, rhes, llinyn

libart *(enw)* gardd, tiroedd *(lluos.),* cwrtil

licer *(enw)* gwirod, diod gref/feddwol/gadarn *diodydd gwan*

lifrai *(enw)* ffurfwisg, gwisg ffurfiol, gwisg swyddogol, iwnifform

lifft *(enw)* peiriant codi, llidiart, camfa

linc *(enw)* dolen, cyswllt, uniad

lincyn-loncyn *(adf.)* linc-di-lonc, araf, hamddenol, wrth ei bwysau *prysur, ar frys*

lob *(enw)* delff, llabwst, hurtyn, penbwl, lleban, llaprwth, llabi *athrylith*

lobsgows *(enw)* cawl, stiw, potes

lodes *(enw)* merch, geneth, genethig, herlodes, rhoces, hogen, croten *llanc; gwraig*

loetran *(brf.)* ymdroi, sefyllian, oedi *ymbrysuro, rhuthro*

lol *(enw)* ffwlbri, nonsens, dwli, gwiriondeb, ynfydrwydd, twpdra, ffolineb *synnwyr, pwyll*

lolian *(brf.)* 1. siarad lol *callio, ymbwyllo* 2. gorweddian, sefyllian, gwagsymera, gwybeta, clertian, segura

lolyn *(enw)* ffŵl, ynfytyn, iolyn, penbwl, mwlsyn, twpsyn, hurtyn *athrylith*

lôn *(enw)* heol, beidr, ffordd, heolan, wtre

lot *(enw)* 1. cyfran, rhan, siâr, dogn 2. llawer

lwc *(enw)* ffawd, tynged, damwain, hap, ffortiwn *anlwc*

lwcus *(ans.)* ffodus, ffortunus, damweiniol, trwy drugaredd/lwc, ar antur/hwrdd *anlwcus, anffodus*

lwfans *(enw)* lŵans, dogn, dôl, budd-dal

lwfer *(enw)* 1. simnai, simdde, ffumer, corn mwg 2. colomendy

lwmp *(enw)* telpyn, talp, cwlff, cwlffyn, cnap, clap, talpyn, twlpyn, clapyn, clepyn, cnapyn, cnepyn

llabwst *(enw)* llepan, llaprwth, llabi, bwbi, hwlcyn, awff, delff *athrylith*

llac *(ans.)* rhydd, llaes; diofal, esgeulus *tyn*

llaca *(enw)* llaid, mwd, bwdel, baw

llacio *(brf.)* rhyddhau, gollwng, llaesu, ymollwng *tynhau*

llacrwydd *(enw)* llaester; diofalwch, esgeulustod *tyndra; gofal*

llacsog *(ans.)* lleidiog, bawlyd, mwdlyd, bawaidd, tomlyd, budr, brwnt *glân*

llachar *(ans.)* disglair, claer, gloyw, llathr *pŵl, tywyll*

llachio *(brf.)* chwipio, ffrewyllu, fflangellu

lladmerydd *(enw)* dehonglwr, dehonglydd, cyfieithydd, esboniwr

lladrad *(enw)* anrhaith, ysbail, ysbeiliad

lladradaidd *(ans.)* llechwraidd, dirgel, llechwrus *agored, di-gêl*

lladrata *(brf.)* dwyn, dwgyd, cipio, bachu, anrheithio, ysbeilio *rhoi, anrhegu*

lladd *(brf.)* 1. dwyn einioes, rhoi i farwolaeth, distrywio, mwrdro, llofruddio *arbed, achub* 2. torri

lladdfa *(enw)* lladdiad, cyflafan, galanas, llofruddiaeth

lladdwr *(enw)* llofrudd, llofruddiwr, mwrdrwr *achubwr*

llaes *(ans.)* rhydd, hir, llac *tyn*

llaesod(r) *(enw)* sarn, gwasarn

llaesu *(brf.)* rhyddhau, gollwng, llacio, ymollwng, ymlacio *tynhau*

llaethdy *(enw)* tŷ llaeth, bwtri, cell, deri

llafar 1. *(enw)* parabl, ymadrodd, lleferydd 2. *(ans.)* adleisiol, uchel, lleisiol *tawel, distaw*

llafn *(enw)* 1. cyllell, sgïen; dagr, bidogan, stileto; cleddyf 2. llanc, llencyn *dyn; llances*

llafur *(enw)* 1. gwaith, ymdrech, egni *segurdod, diweithdra* 2. ŷd

llafurio *(brf.)* gweithio, labro, ymegnïo, ymdrechu, ymbrysuro; trin, amaethu *segura, diogi*

llafurus *(ans.)* caled, anodd, afrwydd *rhwydd, hawdd*

llafurwr *(enw)* gweithiwr, labrwr *diogyn, pwdryn*

llaid *(enw)* llaca, mwd, bwdel, baw, budreddi

llain *(enw)* clwt, stribed, llannerch

llais *(enw)* lleferydd, llef, llafar *mudandod*

llaith *(ans.)* gwlyb, meddal, tyner *sych*

llam *(enw)* naid, ysbonc

llamsach *(brf.)* llamsachu, ysboncio, neidio, llamu, sgipio

llan *(enw)* 1. eglwys, plwyf 2. iard

llanast(r) *(enw)* anhrefn, dryswch, annibendod, cymysgwch, blerwch, terfysg, tryblith *trefn, cymhendod*

llanc *(enw)* bachgen, crwt, crwtyn, hogyn, llafn, llencyn, llafnyn *dyn; llances*

llances *(enw)* merch, croten, hogen, lodes, meinir, herlodes, rhoces *llanc; gwraig*

llanw 1. *(enw)* ymchwydd, dygyfor trai 2. (brf.) llenwi, diwallu, digoni *gwacáu*

llariaidd *(ans.)* mwyn, addfwyn, tirion, boneddigaidd, gwâr, dof *annymunol, ymwthiol*

llarieidd-dra *(enw)* addfwynder, tirionwch, tynerwch, boneddigeidd-dra, rhadlondeb **sarugrwydd**

llarp *(enw)* llerpyn, carp, cerpyn, rhecsyn, clwt, brat, cynhinyn

llarpio *(brf.)* rhwygo, cynhinio, dryllio **trwsio**

llarpiog *(ans.)* carpiog, bratiog, cynhiniog, clytiog, llaprog, rhacsog **cyfan**

llathr *(ans.)* 1. disglair, gloyw, claer, llachar **pŵl, tywyll** 2. llyfn **garw**

llathru *(brf.)* 1. gloywi, disgleirio, pelydru, twynnu 2. caboli, sgleinio **pylu, tywyllu**

llawdde *(ans.)* medrus, deheuig, celfydd, dechau, dethau, hyfedr, sgilgar **lletchwith**

llawddryll *(enw)* gwn, rifolfer, dryll

llawen *(ans.)* llon, hapus, siriol, araul, hoenus, gorfoleddus **anhapus, trist**

llawenhau *(brf.)* llawenychu, llonni, gorfoleddu, ymlawenhau **tristáu, pruddhau**

llawenydd *(enw)* llonder, hapusrwydd, lloniant, pleser **tristwch, prudd-der**

llawer *(ans.)* aml, lluosog, niferus, lot, nifer **prin**

llawfaeth *(ans.)* llywaeth, swci, dof **gwyllt, afreolus**

llawforwyn *(enw)* morwyn, gwasanaethferch; caethferch, caethes **gwraig fonheddig, pendefiges**

llawgaead *(ans.)* cybyddlyd, tyn, clòs, mên, cynnil, darbodus **hael, haelionus**

llawn *(ans.)* cyflawn, gorlawn, i'r ymyl; eithaf, hollol, hen, cwbl **gwag**

llawnder *(enw)* llawndra, cyflawnder, cyflawndra, gwala, digonedd, helaethrwydd, amlder **gwacter**

llawnodi *(brf.)* llofnodi, arwyddo, torri enw

llawr *(enw)* parth, daear; sylfaen, sail,

gwaelod **nen, nenfwd**

lle *(enw)* sefyllfa, safle, lleoliad, llecyn, man, mangre; bwlch, gofod

lleban *(enw)* digrifwas, clown, ffŵl ffair, llabwst, llaprwth, llabi, bwbi **athrylith**

llechfaen *(enw)* llechwan, gradell, maen crasu, planc

llechgi *(enw)* celgi, cynllwyngi, lleidr, bawddyn, adyn, dihiryn, ystelciwr **gŵr bonheddig**

llechu *(brf.)* cysgodi, cuddio, ymguddio, llercian, ystelcian, cynllwyno **ymddangos**

llechwedd *(enw)* goleddf, inclein, llethr, goriwaered **gwastadedd**

llechwraidd *(ans.)* llechwrus, dirgel, lladradaidd **agored, gonest**

lled 1. *(enw)* mesur ar draws, lledred **hyd** 2. *(adf.)* gweddol, go, eithaf, o ran, rhannol, i raddau, braidd, hytrach **iawn**

lledaenu *(brf.)* lledu, taenu, gwasgaru, cyhoeddi **celu, cuddio**

lledchwerthin *(brf.)* gwenu, cilwenu, cilchwerthin, glaswenu, chwerthin, glaschwerthin

llednais *(ans.)* mwyn, addfwyn, tirion, tyner, boneddigaidd, bonheddig, gweddaidd **aflednais, anfwyn**

lledneisrwydd *(enw)* gwyleidd-dra, rhadlondeb, boneddigeiddrwydd, mwynder, tiriondeb **afledneisrwydd**

lledorwedd *(brf.)* sefyllian, gorweddian, ofera, segura, lolian, gwagsymera, diogi **gweithio, ymbrysuro**

lledrith *(enw)* swyn, swyngyfaredd, cyfaredd, hud, hudoliaeth, dewiniaeth, rhith **realaeth**

lledu *(brf.)* llydanu, ehangu, helaethu, ymagor, datblygu **culhau, crebachu**

lledwyr *(ans.)* cam, anunion, ar oleddf

union

lleddf *(ans.)* cwynfanus, dolefus, galarus, gofidus, pruddglwyfus, trist *llon*

lleddfu *(brf.)* lliniaru, dofi, tawelu, esmwytháu, esmwytho, llonyddu *gwaethygu*

llef *(enw)* cri, dolef, bloedd, ysgrech, crochlef, gwaedd *taw, gosteg*

llefain *(brf.)* crio, wylo, wylofain, gweiddi, ysgrechian, ysgrechain *chwerthin, ymlawenhau*

llefaru *(brf.)* siarad, annerch, sgwrsio, traethu, torri geiriau, lleisio *tewi*

lleferydd *(enw)* parabl, ymadrodd, araith *mudandod*

llefrithen *(enw)* llyfrithen, llefelyn

llegach *(ans.)* gwan, gwanllyd, eiddil, gwachul, musgrell, llesg *cryf, cadarn*

lleng *(enw)* catrawd, mintai, bataliwn, brigâd, platŵn, corfflu, sgwadron, trŵp

lleibio *(brf.)* llepian, llyo, llyfu, lapo

lleidiog *(ans.)* brwnt, budr, bawaidd, bawlyd, tomlyd, mwdlyd *sych*

lleidr *(enw)* ysbeiliwr, anrheithiwr, llaw flewog *(ben. - lladrones)*

lleihad *(enw)* gostyngiad, disgyniad, cwtogiad *helaethiad, ehangiad*

lleihau *(brf.)* gostwng, cwtogi ar, prinhau *cynyddu, helaethu*

lleisio *(brf.)* seinio, swnio; datgan, mynegi, cyfleu; gweiddi, bloeddio, crochlefain *tewi*

lleisiwr *(enw)* canwr, cantor, cantwr, caniedydd, datgeiniad, llefarwr *offerynnwr*

lleithder *(enw)* lleithdra, gwlybaniaeth; meddalwch *sychder*

llen *(enw)* cyrten, caeadlen, gorchudd, croglen

llên *(enw)* llenyddiaeth; rhyddiaith, barddoniaeth, drama

llencyn *(enw)* llanc, llefnyn, llafn, crwtyn, crwt, hogyn, glaslanc *llances; dyn*

llengar *(ans.)* hyddysg, dysgedig, diwylliedig, gwybodus, myfyrgar *anllythrennog, diddiddordeb*

llenor *(enw)* awdur, ysgrifennwr, gŵr llên; bardd, dramodydd, nofelydd *(ben. - llenores)*

llenwi *(brf.)* llanw, diwallu, digoni, bodloni *gwacáu, disbyddu*

lleoli *(brf.)* sefydlu, gosod, rhoi *dymchwel*

lleoliad *(enw)* safle, sefyllfa, lle

llepian *(brf.)* llyo, llyfu, lleibio, lapo

llercian *(brf.)* ystelcian, ymdroi, llechu, sefyllian, cuddio, ymguddio, cwato *ymddangos*

lles *(enw)* llesâd, budd, buddiant, elw, daioni, proffid *anfantais, drwg*

llesáu *(brf.)* elwa, gwneud lles, bod o les *anfanteisio*

llesg *(ans.)* gwan, gwanllyd, eiddil, gwachul, egwan, llegach, nychlyd *cryf, cydnerth*

llesgáu (brf.) gwanhau, gwanychu, nychu, dihoeni, colli nerth *cryfhau, grymuso*

llesgedd *(enw)* gwendid, eiddilwch, nychdod *cryfder, cadernid*

llesmair *(enw)* llewyg, perlewyg, gwendid, haint, gwasgfa, pangfa *dadebriad*

llesmeirio (brf.) llewygu, diffygio, cael haint/gwasgfa/pangfa, pango *dadebru, ymadfywio*

llesmeiriol (ans.) llewygol; hudol, swynol, hudolus, cyfareddol, lledrithiol *real, gwirioneddol*

llesol (ans.) o les, o fudd, o gymorth, daionus, buddiol, da *anfanteisiol*

llestair (enw) rhwystr, ataliad, lludd *hwb ymlaen*

llesteirio *(brf.)* rhwystro, atal, lluddias, rhagod *hybu, hyrwyddo*

llestr *(enw)* cynhwysydd, dysgl; cwpan, cawg, basn, godard, gwydryn, greal

lletchwith *(ans.)* trwsgl, afrosgo, trwstan, carbwl, llibin, anfedrus; anghyfleus *llawdde, deheuig*

lletraws *(ans.)* croes-ongl, croeslinol *syth, union*

lletya *(brf.)* rhentu; byw, cartrefu, ymgartrefu, preswylio, trigo

lletywr *(enw)* landlord, perchennog; rhentwr, preswylydd, trigiannydd

lletygarwch *(enw)* croeso, croesawiad, derbyniad *anghyfeillgarwch*

llethol *(ans.)* gorthrymus, gormesol, gwasgedig, trymllyd, myglyd *rhydd, clir*

llethr *(enw)* llechwedd, goleddf, goriwaered, dibyn, clogwyn *gwastadedd, gwastatir*

llethrog *(ans.)* serth, clogwynog, ysgithrog, danheddog *gwastad, lefel*

llethu *(brf.)* gormesu, gwasgu, darostwng, trechu, mygu *rhyddhau, gollwng*

llewyg *(enw)* llesmair, gwendid, anymwybyddiaeth, perlewyg, haint, gwasgfa, pangfa *dadebriad*

llewygu *(brf.)* llewygu, colli ymwybyddiaeth, diffygio, pango, cael haint/gwasgfa *dadebru, ymadfywio*

llewyrch *(enw)* 1. llewych, disgleirdeb, pelydryn, golau, goleuni *pylni* 2. llwyddiant, ffyniant *methiant*

llewyrchu *(brf.)* disgleirio, pelydru, tywynnu *pylu, tywyllu*

llewyrchus *(ans.)* llwyddiannus, ffyniannus, yn tycio, yn ffynnu, mewn hawddfydd, yn dda ei fyd *aflwyddiannus, adfydus*

lliain *(enw)* brethyn, tywel

lliaws *(enw)* llu, torf, llawer, tyrfa *ychydig, prinder*

llibin *(ans.)* 1. gwan, eiddil, llesg *cryf, cydnerth* 2. trwsgl, anfedrus, lletchwith, annechau, anhylaw, di-lun *celfydd, medrus*

llid *(enw)* dicter, digofaint, bâr, dicllonedd, soriant *bodlondeb, hapusrwydd*

llidiart *(enw)* gât, giât, clwyd, iet, porth

llidio *(brf.)* digio, sorri, colli tymer, codi gwrychyn *ymfodloni, ymdawelu*

llidiog *(ans.)* dig, dicllon, digofus, barus, crac, llidus *bodlon, boddhaus*

lli(f) *(enw)* 1. (*gwr. - lluos.* llifogydd) llifeiriant, dilyw, llanw, cenllif 2. (*ben. - lluos.* llifiau) offeryn llifio

llifo *(brf.)* 1. llifeirio, gorlifo, rhedeg *sychu* 2. llifio, torri â llif, llifanu, hogi, minio, awchlymu *pylu*

llinach *(enw)* hil, ach, bonedd, tras

llindagu *(brf.)* tagu, mogi, mygu

llinell *(enw)* lein, rhes, llin

lliniaru *(brf.)* lleddfu, esmwytho, esmwytháu *gwaethygu*

llinyn *(enw)* incil, tâp; cortyn, tennyn

llipa *(ans.)* masw, difywyd, ystwyth, hyblyg, gwan, di-hwyl *cryf, bywiog*

llith *(enw)* 1. (*ben.*) gwers, darlleniad, pregeth, ysgrif 2. (*gwr.*) bwyd cymysg, abwyd

llithio *(brf.)* denu, atynnu, hudo, swyno, rheibio

llithrad *(enw)* symudiad esmwyth; camgymeriad, amryfusedd, gwall *cywirdeb*

llithrig *(ans.)* di-ddal, diafael, llyfn *gafaelgar*

llithro *(brf.)* dianc, colli gafael, cwympo, syrthio; camgymryd *codi*

lliw *(enw)* gwawr, gwedd, arlliw,

cyfliw *gwelwedd*

lliwgar *(ans.)* lliwdeg, llachar *di-liw*

lliwio *(brf.)* peintio; defnyddio lliwur/llifyn, llifo

lliwur *(enw)* llifyn, staen, lliw staen

lliwydd *(enw)* peintiwr, arlunydd

lloc *(enw)* ffald, pen, corlan

llocio *(brf.)* ffaldio, corlannu, casglu, crynhoi *chwalu, gwasgaru*

lloches *(enw)* cysgod, cysgodfa, cysgodfan, noddfa, diogelwch, amddiffynfa, encil

llochesu *(brf.)* cysgodi, amddiffyn, diogelu, noddi, coleddu, gwarchod, gwylio *ymosod ar, cam-drin*

lloeren *(enw)* daearen, cylchen; lloer, lleuad; planed

lloerig *(ans.)* gorffwyll, ynfyd, cynddeiriog, amhwyllog, o'i bwyll, o'i gof *call, pwyllog*

llofnodi *(brf.)* arwyddo, torri enw, llawnodi

llofrudd *(enw)* llofruddiwr, lladdwr, mwrdrwr

llofruddiaeth *(enw)* lladdiad, mwrdwr

llofruddio *(brf.)* lladd, mwrdro

lloffa *(brf.)* crynhoi, casglu, ysgubo, dysgub *chwalu*

llofft *(enw)* llawr uchaf, oriel, galeri; ystafell wely *llawr isaf/gwaelod*

llogi *(brf.)* hurio, rhentu

llon *(ans.)* llawen, siriol, hapus, araul, wrth ei fodd, bodlon, balch *lleddf, prudd*

llonder *(enw)* llawenydd, gorfoledd, hapusrwydd, balchder *prudd-der, anhapusrwydd*

llongyfarch *(brf.)* canmol, dymuno llawenydd

llonni *(brf.)* llawenhau, llawenychu, gorfoleddu, ymfalchïo, sirioli *tristáu, pruddhau*

llonydd *(ans.)* tawel, digyffro, distaw,

di-syfl *aflonydd*

llonyddu *(brf.)* tawelu, distewi, ymlonyddu, ymdawelu *aflonyddu, cyffroi*

llonyddwch *(enw)* tawelwch, gosteg, distawrwydd, taw *aflonyddwch, cyffro*

llorrew *(enw)* llwydrew, barrug, crwybr, arien

llorwedd *(ans.)* llorweddol, gwastad, ar lawr, ar led *fertigol*

llosgwrn *(enw)* cwt, cwtws, cynffon, rhonell, cloren *pen*

llu *(enw)* lliaws, torf, tyrfa, byddin

lluched *(enw)* mellt, golau, tân *taranau, tyrfau*

lluchedu *(brf.)* lluchedo, llychedan, melltennu, melltu, melltio, fflachio, bwrw/taflu golau/tân, goleuo mellt *taranu, tyrfo*

lluchio *(brf.)* taflu, hyrddio, bwrw *dal*

lludd *(enw)* rhwystr, ataliad, llestair *hwb ymlaen, hyrwyddiad*

lluddedig *(ans.)* blinedig, wedi blino, llaesu dwylo *effro, bywiog*

lluddedu *(brf.)* blino, diffygio *dadluddedu, gorffwys*

lluddias *(brf.)* lluddio, atal, rhwystro, llesteirio, rhagod *hybu, hyrwyddo*

lluest *(enw)* lluesty, pabell; bwth, caban

lluman *(enw)* baner, fflag, penwn

llun *(enw)* 1. darlun, arlun, delw, braslun, cynllun 2. siâp, ffurf 3. Dydd Llun

lluniaeth *(enw)* ymborth, bwyd, cynhaliaeth, maeth *newyn, ympryd*

lluniaidd *(ans.)* gosgeiddig, siapus, cain, prydferth, telaid *hagr, afluniaidd*

llunio *(brf.)* ffurfio, saernïo, gwneud, creu *chwalu, dinistrio*

lluniwr *(enw)* saernïwr, gwneuthurwr,

ffurfiwr, crëwr **chwalwr, difrodwr**

lluosog *(ans.)* aml, niferus, nifeiriog **prin, ychydig**

lluosogi *(brf.)* lluosi, amlhau, cynyddu **prinhau**

lluosogrwydd *(enw)* llu, torf, tyrfa, lliaws, lluosowgrwydd **prinder**

llurgunio *(brf.)* anafu, hagru, anffurfio, difwyno, niweidio **harddu**

llusern *(enw)* lamp, lantern

llusgo *(brf.)* tynnu, halio; ymlwybro **gwthio**

llw *(enw)* adduned, addewid, gofuned

llwdn *(enw)* anifail ifanc, cyw, cnyw; llo, ebol, oen, cenau, porchell, myn **rhiant**

llwfr *(ans.)* ofnus, gwangalon, ofnog, diffygiol, difywyd, diegni, di-asgwrn-cefn **dewr, gwrol**

llwfrdra *(enw)* gwangalondid, ofn, llyfrder, llyfrdra **dewrder, glewder**

llwfrgi *(enw)* llwfrddyn, anwr **arwr**

llwfrhau *(brf.)* gwangalonni, gwanobeithio, colli calon, ofni, diffygio **ymwroli**

llwgr *(ans.)* llygredig, pwdr, anonest, gwyrdroëdig **pur, gonest**

llwgrwobrwy *(enw)* breib, cildwrn

llwgrwobrwyo *(brf.)* breibio, iro llaw

llwgu *(brf.)* llewygu, newynu, starfio, clemio **gwledda, gloddesta**

llwm *(ans.)* noeth, moel, prin, tlawd **goludog, cyfoethog**

llwnc *(enw)* llynciad; corn gwddf, lôn goch

llwybr *(enw)* troedffordd, cwrs

llwybreiddio *(brf.)* cerdded, rhodio, ymlwybro, cyfeirio, llwybro, anelu

llwyd *(ans.)* gwelw, di-liw, gwyn, glaswyn, llwydlas **lliwgar**

llwydni *(enw)* llwydi, gwelwedd; malltod

llwydnos *(enw)* cyfnos, brig y nos,

cyflychwyr, min nos, noswaith, gwyll, hwyrnos **cyfddydd, gwawr**

llwydo *(brf.)* gwelwi, glasu; casglu llwydni **gwrido, cochi**

llwydrew *(enw)* barrug, arien, crwybr, llorrew

llwyddiannus *(ans.)* ffynadwy, ffyniannus, llewyrchus **aflwyddiannus**

llwyddiant *(enw)* llwydd, ffyniant, llewyrch, tyciant, hawddfyd **aflwyddiant, methiant**

llwyddo *(brf.)* tycio, ffynnu, llewyrchu, dod ymlaen, mynd â'r maen i'r wal **methu**

llwyfan *(enw)* esgynlawr, platfform

llwyn *(enw)* 1. *(gwr., lluos. - llwyni)* perth, prysg, prysglwyn, gwrych, gwigfa, celli **llannerch** 2. *(ben., lluos. - llwynau)* lwyn

llwynog *(enw)* cadno, canddo, madyn *(ben. - llwynoges)*

llwyr *(ans.)* hollol, cyflawn, cyfan gwbl; cyrn, croen a charnau **rhannol**

llwyth *(enw)* 1. *(lluos. - llwythau)* tylwyth, gwehelyth, teulu 2. *(lluos. - llwythi)* cargo, baich, pwn, pwys

llwytho *(brf.)* beichio, pynio **dadlwytho**

llychlyd *(ans.)* llawn llwch, dystlyd, bawlyd **glân**

llychwino *(brf.)* difwyno, sbwylio, baeddu, anurddo, andwyo **harddu, addurno**

llydan *(ans.)* eang, helaeth **cul, cyfyng**

llydanu *(brf.)* ehangu, helaethu, mwyhau, lledu **culhau, cyfyngu**

llyfn *(ans.)* gwastad, cydwastad, lefel, graenus **anwastad**

llyfndew *(ans.)* graenus, telaid, llewyrchus, iach **tenau, gwachul**

llyfnu *(brf.)* gwastatáu, lefelu **crychu**

llyfrdra *(enw)* llyfrder, llwfrdra,

gwangalondid, ofn

llyfu *(brf.)* llyo, lleibio, llepian, lapo

llyffethair *(enw)* hual, gefyn, cadwyn; llestair, rhwystr

llyffetheirio *(brf.)* hualau, gefynnu, clymu, caethiwo, cadwyno; rhwystro, llesteirio *rhyddhau, gollwng*

llygad-dynnu *(brf.)* hudo, rheibio, cyfareddu, swyno, lledrithio

llygadrythu *(brf.)* syllu, synnu, rhythu

llygadu *(brf.)* gwylio, gwylied, edrych *anwybyddu, esgeuluso*

llygatgraff *(ans.)* craff, clyfar, cyfrwys, deallus, llygadlym, treiddgar, llygadog *diofal, difater*

llygedyn *(enw)* pelydryn, fflach, golau, goleuni *gwyll, tywyllwch*

llygredig *(ans.)* llwgr, anonest, gwyrdroëdig, amhur, pwdr *pur, gonest*

llygredd *(enw)* llygredigaeth, pydredd *purdeb, glanweithdra*

llygru *(brf.)* amhuro, difwyno *puro, coethi*

llym *(ans.)* miniog, awchlym, awchus, siarp, blaenllym *pŵl, di-fin*

llymaid *(enw)* llwnc, dracht, tropyn, joch

llymder *(enw)* 1. llymdra, min, miniogrwydd, awch *pylni* 2. noethder, moelni; prinder, tlodi *moethustra*

llymeitian *(brf.)* diota, slotian,

meddwi, brwysgo, codi'r bys bach *sobri*

llymeitiwr *(enw)* slotiwr, meddwyn *dirwestwr, llwyrymwrthodwr*

llymhau *(brf.)* 1. noethi, prinhau, tlodi *cyfoethogi* 2. hogi, llymu *pylu*

llymru *(enw)* bwdran, sucan, bwdram; grual, griwel

llyn *(enw)* pwll, pwllyn; diod *sychdir*

llyncu *(brf.)* traflyncu, llawcian, sugno, sychu; meddiannu

llyo *(brf.)* llyfu, lleibio, llepian, lapo

llys *(enw)* 1. plas, brawdlys, cwrt 2. llysnafedd, truth

llythyr *(enw)* epistol, gohebiaeth

llyw *(enw)* olwyn; arweinydd, llywiwr, llywodraethwr, gweinyddwr, tywysog

llywaeth *(ans.)* llawfaeth, swci, dof, di-fynd; llipa *gwyllt, annosbarthus*

llywio *(brf.)* cyfeirio, arwain, cyfarwyddo, rheoli, llywodraethu, gweinyddu *dilyn, ufuddhau*

llywodraeth *(enw)* rheolaeth, gweinyddiad *poblogaeth, cyhoedd*

llywodraethu *(brf.)* rheoli, trefnu, gweinyddu *dilyn, ufuddhau*

llywodraethwr *(enw)* rheolwr, arweinydd, gweinyddwr *dilynwr*

llywydd *(enw)* cadeirydd, arweinydd *aelod*

llywyddu *(brf.)* cadeirio, arwain, rheoli, trefnu *dilyn, cydymffurfio*

m

mab *(enw)* plentyn gwryw, bachgen, etifedd **merch; dyn**

maboed *(enw)* mebyd, bachgendod, plentyndod, ieuenctid, bore oes **henaint**

mabolgampau *(enw lluos.)* athletau, campau, chwaraeon

mabsant *(enw)* nawddsant, sant gwarcheidiol

mabwysiadu *(brf.)* derbyn, gweithredu **gwrthod**

macyn *(enw)* neisied, hances, cadach, cewyn

mach *(enw)* sicrwydd, gwarant, mechnïaeth

mad *(ans.)* da, daionus, llesol, gweddus, gweddaidd, addas, cyfaddas **anfad, drwg**

madarch (enw) madalch, caws llyffant, myshrwm, shrwmp

madfall (enw) genau goeg, budrchwilen, madrchwilen, mablath, modrybchwilen

madrondod *(enw)* pendro, dot, syndod, pensyfrdandod, hurtwch

madru *(brf.)* pydru, crawnu, casglu, gori **ireiddio**

maddau *(brf.)* esgusodi, dieuogi, pardynu **melltithio, condemnio**

maddeuant *(enw)* pardwn, gollyngdod **melltith, condemniad**

maddeugar *(ans.)* trugarog, tosturiol, cydymdeimladol **difaddeuant, didrugaredd**

maeden *(enw)* slebog, dihiren, slwt **gwraig fonheddig**

maeddu *(brf.)* curo, trechu, ffusto, ennill, gorchfygu **ymddarostwng**

maentumio *(brf.)* dal, haeru, taeru, gwirio **gwadu**

maes *(enw)* 1. cae, gweirglodd, dôl, parc, maestir 2. sgwâr

maeth *(enw)* lluniaeth, ymborth, bwyd, meithriniaeth; rhinwedd

maethu *(brf.)* magu, meithrin **esgeuluso**

magïen *(enw)* tân bach diniwed, pryfyn tân, pren pwdr, glöyn

magl *(enw)* rhwyd, tagell, croglath, telm, yslepan

maglu *(brf.)* rhwydo, bachellu, dal **gollwng, rhyddhau**

magned *(enw)* tynfaen, maen tynnu, ehedfaen

magnel *(enw)* gwn, dryll, cyflegr

magu *(brf.)* meithrin, maethu, epilio, hilio, planta, codi plant **esgeuluso**

magwraeth *(enw)* meithriniad, codiad

magwyr *(enw)* mur, gwal, pared

maharen *(enw)* mynharen, hwrdd **dafad**

main *(ans.)* tenau, cul, eiddil, gwachul **tew**

mainc *(enw)* ffwrwm, sedd, eistedde, eisteddfainc, sêt, eisteddfa, setl

maint *(enw)* hyd a lled, swm, dimensiwn, mesur, mesuriad

maintioli *(enw)* maint, taldra, uchder, corfflolaeth

maip *(enw lluos.)* rwdins, erfin

maith *(ans.)* hir; blin **byr, cwta**

malais *(enw)* casineb, cas, sbeit, cenfigen, gwenwyn, eiddigedd, mig **ewyllys da**

maleithiau *(enw lluos.)* llosg eira, cibwst

maldod *(enw)* anwes, anwyldeb, mwythau (lluos.) **camdriniaeth**

maldodi *(brf.)* anwylo, anwesu, tolach, mwytho, malpo, coleddu, mynwesu *cam-drin, camdrafod*

maldodyn *(enw)* anweswr; plentyn anwes *casddyn*

maleisus *(ans.)* cas, sbeitlyd, gwenwynllyd, cenfigennus, eiddigeddus *caredig, llariaidd*

malen *(enw)* pruddglwyf, tristwch, tristyd, y felan *hapusrwydd, llonder*

malio *(brf.)* gofalu, hidio, becso

malu *(brf.)* malurio, chwalu, difetha, dinistrio, difa, distrywio *llunio, saernïo*

malurio *(brf.)* chwilfriwio, chwalu, adfeilio, torri *gwneud, ffurfio*

malurion *(enw lluos.)* teilchion, drylliau, darnau mân, cyrbibion, ysgyrion, yfflon, bribys *cyfanrwydd*

malwen *(enw)* malwoden, gwlithen

mall *(ans.)* llwgr, pwdr, llygredig *pur, di-lwgr*

malltod *(enw)* mallter, llygriad, pydredd, madredd, llygredigaeth; deifiad *purdeb, glendid*

mallu *(brf.)* pydru; deifio *puro, iacháu*

mam-gu *(enw)* nain, henfam *tad-cu*

man *(enw)* mangre, lle, sefyllfa, safle, llecyn; nod, marc

mân *(ans.)* bach, bychan, pitw, biti, bitw *anferth, enfawr*

manlaw *(enw)* glaw mân, gwlithlaw, ysmwclaw

mannu *(brf.)* mennu, menu, effeithio, dylanwadu

mant *(enw)* ceg, gwefus, min

mantais *(enw)* budd, lles, elw, buddiant, ennill *anfantais*

manteisio *(brf.)* elwa, ymelwa, cymryd mantais, hwi ceffyl benthyg *colli*

manteisiol *(ans.)* ffafriol, buddiol, proffidiol, llesol *anfanteisiol*

mantell *(enw)* cochl, clog, clogyn, hug, cot, côt, côb, hugan

mantol *(enw)* tafol, clorian

mantoli *(brf.)* cloriannu, tafoli, pwyso, mesur

manus *(enw lluos.)* us, eisin, peiswyn, rhuddion/hedion/rhuchion/cibau/ torion *(lluos.)*, brot

manwl *(ans.)* cywir, gofalus, manwl-gywir, cysáct *anghywir*

manylder *(enw)* manylrwydd, manyldeb, cywirdeb, manylwch, uniondeb, iawnder *anghywirdeb*

manylion *(enw lluos.)* ffeithiau, amgylchiadau

marc *(enw)* nod, arwydd, ôl, argraff

marcio *(brf.)* nodi, arwyddo

march *(enw)* ceffyl, cel, stalwyn, pynfarch, merlyn *caseg*

marchnad *(enw)* marchnadfa, mart

marchnata *(brf.)* masnachu, prynu a gwerthu, ffeirio, cyfnewid

marchnatwr *(enw)* masnachwr, marchnatäwr, siopwr, deliwr, gŵr busnes, marsiandïwr, trafnidiwr *cwsmer*

marchog *(enw)* marchogwr, reidiwr, joci *cerddwr*

marchogaeth *(brf.)* marchocáu, brochgáu, reidio, merlota *cerdded*

marian *(enw)* traeth, traethell, tywyn, glan môr; ffin

marlad *(enw)* marlat, adiad, ceiliog hwyad, meilart, milart *hwyaden*

marmor *(enw)* mynor, maen clais

marsiandïaeth *(enw)* masnach, nwyddau *(lluos.)*

marsiandïwr *(enw)* masnachwr, marchnatäwr, gŵr busnes, gwerthwr, siopwr, deliwr, trafnidiwr *cwsmer*

mart *(enw)* marchnad, marchnadfa, ffair anifeiliaid

marw 1. *(enw)* person marw, yr ymadawedig, y diweddar 2. *(ans.)* difywyd, heb einioes, wedi trengi *byw*

3. (brf.) trengi, colli bywyd, trigo/terigo, darfod **geni, byw**

marwaidd (ans.) difywyd, diegni, dilewyrch, diog, dioglyd, araf, swrth, trymaidd, llethol, musgrell, cysglyd, di-fflach, di-sbonc, di-ffrwt, diynni, syrthlyd **bywiog, sionc**

marweidd-dra (enw) syrthni, diogi, musgrellni, cysgadrwydd **sioncrwydd, bywiogrwydd**

marweiddio (brf.) merwino, mynd yn swrth, parlysu **sionci, bywiocáu**

marwol (ans.) angheuol, peryglus **diogel, diberygl**

marwolaeth (enw) angau, tranc, diwedd **genedigaeth**

marwor (enw lluos.) marwydos, cols

masgl (enw) 1. plisgyn, cibyn, coden, codyn, callod 2. basg, tyllau (lluos.)

masglu (brf.) 1. masglo, plisgo, diblisgo, gwisgïo 2. gwneud rhwydwaith

masnach (enw) busnes, trafnidiaeth, marsiandïaeth, cwstwm, cwsmeriaeth **segurdod**

masnachu (brf.) marchnata, prynu a gwerthu, gwneud busnes

masnachwr (enw) marsiandïwr, siopwr, gŵr busnes, deliwr, gwerthwr, trafnidiwr **cwsmer, prynwr**

masw (ans.) meddal, gwamal, gwirion, anllad, masweddus, maswaidd, gwageddus **bucheddol**

maswedd (enw) ysgafnder, gwiriondeb, meddalwch, anlladrwydd, trythyllwch, anniweirdeb **moesoldeb**

mater (enw) pwnc, testun, achos, defnydd, deunydd

materol (ans.) bydol, daearol **ysbrydol**

matsien (enw) fflachen, fflachell, tanen

math (enw) bath, rhyw, gradd, sort,

siort, rhywogaeth, categori, teip

mathariaid (enw lluos.) puryddion, pedantiaid, crachysgolheigion

mathru (brf.) sangu, damsang, damsgel, sarnu, sengi, troedio, llethu dan draed

mawl (enw) clod, canmoliaeth, moliant **anfri, amarch**

mawnog 1. (enw) mawnen, mawnbwll 2. (ans.) mawnoglyd

mawr (ans.) eang, helaeth; anferth, enfawr, aruthrol **bach**

mawredd (enw) rhwysg, gwychder, crandrwydd, urddas, pwysigrwydd **distadledd, dinodedd**

mawreddog (ans.) gwych, crand, dyrchafedig, rhwysgfawr, urddasol, pendefigaidd **distadl, di-nod**

mawrfrydig (ans.) hael, haelionus, anrhydeddus **cybyddlyd, hunanol**

mawrhau (brf.) mawrygu, mwyhau; moli, clodfori **bychanu, dirmygu**

mawrhydi (enw) mawredd, urddas **bychander, dinodedd**

mebyd (enw) plentyndod, maboed, bachgendod, bore oes, ieuenctid, llencyndod **henaint**

mecanyddol (ans.) peiriannol, annaturiol; prennaidd, stiff **naturiol**

mechni (enw) mach, mechnïaeth, gwarant, sicrwydd

mechnïo (brf.) gwarantu, sicrhau, bod yn gefn i

mechnïwr (enw) mechnïydd, meichiau, gwarantydd, gwarantwr

medi (brf.) torri llafur, lladd gwair, cynaeafu **plannu, hau**

medru (brf.) gallu, bod yn abl

medrus (ans.) galluog, sgilgar, hyfedr, cyfarwydd, celfydd, deheuig, cywrain, abl **anfedrus, lletchwith**

medrusrwydd (enw) medr, gallu, sgil, hyfedredd, cywreinrwydd, deheurwydd *anfedrusrwydd*

meddai *(brf.)* medd, dywed, dywedodd, eb, ebe, ebr

meddal *(ans.)* tyner, masw, hyblyg, ystwyth, llaith *caled, gwydn*

meddalu *(brf.)* meddalhau, tyneru, lleithio, lleitháu, ystwytho *caledu, gwydnhau*

meddalwch *(enw)* tynerwch, lleithder, ystwythder, hyblygrwydd *caledwch, gwydnwch*

meddiant *(enw)* perchnogaeth, eiddo; gallu, awdurdod

meddiannu *(brf.)* meddu ar, perchnogi, bod â

meddiannydd *(enw)* perchen, perchennog, daliwr

meddw *(ans.)* wedi meddwi, brwysg, wedi cnapo *sobr*

meddwi *(brf.)* brwysgo, cnapo, llymeitian, slotian, codi'r bys bach *sobri*

meddwl 1. *(enw)* syniad, ystyriaeth; tyb, bryd, barn, bwriad, arfaeth 2. *(brf.)* bwriadu, arfaethu, golygu; synied, synio, tybied, tybio, ystyried *gweithredu*

meddwyn *(enw)* llymeitiwr, slotiwr *llwyrymwrthodwr, dirwestwr*

meddyg *(enw)* doctor, ffisigwr *claf*

meddyginiaeth *(enw)* meddygaeth, ffisig, moddion *(lluos.)*, ffisigwriaeth, help, cymorth, ymwared

meddyginiaethu *(brf.)* doctora, meddygu, iacháu, gwella, adfer *gwaethygu*

meddylfryd *(enw)* tuedd, tueddiad, gogwydd, tueddfryd, dychymyg, crebwyll

meddylgar *(ans.)* ystyriol, cofus, gofalus, myfyrgar, synfyfyriol *anystyriol, byrbwyll*

mefl *(enw)* 1. bai, nam, gwall, diffyg,

amherffeithrwydd, anaf *perffeithrwydd* 2. gwarth, cywilydd, gwaradwydd *anrhydedd*

mefus *(enw lluos.)* syfi, suddiau

megis *(cys.)* fel, tebyg, cyffelyb

meidrol *(ans.)* terfynol, marwol *anfeidrol*

meiddio *(brf.)* rhyfygu, beiddio, anturio *petruso*

meilart *(enw)* marlad, marlat, ceiliog hwyad, adiad, milart *hwyaden*

meinder *(enw)* teneuder, teneurwydd, teneuwch, eiddilwch *praffter, tewdra*

meinir *(enw)* merch, genethig, morwyn *bachgen; gwraig*

meiriol *(enw)* dadlaith, dadmer, toddiad *rhew, iâ*

meirioli *(brf.)* dadmer, dadlaith, toddi, ymdoddi *rhewi*

meistr *(enw)* athro, llywydd, perchennog, perchen, arweinydd, rheolwr *(ben. - meistres) gwas*

meistrolaeth *(enw)* goruchafiaeth, awdurdod, arglwyddiaeth, rheolaeth *gwasanaeth*

meistrolaidd *(ans.)* meistrolgar, campus *carbwl, anfedrus*

meistroli *(brf.)* trechu, curo, maeddu, gorchfygu, dofi; dysgu, ymgyfarwyddo *methu*

meitin *(enw)* amser, ysbaid, cyfnod, sbel

meithder *(enw)* pellter, hyd, blinder, diflastod *byrder*

meithrin *(brf.)* magu, maethu, codi, cynnal, porthi, addysgu, coleddu, mynwesu *esgeuluso, cam-drin*

melodaidd *(ans.)* persain, perseiniol, hyfrydlais, hysain *croch, aflafar*

melodi *(enw)* tiwn, tôn, alaw, peroriaeth, erddigan, melodeg, melodedd

melyngoch *(ans.)* oren, rhuddfelyn

melys *(ans.)* pêr, hyfryd, dymunol, peraidd, melysol, pereiddiol, blasus *chwerw*

melyster *(enw)* melystra, pereidd-dra *chwerwder*

mellt *(enw)* lluched, golau, tân *taran, tyrfau*

melltennu *(brf.)* melltio, melltu, lluchedu, fflachio, bwrw/taflu golau/tân, goleuo mellt *taranu*

melltigedig *(ans.)* melltigaid, ysgymun, ysgeler, drwg, anfad, damniol, melltithiol *bendigedig*

melltith *(enw)* drwg, drygioni, pla, adfyd *bendith*

melltithio *(brf.)* rhegi, cablu, bwrw melltith ar, dymuno drwg, blino *bendithio*

men *(enw)* gwagen, wagen, trol, cerbyd, cert, cart, gambo, trwmbel

mên *(ans.)* cybyddlyd, cynnil, darbodus, llawgaead, ariangar, tyn, clòs *hael, parod*

ment(e)r *(enw)* antur, anturiaeth, beiddgarwch; ymgymeriad, busnes *swildod, petruster*

mentro *(brf.)* anturio, beiddio, meiddio, rhyfygu *petruso*

mentrus *(ans.)* anturus, beiddgar, eofn *petrus, ofnus*

menyw *(enw)* benyw, gwraig, dynes, gwraig fonheddig *gwryw, dyn*

merch *(enw)* geneth, croten, hogen, rhoces, lodes, herlodes, meinir, morwyn *bachgen; mab; gwraig*

merfaidd *(ans.)* merf, di-flas, diflas *blasus*

merthyr *(enw)* arwr, sant

merwino *(brf.)* fferru, parlysu, gwynio, poeni, peri enynfa, dolurio, niweidio *dadebru*

mesglyn *(enw)* masgl, plisgyn, cibyn, codyn, coden, callod(r)yn

mesur 1. *(enw)* mesuriad, dimensiwn, mydr, maint, maintioli; lled, hyd, uchder, dyfnder, taldra, trwch 2. *(brf.)* mesuro, chwilio, pwyso, asesu, arfarnu, gwerthuso

mesurlath *(enw)* gwialen fesur, ffon fesur, riwl, lliniadur, riwler

mesurydd *(enw)* mesurwr, peiriant mesur, meter

meth *(enw)* pall, diffyg, nam, gwall, amherffeithrwydd, mefl, ffael *perffeithrwydd*

methedig *(ans.)* efrydd, cloff, musgrell, analluog, llesg, diffygiol, methiannus *holliach*

methiant *(enw)* pall, ffaeledd, aflwyddiant, aflwydd *llwyddiant*

method *(enw)* dull, ffordd, modd, dull gweithredu, arfer

methu *(brf.)* ffaelu, pallu, diffygio, aflwyddo *llwyddo*

mewnol *(ans.)* domestig, cartref *allanol, tramor*

mewnwelediad *(enw)* mewnddirnadaeth, clem, dealltwriaeth *annealltwriaeth*

mi *(rhagenw)* fi, i, minnau, innau, finnau, myfi

mieri *(enw lluos.)* drysi, drain

mignen *(enw)* siglen, cors, corstir, sugnedd, morfa *crastir*

migwrn *(enw)* swrn, asgwrn y ffêr

mil *(enw)* 1. *(ben., lluos. - miloedd)* deg cant 2. *(gwr., lluos. - milod)* anifail, bwystfil, creadur, milyn *dyn, bod dynol*

milain 1. *(enw)* athrodwr, enllibiwr, adyn, cnaf, cenau, dihiryn, anwr *cyfaill* 2. *(ans.)* ffyrnig, cas, creulon, mileinig, bwystfilaidd, annynol, didostur, anwar, ysgeler, anfad, athrodus, llidiog, didrugaredd *caredig*

mileindra *(enw)* ffyrnigrwydd,

barbareiddiwch, creulondeb, ffieidd-dra, cieidd-dra, mocheidd-dra *caredigrwydd, boneddigeiddrwydd*

milwr *(enw)* rhyfelwr, ymladdwr, llengwr, cyrchfilwr, herwfilwr, ysgarmeswr

milwriaethus *(ans.)* gormesol, ymwthiol, ymladdgar, ymosodol, treisiol *diymhongar, anymwthiol*

milwrio *(brf.)* rhyfela, ymladd, gwrthwynebu, tanseilio *heddychu*

min *(enw)* 1. ymyl, cwr, ochr, goror, rhimyn *craidd, canol* 2. awch, blaen *pylni* 3. gwefus, mant

mingamu *(brf.)* gwepian, gwepio, tynnu gwep, tynnu wynebau, gwneud clemau

miniog *(ans.)* awchus, blaenllym, llym, awchlym, siarp *pŵl, di-fin*

mintai *(enw)* grŵp, trŵp, twr, torf, llu, corff, corfflu, cwmni, platŵn *cyfangorff*

mirain *(ans.)* glân, prydferth, glandeg, pert, prydweddus, hardd *hagr, diolwg*

mireinder *(enw)* glendid, prydferthwch, tegwch, harddwch, ceinder *hyllni, hagrwch*

miri *(enw)* hwyl, sbri, digrifwch, difyrrwch, rhialtwch, llawenydd, llonder *tristwch, galar*

misi *(ans.)* ffwdanus, ffyslyd, mursennaidd, trafferthus *didaro*

mochaidd *(ans.)* mochynnaidd, brwnt, afiach, budr, aflan, tomlyd, bawlyd *glân*

mocheidd-dra *(enw)* bryntni, budreddi, baw, aflendid *glanweithdra, glendid*

model *(enw)* patrwm, llun, delw

modelu *(brf.)* ffurfio, llunio, saernïo

modd *(enw)* dull, ffasiwn, ffordd, method, cyfrwng

moddion *(enw lluos.)* meddyginiaeth,

ffisig, cyffur, drygiau *(lluos.)*

moel 1. *(enw)* bryn, bryncyn, twmpath, ponc, cnwc, poncyn, poncen *gwastadedd, gwastatir* 2. *(ans.)* noeth, llwm, prin, penfoel

moes *(brf.)* rho, dyro, estyn, cyflwyna *hwde, cymer*

moesau *(enw lluos.)* ymddygiad, ymarweddiad

moesgar *(ans.)* cwrtais, boneddigaidd, talïaidd, ystyriol *di-foes, anghwrtais*

moesgarwch *(enw)* cwrteisi, boneddigeiddrwydd, boneddigeidd-dra *anfoesgarwch*

moeth *(enw)* moethusrwydd, amheuthun, esmwythyd, cysur *anghysur, llymdra*

moethus *(ans.)* glwth, danteithiol, amheuthun *llwm, tlawd*

mogi *(brf.)* mygu, tagu, llindagu

molawd *(enw)* canmoliaeth, cân o fawl, mawl, arwyrain *melltith, anfri*

mold *(enw)* mowld, llun, delw, patrwm, blaengynllun

moldio *(brf.)* llunio, saernïo, ffurfio, modelu *chwalu, difetha*

moli *(brf.)* moliannu, clodfori, canmol, addoli, anrhydeddu *dianrhydeddu, cablu*

moliannus *(ans.)* clodforus, canmoliaethus *cableddus, enllibus*

moliant *(enw)* mawl, clod, canmoliaeth *cabledd, difenwad*

mollt *(enw)* molltyn, llwdn dafad, gwedder *hwrdd, maharen*

monni *(brf.)* sorri, pwdu, llidio, llyncu mul *sirioli*

môr *(enw)* eigion, gweilgi, cefnfor, cyfanfor *tir mawr*

mordwyo *(brf.)* hwylio, mordeithio, morio

morfa *(enw)* cors, mignen, gwern, mignen, corstir, sugnedd *crastir*

morfran *(enw)* mulfran, bilidowcar, Wil wal waliog, llanciau Llandudno *(lluos.)*

morlo *(enw)* broch môr, moelrhon

morwyn *(enw)* merch, geneth, gwyry; llawforwyn, gwasanaethferch, caethferch, caethes *gwas*

moryd *(enw)* aber, morgainc, ffiord, culfor, cilfach, bae

mud *(ans.)* mudan, dileferydd, disiarad; tawel, distaw, di-sŵn *siaradus, parablus*

mudiad *(enw)* symudiad, ysgogiad, cyffroad; corff, sefydliad

mudo *(brf.)* symud, ymfudo *aros, rhosfeuo*

mudol *(ans.)* symudol, ymfudol *sefydlog, di-syfl*

mul *(enw)* mulsyn, mwlsyn, miwl; asyn

munud *(enw)* 1. *(ben./gwr., lluos. -munudau)* trigain eiliad 2. *(gwr., lluos. - munudiau)* arwydd, amnaid, nòd, ystum

mur *(enw)* gwal, pared, magwyr, caer, gwahanfur, llenfur, palis, canolfur

murddun *(enw)* adfail; gweddillion *(lluos.)*

murmur 1. *(enw)* grwgnach, cwyn, achwyniad, sŵn 2. *(brf.)* mwmial, grymial

mursen *(enw)* hoeden, coegen

mursendod *(enw)* hoedeniaeth, rhodres, ffwdan, maldod

mursennaidd *(ans.)* maldodaidd, annaturiol, llesg, ffwdanus, trafferthus, ffyslyd, misi *di-lol, didaro*

musgrell *(ans.)* 1. gwan, gwanllyd, egwan, eiddil, llesg, gwachul, llegach *cydnerth* 2. lletchwith, trwsgl, afrosgo, trwstan, carbwl, anghelfydd, annechau *dechau, celfydd*

musgrellni *(enw)* 1. musgrelli,

gwendid, eiddilwch, llesgedd cryfder 2. lletchwithdod, anfedrusrwydd *deheurwydd, medrusrwydd*

mwd *(enw)* llaid, llaca, baw, bwdel *sychdir*

mwdwl *(enw)* cocyn, tas, rhic, helm, bera, pentwr

mwll *(ans.)* mwrn, clòs, trymaidd, trymllyd, tesog, gwresog, mwygl *ffres*

mwmial *(brf.)* mwmian, myngial, mwngial, grymial, murmur

mwnwgl *(enw)* gwddf, gwddw, gwegil, gwar, gwddwg

mwrllwch *(enw)* niwl, tarth, nudden, caddug, niwlen *goleuni, eglurder*

mws *(ans.)* hen, diflas, wedi llwydo *ir, ffres*

mwstro *(brf.)* symud, cyffro, ymbrysuro, prysuro *segura, ofera*

mwstwr *(enw)* stŵr, sŵn, twrf, twrw, twrst, dadwrdd, ffwdan, cyffro, cynnwrf, terfysg *tawelwch*

mwyach *(adf.)* eto, byth mwy, o hyn allan, o hyn ymlaen, rhag llaw

mwyalchen *(enw)* mwyalch, aderyn du, pigfelen, merwys

mwydo *(brf.)* gwlychu, rhoi yng ngwlych, trochi, golchi *sychu*

mwydro *(brf.)* drysu, cymysgu, pensynnu, pensyfrdanu

mwydyn *(enw)* abwydyn, pryf genwair, llyngyren y ddaear

mwyn 1. *(enw)* metel 2. *(ans.)* mwynaidd, hynaws, rhadlon, tirion, boneddigaidd, caredig, tyner *anfwyn*

mwynder *(enw)* mwyneidd-dra, boneddigeiddrwydd, tynerwch, hynawsedd, rhadlondeb, addfwynder *mileindra, sarugrwydd*

mwyneiddio *(brf.)* 1. tirioni, tyneru *ffyrnigo* 2. troi'n fwyn, mwynhau, tecáu, hinoni *gerwino*

mwynglawdd *(enw)* chwarel, cloddfa, glofa, pwll glo

mwynhad *(enw)* mwyniant, pleser, hyfrydwch *tristwch*

mwynhau *(brf.)* 1. cael blas/pleser/mwynhad *tristáu* 2. troi'n fwyn, mwyneiddio *gerwino*

mwynwr *(enw)* chwarelwr, glöwr

mwys *(ans.)* amwys, aneglur, amhenodol, amhendant *eglur, clir*

mwythau *(enw lluos.)* moethau *(lluos.)*, anwes, maldod *camdriniaeth*

mwytho *(brf.)* tolach, anwylo, anwesu, maldodi, coleddu, cofleidio *cam-drin*

mydryddiaeth *(enw)* barddoniaeth, prydyddiaeth, awenyddiaeth *rhyddiaith*

mydryddu *(brf.)* mydru, barddoni, prydyddu, cyfansoddi barddoniaeth, awenyddu, rhigymu

myfiaeth *(enw)* hunanoldeb, cysêt, hunan-dyb *anhunanoldeb*

myfiol *(ans.)* hunanol, cysetlyd, hunandybus *anhunanol*

myfyrdod *(enw)* meddwl, ystyriaeth, astudiaeth, efrydiaeth, synfyfyr

myfyrgar *(ans.)* darllengar, ystyriol, myfyriol *anystyriol, di-ddysg*

myfyrio *(brf.)* ystyried, cysidro, darllen, astudio, efrydu, synfyfyrio, dysgu

myfyriwr *(enw)* efrydydd, disgybl *athro, darlithydd*

myglyd *(ans.)* mwrn, clòs, trymaidd, trymllyd *ffres*

mygu *(brf.)* 1. creu mwg, ysmygu, smocio 2. mogi, tagu, llethu

mygydu *(brf.)* tywyllu, dallu

mygyn *(enw)* ysmygiad, smôc

myngial *(brf.)* mwngial, mwmial, mwmian, grymial, murmur

myllni *(enw)* mwrndra, trymedd, trymder, syrthni *sioncrwydd; ffresni*

myllu *(brf.)* mwrno, trymhau, mynd yn glòs *tecáu, hinoni*

mympwy *(enw)* chwiw, chwilen yn ei ben, gwamalwch, anwadalwch, oferdyb, dychymyg

mympwyol *(ans.)* gwamal, chwit-chwat, di-ddal, anwadal, cwicsotaidd *sad, dianwadal*

mymryn *(enw)* gronyn, tipyn, tamaid, dernyn, pisyn *cyfanrwydd, crynswth*

mynachlog *(enw)* mynachdy, cwfaint, abaty, clas, clwysty, priordy, brodordy *lleiandy*

mynawyd *(enw)* pegor, bradol, tylliedydd, tyllwr

mynd *(brf.)* myned, cerdded, rhodio, gadael, ymadael, cilio, symud *dod, cyrraedd*

mynedfa *(enw)* 1. ffordd i mewn *allanfa* 2. tramwyfa

mynediad *(enw)* 1. trwydded, dyfodfa 2. symudiad, ymadawiad *dyfodiad, cyrhaeddiad*

mynegai *(enw)* mynegair, indecs, dangoseg, rhestr gynnwys

mynegfys *(enw)* 1. bys cyntaf 2. arwydd, nod, mynegbost

mynegi *(brf.)* traethu, cyfleu, cynrychioli, adrodd, dweud *tewi*

mynegiant *(enw)* traethiad, cyflead, portread, ffordd o ddweud

mynnu *(brf.)* hawlio, dymuno, ewyllysio

mynor *(enw)* marmor, maen clais

mynwent *(enw)* claddfa, erw Duw

mynwes *(enw)* cofl, côl, bron, dwyfron, brest

mynwesol *(ans.)* agos, cynnes, annwyl, cu, caruaidd, caredig, cariadus *diserch, sarrug*

mynwesu *(brf.)* cofleidio, anwesu, anwylo, coleddu *cam-drin,* *camdrafod*

mynych *(ans.)* aml, cyson *anfynych*

mynychu *(brf.)* cyrchu, cyniwair, cyniweirio, mynd yn gyson, ymweld yn aml

myrdd *(enw)* myrddiwn, lliaws, llu, rhif diderfyn

mysgu *(brf.)* datglymu, datod, rhyddhau, dad-wneud *clymu, rhwymo*

n

nacâd *(enw)* gwrthodiad, gomeddiad, gwadiad *cadarnhad, caniatâd*

nacáu *(brf.)* gwrthod, gomedd, gwarafun, gwadu *cadarnhau, caniatáu*

nâd *(enw)* llef, oernad, dolef, cri, ysgrech, bloedd, udiad

nadu *(brf.)* 1. udo, oernadu 2. na adu, gwrthod, atal, lluddias, rhwystro, stopio *caniatáu*

nadwr *(enw)* llefwr, bloeddiwr, galwr, gwaeddwr, crïwr

naddion *(enw lluos.)* crafion, creifion, pilion, ysgrafion

naddu *(brf.)* torri, cymynu, hacio, asglodi

Naf *(enw)* Nêr, Arglwydd, Duw, Duwdod, Iôn, Iôr

naid (enw) llam, ysbonc

naïf *(ans.)* diniwed, ffôl, gwirion, naturiol *cyfrwys, dichellgar*

naïfrwydd *(enw)* diniweidrwydd, gwiriondeb, ffolineb *cyfrwystra, callineb*

nain *(enw)* mam-gu, henfam *taid*

nam *(enw)* bai, mefl, diffyg, amherffeithrwydd, gwall, gwendid, nod *perffeithrwydd*

namyn *(ardd.)* ar wahân i, ac eithrio, ond, oddieithr

nant *(enw)* cornant, ffrwd, ffrydlif, afonig

napcyn *(enw)* cadach, neisied, hances, lliain, cewyn, macyn

natur *(enw)* naws, tymer, anian, naturiaeth, cymeriad, anianawd

naturiol *(ans.)* arferol, digymell, gwirioneddol, dilys *annaturiol*

naturus *(ans.)* tymherus, dig, llidiog, llidus, â natur fach, mewn tymer ddrwg *hynaws, rhadlon*

nawdd *(enw)* diogelwch, amddiffyniad, lloches, cefnogaeth, anogaeth, nawddogaeth, cymorth *ymosodiad*

nawddoglyd *(ans.)* nawddogol, ymostyngol

nawn *(enw)* canol dydd, canolddydd, hanner dydd

nawr *(adf.)* yn awr, yrŵan, rŵan, yr awron, weithion, weithian, bellach, erbyn hyn *nes ymlaen*

naws *(enw)* teimlad, tymheredd, blas, natur, cymeriad

nawseiddio *(brf.)* tymheru, tyneru, tempru, lleddfu, lliniaru, tirioni *gwaethygu*

neb *(enw)* un, yr un, rhywun, unrhyw un, dim un

nef *(enw)* paradwys, gwynfa, gwynfyd, nefoedd *(lluos.)* **uffern, annwn**

nefolaidd *(ans.)* paradwysaidd, perffaith, nefol *dieflig*

neges *(enw)* cenadwri, busnes

negesa *(brf.)* negeseua, siopa

negesydd *(enw)* cennad, cenhadwr; angel

neidio *(brf.)* 1. sboncio, llamu, dychlamu 2. curo, poeni

neilltu *(enw)* naill ochr, ochr draw, un ochr

neilltuedig *(ans.)* ar wahân, o'r neilltu

neilltuo *(brf.)* gwahanu, ysgar, ymwahanu, gosod o'r neilltu *uno, ymuno*

neilltuol *(ans.)* arbennig, penodol

neilltuolion *(enw lluos.)* arbenigion, nodweddion, manylion, priodoleddau

neis *(ans.)* dymunol, hyfryd, amheuthun, melys *annymunol, cas*

neisied *(enw)* cadach poced, hances, macyn poced, ffunen, nicloth

nemor *(ans.)* prin, braidd

nen *(enw)* 1. awyr, wybr, wybren, ffurfafen *daear* 2. nenfwd *llawr* 3. to, brig *gwaelod, sylfaen*

nepell *(ans.)* pell, pellennig, ymhell, anghysbell, hirbell *agos*

Nêr *(enw)* Naf, Duw, Duwdod, Arglwydd, Iôn, Iôr

nerfus *(ans.)* ofnus, dihyder, pryderus, gofidus, sensitif, teimladwy *di-ofn, eofn*

nerfusrwydd *(enw)* ofn, swildod, anhyder *hyder*

nerth *(enw)* grym, cryfder, gallu, pŵer, grymuster, cadernid *gwendid, llesgedd*

nerthol *(ans.)* cryf, cydnerth, cadarn, grymus, galluog *gwan, llesg*

nerthu *(brf.)* cryfhau, grymuso, galluogi, cadarnhau, ategu, cefnogi, cryffa *gwanhau*

nes 1. *(ans.)* mwy agos *pellach* 2. *(adf.)* tan, hyd, hyd nes, hyd oni

nesáu *(brf.)* nesu, agosáu, dynesu, dod/mynd yn nes *ymadael, cilio*

neu *(cys.)* ynteu, ai, naill ai

neuadd *(enw)* 1. plas, plasty, tŷ plas *hofel, penty* 2. mynediad, cyntedd *allanfa*

newid 1. *(enw)* gwahaniaeth, newidiad 2. *(brf.)* cyfnewid *cadw*

newydd 1. *(enw)* newyddion, gwybodaeth ffres, hanes diweddar, stori newydd 2. *(ans.)* ffres, ir, gwahanol, anghyfarwydd, arall *hen*

newyddian *(enw)* nofis, dechreuwr, dysgwr *hen law*

newyn *(enw)* chwant/eisiau bwyd, cythlwng; prinder bwyd *gloddest, gwledd*

newynog *(ans.)* â chwant bwyd, ag

eisiau bwyd, llwglyd, ar ei gythlwng

newynu *(brf.)* bod â chwant bwyd, clemio, starfio, llwgu, llewygu *gwledda, gloddesta*

ni *(rhagenw)* ninnau, nyni

nico *(enw)* eurbinc, teiliwr Llundain, telorLlundain, peneuryn

nifer *(enw)* rhif, rhifedi, llawer

niferus *(ans.)* aml, lluosog, nifeiriog, toreithiog, helaeth *prin, ychydig*

nithio *(brf.)* gwyntyllu, rhannu, ysgar, dosbarthu, gwahanu *cymysgu, uno*

niwed *(enw)* drwg, cam, colled, anaf, difrod *iachâd*

niweidio *(brf.)* anafu, brifo, drygu, amharu, difrodi, gwneud cam/niwed *iacháu, trwsio*

niweidiol *(ans.)* andwyol, peryglus *diogel, diberygl*

niwl *(enw)* nifwl, niwlen, tarth, caddug, nudden, mwrllwch, tawch

niwlog *(ans.)* niwliog, aneglur, anghlir, caddugol, myglyd *clir*

niwsans (enw) pla, poendod, bodder, dannoedd, trafferth *bendith, mantais*

nobl *(ans.)* urddasol, bonheddig, pendefigaidd; ardderchog, gwych, braf *gwael, taeogaidd*

nod *(enw)* 1. amcan, pwrpas, cyfeiriad, annel 2. marc, arwydd

nodedig *(ans.)* arbennig, neilltuol, anarferol, anghyffredin, amlwg, hynod, rhyfedd *di-nod, diddrwg-didda*

nodi *(brf.)* arwyddo, dangos, cofnodi, sylwi

nodiad *(enw)* nod, cofnod, cyfrif, sylwadaeth

nodwedd *(enw)* arbenigrwydd, hynodrwydd

nodweddiadol *(ans.)* priodol, arbennig *annodweddiadol*

nodyn *(enw)* llythyr, nodiad, neges,

cofnod

nodd *(enw)* sudd, sug, sugn

nodded *(enw)* nawdd, amddiffyniad, diogelwch *ymosodiad, bygwth*

noddfa *(enw)* lle diogel, cysgod, diddosfa, lloches

noddi *(brf.)* amddiffyn, diogelu, cysgodi, llochesu, cefnogi, nawddogi, coleddu *tanseilio, bygwth*

noddwr *(enw)* amddiffynnwr, coleddwr, diogelwr, cefnogwr, gwarcheidwad *ymosodwr, tanseiliwr*

noeth *(ans.)* noethlymun, diddillad; llwm, moel, prin *wedi gwisgo*

noethni *(enw)* noethder, llymder, llymdra, moelni, prinder *dillad; cyfoeth*

nogio *(brf.)* strancio, gwrthod mynd, llusgo traed *cytuno*

nôl *(brf.)* ymofyn, cyrchu, ceisio, dwyn, dod â, hôl, hercyd *cymryd, mynd â*

nonsens *(enw)* ffwlbri, lol, twpdra, dwli, gwiriondeb, ynfydrwydd, ffolineb *pwyll, callineb*

normal *(ans.)* arferol, safonol, cyffredin *annormal, anarferol*

nos *(enw)* noswaith, tywyllwch, noson *dydd*

nosol *(ans.)* beunos, bob nos *beunyddiol*

noson *(enw)* noswaith, min nos, diwedydd, nos, brig y nos, gyda'r nos, erbyn nos *bore bach*

noswylio *(brf.)* cadw noswyl, gorffwys gyda'r nos, gadael gwaith

nudd *(enw)* nudden, niwl, niwlen, tarth, caddug, mwrllwch, tawch

nwyd *(enw)* gwŷn, angerdd, gwylltineb, traserch, cyffro, natur ddrwg, tymer *tawelwch, llonyddwch*

nwydus *(ans.)* nwydol, angerddol, tanbaid, selog, brwd, eiddgar, brwdfrydig *difraw, llonydd*

nwydd *(enw)* defnydd, peth, deunydd, eitem

nwyf *(enw)* nwyfiant, egni, ynni, hoen, bywiogrwydd, sioncrwydd, bywyd *anegni, cysgadrwydd*

nwyfus *(ans.)* bywiog, hoenus, sionc, hoyw, llon, llawen, heini *swrth, difywyd*

nychdod *(enw)* nych, gwendid, eiddilwch, llesgedd *cryfder, nerth*

nychlyd *(ans.)* llesg, llegach, eiddil, gwan, gwanllyd, gwachul, musgrell *cryf, nerthol*

nychu *(brf.)* dihoeni, curio, llesgáu, gwanhau, gwanychu *cryfhau*

nyddreg *(enw)* nyddwr bach, troellwr bach, gwich hedydd

nyddu *(brf.)* corddeddu, cyfrodeddu, troelli, troi, cymhlethu, gwau/gweu *datod, mysgu*

nyrs *(enw)* mamaeth, gweinyddes

nythu *(brf.)* ymgartrefu, ymsefydlu, anheddu, rhosfeuo, plwyfo *crwydro*

oblegid *(cys./ardd.)* oherwydd, am, o achos, gan

obry *(adf.)* isod, oddi tanodd, yn y dyfnderoedd *fry, uchod*

ocsiwn *(enw)* acsiwn, gwerthiant, arwerthiant, sêl

ochain *(brf.)* ochneidio, griddfan, cwyno, cwynfan *chwerthin, llawenhau*

ochenaid *(enw)* griddfan, cwyn *chwarddiad*

ochr *(enw)* ystlys, min, ymyl, tu, glan, rhimyn *canol, craidd*

ochri *(brf.)* pleidio, ffafrio, bod o du/ar ochr, cymryd rhan/ochr

od *(ans.)* hynod, rhyfedd, anarferol, anghyffredin *cyffredin, arferol*

odiaeth *(ans.)* rhagorol, anghyffredin, iawn, dros ben, ar y naw

odid *(adf.)* prin, braidd *tegygol annhebygol*

oddeutu *(ardd./adf.)* o boptu, o amgylch, o gylch, oddi amgylch, tua, ynghylch, o gwmpas, o beutu, amgylch ogylch, am

oddieithr *(ardd.)* ond, oni, onis, os na; ar wahân i, ac eithrio

oed *(enw)* 1. *(lluos. - oedrannau)* oedran, oes, henaint 2. *(lluos.- oedau)* penodiad, trefniad, cyhoediad

oedfa *(enw)* cyfarfod, cymanfa, cwrdd

oedi *(brf.)* gohirio, cadw'n ôl, ymdroi *prysuro, cyflymu*

oedrannus *(ans.)* hen, mewn gwth o oedran *ifanc*

oer *(ans.)* anghynnes, oeraidd, oerllyd, anwydog, rhynllyd, fferllyd, di-wres; dideimlad, anghyfeillgar *cynnes, gwresog*

oerfel *(enw)* oerni, oerder, oerin, diffyg gwres; melltith *gwres*

oergell *(enw)* rhewgell, cwpwrdd rhew, cist oer

oernad *(enw)* oergri, bloedd, nâd, cri, llef, ysgrech, dolef, udiad, cwyn, gawr, gwaedd, bonllef, crochlef

oernadu *(brf.)* ysgrechain, ysgrechian, bloeddio, gweiddi, llefain, nadu, crio, udo, cwynfan

oes *(enw)* bywyd, adeg, amser, cyfnod, einioes, dydd

oesi *(brf.)* byw, goroesi, trigo, bod, preswylio *marw*

oesol *(ans.)* parhaol, parhaus, bythol, tragwyddol, di-baid, di-ball, di-lyth *diflanedig, dros dro*

ofer *(ans.)* segur, gwastraffus, seithug *buddiol, manteisiol*

ofera *(brf.)* segura, diogi, lolian, sefyllian, gorweddian, gwagsymera, gwybeta *gweithio, ymbrysuro*

oferedd *(enw)* afradlonedd, gwagedd, gwegi s*adrwydd, sobrwydd*

ofergoel *(enw)* ofergoeliaeth, ofergoeledd, coelgrefydd, cred ddi-sail

oferwr *(enw)* diogyn, dyn gwastraff, dyn diffaith, afradwr, seguryn, segurwr *gweithiwr*

ofn *(enw)* dychryn, braw, arswyd, echryd, cryndod *dewrder*

ofnadwy *(ans.)* dychrynllyd, brawychus, arswydus, erchyll, echrydus, echryslon, echrys

ofni *(brf.)* arswydo, brawychu, dychryn, dychrynu, cael ofn

ofnus *(ans.)* swil, anhyderus, dihyder, petrus, ofnog, nerfus, petrusgar *dewr, di-ofn*

offeiriad *(enw)* clerigwr, pregethwr,

ficer, rheithor, curad, diacon, gweinidog, efengylydd, person *lleygwr*

offeryn *(enw)* erfyn, arf, celficyn, twlsyn

offrwm *(enw)* aberth, rhodd, cyflwyniad, cysegriad, cyfraniad

offrymu *(brf.)* aberthu, cyflwyno, cysegru, rhoi, rhoddi, cyfrannu *cymryd*

ogedu *(brf.)* llyfnu, gwastatáu, lefelu *crychu*

ongl *(enw)* cornel, congl

oherwydd *(cys.)* oblegid, o achos, gan, am, ar sail, yn sgîl, o ganlyniad i

ôl 1. *(enw)* nod, marc 2. *(ans.)* dilynol *blaenorol, blaen*

olrhain *(brf.)* dilyn, chwilio am; copïo, dargopïo, amlinellu

olwyn *(enw)* rhod, cylchdro, tröell, cylch

olyniaeth *(enw)* dilyniad, dilyniant, rhes, cyfres

olynol *(ans.)* dilynol, canlynol

olynu *(brf.)* dilyn, canlyn *rhagflaenu, blaenori*

olynydd *(enw)* olynwr, dilynydd, canlynwr *rhagredegydd, rhagflaenwr*

ond *(cys.)* onid, eithr, oddieithr, unig, yn unig, ar wahân i, ac eithrio

oni *(cys.)* onid, onis, hyd, nes, tan, hyd nes, os na

optimistaidd *(ans.)* gobeithiol, llawn gobaith, siriol *pesimistaidd*

optimistiaeth *(enw)* gobaith, hyder, sirioldeb *pesimistiaeth*

oraclaidd *(ans.)* doeth, call, gwybodus, hollwybodus *di-glem*

ordeiniad *(enw)* sefydliad, urddiad

ordeinio *(brf.)* sefydlu, urddo

ordinhad *(enw)* sagrafen, trefn, sacrament

orgraff *(enw)* sillafiaeth, llythyraeth

oriadur *(enw)* oriawr, wats, waets; cloc

oriel *(enw)* llofft, galeri *llawr*

orig *(enw)* ennyd, encyd, talm, ysbaid, cyfnod/amser byr *oes*

oriog *(ans.)* di-ddal, chwit-chwat, gwamal, anwadal, annibynadwy, anghyson, cyfnewidiol *dibynadwy*

osgo *(enw)* ymarweddiad, ystum, agwedd, gwedd

osgoi *(brf.)* gochel, gochelyd, ymochel/gofalu/gwylio/cadw/ ymgroesi/ymswyno/ymgadw rhag *croesawu*

p

pabell *(enw)* lluest, bwth, pafiliwn
pabellu *(brf.)* lluestu, gwersylla
pabwyr 1. *(enw)* carth, carthyn, llinyn cannwyll 2. *(enw lluos., ben.)* brwyn, llafrwyn, pabir
pac *(enw)* pecyn, sypyn, bwndel, pwn, swp, baich, parsel, paced
pacio *(brf.)* bwndelu, parselu, sypio, sypynnu *dadbacio*
padell *(enw)* cawg, basn, llestr
pae *(enw)* tâl, cyflog, enillion *(lluos.)*, incwm
pafin *(enw)* palmant, llwybr troed, troedffordd *ffordd*
paffio *(brf.)* bocsio, ymladd, cwffio, dyrnu, dyrnodio
paffiwr *(enw)* bocsiwr, cwffiwr, ymladdwr
pagan *(enw)* cenedl-ddyn, anghredadun, anghredwr, anffyddiwr *credadun*
paganaidd *(ans.)* annuwiol, anghristnogol, di-gred *crediniol*
paganiaeth *(enw)* anffyddiaeth, anghrediniaeth *crediniaeth, ffydd*
pang *(enw)* pangfa, ffit, pwl, haint, ysfa, chwiw, gwasgfa
paill *(enw)* 1. llwch blodyn 2. can, blawd, fflŵr, peilliad
pair *(enw)* crochan, callor, berwedydd
paith *(enw)* gwastatir, gweundir, porfa *mynydd-dir*
pâl *(enw)* 1. *(ben., lluos. - palau)* rhaw; sgleis, llwyarn, shefl 2. *(gwr., lluos. - palod)* cornicyll y dŵr, pwffin
paladr *(enw)* 1. pelydryn, llygedyn o olau, llewyrch, fflach *tywyllwch, gwyll* 2. gwaywffon, picell, bêr
palas *(enw)* plasty, neuadd, tŷ plas *hofel, penty*

palf *(enw)* pawen, tor llaw, cledr y llaw
palfalu *(brf.)* teimlo, ymbalfalu
palfod *(enw)* clewten, slap, bonclust, cernod
palfodi *(brf.)* lewtian, slapio, clewtian, ergydio, rhoi bonclust, cernodio
palis *(enw)* gwal, pared, gwahanfur, canolfur
palmant *(enw)* pafin, llwybr troed, troedffordd *ffordd*
palu *(brf.)* palo, rhofio, troi'r tir, cloddio
pall *(enw)* diffyg, bai, nam, methiant, ffaeledd, eisiau, gwall *perffeithrwydd, gweithrediad*
pallu *(brf.)* nacáu, gwrthod, gomedd, darfod, methu, ffaelu *gweithredu, gweithio*
pamffled *(enw)* pamffledyn, llyfryn
panel *(enw)* 1. palis, gwal 2. bwrdd, corff, pwyllgor
pant *(enw)* dyffryn, glyn, cwm, pannwl, gostyngiad, tolc
pâr *(enw)* dau, cwpl
para *(brf.)* parhau, dal ati, dyfalbarhau, mynd/bwrw ymlaen, pannu wrthi, ymddál *peidio*
parabl *(enw)* llafar, lleferydd, ymadrodd, araith, ymddiddan, sgwrs, traethiad *mudandod*
parablu *(brf.)* siarad, traethu, llefaru, areithio, mynegi, datgan, adrodd *tewi*
parablus *(ans.)* siaradus, tafodrydd, llawn cleber, fel pwll tro/melin glap/pwll y môr *dywedwst, di-ddweud*
paradocs *(enw)* gwrthddywediad, gwrthdyb, anghysondeb, pos, enigma, croesddywediad, gwrtheb

normalrwydd, cysondeb

paradocsaidd *(ans.)* anghyson, afresymegol, afreolaidd *rheolaidd, normal*

paradwys *(enw)* nef, nefoedd *(lluos.),* gwynfa, gwynfyd *uffern, annwn*

paradwysaidd *(ans.)* nefolaidd, perffaith, nefol, gwynfydedig *dieflig*

paratoad *(enw)* darpariaeth, darpar, ymbaratoad, rhagbaratoad

paratoi *(brf.)* ymbaratoi, rhagbaratoi, darpar, darparu *chwalu, dinistrio*

parc *(enw)* 1. gardd bleser, cae chwarae 2. cae, gweirglodd, dôl

parch *(enw)* ystyriaeth, hoffter, serch, anrhydedd, bri, parchusrwydd *anfri, sarhad*

parchu *(brf.)* anrhydeddu, edmygu, perchi, meddwl yn fawr o, gwneud sylw *amharchu*

parddu *(enw)* huddygl, tropas, swt, smwt

pardduo *(brf.)* duo, athrodi, lladd ar, beirniadu, ymosod ar, difenwi, enllibio, absennu *clodfori, canmol*

pared *(enw)* gwal, gwahanfur, palis, canolfur; mur, magwyr

parêd *(enw)* gorymdaith, ymddangosfa, ymdaith, pasiant

parhaol *(ans.)* parhaus, cyson, di-baid, di-ball, di-lyth, gwastadol, bythol *diflanedig, darfodedig*

parhau *(brf.)* para, dal ati, mynd/bwrw ymlaen, dyfalbarhau, pannu wrthi *peidio, pallu*

parlysu *(brf.)* cloffi, llesteirio *hyrwyddo, hwyluso*

parod *(ans.)* bodlon, ewyllysgar, o wirfodd *amharod*

parodi *(enw)* efelychiad, dychan

parodrwydd *(enw)* bodlonrwydd, ewyllysgarwch *amharodrwydd*

parsel *(enw)* pac, pecyn, swp, sypyn,

bwndel

parti *(enw)* 1. mintai, grŵp, twr *cyfangorff* 2. dathliad, hwyl, sbri *galar, gofid*

partïol *(ans.)* pleidiol, pleidgar, ymbleidiol *amhleidgar, diduedd*

partner *(enw)* cymar, ffrind, cyfaill, cydweithiwr, cydymaith, cydweithredwr *gwrthwynebydd, gelyn*

partneriaeth *(enw)* cydweithrediad, busnes, cwmni, cymdeithas *gelyniaeth*

parth *(enw)* 1. ardal, dosbarth, bro 2. llawr

parthed *(ardd.)* mewn perthynas â, ynglŷn â, ynghylch, am, mewn cysylltiad â

pasiant *(enw)* parêd, rhwysg, rhith, arddangosiad, gorymdaith, ymdaith

pastwn *(enw)* pren, ffon, trensiwn

patent *(enw)* breinlythyr, breinlen; siartr

patrwm *(enw)* patrwn, model, llun, delw, cynllun, math, esiampl

pawb *(enw)* pob un, pob person, pob copa gwalltog, pob enaid byw, oll, y cwbl *neb*

pawennu *(brf.)* crafangu, byseddu, teimlo, palfalu

pawl *(enw)* polyn, post, trostan, colofn

pecyn *(enw)* pac, parsel, swp, sypyn, bwndel, paced

pechadur *(enw)* troseddwr, tramgwyddwr, drwgweithredwr, pechwr *sant, angel*

pechadurus *(ans.)* drwg, troseddol, tramgwyddus, gwydlawn, anfad, annuwiol *perffaith, bucheddol*

pechod *(enw)* drwg, drygioni, gwŷd, trosedd, tramgwydd, anfadwaith, annuwioldeb *perffeithrwydd*

pechu *(brf.)* troseddu, tramgwyddo,

torri cyfraith

pedrain *(enw)* crwper, ffolen

pefrio *(brf.)* serennu, digleirio, pelydru, tywynnu, fflachio **tywyllu, pylu**

pefriol *(ans.)* disglair, llachar, llathr, gloyw, claer, pefr **pŵl, dilewyrch**

pegwn *(enw)* eithaf, terfyn, pen draw

peidio *(brf.)* gadael, ymwrthod â, ymatal rhag, aros, sefyll, atal **parhau**

peilot *(enw)* llywiwr, awyrennwr, hedfanwr, ehedwr

peilliad *(enw)* blawd gwenith, blawd mân, can, fflŵr

peintio *(brf.)* lliwio, arlunio, darlunio

peintiwr *(enw)* arlunydd, artist

peiriannol *(ans.)* annaturiol, prennaidd, stiff **naturiol**

peiriant *(enw)* injin, injan, modur

peirianyddol *(ans.)* mecanyddol, peirianegol; gwyddonol

peiswyn *(enw)* siàff, us, manus, hedion/cibau/rhuddion/rhuchion/torion *(lluos.)*, brot

pêl (enw) pelen, sffêr, glôb

pelten *(enw)* dyrnod, ergyd, bonclust, cernod, clewten, slap, clewt

pelydru *(brf.)* tywynnu, digleirio, pefrio, serennu, fflachio **tywyllu, pylu**

pelydryn *(enw)* paladr, llygedyn o oleuni, fflach, llewyrch **tywyllwch, gwyll**

pell *(ans.)* nepell, hirbell, pellennig, anghysbell **agos**

pellhau *(brf.)* ymbellhau, cilio, ymgilio, ymadael, gadael **cyrraedd, dynesu**

pen 1. *(enw)* diwedd, copa, brig, blaen, safn, ceg **troed, gwaelod** 2. *(ans.)* prif, pennaf, arch-

penadur *(enw)* teyrn, brenin, arweinydd, llywodraethwr, rheolwr, pennaeth

penaduriaeth *(enw)* penarglwyddiaeth, unbennaeth, sofraniaeth

penagored *(ans.)* amhenodol, amhendant; ar agor led y pen **pendant, penodol**

penbaladr *(adf.)* o ben bwy gilydd, yn llwyr, yn gyfan gwbl

penbleth *(enw)* dryswch, amheuaeth, petruster, cyfyng-gyngor **eglurder**

penboeth *(ans.)* gorselog, tanbaid, digyfaddawd, goreiddgar, brwdfrydig, brwd, angerddol **rhesymol**

penboethni *(enw)* ffanatigiaeth, brwdfrydedd, sêl, eiddgarwch **rhesymoldeb**

penboethyn *(enw)* ffanatig, eithafwr

penbwl 1. *(enw)* penbwla, hurtyn, delff, twpsyn, llabwst, lleban, llaprwth **athrylith** 2. *(ans.)* dwl, twp, ynfyd, pendew, gwirion, hurt, ffôl **peniog, clyfar**

pencadlys *(enw)* canolfan, prif swyddfa **cangen**

pencampwr *(enw)* buddugwr, enillwr, arwr **collwr**

pencawna *(brf.)* ofera, swmera, segura, gwybeta, ymdroi, sefyllian, clertian **gweithio, ymbrysuro**

penchwiban *(ans.)* syfrdan, pensyfrdan, anwadal, oriog, chwitchwat, di-ddal, penwan **dibynadwy**

penchwidr *(ans.)* penchwiban, gwyllt, byrbwyll, anystyriol **ystyriol, call**

pendant *(ans.)* penderfynol, diamheuaeth, terfynol, diamwys, diau, sicr, di-ddadl **amhendant**

pendantrwydd *(enw)* sicrwydd, sicrhad, gwybodaeth siŵr **amhendantrwydd**

pendefig *(enw)* bonheddwr, arglwydd, aristocrat **taeog, gwerinwr**

pendefigaeth *(enw)* aristocratiaeth,

gwaed glas, bonheddwyr/byddigions
(lluos.) **y werin**

pendefigaidd *(ans.)* bonheddig,
urddasol, haelfrydig, anrhydeddus,
aristocrataidd **gwerinol**

penderfynol *(ans.)* di-droi'n-ôl, di-
ildio, digyfaddawd, pendant
amhendant, dibenderfyniad

pendew *(ans.)* twp, penbwl, dwl, hurt,
syfrdan, pensyfrdan **hirben, peniog**

pendifadu *(brf.)* mwydro, drysu,
syfrdanu, hurtio **callio, ymbwyllo**

pendifaddau *(adf.)* yn ddiau,
diamheuol, pendant, sicr, siŵr, gwir
efallai, hwyrach

pendramwnwgl *(ans.)* blith
draphlith, bendraphen, wyneb i
waered, mewn anhrefn, hwp-di-hap,
strim-stram-strellach, llwrw ei ben
trefnus

pendrist *(ans.)* penisel, digalon, trist,
pruddglwyfus, athrist, prudd, alaethus
hapus, llon

pendro *(enw)* pensyfrdandod,
madrondod, penddaredd,
penfeddwdod, dot

pendroni *(brf.)* gofidio, poeni, becso
ymlawenhau

pendrwm *(ans.)* cysglyd, swrth, blin,
wedi blino, blinedig, marwaidd **effro**

pendrymu *(brf.)* pendwmpian, hepian,
amrantuno, hanner cysgu **deffro,
dihuno**

penddar *(enw)* penddaredd, pendro,
dot, madrondod

pendduyn *(enw)* cornwyd, clewyn,
llinoryn, ploryn

peneuryn *(enw)* eurbinc, nico,
teiliwr/telor Llundain

penfas *(ans.)* dwl, twp, hurt, pendew,
penbwl, gwirion **clyfar, craff**

penfeddw *(ans.)* penchwiban,
penysgafn

penfelyn *(enw)* melyn yr eithin, llinos
benfelen, deryn penfelyn

penffrwyn *(enw)* penffestr, penffust,
mwsel, cebystr, pennor

pengaled *(ans.)* pengadarn, penstiff,
pengam, pengryf, anystwyth,
anhyblyg, digyfaddawd **ystwyth,
hyblyg**

pen-glin *(enw)* glin, pen-lin

penigamp *(ans.)* rhagorol, nobl y byd,
gwych, ysblennydd, campus,
ardderchog, bendigedig **symol**

peniog *(ans.)* clyfar, medrus, galluog,
gwybodus, llygatgraff, â llygaid yn ei
ben **dwl, twp**

penisel *(ans.)* trist, pendrist, a'i ben yn
ei blu, digalon, prudd, pruddglwyfus,
iselysbryd **llawen, llon**

penlinio *(brf.)* plygu glin, plygu;
gwargamu, gwargrymu, gwarro
ymsythu

penllywydd *(enw)* arglwydd,
penadur, pennaeth **deiliad**

pennaeth *(enw)* arweinydd, blaenor,
pen (*ben.* - penaethes) **dilynwr**

pennaf *(ans.)* prif, pen-, arch-, carn-

pennawd *(enw)* testun, teitl

pennog *(enw)* ysgadenyn, penwag

pennor *(enw)* 1. *(gwr.)* penffrwyn 2.
(ben.) clwyd, llidiart, iet, gât, giât

pennu *(brf.)* penderfynu, terfynu,
sefydlu, penodi

penodi *(brf.)* trefnu, nodi, dewis,
dethol, ethol, cyfethol, enwi, enwebu

penodiad *(enw)* dewisiad, detholiad

penodol *(ans.)* arbennig, neilltuol
amhenodol

penrhydd *(ans.)* llac, ofer, gwyllt,
direolaeth, diddisgyblaeth, afreolus,
annosbarthus **disgybledig**

penrhyddid *(enw)* rhyddid llwyr,
rhwydd hynt **disgyblaeth**

penrhyn *(enw)* pentir, penmaen

pensach (enw) chwyddi pen, y
dwymyn doben

pensiwn (enw) lwfans, lŵans,
blwydd-dal

penstiff (ans.) ystyfnig, stwbwrn,
pengaled, pengam, digyfaddawd,
pengryf, pengadarn *ystwyth, hyblyg*

penswyddog (enw) prif swyddog,
pennaeth

pensyfrdan (ans.) penchwiban,
penfeddw, penysgafn; hurt, dwl, twp
pwyllog

pensyfrdandod (enw) penfeddwdod,
madrondod, dot, syndod

pensyfrdanu (brf.) mwydro, synnu,
hurto, hurtio, drysu

pensynnu (brf.) synfyfyrio,
breuddwydio, delwi, gwlana *deffro,
dihuno*

penteulu (enw) tad, pen tylwyth, pen
cenedl, patriarch

pentir (enw) penrhyn, talar, penmaen

pentwr (enw) twr, carnedd, crug,
crugyn, twmpath, llwyth

penty (enw) bwthyn, bwth, caban, cut,
cwt, lluest *palas, plasty*

pentyrru (brf.) crugio, casglu,
crynhoi, ymgynnull, cruglwytho,
cronni, hel *chwalu, gwasgaru*

penuchel (ans.) balch, ffroenuchel,
snobyddlyd, trahaus, uchel-ael
diymhongar

penwan (ans.) penbwl, penchwiban,
pensyfrdan, syfrdan, anwadal,
gwirion, penboeth *call, doeth*

penwar (enw) pennor, penffrwyn,
mwsel

penwendid (enw) pensyfrdandod,
gwiriondeb, penboethni *pwyll,
callineb*

penwynni (enw) penllwydni, gwallt
gwyn, penwynnedd

penwynnu (brf.) britho, gwynnu,
llwydo

penyd (enw) cosb, cosbedigaeth,
edifeirwch, penydiaeth *gwobr*

penydfa (enw) penydfan, carchar,
dalfa, jêl

penydio (brf.) derbyn penyd,
edifarhau; cosbi, ceryddu

penysgafn (ans.) penchwiban,
penfeddw

pêr 1. (enw lluos.) gellyg 2. (ans.)
peraidd, melys, blasus, danteithiol,
sawrus, pereiddiol, melysol *chwerw*

perarogl (enw) persawr, naws,
persawredd, arogl pêr *drycsawr,
drewdod*

perchen (enw) meddiannwr,
perchennog

perch(e)nogaeth (enw) meddiant,
eiddo

perch(e)nogi (brf.) meddu ar,
meddiannu, bod â, bod yn berchen ar

perchi (brf.) parchu, anrhydeddu,
edmygu, meddwl yn fawr o, gwneud
sylw *amharchu*

perfedd (enw) perfeddyn, canol,
craidd; coluddion/ymysgaroedd
(lluos.) *ymyl, ochr*

perffaith (ans.) di-fai, di-nam, cyfan,
cyflawn, perffeithgwbl *amherffaith*

perfformio (brf.) gwneud, cyflawni,
actio

perfformiwr (enw) actiwr, dawnsiwr,
canwr, adroddwr, offerynnwr,
unawdydd *cynulleidfa*

peri (brf.) achosi, achlysuro

periglor (enw) offeiriad, clerigwr,
gweinidog *lleygwr*

peripatetig (ans.) crwydrol,
cylchynol *preswyl, sefydlog*

perlewyg (enw) llesmair, llewyg
dadebriad

perori (brf.) canu, pyncio, cathlu

peroriaeth (enw) miwsig,

cerddoriaeth, melodi, melodeg, erddigan

persain *(ans.)* perseiniol, swynol *annymunol, amhersain*

persbectif *(enw)* agwedd, safbwynt, gwelediad, golygfa, cynrychioliad

person *(enw)* 1. *(lluos. -* personiaid) clerigwr, offeiriad *lleygwr* 2. *(lluos. -* personau) dyn, gŵr, dynes, gwraig, bod dynol, unigolyn, rhywun

personol *(ans.)* priod, unigol, unigryw, preifat *amhersonol*

personoliaeth *(enw)* cymeriad, natur

perswâd *(enw)* darbwyll, anogaeth, cymhelliad, argyhoeddiad, rheswm *anghymhelliad*

perswadio *(brf.)* cymell, darbwyllo, annog, argyhoeddi *anghymell*

pert *(ans.)* 1. prydferth, golygus, prydweddol, tlws, hardd, del, glân *hyll, diolwg* 2. eofn, hy, bywiog, haerllug, ymwthiol *swil, ofnus*

pertrwydd *(enw)* tlysni, tlysineb, harddwch, prydferthwch, glendid *hagrwch, hylltod*

perth *(enw)* llwyn, gwrych, clawdd

perthnasedd *(enw)* perthynas, cysylltiad, priodolder *amherthnasedd*

perthnasol *(ans.)* addas, cyfaddas, priodol, o bwys, o arwyddocâd, arwyddocaol, perthynol *amherthnasol*

perthyn *(brf.)* ymwneud â, bod yn eiddo i, bod o'r un teulu

perthynas *(enw)* câr, cyfnesaf; cysylltiad *dieithryn*

perygl *(enw)* enbydrwydd, cyfyngder *diogelwch*

peryglu *(brf.)* enbydu, bygwth, tanseilio *diogelu, amddiffyn*

peryglus *(ans.)* enbyd, enbydus, ansicr, an-saff, anniogel, agored i niwed *diberygl, diogel*

pesgi *(brf.)* tewhau, tewychu, brasáu, tyfu cnawd, ennill pwysau *teneuo, meinhau*

pesimistaidd *(ans.)* dihyder, anhyderus, diobaith, anobeithiol, yn gwangalonni, digalon, yn gwanobeithio *optimistaidd, gobeithiol*

petrus *(ans.)* petrusgar, dihyder, ansicr, amheus, amhenderfynol *hyderus*

petruso *(brf.)* amau, gwamalu, anwadalu, methu penderfynu *hyderu*

petruster *(enw)* amheuaeth, ansicrwydd *hyder, sicrwydd*

petryal *(ans.)* sgwâr, pedryfal, pedrongl *crwn, cylchog*

peth *(enw)* 1. eitem, gwrthrych 2. rhywfaint, rhan, darn, cyfran, ychydig, dogn, siâr

pibell *(enw)* pib, cetyn, piben; tiwb, cafn

pibonwy *(enw lluos.)* clych iâ, clöynnau iâ

pica *(ans.)* pigog, pwyntiog, blaenllym, blaenfain, pigfain *di-fin, pŵl*

picell *(enw)* gwayw, gwayffon, bêr

picfforch *(enw)* pigfforch, picwarch, fforch wair, pig, pigell

picio *(brf.)* gwibio, rhuthro, prysuro *hamddena, arafu*

pictiwr *(enw)* darlun, llun, arlun

picwnen *(enw)* cacynen, gwenynen feirch

pig *(enw)* 1. gylfin 2. blaen 3. picfforch

pigfain *(ans.)* blaenllym, blaenfain *pŵl, di-fin*

pigiad *(enw)* brathiad, gwaniad

pigion *(enw lluos.)* detholion/ detholiadau *(lluos.),* blodeugerdd, amrywiaeth

pigo *(brf.)* brathu, colynnu; crynhoi, casglu, dewis, tynnu

pigodyn *(enw)* ploryn, tosyn, whimpyn

pigog *(ans.)* 1. blaenllym, llym, tostlym, brathog, colynnog *di-fin* 2. llidiog, croes, blin *bodlon, hapus*

pigyn *(enw)* draenen; blaen; poen

pil *(enw)* pilionyn, crawnen, croen, rhisgl, pilen

pilio *(brf.)* dirisglo, rhisglo, digroeni, tynnu pil/croen

pili-pala *(enw)* iâr fach y haf, glöyn byw, bili-bala, plufyn bach yr haf

pilyn *(enw)* dilledyn, gwisg; brat, cerpyn, carp, clwt, llarp

pinacl *(enw)* pinagl, uchafbwynt, blaen, anterth *sail, gwaelod*

pinc 1. *(enw)* asgell fraith, ji-binc, asgell arian, pia'r gwinc, jin jin, binc-binc, pwynt, brig y coed 2. *(ans.)* cochwyn, coch golau

pincio *(brf.)* twsio, ymbincio, twtio, twtian, tacluso *anhrefnu, annibennu*

piner *(enw)* ffedog, arffedog, brat, barclod

piser *(enw)* cunnog, ystên, tun, siwg, llestr, cunogyn, buddai

pistol *(enw)* dryll, llawddryll, gwn, rifolfer

pistyll *(enw)* ffynnon, ffrwd

pistyllu *(brf.)* pistyllio, pistyllad, pistyllan, pistyllian, ffrydio, llifeirio *sychu*

pisyn *(enw)* darn, rhan, dryll, cetyn; clwt, lliain, brat, llarp *cyfanrwydd, crynswth*

piti *(enw)* gresyn, trueni, tosturi, trugaredd

pitw *(ans.)* mân, bychan, bach *anferth, enfawr*

piw *(enw)* cadair buwch, pwrs buwch

piwis *(ans.)* croes, blin, anfoddog,

llidus, anniddig, gwenwynllyd *diwenwyn, bodlon*

piwisrwydd *(enw)* anfodlonrwydd, anhapusrwydd, anniddigrwydd, llid, blinder *bodlonrwydd, hapusrwydd*

piwr *(ans.)* da, gonest, caredig, ffyddlon, bonheddig *anffyddlon, anonest*

pla *(enw)* haint, afiechyd *iechyd, iachâd*

plac *(enw)* llechen, arwydd

plaen *(ans.)* 1. eglur, amlwg, syml, diaddurn *aneglur, addurnedig* 2. diolwg *pert, tlws*

plagio *(brf.)* poeni, blino, tynnu coes

plagus *(ans.)* blin, trafferthus, poenus *didrafferth*

plan *(enw)* cynllun, map, amlinelliad, braslun

planc *(enw)* plencyn, astell, estyllen, ystyllen, bwrdd

planced *(enw)* blanced, pilyn gwely, gwrthban, cwrpan, cwrlid, brecan, gorchudd

planhigyn *(enw)* llysieuyn, llysewyn, blodyn, blodeuyn, coeden, pren, colfen

plas *(enw)* plasty, neuadd, palas, tŷ plas *hofel*

ple 1. *(enw)* ymbil, dadl, ymresymiad, deisyfiad, cais, erfyniad, arch 2. *(rhagenw gofynnol)* pa le, ymhle

pledio *(brf.)* dadlau, ymresymu, ceisio, deisyf, erfyn, eiriol, profi

pleidio *(brf.)* cefnogi, ategu, cynnal, ffafrio, ochri gyda *gwrthwynebu*

pleidgar *(ans.)* pleidiol, ffafriol, cefnogol, o blaid *gwrthwynebus*

pleidiwr *(enw)* cefnogwr, ategwr, cynhaliwr, ochrwr *gwrthwynebydd, gelyn*

pleidlais *(enw)* fôt, cefnogaeth, llais

pleidleisio *(brf.)* fotio, cefnogi, rhoi

pleidlais

plencyn *(enw)* planc, astell, estyllen, ystyllen, bwrdd

plentyndod *(enw)* maboed, mebyd, bachgendod, bore oes, babandod *henaint*

plentynnaidd *(enw)* anaeddfed, ifanc, babanaidd *aeddfed*

pleser *(enw)* hyfrydwch, llawenydd, boddhad, mwyniant, blas *tristwch, adfyd*

pleserdaith *(enw)* trip, gwibdaith, siwrnai bleser, taith ddifyr

pleserus *(ans.)* hyfryd, dymunol, boddhaus, difyrrus, diddorol *amhleserus*

plesio *(brf.)* boddhau, rhyngu bodd, rhyglyddu bodd *cythruddo*

pleth *(enw)* plet, pleten, plyg, plethen, ymylwe, brwyd, cydwead

plicio *(brf.)* 1. tynnu, plycio, plwcan *gwthio* 2. pilio, digroeni, dirisglo, rhisglo

plisgo *(brf.)* masglu, tynnu plisg, gwisgïo, diblisgo

plisgyn *(enw)* masglyn, cibyn, coden, codyn, callod *(lluos.)*

plismon *(enw)* plisman, heddwas, heddgeidwad *troseddwr*

plith *(enw)* canol, craidd

ploc *(enw)* plocyn, bloc, blocyn, boncyff, cyff

ploryn *(enw)* tosyn, pigodyn, whimpyn

plwc *(enw)* tyniad, tynfa, plyciad *gwth, hwb* 2. talm, ysbaid, cyfnod, amser, ennyd

plwyfo *(brf.)* ymgartrefu, ymsefydlu, rhosfeuo *crwydro*

plwyfol *(ans.)* lleol; cul *cosmopolitan*

plwyfolion *(enw lluos.)* trigolion, preswylwyr *dieithriaid*

plycio *(brf.)* tynnu, plicio, plwcan, rhoi

plwc *gwthio, hyrddio*

plyg *(enw)* 1. tro, plygiad 2. maint llyfr

plygain *(enw)* 1. pylgain, bore bach, gwawr, toriad dydd *cyflychwyr* 2. gweddïau bore *(lluos.)* 3. gwasanaeth cynnar

plygeiniol *(ans.)* bore, cynnar *hwyr*

plygu *(brf.)* 1. dyblu, pletio 2. gwyro, camu, crymu, gwargrymu, gwarro, gwargamu *ymsythu* 3. moesymgrymu 4. plygu glin, ymostwng, ildio, ymgrymu *gwrthryfela*

pob *(ans.)* 1. i gyd, oll, holl, pawb o *rhai* 2. wedi ei bobi

pobi *(brf.)* crasu, digoni, coginio, rhostio

pobl *(enw)* poblogaeth, gwerin, cenedl, personau/bodau dynol/pobloedd/ trigolion *(lluos.)* *anifeiliaid*

poblogaidd *(ans.)* mewn ffafr, hoffus, annwyl *amhoblogaidd*

poen *(enw)* 1. dolur, gwayw, gofid, blinder, artaith, gloes, cur *pleser* 2. poendod, pla, niwsans

poeni *(brf.)* dolurio, blino, gofidio, poenydio, gwynio

poenus *(ans.)* dolurus, gofidus, tost, anafus, gofidus *di-boen, esmwyth*

poenydio *(brf.)* blino, cythruddo, arteithio, dirdynnu, dirboeni

poeth *(ans.)* twym, gwresog, cynnes, brwd *oer*

poethder *(enw)* gwres, cynhesrwydd, twymdra *oerni*

poethi *(brf.)* gwresogi, twymo, cynhesu *oeri*

polisi *(enw)* agwedd, gwladweiniaeth

polyn *(enw)* pawl, post, postyn, trostan

ponc *(enw)* poncyn, bryn, bryncyn, twmpath, cnwc, moel *gwastadedd*

ponsio *(brf.)* drysu, cymysgu; bwnglera, stompio

pontio *(brf.)* rhychwantu, croesi

popeth *(enw)* pob peth, pob dim, y cwbl, y cyfan *dim*

porfa *(enw)* 1. glaswellt, gwelltglas 2. defeidiog, ffrith, ffridd, tir pori, tir glas

porffor *(ans.)* glasgoch, cochlas; rhuddgoch, fioled, indigo

portread *(enw)* amlinelliad, cyflead, mynegiant, disgrifiad, darluniad, cynrychioliad

portreadu *(brf.)* cyfleu, mynegi, cynrychioli, amlinellu, darlunio, disgrifio

porth *(enw)* 1. *(gwr.)* drws, dôr, cyntedd, gât, giât, llidiart, iet, clwyd 2. *(ben.)* porthladd, harbwr, porthfa, angorfa, llongborth, glanfa, hafan 3. *(gwr.)* cynhaliaeth, cefnogaeth, cymorth, help *tanseiliad*

porthi *(brf.)* bwyda, bwydo, ymborthi; ategu, cefnogi *tanseilio, gwrthweithio*

porthiannus *(ans.)* tew, corffol; bywiog *tenau, gwachul*

porthiant *(enw)* bwyd, ymborth, lluniaeth, cynhaliaeth *newyn*

porthor *(enw)* gofalwr, ceidwad, drysor

pos *(enw)* dryswch, problem, dychymyg, penbleth *rhwyddineb*

post *(enw)* 1. postyn, piler, colofn, pawl, polyn 2. llythyrdy; eitemau post *(lluos.)*

postman *(enw)* postman, llythyrwr, llythyrgludwr

potel *(enw)* costrel, ffiol

poten *(enw)* 1. pwdin, melysfwyd 2. bola

potensial *(enw)* posibilrwydd, addewid

potes *(enw)* cawl, lobscows, stiw

pothell *(enw)* polleth, chwysigen, ffothell

powd(w)r *(enw)* pylor, llwch

powld *(ans.)* haerllug, hy, eofn, ewn, digywilydd *swil, dihyder*

powlen *(enw)* 1. cawg, llestr, ffiol, basn 2. polyn, postyn

powlio *(brf.)* treiglo, rholio

praff *(ans.)* trwchus, ffyrf, tew, cryf, bras *main, gwan*

praffter *(enw)* trwch, tewder, tewdra *gwendid, meinder*

praidd *(enw)* diadell, gyr, dafates, cenfaint, haid, haig, llu, lliaws

pranc *(enw)* chwarae, stranc; llam, naid

prancio *(brf.)* chwarae, neidio, strancio, dychlamu, llamu, campio

praw(f) *(enw)* treial; arbrawf

pregeth *(enw)* ysgwrs, anerchiad, homili, llith, darlith, ymddiddan

pregethu *(brf.)* annerch, ysgwrsio, darlithio, traddodi pregeth

pregethwr *(enw)* gweinidog, ficer, offeiriad, clerigwr, periglor, rheithor, person, deon, diacon *lleygwr*

preifat *(ans.)* cyfrinachol, personol, cudd, cêl, dirgel, cuddiedig, neilltuol *agored, cyhoeddus*

premiwm *(enw)* tâl, bonws, lwfans, budd-dal

pren *(enw)* coeden, colfen, llwyn; coed

prennaidd *(ans.)* stiff, annaturiol, peiriannol *naturiol*

prennol *(enw)* cist bren, coffor, blwch, bocs

prentis *(enw)* dechreuwr, dysgwr, nofis, disgybl *hen law, hyfforddwr*

prentisiaeth *(enw)* hyfforddiant, dysg, cyfarwyddyd

pres *(enw)* 1. arian 2. efydd

presgripsiwn *(enw)* darnodiad, rhagnodiad

preswyl 1. *(enw)* preswylfa,

preswylfod, annedd, anheddfa,
cartref, trigfan, anheddfod 2. *(ans.)*
sefydlog, arhosol, parhaol, cyson
crwydrol, cylchynol

preswylio *(brf.)* byw, ymgartrefu,
anheddu, cyfanheddu, trigo,
trigiannu, aros ***crwydro***

priciau *(enw lluos.)* coed tân, coed
mân, cynnud, tanwydd, asglod
(lluos.)

prid *(ans.)* drud, costus, costfawr,
drudfawr, gwerthfawr ***rhad***

pridd *(enw)* priddell, daear, gweryd, tir

prif *(ans.)* pen-, pennaf, carn-, arch-,
uchaf, mwyaf, gorau

prifiant *(enw)* twf, tyfiant, datblygiad,
cynnydd, ymlediad ***crebachiad***

prifio *(brf.)* tyfu, cynyddu, datblygu,
ymledu, ffynnu ***crebachu, gwywo***

prifysgol *(enw)* athrofa, prifathrofa,
coleg, politechnig

priffordd *(enw)* ffordd fawr, traffordd,
tyrpeg ***troedffordd***

prin 1. *(ans.)* anfynych, anaml,
anghyffredin ***aml, mynych*** 2. *(adf.)*
braidd, o'r braidd

prinder *(enw)* diffyg, eisiau, angen
digonedd, rhysedd

prinhau *(brf.)* lleihau, diffygio
cynyddu, lluosogi

priod 1. *(enw)* gŵr/gwraig,
cymar/cymhares 2. *(ans.)* priodol,
personol, neilltuol; wedi priodi

priodi *(brf.)* uno, cysylltu, cyplysu
ysgaru

priodol *(ans.)* iawn, gweddus,
cymwys, addas, cyfaddas, ffit
amhriodol

priodoldeb *(enw)* gwedduster,
addasrwydd, cymhwyster, priodolder,
priodoliaeth ***anaddaster***

priodoledd *(enw)* nodwedd,
rhinwedd, ansawdd, priodwedd,
hynodion *(lluos.)*

priodoli *(brf.)* cyfrif i, tadogi ar

pris *(enw)* cost, gwerth

prisio *(brf.)* asesu, arfarnu, gwerthuso;
gwerthfawrogi

problem *(enw)* dyrysbwnc, pos,
dryswch, cymhlethdod, tasg ***ateb,
datrysiad***

procio *(brf.)* pocan, gwthio, symbylu,
ysbarduno, cyffroi, symud

profedigaeth *(enw)* trallod, helbul,
trwbwl, trafferth, gofid, blinder,
cystudd ***esmwythyd, hawddfyd***

profi *(brf.)* rhoi prawf ar, arbrofi,
blasu, gwirio

profiadol *(ans.)* cyfarwydd, cynefin
dibrofiad

proffeil *(enw)* agwedd, gwedd, ochr;
portread, cyflead, darluniad

proffes *(enw)* arddeliad, datganiad,
honiad

proffesiwn *(enw)* gwaith,
galwedigaeth, swydd, hyfforddiant

proffesu *(brf.)* honni, arddel, datgan,
haeru, hawlio ***diarddel***

proffid *(enw)* elw, budd, mantais,
buddiant ***colled, anfantais***

proffwyd *(enw)* gweledydd,
daroganwr, darogenydd

proffwydo *(brf.)* rhag-weld, darogan,
rhagfynegi, argoeli, rhagddywedyd

proffwydoliaeth *(enw)* rhagolwg,
armes, darogan, argoeliad,
rhagfynegiad

proses *(enw)* trefn, system,
gweithrediad

prosesu *(brf.)* trin, trafod

prosiect *(enw)* cynllun, bwriad,
arfaeth, cydwaith, project,
bwriadwaith

protest *(enw)* gwrthdystiad,
gwrthwynebiad, gwrthsafiad
cytundeb

protestio *(brf.)* gwrthdystio, gwrthwynebu, gwrthsefyll, gwrthladd *derbyn, cytuno*

protestiwr *(enw)* gwrthdystiwr, gwrthwynebydd *cydymffurfiwr*

prudd *(ans.)* pruddaidd, blin, tost, truenus, dybryd *hapus, llon*

prudd-der *(enw)* tristwch, tristyd, trymder, digalondid *hapusrwydd, llonder*

pruddglwyf *(enw)* iselder ysbryd, digalondid, gwangalondid, anghefnogaeth, rhwystr, gwanobaith *hapusrwydd, llawenydd*

pruddglwyfus *(ans.)* trist, penisel, iselysbryd, digalon, pendrist, a'i ben yn ei blu *hapus, llawen*

pruddhau *(brf.)* tristáu, blino, digalonni *llawenychu, ymlawenhau*

pryd 1. *(enw, lluos. - prydiau)* amser, tymor, achlysur, adeg, cyfnod, ysbaid 2. *(enw, lluos. - prydau)* bwyd, amser bwyd 3. *(enw)* gwawr, gwedd, golwg, trem, wyneb 4. *(enw)* ffurf, dull, agwedd 5. *(gofynnair)* pa bryd, pan

pryder *(enw)* gofal, trallod, blinder, trafferth *esmwythdra*

pryderu *(brf.)* gofalu, gofidio, poeni, trafferthu, blino *esmwytháu*

pryderus *(ans.)* awyddus, gofidus, trallodus, blinderus, blin, trafferthus, ar bigau'r drain *dibryder*

prydferth *(ans.)* hardd, glân, teg, pert, tlws, prydweddol, glandeg *hyll, diolwg*

prydferthu *(brf.)* harddu, tecáu, cywreinio, addurno, coethi *hagru, difwyno*

prydles *(enw)* les; llwyreiddo, rhydd-ddaliad

prydlon *(ans.)* di-oed, mewn da bryd, mewn amser da *hwyr; cynnar*

prydweddol *(ans.)* prydferth, hardd,

teg, glandeg, tlws, teg, mirain *hyll, hagr*

prydydd *(enw)* bardd, awenydd; rhigymwr, crachfardd

prydyddiaeth *(enw)* barddoniaeth, awenyddiaeth *rhyddiaith*

prydyddol *(ans.)* barddonol, awenyddol *rhyddieithol*

prydyddu *(brf.)* barddoni, awenyddu, rhigymu

pryf *(enw)* 1. trychfil, cynrhonyn, pryfyn 2. abwydyn, mwydyn 3. anifail, mil, creadur 4. ysglyfaeth, prae

pryfocio *(brf.)* profocio, cyffroi, cynhyrfu, blino, cythruddo, llidio *tawelu*

pryfoclyd *(ans.)* profoclyd, cythruddol, blin, blinderus *difalais*

prynedigaeth *(enw)* iachawdwriaeth, iechydwriaeth, gwaredigaeth, pryniad, gwarediad, rhyddhad, achubiaeth *condemniad, damnedigaeth*

prynu *(brf.)* 1. pwrcasu *gwerthu* 2. achub, gwaredu *damnio, condemnio*

prysglwyn *(enw)* prysgwydd, prysgoed, manwydd, coed bach/llwyni *(lluos.) llannerch*

prysur *(ans.)* diwyd, gweithgar, ystig, dyfal, llafurus *segur, di-waith*

prysurdeb *(enw)* diwydrwydd, gweithgarwch, dyfalwch *segurdod, diweithdra*

prysuro *(brf.)* brysio, ffwdanu, rhuthro, hastu, hastio, cyflymu *arafu, hamddena*

pulpud *(enw)* pwlpud, areithfa, areithle; darllenfa

pur 1. *(ans.)* difrycheulyd, diniwed, dibechod, dieuog; ffyddlon *amhur* 2. *(adf.)* lled, gweddol, eithaf, go, tra, braidd, hytrach, rhannol, cymedrol

purdeb *(enw)* glendid, diniweidrwydd, heintryddid *amhurdeb, llygredd*

purion 1. *(ans.)* iawn 2. *(adf.)* lled dda, gweddol, symol

puro *(brf.)* coethi, glanhau, pureiddio *llygru*

pwdin *(enw)* poten, melysfwyd

pwdr *(ans.)* pydredig, mall, sâl, gwael, llygredig; diog *pur, iach*

pwdryn *(enw)* diogyn, segurwr, oferwr *gweithiwr*

pwdu *(brf.)* sorri, llyncu mul, monni *sirioli*

pŵer *(enw)* grym, gallu, nerth, cryfder; llawer, nifer *gwendid*

pwerus *(ans.)* grymus, cryf, cadarn, nerthol, galluog *gwan, diymadferth*

pwff *(enw)* chwa; gwth

pwl *(enw)* ffit, gwasgfa

pŵl *(ans.)* 1. cymylog, tywyll, dilewyrch *llachar* 2. di-fin *miniog*

pwll *(enw)* pydew, pwllyn, llyn

pwn *(enw)* baich, cargo, llwyth

pwnc *(enw)* testun, mater, pos, trafodaeth

pwnio *(brf.)* 1. dyrnodio, curo, malurio, malu 2. gwthio, hyrddio, hwpo *tynnu, plycio*

pwrpas *(enw)* diben, nod, perwyl, amcan, bwriad, arfaeth

pwrpasol *(ans.)* 1. bwriadol, o fwriad, o bwrpas, gydag amcan *dibwrpas* 2. addas, cyfaddas, priodol, cymwys *anghymwys, anaddas*

pwrs *(enw)* 1. bag, cod 2. cadair/piw buwch

pwt 1. *(enw)* darn, tamaid, detholiad 2. *(ans.)* bach, bychan, pitw, byr, mân *anferth, enfawr*

pwtio *(brf.)* pwtian, gwthio, byseddu, bodio

pwyll *(enw)* synnwyr, callineb, doethineb, ystyriaeth, dianwadalwch *twpdra, gwiriondeb*

pwyllgor *(enw)* corff, panel, gweithgor

pwyllo *(brf.)* ymbwyllo, callio, ystyried, sadio, cymryd pwyll, sobri *ynfydu, gwynfydu*

pwyllog *(ans.)* call, doeth, synhwyrol *ynfyd, gwirion*

pwynt *(enw)* 1. blaen, dot, marc, man, nod 2. mater, testun, pwnc, pwrpas, amcan, cyfeiriad

pwyntio *(brf.)* cyfeirio, dangos

pwyntil *(enw)* pensil; pin ysgrifennu

pwyo *(brf.)* pwnio, ergydio, dyrnodio, ffusto, bwrw, curo, maeddu

pwys *(enw)* 1. *(lluos. - pwysi)* un owns ar bymtheg 2. *(lluos. - pwysau)* trymder 3. pwyslais, acen 4. pwysigrwydd, arwyddocâd

pwysedd *(enw)* pwysau *(lluos.)*, gwasgedd

pwysi *(enw)* tusw, blodeuglwm, bwndel, clwm, clwstwr; aberthged

pwysig *(ans.)* o bwys, arwyddocaol, gwerthfawr, dylanwadol; rhwysgfawr *dibwys, amhwysig*

pwysigrwydd *(enw)* arwyddocâd, dylanwad, effaith, pwys, gwerth *amhwysigrwydd*

pwysleisio *(brf.)* acennu, tanlinellu

pwyso *(brf.)* 1. tafoli, cloriannu, mantoli, mesur; asesu 2. lledorffwys, diwelyd, gogwyddo, goleddfu *ymsythu* 3. ymddiried *drwgdybio*

pwyth *(enw)* 1. pris, gwerth, haeddiant *annheilyngdod* 2. gwnïad, pwythyn, meglyn

pybyr *(ans.)* cywir, eiddgar, gwresog, poeth, selog, brwd, brwdfrydig *didaro, difraw*

pydew *(enw)* pwll, ffynnon

pydredd (enw) pydrni, dadfeiliad, malltod, llygredd, drwg *iachusrwydd*

pydru *(brf.)* braenu, dadfeilio

pygddu *(ans.)* pyglyd, tywyll, croenddu, pygliw *golau, gwyn*

pyngad *(brf.)* pyngu, heigio, tyrru, britho *prinhau*

pylor *(enw)* llwch, powdr

pylu *(brf.)* 1. tywyllu, cymylu *goleuo, llewyrchu* 2. colli min/awch *hogi,* *awchu*

pyncio *(brf.)* canu, tiwnio, telori, cathlu, trydar

pyped *(enw)* dol, doli, delw, ffigur, model

pystylad *(brf.)* damsgel, sathru, mathru, sangu, sengi, damsang

r

radical 1. *(enw)* rhyddfrydwr,
sosialydd **ceidwadwr** 2. *(ans.)*
gwreiddiol, cynhenid, cysefin
arwynebol

rali (enw) cwrdd, cyfarfod, cymanfa

ras *(enw)* rhedegfa, rhedfa, gyrfa,
cystadleuaeth

rasal *(enw)* raser, raserydd, eillyn

real *(ans.)* diriaethol, gwirioneddol, go
iawn **afreal**

realiti *(enw)* realrwydd, dirwedd
breuddwyd, dychymyg

rebel *(enw)* gwrthwynebydd,
gwrthryfelwr, terfysgwr
cydymffurfiwr

record *(enw)* 1. recordiad, cofnodiad,
disg 2. perfformiad gorau

reiat *(enw)* mwstwr, stŵr, cythrwfl,
aflonyddwch, terfysg **llonyddwch,
heddwch**

reiol *(ans.)* brenhinol, urddasol
gwerinol

restio *(brf.)* dal, cipio, bachu, bachellu,
cadw **rhyddhau**

riwl *(enw)* ffon fesur, lluniadur, pren
mesur, llinyn mesur

robin *(enw)* brongoch, bronrhuddyn,
coch-gam

rownd 1. *(enw)* rhan, cyfran 2. *(ans.)*
crwn, cylchog, modrwyog **sgwâr** 3.
(ardd.) o amgylch, oddi amgylch, o
gylch, o gwmpas

ruban *(enw)* ysnoden, rhwymyn, llinyn

rŵan *(adf.)* yn awr, nawr, yr awron,
weithian, weithion, bellach, erbyn
hyn **nes ymlaen**

rwbel *(enw)* ysbwriel, carthion
(lluos.), sothach

rwdins *(enw lluos.)* erfin, maip

rh

rhac *(enw)* rhesel, clwyd, rhastl, cratsh

rhacs *(enw lluos.)* carpiau, llarpiau, bratiau, clytiau

rhacsog *(ans.)* rhacsiog, carpiog, llarpiog, bratiog, clytiog, llaprog *graenus*

rhad 1. *(enw)* gras, graslonrwydd, bendith *melltith* 2. *(ans.)* di-gost, tshêp; di-dâl, am ddim *drud, costus*

rhadlon *(ans.)* graslawn, grasol, caredig, hynaws, caruaidd, tirion, mwyn *diras*

rhadlonrwydd *(enw)* rhadlondeb, caredigrwydd, mwynder, hynawsedd, graslonrwydd, boneddigeidd-dra *anfoneddigeidd-dra, sarugrwydd*

rhadus *(ans.)* cynnil, darbodus, anafrad *afradlon*

rhaeadr *(enw)* pistyll, cwymp dŵr, sgwd

rhaffo *(brf.)* rhaffu, clymu, rhwymo *datod, mysgu*

rhag *(ardd.)* rhag ofn, o flaen, fel na, oddi wrth

rhagair *(enw)* rhagarweiniad, cyflwyniad, rhagymadrodd, rhagdraeth, rhaglith, prolog *epilog*

rhagarfaethiad *(enw)* rhagderfyniad, rhagarfaeth, rhagordeiniad, arfaeth

rhagargoel *(enw)* rhybudd, argoel, arwydd, rhagarwydd

rhagbrawf *(enw)* ymarferiad, rihyrsal, practis, rhagymarferiad *perfformiad*

rhagflaenu *(brf.)* blaenu, achub y blaen, blaenori, mynd o flaen, rhagachub *dilyn, olynu*

rhagflaenydd *(enw)* rhagflaenor, rhagredegydd *olynydd*

rhagflas *(enw)* blaenbrawf, rhagarchwaeth

rhagfur *(enw)* gwrthglawdd, amddiffynfa

rhagfynegi *(brf.)* rhag-dweud, rhagddywedyd, darogan, proffwydo

rhagfynegiad *(enw)* darogan, proffwydoliaeth, argoeliad, armes

rhaglaw *(enw)* llywydd, llywodraethwr, llywiawdr, rheolwr, rhaglyw *gwerinwr*

rhagluniaeth *(enw)* gofal, rhagwelediad, darpariaeth, rhagofal, rhagddarbod, rhagddarbodaeth *esgeulustod*

rhaglunio *(brf.)* rhagarfaethu, penderfynu/trefnu ymlaen llaw, rhagordeinio, rhagarfaethu *esgeuluso*

rhagnodiad *(enw)* darnodiad, presgripsiwn

rhagod 1. *(enw)* rhwystr, lludd, atalfa, ataliad, llestair 2. *(brf.)* rhwystro, atal, lluddias, llesteirio; cynllwyn *hwyluso, rhwyddhau*

rhagolwg *(enw)* argoel, ardrem, disgwyliad

rhagor 1. *(enw)* gwahaniaeth, rhagoriaeth 2. *(ans.)* mwy, ychwaneg *llai*

rhagoriaeth *(enw)* godidowgrwydd, arbenigrwydd, rhagoroldeb

rhagorol *(ans.)* ardderchog, campus, gwych, bendigedig, nobl y byd, godidog, penigamp *symol*

rhagrith *(enw)* twyll, hoced, dichell, anonestrwydd, truth *gonestrwydd*

rhagrithio *(brf.)* twyllo, hocedu, bod yn anonest, ffugio

rhagrithiol *(ans.)* twyllodrus, anonest, hocedus *gonest, unplyg*

rhagrithiwr *(enw)* twyllwr, dichellwr, hocedwr, cynffonnwr, sebonwr, truthiwr *gŵr bonheddig*

rhagweledidiad *(enw)* rhagwybodaeth, gwelediad, gweledigaeth, rhag-ganfyddiad

rhagymadrodd *(enw)* rhagair, rhagarweiniad, cyflwyniad *epilog*

rhaib *(enw)* 1. gwanc, trachwant, bâr, gormod, gorfodaeth, anghenraid *anhunanoldeb* 2. hud, swyn, cyfaredd, swyngyfaredd, lledrith *realiti*

rhaid *(enw)* anghenraid, angen, eisiau *moeth*

rhamant *(enw)* cariad; stori, chwedl, hanes, camp, gwrhydri, argoel *ysgelerder*

rhamantu *(brf.)* rhamanta, llunio rhamant; darogan; dychmygu

rhamantus *(ans.)* rhamantaidd, dychmygol, mympwyol, teimladol *real, hanesyddol*

rhampen *(enw)* hoeden, rhonten

rhan *(enw)* cyfran, darn, siâr, dogn, dryll, peth *cyfan, crynswth*

rhanbarth *(enw)* rhandir, ardal , bro, parth, goror, cylch, cylchfa

rhaniad *(enw)* rhan, cyfran, adran *uniad*

rhannu *(brf.)* dosbarthu, gwahanu, hollti, dogni *cyfannu*

rhastl *(enw)* rhaca, rhesel, clwyd, cratsh

rhathell *(enw)* crafwr, crafell, ysgrafell, ffeil

rhathu (brf.) crafu, rhwbio, ffeilio

rhaw *(enw)* sgleis, shefl, llwyarn, trywel

rhawd *(enw)* helynt, hynt, gyrfa

rhecsyn *(enw)* llarp, brat, cerpyn, carp, llerpyn

rhedeg *(brf.)* gwibio, llifo, gweithredu, gweithio *cerdded, ymlwybro*

rhedegfa *(enw)* ras, rhedfa, cystadleuaeth; maes rhedeg, stadiwm

rhediad *(enw)* llifiad, cwrs, cyfeiriad

rheffyn *(enw)* cebystr, penffestr; tennyn, cordyn, llinyn

rheg *(enw)* melltith, llw *bendith*

rhegi *(brf.)* melltithio, tyngu, dymuno drwg *bendithio*

rheng *(enw)* rhes, rhestr, llinell, gradd

rheibes *(enw)* dewines, swynwraig, gwrach, gwiddon, gwiddan

rheibio *(brf.)* 1. swyno, cyfareddu, hudo 2. difrodi, anrheithio, difa, difetha *llunio, saernïo*

rheibiwr *(enw)* 1. dewin, swynwr, cyfareddwr, swyngyfareddwr, dyn hysbys 2. ysbeiliwr, anrheithiwr *lluniwr, saerniwr*

rheibus *(ans.)* ysglyfaethus, gwancus, barus, trachwantus *anhunanol*

rheidrwydd *(enw)* rhaid, angen, eisiau, anghenraid

rheidus *(ans.)* anghenus, mewn angen, ag angen; tlawd, llwm *cefnog, cyfoethog*

rheilen *(enw)* bar, cledr, cledren

rheilffordd *(enw)* ffordd haearn, cledrffordd

rheithor *(enw)* gweinidog, offeiriad, clerigwr, pregethwr, ficer, curad, caplan; pennaeth *lleygwr*

rhelyw *(enw)* gweddill, gwarged

rhemp *(enw)* 1. gormodaeth, gormod, gormodedd *prinder* 2. diffyg, gwendid, bai, amherffeithrwydd, nam, mefl *perffeithrwydd*

rhent *(enw)* hur, llog

rhentu *(brf.)* hurio, llogi, rhoi/cymryd ar rent *meddu ar, perchnogi*

rheol *(enw)* arferiad, egwyddor, cyfarwyddyd, deddf, rheoliad *eithriad*

rheolaeth *(enw)* llywodraeth, atalfa, awdurdod, deddfwriaeth *afreolaeth*

rheolaidd *(ans.)* arferol, cyson, di-ball *afreolaidd*

rheoli *(brf.)* llywodraethu, cyfarwyddo, cyfeirio, trin, atal, ffrwyno *esgeuluso*

rheolus *(ans.)* trefnus, destlus, cymen, dosbarthus, taclus, dillyn *afreolus*

rheolwr *(enw)* llywodraethwr, trefnwr, goruchwyliwr (*ben. -* rheolwraig, rheolyddes)

rhes *(enw)* 1. rhestr, rheng 2. llinell, streipen

rhesel *(enw)* rhaca, rhastl, cratsh, clwyd

rhestr *(enw)* rhes, cofrestr, llechres

rheswm *(enw)* 1. achos, eglurhad, esboniad 2. synnwyr, pwyll *afreswm*

rhesymol *(ans.)* teg, synhwyrol, cymedrol *afresymol*

rhesymu *(brf.)* meddwl, dadlau

rhetoreg *(enw)* rhethreg, rheitheg

rhetoregol *(ans.)* rhethregol, rheithegol

rhewi *(brf.)* fferru, rhynnu *toddi, twymo*

rhewllyd *(ans.)* fferllyd, rhynllyd, oer, digon oer i rewi/sythu'r brain *twym, cynnes*

rhiain *(enw)* geneth, merch, genethig, morwyn, morwynig, lodes, hogen, croten *bachgen, llanc*

rhialtwch *(enw)* difyrrwch, cellwair, llawenydd, miri, hwyl a sbri, digrifwch *tristwch, galar*

rhibidirês *(enw)* lol, ffregod, ffiloreg, dyli, ffwlbri *synnwyr*

rhibin (enw) llinell, rhes, llain, rhimyn

rhic *(enw)* 1. hecyn, bwlch, agen, hollt 2. tas, bera

rhicio *(brf.)* agennu, hollti, bylchu

rhidyll *(enw)* gogr, gwagr, hidl

rhidyllu *(brf.)* gogrwn, hidlo, nithio, rhidyllio *cymysgu*

rhif *(enw)* nifer, rhifedi

rhifo *(brf.)* cyfrif, bwrw

rhigol *(enw)* rhych, agen, cwys, cwter

rhigolaidd *(ans.)* rheolaidd, cyson; anniddorol, diflas *anghyson, anarferol*

rhingyll *(enw)* 1. sarsiant 2. cyhoeddwr

rhimyn *(enw)* llain, rhibin, ymyl *canol*

rhin *(enw)* rhinwedd; cyfrinach, dirgelwch

rhincian *(brf.)* rhygnu, ysgyrnygu, crensian

rhinwedd *(enw)* daioni, rhagoriaeth, rhin *rhemp, drygioni*

rhinweddol *(ans.)* pur, daionus *drwg, anfad*

rhisgl *(enw)* croen, crawen, pil

rhisglo *(brf.)* pilio, digroeni, plisgo, diblisgo, tynnu croen

rhith *(enw)* 1. diwyg, dull, ffurf, modd, ymddangosiad 2. ysbryd, drychiolaeth

rhithio *(brf.)* ymddangos, llunio, consurio *diflannu*

rhithyn *(enw)* mymryn, gronyn, tameidyn, atom *llawer, crynswth*

rhiw *(enw)* tyle, gorifyny, gallt, rhip, rhipyn, llechwedd, goleddf, twyn *gwastadedd*

rhochian *(brf.)* rhochain, chwyrnu

rhod *(enw)* 1. olwyn, tröell 2. cylch, rhawd *sgwâr*

rhodfa *(enw)* tramwyfa, promenâd

rhodianna *(brf.)* rhodio, cerdded, crwydro, ymlwybran, llwybreiddio

rhodiwr *(enw)* rhodiannwr, cerddwr, cerddedwr *rhedwr, gyrrwr*

rhodl *(enw)* 1. rhwyf 2. clerwr, cerddor, trwbadŵr 2. llwy grochan, ysmotbren, lletwad

rhodres *(enw)* rhwysg, ymffrost, balchder, mursendod, hunan-dyb *naturioldeb*

rhodresa *(brf.)* ymffrostio, torsythu,

swagro, lledu ei esgyll, torri cyt

rhodresgar *(ans.)* ymffrostgar, mursennaidd, annaturiol, rhwysgfawr, balch, hunandybus *dihongar*

rhodreswr *(enw)* torsythwr, swagrwr, ymffrostiwr

rhodd *(enw)* anrheg, gwobr

rhoddi *(brf.)* rhoi, cyflwyno, trosglwyddo, traddodi, cyflenwi, cynhyrchu, aberthu, cysegru *cymryd, derbyn*

rholio *(brf.)* rholian, treiglo, troi, dirwyn, powlio, trolio, trolian

rhonc *(ans.)* trwyadl, digymysg, pur, noeth, llwyr, hollol, diledryw

rhoncian *(brf.)* simsanu, siglo, gwegian, gwegio *sadio*

rhos *(enw)* morfa, gwaun, rhostir, gwastadedd, gweundir

rhosfa *(enw)* porfa, ffridd, ffrith, defeidiog

rhosfeuo *(brf.)* ymgartrefu, ymsefydlu, plwyfo *crwydro*

rhostio *(brf.)* pobi, crasu, digoni

rhu *(enw)* rhuad, bugunad, beichiad

rhudd *(ans.)* coch, purgoch, fflamgoch, rhuddgoch

rhuddin *(enw)* calon, craidd; asgwrn cefn, dewrder, gwroldeb, glewdra *llwfrdra*

rhuddo *(brf.)* deifio, crino, gwrido

rhugl *(ans.)* rhwydd, llithrig, llyfn *petrus*

rhuglo *(brf.)* rhuglio, crafu, rhwbio, ysgrafellu

rhuo *(brf.)* beichio, bugunad, puo, bygynad, bygylad, bolgen, bygloddi, boichen

rhus *(enw)* braw, dychryn, ofn, arswyd *dewrder, glewdra*

rhuso *(brf.)* tasgu, gwingo, brawychu, tarfu, dychrynu

rhuthr *(enw)* rhuthrad, ymosodiad, cyrch *arfiad*

rhuthro *(brf.)* gwibio, picio, prysuro, mynd yn ei gyfer, brysio; ymosod, cyrchu, dwyn cyrch *hamddena*

rhwbio *(brf.)* rhwbian, glanhau, llyfnhau, gloywi, rhwto, crafu

rhwng *(ardd.)* cyd-rhwng, ymysg, ymhlith, ynghanol

rhwth *(ans.)* agored, bylchog

rhwyd *(enw)* magl, croglath, tagell, telm, yslepan, trap

rhwydo *(brf.)* maglu, dal; sgorio *rhyddhau*

rhwydwaith *(enw)* system, trefn, cyfundrefn

rhwydd *(ans.)* hawdd, didrafferth, syml, hwylus, rhugl, cyflym, diymdroi *afrwydd, anodd*

rhwyddhau *(brf.)* hyrwyddo, hwyluso *rhwystro, lluddias*

rhwyddineb *(enw)* hawster, hwylustod, cyfleustra *anhawster*

rhwyfus *(ans.)* anesmwyth, aflonydd, diorffwys *llonydd*

rhwyg *(enw)* rhwygiad, toriad, ymraniad *cyweiriad*

rhwygo *(brf.)* torri, dryllio, llarpio, darnio, cynhinio *trwsio, atgyweirio*

rhwyll *(enw)* 1. twll, agoriad 2. dellt

rhwym 1. *(enw)* cadwyn, rhwymyn; dyled, gorfodaeth, rhwymedigaeth 2. *(ans.)* wedi ei rwymo, ynghlwm *rhydd, llac*

rhwymedig *(ans.)* 1. rhwym, ynghlwm *rhydd* 2. gorfodol, o dan rwymedigaeth/rwymau

rhwymedigaeth *(enw)* gorfodaeth, dyled, rhwymau *(lluos.)* *dewis*

rhwymo *(brf.)* clymu, caethiwo, uno *datod, rhyddhau*

rhwysg *(enw)* ymffrost, rhodres, balchder, gwychder *naturioldeb*

rhwysgfawr *(ans.)* rhodresgar,

ymffrostgar, balch, hunandybus *dirodres, diymhongar*

rhwystr *(enw)* ataliad, atalfa, lludd, llestair, rhagod *hwylustod, rhwyddineb*

rhwystro *(brf.)* atal, llesteirio, lluddias, rhagod *hwyluso, rhwyddhau*

rhybudd *(enw)* siars, cyngor

rhybuddio *(brf.)* siarsio, cynghori

rhych *(enw)* rhigol, cwys

rhychwantu *(brf.)* mesur, pontio, croesi, amredeg, cynnwys, ymgorffori *hepgor*

rhydio *(brf.)* croesi, beisio

rhydyllu *(brf.)* tyllu, treiddio, trydyllu

rhydd *(ans.)* llac, dilyffethair; hael, digyrrith *ynghlwm; cybyddlyd*

rhyddfrydig *(ans.)* hael, haelionus, haelfrydig, parod *cybyddlyd, llawgaead*

rhyddhau *(brf.)* datod, mysgu, llaesu, llacio, gollwng *caethiwo, rhwymo*

rhyddid *(enw)* rhyddhad, rhyddfreiniad, rhyddfraint, gwaredigaeth, dinasfraint *caethiwed*

rhyddieithol *(ans.)* moel, prennaidd, peiriannol, di-fflach, dieneiniad, diysbrydoliaeth *eneiniedig*

rhyfedd *(ans.)* hynod, od *arferol, cyffredin*

rhyfeddod *(enw)* syndod, gwyrth

rhyfeddol *(ans.)* syn, aruthr, aruthrol, i'w ryfeddu, i synnu ato *cyffredin*

rhyfel *(enw)* ymladd, terfysg, aflonyddwch, gwrthryfel *heddwch*

rhyfela *(brf.)* ymladd, gwrthryfela, terfysgu *heddychu*

rhyfelgar *(ans.)* ymwthiol, cwerylgar, ymladdgar, gormesol, ymosodol *heddychlon*

rhyfelwr *(enw)* milwr, arwr,

ymladdwr, ysgarmeswr *heddychwr, tangnefeddwr*

rhyferthwy *(enw)* llifeiriant, llif, cenllif, tymestl, rhuthr dyfroedd

rhyfyg *(enw)* haerllugrwydd, digywilydd-dra, beiddgarwch, ehofndra *swildod, anhyder*

rhyfygu *(brf.)* beiddio, herfeiddio *petruso*

rhyfygus *(ans.)* beiddgar, eofn, haerllug, digywilydd *swil, dihyder*

rhyglyddu *(brf.)* haeddu, teilyngu

rhygnu *(brf.)* rhwbio, rhwto, rhathu, crafu, rhincian

rhygyngu *(brf.)* hamddena, prancio *carlamu*

rhyngwladol *(ans.)* cydwladol, rhyng-genedlaethol *cenedlaethol, plwyfol*

rhynllyd *(ans.)* oer, fferllyd, rhewllyd *poeth*

rhynnu *(brf.)* crynu, rhewi *chwysu*

rhysedd *(enw)* gormod, gormodedd, gwarged *prinder, diffyg*

rhythm *(enw)* curiad, aceniad, rhediad, mydr

rhythu *(brf.)* llygadrythu, syllu

rhyw 1. *(enw)* math, rhywogaeth; cenedl 2. *(ans.)* arbennig, neilltuol, unigol 3. *(adf.)* i raddau, lled

rhywfaint (enw) rhan, peth, mesur, mymryn *llawer*

rhywfodd *(adf.)* rhywsut, rhywffordd

rhywiog *(ans.)* tyner, chwaethus, hynaws, rhadlon, tirion *anystyriol*

rhywiogrwydd *(enw)* hynawsedd, rhadlonrwydd, tiriondeb, llarieidd-dra, boneddigeiddrwydd *anfoneddigeidd-dra, sarugrwydd*

rhywogaeth *(enw)* math, dosbarth, categori, teip

S

sach (*enw*) ffetan, bag, ysgrepan, cwd

sad (*ans.*) 1. diysgog, di-syfl, solet, sicr **ansad** 2. call, pwyllog, synhwyrol, dibynadwy **annibynadwy**

sadio (*brf.*) ymsefydlogi, ymsoledu *simsanu, gwegian*

sadrwydd (*enw*) 1. sefydlogrwydd, dianwadalwch, disygogrwydd, cysondeb **ansefydlogrwydd** 2. callineb, gwastadrwydd, sobrwydd, pwyll, dibynadwyedd *annibynadwyedd*

saernïaeth (*enw*) medr, medrusrwydd, gallu, sgil, celfyddyd; adeiladwaith, crefftwaith *lletchwithdod*

saernïo (*brf.*) llunio, gwneud, gwneuthuro, ffurfio, cynllunio, adeiladu *chwalu, difetha*

safadwy (*ans.*) sefydlog, diysgog, sad, sicr, dibynadwy, cadarn *ansefydlog*

safbwynt (*enw*) barn, tyb, meddwl, opiniwn, agwedd

safiad (*enw*) gwrthwynebiad; osgo, ystum *ffoëdigaeth*

safle (*enw*) lleoliad, mangre, sefyllfa, agwedd

safn (*enw*) ceg, genau, pen, mant

safon (*enw*) mesur, prawf, lefel, ffon fesur, maen prawf

safonol (*ans.*) cyffredin, arferol, clasurol *ansafonol*

sagrafen (*enw*) sacrament, ordinhad

sang (*enw*) sangiad, troediad, sathriad, mathrfa, sathr, mathr, mathriad

sang-di-fang (*ans.*) di-drefn, afreolus, annosbarthus, anghymen, anhrefnus, anniben, aflêr *trefnus*

sangu (*brf.*) sengi, troedio, damsang, damsgel, sathru, mathru, sarnu

saib (*enw*) hoe, seibiant, sbel, hamdden *gwaith*

saig (*enw*) pryd o fwyd, cwrs, tamaid

sail (*enw*) sylfaen, gwaelod

saim (*enw*) iraid, bloneg, gwêr

sain (*enw*) swn, tôn, goslef

sâl (*ans.*) 1. gwael, tost, afiach, anhwylus, claf *iach* 2. brwnt, bawaidd, truenus *graenus*

saldra (*enw*) gwaeledd, tostrwydd, afiechyd, anhwyldeb, salwch *iechyd*

salw (*ans.*) diolwg, hyll, hagr, gwael *hardd, prydferth*

sampl (*enw*) enghraifft, patrwm, cynllun, esiampl, sbesimen

sanctaidd (*ans.*) santaidd, cysegredig, cysegr-lân, pur, glân, dwyfol, crefyddol *bydol*

sancteiddio (*brf.*) cysegru, bendithio, cyflwyno *melltithio, cablu*

sarhad (*enw*) sen, gwarth, gwaradwydd, gwarthrudd, anfri, amarch, cywilydd *clod, canmoliaeth*

sarhau (*brf.*) difrïo, tramgwyddo, cablu, gwarthruddo, gwaradwyddo *clodfori, canmol*

sarhaus (*ans.*) gwaradwyddus, cywilyddus, gwarthus, amharchus *canmoliaethus*

sarn (*enw*) 1. heol, ffordd, ystryd 2. gwasarn, llaesodr

sarnu (*brf.*) sathru, mathru, sengi, sangu, damsgel, damsang, troedio *gofalu*

sarrug (*ans.*) swrth, cuchiog, gwgus, di-wên, sorllyd, pwdlyd, taeog *siriol, pleserus*

satan (*enw*) diafol, cythraul, ellyll, coblyn, bwgan, andras, y gŵr Drwg *angel*

sathredig (*ans.*) 1. wedi ei

sathru/fynychu 2. cyffredin, gwerinol, llwgr **ansathredig**

sathru *(brf.)* sarnu, mathru, damsgel, damsang, troedio, bagio, stablan

sawr *(enw)* 1. arogl, aroglau *(lluos.)*, arogledd, gwynt 2. blas, chwaeth

sawru *(brf.)* 1. sawrio, arogli, gwyntio, clywed 2. blasu

sawrus *(ans.)* peraroglus, persawrus, melys, blasus, chwaethus **drewllyd, drycsawrus**

sbeit *(enw)* malais, gwenwyn, cenfigen, eiddigedd **caredigrwydd, anwyldeb**

sbeitlyd *(ans.)* maleisus, cenfigennus, gwenwynllyd, eiddigeddus **diwenwyn, difalais**

sbel *(enw)* 1. ysbaid, amser, tymor, cyfnod 2. hamdden, saib, hoe, seibiant, gorffwys **gwaith**

sbesimen *(enw)* enghraifft, sampl, patrwm, cynllun, esiampl

sbloet *(enw)* camp, gorchest **anfadwaith, ysgelerder**

sbort *(enw)* chwarae, camp, difyrrwch, miri, digrifwch, sbri, hwyl **tristwch, galar**

sbriws 1. *(enw)* pyrwydden 2. *(ans.)* taclus, dillyn, trwsiadus, destlus **anghymen, didoreth**

sbwylio *(brf.)* difetha, andwyo, difwyno, syblachad, trochi, amharu **harddu, coethi**

seboni *(brf.)* glanhau; gwenieithio, truthio, cynffonna

sebonwr *(enw)* truthiwr, cynffonnwr, rhagrithiwr

seci *(brf.)* gwthio, gwasgu, stwffio

sedd *(enw)* cadair, stôl, eisteddle, mainc, sêt, côr, eisteddfa

sefydliad *(enw)* 1. corff, mudiad, cymdeithas, trefniant 2. cyflwyniad gweinidog

sefydlog *(ans.)* diogel, cadarn, sicr, diysgog, dianwadal, sad, safadwy **ansefydlog**

sefydlogrwydd *(enw)* diysgogrwydd, sadrwydd **ansefydlogrwydd**

sefydlu *(brf.)* 1. codi, cadarnhau, sicrhau, penderfynu, cartrefu, trigo, preswylio **chwalu, dymchwel** 2. cyflwyno gweinidog

sefyll *(brf.)* 1. codi **eistedd** 2. aros mynd 3. trigo, preswylio, trigiannu, anheddu **crwydro**

sefyllfa *(enw)* man, safle, lleoliad, lle, cyflwr, helynt, amgylchiadau *(lluos.)*

sefyllian *(brf.)* loetran, ymdroi, ystelcian, gorweddian, lledorwedd, segura, ofera **ymbrysuro, hastu**

segur *(ans.)* di-waith, diog, ofer **prysur, gweithgar**

segura *(brf.)* ofera, clertian, diogi, lolian, clertian, gwagsymera, gorweddian **ymbrysuro, gweithio**

segurdod *(enw)* seguryd, diweithdra, diogi **prysurdeb, gweithgarwch**

seguryn *(enw)* segurwr, oferwr, diogyn, pwdryn **gweithiwr**

sengi *(brf.)* sangu, sathru, mathru, damsgel, damsang, troedio, llethu dan draed

sengl *(ans.)* unigol, ar ei ben ei hun; gweddw, di-briod **priod**

seiat *(enw)* seiet, cymdeithas, cyfeillach, cwrdd, cyfarfod

seibiant *(enw)* saib, hoe, gorffwys, sbel, hamdden **gwaith, prysurdeb**

seiliad *(enw)* sylfaeniad, sefydliad, sail **chwalfa**

seilio *(brf.)* sylfaenu, sefydlu, dechrau **chwalu, dymchwel**

seindorf *(enw)* cerddorfa, band

seinio *(brf.)* swnio, cynanu, ynganu, pyncio, lleisio, traethu, llefaru **tewi**

seithug *(ans.)* ofer, di-fudd, di-les

pwrpasol, buddiol

sêl *(enw)* 1. brwdfrydedd, eiddgarwch, aidd, awch, awyddfryd *difaterwch, difrawder* 2. insel 3. gwerthiant, sâl

seld *(enw)* ystlysfwrdd, dreser, tresal

selio *(brf.)* cau; cadarnhau, sicrhau, gwarantu *gwadu*

selni *(enw)* salwch, tostrwydd, gwaeledd *graen*

selog *(ans.)* eiddgar, brwd, brwdfrydig, awyddus, eiddigeddus, gwresog *difater, didaro*

sen *(enw)* cerydd, edliwiad, argyhoeddiad, sarhad, dirmyg *clod, canmoliaeth*

senedd *(enw)* cynulliad, cyngres

sennu *(brf.)* gwawdio, ceryddu, dwrdio, gwatwar, gwneud sbort am ben *clodfori, canmol*

sensitif *(ans.)* teimladol, teimladwy, hydeiml, croendenau *croengaled*

serch 1. *(enw)* cariad, hoffter *casineb* 2. *(cys.)* er, er gwaethaf

serchog *(ans.)* serchus, hoffus, annwyl, cu, cariadus, caruaidd, dymunol *annymunol, swrth*

serchowgrwydd *(enw)* hynawsedd, hawddgarwch, tiriondeb, rhadlonrwydd, graslonrwydd, boneddigeidd-dra *sarugrwydd, anfoneddigeidd-dra*

seremonïol *(ans.)* defodol, ffurfiol *anffurfiol*

serennu *(brf.)* pefrio, digleirio, pelydru, tywynnu *tywyllu, pylu*

serio *(brf.)* llosgi, deifio, rhuddo

serth *(ans.)* llethrog, clogwynog, ysgithrog, danheddog *gwastad*

serthedd *(enw)* 1. serthni *gwastadedd* 2. maswedd, ysgafnder, anlladrwydd *difrifoldeb, sobrwydd*

sesiwn *(enw)* sasiwn; eisteddiad, cyfarfod, cwrdd; tymor

set *(enw)* casgliad, rhaniad, peiriant

sêt *(enw)* sedd, côr, eisteddle, eisteddfa, mainc, stôl

sffêr *(enw)* glôb, cylch, byd, planed *sgwâr*

sgandal *(enw)* cywilydd, gwarth, gwarthrudd, gwaradwydd, anfri *clod, bri*

sgets *(enw)* braslun, cynllun, amlinelliad, llun, blaengynllun; dramodig

sgil *(enw)* celfyddyd, medrusrwydd, deheurwydd, gallu, medr *lletchwithdod*

sgîl *(adf.)* y tu ôl, y tu cefn, is gil, ar ôl

sgipio *(brf.)* neidio, ysboncio, llamsachu, prancio, llamu

sgiw *(enw)* sgrin, setl, mainc, ffwrwm

sglein *(enw)* disgleirdeb, llewyrch, gloywder, llathredd *pylni*

sgleinio *(brf.)* disgleirio, tywynnu, pelydru, gloywi, caboli, llathru *pylu, tywyllu*

sgrap *(enw)* gwastraff, atbor, gweddillion/ysgarthion *(lluos.)*

sgrin *(enw)* 1. llen 2. sgiw, setl, mainc, ffwrwm, sedd, sêt

sgriw *(enw)* dirwynen, hoelen dro

sgrol *(enw)* rhol, rholyn, llawysgrif

sgrwbio *(brf.)* ysgwrio, brwsio, rhwbio, glanhau

sgwd *(enw)* rhaeadr, cwymp dŵr, pistyll

sgwlcan *(brf.)* llechu, sefyllian, ymdroi, ystelcian

si *(enw)* su, murmur, sôn, swn, achlust, acen

siàff *(enw)* us, manus, hedion/cibau/ rhuchion/rhuddion/torion *(lluos.)*, peiswyn, brot

siafft *(enw)* braich, llorp; pwll, pydew

sianel *(enw)* culfor, cwter, rhigol

siâp *(enw)* llun, ffurf, amlinelliad,

ystum, lliw a llun

siapus *(ans.)* gosgeiddig, lluniaidd, prydweddol *diolwg*

siâr *(enw)* rhan, cyfran, dogn, saig, cwota; cyfranddaliad *cyfan*

siarad *(brf.)* llefaru, clebran, parablu, chwedleua, torri geiriau, ysgwrsio, ymddiddan, ymgomio *tewi*

siaradach *(enw)* cleber, clonc, clep, clap, baldordd, ffregod, mân-siarad

siaradus *(ans.)* parablus, tafodrydd, llawn cleber *dywedwst, di-ddweud*

siars *(enw)* rhybudd, gorchymyn, cyngor

siarsio *(brf.)* rhybuddio, gorchymyn, cynghori

siawns *(enw)* cyfle, tynged, ffawd, damwain, hap, digwyddiad, tynghedfen

sibrwd 1. *(enw)* murmur, sisial, si, su *gwaedd* 2. *(brf.)* sisial, siffrwd, murmur *gweiddi*

sicr *(ans.)* siŵr, diamau, di-os, heb os, diau, diamheuaeth, siwr *ansicr*

sicrhau *(brf.)* siwrhau, gwarantu

sicrwydd *(enw)* sicrhad, hyder, gwybodaeth sicr, dim dwywaith *ansicrwydd*

sied *(enw)* penty, cut, cwt, bwth, caban, stordy

siew *(enw)* sioe, arddangosfa, arddangosiad

sifil *(ans.)* gwladol, dinesig; cyffredin; moesgar, cwrtais *ansifil, anghwrtais*

sifft *(enw)* stem, tro, newid

sigl *(enw)* siglad, symudiad, ysgydwad *llonyddwch*

sigledig *(ans.)* simsan, ansicr, ansad *sad, sefydlog*

siglen *(enw)* 1. cors, mignen, morfa, lleithdir, gwern, sugnedd *crastir* 2. swing, siglen raff

siglennog *(ans.)* corslyd, corsog,

llaith, gwlyb *sych, cras*

sigl-i-gwt *(enw)* siglen fraith, brith y fuches, sigwti fach y dŵr, brith y coed, brith yr oged

siglo *(brf.)* ysgwyd, gwegian, crynu, symud, simsanu *ymlonyddu*

silff *(enw)* astell, ysgafell

simdde *(enw)* simnai, ffumer, corn mwg

simsan *(ans.)* ansad, sigledig, anghyson, anwastad, annibynadwy, gwan *sefydlog, sad*

simsanu *(brf.)* gwegian, siglo, ysgwyd *ymlonyddu, ymsefydlogi*

sinc *(enw)* ceubwll, basn, cafn

sinema *(enw)* darlundy, pictiwrs *(lluos.)*

sïo *(brf.)* suo, sibrwd, mwmian, chwyrnellu

sioc *(enw)* ysgytiad, ergyd, cyffro, clefyd, ysgydwad

sioe *(enw)* siew, arddangosfa, arddangosiad

siom *(enw)* siomedigaeth, disgynneb *syndod*

sionc *(ans.)* bywiog, heini, gwisgi, gweithgar, prysur *swrth, difywyd*

sionci *(brf.)* bywiocáu, bywhau, ymfywiogi, bywiogi, ymfywiocáu, ymfywhau, sirioli *dihoeni, nychu*

sioncrwydd *(enw)* bywiogrwydd, hoen, nwyf, nwyfiant, bywyd *syrthni, anegni*

siop *(enw)* masnachdy, maelfa

sipian *(brf.)* sipio, llymeitian, profi blas, blasu

siriol *(ans.)* llon, llawen, hapus, calonnog *swrth, sarrug*

sirioldeb *(enw)* hapusrwydd, llonder, llawenydd, bodlonrwydd *sarugrwydd, syrthni*

sirioli *(brf.)* ymlawenhau, ymfywiocáu, ymfywiogi, ymfywhau, llonni, llawenhau *tristáu, pruddhau*

sisial *(brf.)* sibrwd, murmur *gweiddi*

siŵr *(ans.)* sicr, di-os, diamheuaeth, diau, siwr, diamau *ansicr*

siwrnai 1. *(enw)* taith, tro, hynt 2. *(adf.)* unwaith, un tro

siwt *(enw)* gwisg, pâr o ddillad

slebog *(enw)* sopen, maeden, slwt

slei *(ans.)* cyfrwys, anonest, ffals, annibynadwy *gonest, unplyg*

sleisen *(enw)* sglisen, ysglisen, tafell, golwythen

slogan *(enw)* 1. rhyfelgri, shiboleth 2. hysbysair, arwyddair, gair cyswyn, trwyddedair

slotian *(brf.)* meddwi, llymeitian, cnapo, codi bys bach *sobri; llwyrymwrthod*

slwt *(enw)* sopen, slebog, maeden

smwt 1. *(enw)* baw, bryntni; parddu, huddygl, tropas *glendid* 2. *(ans.)* pwt, pitw, bychan *anferth, enfawr*

snisin *(enw)* trwynlwch, trewlwch

snobyddion *(enw lluos.)* crachfonheddwyr, crachach *gwerin*

snobyddlyd *(ans.)* ffroenuchel, crachfonheddig, snoblyd, trwynuchel *diymhongar, dirodres*

sobr *(ans.)* difrifol, dwys, tawel, synhwyrol, difrifddwys; wedi sobri *afreolus; brwysg*

sobri *(brf.)* sobreiddio, dadfeddwi *meddwi, brwysgo*

sobrwydd *(enw)* difrifwch, dwyster, synnwyr, pwyll, sadrwydd *gwylltineb*

soeglyd *(ans.)* gwlyb, llaith, wedi gwlychu *sych*

soffistigedig *(ans.)* diwylliedig, chwaethus *ansoffistigedig*

sogiar *(enw)* caseg y ddrycin, sogen lwyd, socasau llwydion

solas *(enw)* cysur, diddanwch *anghysur, anesmwythyd*

solet *(ans.)* soled, ffyrf, cadarn, praff, cryf *simsan, bregus*

sôn 1. *(enw)* argoel, awgrym, achlust, gair, hanes, mân-siarad, chwedl, adroddiad, si, sïon, su, suon 2. *(brf.)* crybwyll, dweud, llefaru, ymddiddan, ymgomio, ysgwrsio, taenu chwedl *tewi*

soniarus *(ans.)* melodaidd, persain, perseiniol, hyfryd, hyfrydlais, swynol *croch, aflafar*

sopen *(enw)* slwt, slebog, maeden

sopyn *(enw)* sypyn, swp, bwndel

soriant *(enw)* pwd, dicter, llid, sarugrwydd, syrthni, gwg, cilwg *sirioldeb, hapusrwydd*

sorllyd *(ans.)* dig, llidiog, pwdlyd, sarrug, blwng, swrth, fel iâr dan badell *siriol, hapus*

sorod *(enw lluos.)* sothach, gwaddod, gwehilion *(lluos.)*, ysbwriel *trysor*

sorri *(brf.)* pwdu, digio, llyncu mul, mulo, cuchio, gwgu, monni *sirioli, ymlawenhau*

sothach *(enw)* ysbwriel, sorod, rwtsh, rwdl, ffwlbri *pwyll, synnwyr*

sownd *(ans.)* tyn, sicr, diogel, diysgog *ansad, ansicr*

staff *(enw)* gweithwyr/swyddogion *(lluos.)* *penaethiaid*

stamp *(enw)* 1. argraff, marc, nod, delw, ôl 2. llythyrnod

statig *(ans.)* llonydd, digyfnewid, di-syfl, disymud *cyfnewidiol*

statws *(enw)* safle, sefyllfa, braint

steil *(enw)* arddull, dullwedd, dull, ffordd, modd

stem *(enw)* tro, sifft, newid

steryllu *(brf.)* sterilio, diheintio, puro, glanhau *llygru, halogi*

stesion *(enw)* gorsaf, arhosfa

stiff *(ans.)* anystwyth, anhyblyg, syth *hyblyg, ystwyth*

stilgar *(ans.)* chwilfrydig, busneslyd, ymchwilgar, holgar, ymofyngar *diddiddordeb*

stilio *(brf.)* holi, gofyn, holwyddori, cateceisio *ateb*

stiliwr *(enw)* holwr, archwiliwr, arholwr, holwyddorwr, cateceisiwr *ymgeisydd, atebwr*

stiw *(enw)* cawl, potes, lobsgows

stiward *(enw)* goruchwyliwr, cynorthwywr, cynrychiolydd, gwas

stoc *(enw)* 1. da, stôr, cyflenwad, nwyddau *(lluos.)* 2. cyff, llinach, ach, hil, tras

stocio *(brf.)* storio, cadw *afradu, gwastraffu*

stondin *(enw)* stand, bwth

stop *(enw)* arhosfa, arhosiad, safiad

stopio *(brf.)* aros, sefyll *mynd, cychwyn*

stranc *(enw)* tric, cast, pranc, ystryw, twyll, dichell

streipen *(enw)* rhes, llinell

stwnsh *(enw)* cymysgfa, stwmp, ponsh, potsh

su *(enw)* si, murmur, achlust, chwedl, stori, sôn, swn

suo *(brf.)* sïo, sibrwd, chwyrnellu, mwmian

sucan *(enw)* llymru, griwel, bwdran, grual

sudd *(enw)* nodd, sug, sugn

sugno *(brf.)* dyfnu, llyncu

sur *(ans.)* chwerw, egr, llym; sarrug, swrth *melys; dymunol*

surdoes *(enw)* burum, berman, eples

surni *(enw)* chwerwedd, suredd, chwerwder, chwerwdod *melystra*

suro *(brf.)* chwerwi, egru *melysu*

sut *(rhagenw gofynnol)* sud, siwt, pa sut, pa fath, pa fodd, pa ffordd

swatio *(brf.)* cyrcydu, gwyro, plygu, mynd yn ei gwrcwd, twtian, cwtsio,

eistedd ar y garrau *codi, ymsythu*

swci *(ans.)* swcad, llywaeth, llawfaeth, dof *gwyllt, afreolus*

swc(w)r *(enw)* ymgeledd, help, cymorth, cynhorthwy *esgeulustod, camdriniaeth*

swcro *(brf.)* helpu, cynorthwyo, ymgeleddu *esgeuluso, tanseilio*

swm *(enw)* cyfan, cwbl, cyfanswm, crynswth, cyfanrwydd; problem

swmbwl *(enw)* pigyn, symbyliad, ysbardun, cymhelliad, anogaeth *anghymhelliad*

swmp *(enw)* maint, maintioli, pwysau *(lluos.)*

swmpo *(brf.)* teimlo, trin, byseddu, bodio, modi, handlo, trafod

swmpus *(ans.)* sylweddol, pwysig, mawr *ysgafn*

swnio *(brf.)* seinio, cynanu, ynganu

swn *(enw)* ystŵr, dadwrdd, mwstwr, twrw, trwst *tawelwch, distawrwydd*

swnllyd *(ans.)* trystiog, ystwrllyd, trystfawr, uchel ei gloch *tawel, distaw*

swp *(enw)* sypyn, clwstwr, twr, bwndel, sopyn

swper *(enw)* hwyrbryd, cwyn *brecwast*

swrn *(enw)* 1. *(ben.)* egwyd, migwrn, ffêr 2. *(gwr.)* nifer go dda *prinder, diffyg*

swrth *(ans.)* 1. sarrug, blwng, diserch, gwgus, cuchiog, di-wên, cilwgus *siriol, araul* 2. diynni, cysglyd, diegni, difywyd, marwaidd, trymaidd, di-nerth *sionc, bywiog*

swta *(ans.)* sydyn, dirybudd, cwta, disymwth, byr *paratoëdig, disgwyliedig*

swydd *(enw)* 1. job, gorchwyl, tasg, gwaith 2. sir

swyddogaeth *(enw)* pwrpas, nod, diben, ffwythiant, swydd

swyn *(enw)* cyfaredd, hud, lledrith, swyngyfaredd, hudoliaeth, dewiniaeth, dewindabaeth *realiti*

swyngwsg *(enw)* llewyg, llesmair, perlewyg *dadebriad*

swyno *(brf.)* hudo, rheibio, cyfareddu *diflasu*

swynol *(ans.)* hudol, lledrithiol, cyfareddol, afreal, hudolus *diflas; gwironeddol*

swynwr *(enw)* dewin, dyn hysbys, cyfareddwr, swyngyfareddwr, rheibiwr

syber *(ans.)* 1. syberw, moesgar, synhwyrol, call, sad, pwyllog, sobr *amhwyllog* 2. glân, destlus, dillin *anghymen, di-drefn*

syberwyd *(enw)* 1. balchder *cywilydd* 2. moesgarwch, cwrteisi *anfoesgarwch*

syblachad *(brf.)* anhrefnu, trochi, difwyno, baeddu, andwyo *trefnu, cymhennu*

sycamorwydden *(enw)* sycamoren, jacamor, jacmor, jacan, masarnen

sych *(ans.)* sychlyd, cras, hysb; anniddorol, diflas *gwlyb; diddorol*

sychder *(enw)* sychdwr, craster *lleithder*

sychgamu *(brf.)* gwyro, gwyrgamu, anffurfio, llurgunio *sythu, unioni*

sychgyfiawn *(ans.)* hunangyfiawn, hunandybus, cysetlyd *dirodres*

sychgyfiawnder *(enw)* sychfoesoldeb, cysêt, cysactrwydd, ffrwmp *naturioldeb*

sydyn *(ans.)* disymwth, dirybudd, disyfyd, swta, fel iâr i ddodwy *disgwyliedig*

syfi *(enw lluos.)* mefus, suddiau

syflyd *(brf.)* symud, cyffroi, ysgogi, ymod, ymodi, ystwyrian *ymlonyddu*

syfrdanol *(ans.)* aruthrol, byddarol, syn, rhyfeddol *arferol, cyffredin*

syfrdanu *(brf.)* byddaru, hurto, mwydro, drysu

sylfaen *(enw)* sail, dechrau, dechreuad, gwaelod

sylfaenol *(ans.)* elfennol, dechreuol, cychwynnol, gwaelodol, gwreiddiol

sylfaenu *(brf.)* sefydlu, dechrau, seilio *chwalu, diwreiddio*

sylfaenydd *(enw)* sylfaenwr, seiliwr, sefydlydd, arloeswr *chwalwr*

sylw *(enw)* sylwadaeth, crybwylliad, sôn, gair, ystyriaeth

sylwedydd *(enw)* ardremiwr, arsyllwr

sylwedd *(enw)* mater, gwirionedd, defnydd, deunydd *ymennydd, ysbryd*

sylweddol *(ans.)* diffuant, diledrith, gwir, gwirioneddol, o bwys, pwysig, arwyddocaol *dibwys*

sylweddoli *(brf.)* amgyffred, dirnad, deall

sylweddoliad *(enw)* dealltwriaeth, dirnadaeth, amgyffrediad, deall *annealltwriaeth*

sylwgar *(ans.)* craff, llygadog, llygadlym, craffus, treiddgar *diddeall, twp*

sylwi *(brf.)* dal sylw, edrych, gweld, canfod; crybwyll, sôn *methu, esgeuluso*

syllu *(brf.)* sylwi, edrych, rhythu, llygadrythu, tremu *anwybyddu*

symbol *(enw)* arwyddlun, arwydd, nod, marc, llun

symbyliad *(enw)* cefnogaeth, ysbardun, swmbwl, anogaeth, cymhelliad, calondid *anghymhelliad*

symbylu *(brf.)* ysbarduno, annog, cymell, calonogi, gyrru, gorfodi *anghymell*

syml *(ans.)* unplyg, diaddurn, moel, plaen, digymysg, hawdd, rhwydd *cymhleth, addurnol*

symlrwydd *(enw)* symledd, unplygrwydd, diniweidrwydd *cymhlethdod*

symlyn *(enw)* ynfytyn, ffŵl, twpsyn, ffwlcyn, clown, hurtyn, penbwla *athrylith*

symud *(brf.)* cyffroi, syflyd, ysgogi, cynhyrfu, cymell, annog; mudo *ymlonyddu*

syn *(ans.)* rhyfedd, aruthr, mewn syndod, mewn rhyfeddod, fel iâr ar daranau *didaro, difater*

syndod *(enw)* aruthredd, rhyfeddod

synfyfyrdod *(enw)* breuddwyd, cynhemlad, synfyfyr, ystyriaeth, astudiaeth, myfyr

synfyfyrio *(brf.)* myfyrio, ystyried, breuddwydio; delwi, gwlana *deffro*

synfyfyriol *(ans.)* breuddwydiol, myfyriol, meddylgar

synhwyro *(brf.)* synio, canfod, teimlo, clywed, ymglywed â

synhwyrol *(ans.)* pwyllog, call, ystyriol, rhesymol, syniedig *angall, amhwyllog*

synhwyrus *(ans.)* croendenau, sensitif, hydeiml, teimladwy *croengaled*

syniad *(enw)* drychfeddwl, meddylddrych, opiniwn, barn, meddwl, amcan

synied *(brf.)* synio, tybied, tybio, meddwl, ystyried, dychmygu

gweithredu

synnwyr *(enw)* pwyll, callineb, doethineb, ystyriaeth, ymdeimlad, ystyr, sens *twpdra, ynfydrwydd*

synthetig *(ans.)* cyfosodol, artiffisial, annaturiol, o law dyn *naturiol*

sypio *(brf.)* sypynnu, pacio, bwndelu *datod, dadbacio*

sypyn *(enw)* swp, sopyn, bwndel, crug, twr, pecyn, paced

syrffed *(enw)* gormod, gormodedd, rhysedd, diflastod, gormodaeth *prinder, diffyg*

syrffedu *(brf.)* alaru ar, diflasu *ymddiddori*

syrth *(enw)* sylwedd, swmp

syrthiad *(enw)* cwymp, disgyniad, codwm, cwympiad *esgyniad*

syrthio *(brf.)* disgyn, cwympo, digwydd *codi, esgyn*

syrthni *(enw)* 1. cysgadrwydd, anegni *bywiogrwydd* 2. sarugrwydd *sirioldeb*

system *(enw)* cyfundrefn, trefn, trefniadau *(lluos.)*, dull gweithredu

systematig *(ans.)* cyfundrefnol, trefnus *di-drefn*

syth *(ans.)* union, diwyro, unionsyth, anystwyth, anhyblyg *cam, crwca*

sythlyd *(ans.)* anwydog, oer, rhynllyd, fferllyd, oerllyd, oeraidd *twym, poeth*

sythu *(brf.)* 1. ymunioni *plygu* 2. rhynnu, fferru, rhewi *cynhesu, twymo*

t

tabernaclu *(brf.)* pabellu, lluestu, gwersyllu

tablen *(enw)* cwrw, bir

tabŵ *(enw)* ysgymunbeth, gwaharddiad

taclau *(enw lluos.)* gêr/offer *(lluos.)*, cyfarpar, twls *(lluos.)*

taclu *(brf.)* gwisgo, ymwisgo, ymdwtio, tacluso, paratoi, darparu

taclus *(ans.)* destlus, cymen, teidi, trefnus, del, dillyn, twt *anghymen, di-drefn*

tacluso *(brf.)* cymhennu, taclu, rhoi trefn ar, twtio, cymoni *anhrefnu*

taclusrwydd *(enw)* trefn, cymhendod, destlusrwydd *anhrefn, llanastr*

tad-cu *(enw)* taid, hendad *mam-gu*

taenu *(brf.)* lledu, lledaenu, gwasgaru, ymdaenu, cyhoeddi *crebachu*

taeog *(enw)* costog, cerlyn, cnaf, adyn, dihiryn, milain *gŵr bonheddig*

taeogaidd *(ans.)* afrywiog, cnafaidd, anfad, milain, mileinig, swrth, sarrug *siriol, dymunol*

taer *(ans.)* difrif, difrifol, diwyd, brwd, gwresog, tanbaid, brwdfrydig *didaro*

taerni *(enw)* taerineb, difrifwch, diwydrwydd, aidd, brwdfrydedd, eiddgarwch *difaterwch*

taeru *(brf.)* haeru, dal maentumio, dadlau, gwirio *gwadu*

tafarn *(enw)* tafarndy, tŷ tafarn, gwesty, dioty

tafell *(enw)* sleisen, ysglisen, yslisen

tafellu *(brf.)* ysglisio, torri

taflen *(enw)* rhestr, llechres, tabl

taflennu *(brf.)* rhestru, tablu, llechresu, trefnu, dosbarthu, categoreiddio *chwalu, cymysgu*

tafliad *(enw)* ergyd, lluchiad, tafl

taflod *(enw)* llofft, galeri, ystafell wair

taflu *(brf.)* lluchio, hyrddio, bwrw, ergydio, tawlu *dal*

tafodi *(brf.)* dwrdio, cymhennu, rhoi pryd o dafod i, cadw stŵr â, difrïo, difenwi, rhoi tafod drwg i *canmol*

tafodrydd *(ans.)* siaradus, parablus, anystyriol, gwamal, ysgafn, fel melin glap/pwll y môr/pwll dŵr *dywedwst, di-ddweud*

tafol *(enw)* tafal, tafl, mantol, clorian

tafoli *(brf.)* pwyso, mesur, cloriannu, mantoli

tagell *(enw)* trap, magl, telm, yslepan, rhwyd, croglath; gên

tagu *(brf.)* llindagu, mogi, mygu

tangnefedd *(enw)* heddwch, hedd, tawelwch, distawrwydd, llonyddwch *rhyfel, aflonyddwch*

tangnefeddus *(ans.)* heddychlon, tawel, distaw, llonydd *aflonydd, terfysglyd*

taid *(enw)* tad-cu, hendad *nain*

tail *(enw)* gwrtaith, achles, baw, tom

taith *(enw)* siwrnai, hynt

tal *(ans.)* uchel, hir *byr*

tâl *(ans.)* 1. taliad, cyflog, pae, hur 2. talcen, blaen

talaith *(enw)* tir, tiriogaeth, rhanbarth, ardal, bro

talcen *(enw)* ael, ysgafell

talch *(enw)* dryll, darn, tamaid, bribsyn, dernyn, cynhinyn *cyfanrwydd*

talent *(enw)* medrusrwydd, dawn, gallu, athrylith *anfedrusrwydd, lletchwithdod*

talentog *(ans.)* dawnus, galluog, medrus, celfydd, athrylithgar *anfedrus, lletchwith*

talfyriad *(enw)* crynhoad, cywasgiad, byrhad, cwtogiad *llawnder*

talfyrru *(brf.)* byrhau, cwtogi ar, crynhoi, cywasgu *helaethu, ehangu*

talïaidd *(ans.)* boneddigaidd, moesgar, cwrtais, hynaws, rhadlon, caredig *anfoesgar*

talm *(enw)* cetyn, ysbaid, amser, cyfnod, encyd, ennyd; cyfran

talog *(ans.)* bywiog, heini, hoyw, sionc, gwisgi *marwaidd, swrth*

talp *(enw)* telpyn, lwmp, cnap, cnepyn, tameidyn, pisyn

tamaid *(enw)* tipyn, gronyn, mymryn, dernyn *cyfanrwydd, crynswth*

tan *(ardd.)* 1. o dan *uwchben, uwchlaw* 2. nes, hyd nes, hyd, hyd at

tân *(enw)* llosg, fflam; goddaith, tanllwyth, coelcerth

tanbaid *(ans.)* taer, eiddgar, brwd, brwdfrydig, awyddus, selog, gwresog *difraw, didaro*

tanbeidrwydd *(enw)* poethder, eiddgarwch, brwdfrydedd, taerineb *difrawder, difaterwch*

tanchwa *(enw)* taniad, ffrwydrad

tanio *(brf.)* llosgi, cynnau, rhoi ar dân; ergydio, saethu *diffodd*

tanlinellu *(brf.)* pwysleisio, acennu

tanlli *(ans.)* tanlliw, disglair, llachar *pŵl*

tanllwyth *(enw)* coelcerth, goddaith, ffagl

tanllyd *(ans.)* tanbaid, poeth, eirias, gwresog, brwd, penboeth *didaro, difater*

tannu *(brf.)* 1. cymhwyso, trefnu, unioni, addasu, cyfaddasu *anhrefnu, annibennu* 2. taenu, lledu

tanseilio *(brf.)* gwrthweithio, gwanhau

tant *(enw)* llinyn, cord

tanwydd *(enw)* coed tân, cynnud; ynni

tanysgrifiad *(enw)* cyfraniad, cefnogaeth

tanysgrifio *(brf.)* cyfrannu, cefnogi, ategu *tanseilio*

tâp *(enw)* incil, llinyn

taradr *(enw)* ebill, tyllwr, tylliedydd

taran *(enw)* tyrfau/trystau *(lluos.);* twrf, twrw, terfysg *mellt*

taranu *(brf.)* tyrfo, gwneud taranau/tyrfau; bygwth *melltennu*

tarddiad *(enw)* tarddle, ffynhonnell, dechrau, blaen, gwreiddyn, deilliad, tarddell *diwedd*

tarddu *(brf.)* deillio, codi, dechrau, cychwyn, blaguro *diweddu, terfynu*

tarfu *(brf.)* gyrru/hela ofn ar, dychryn, arswydo, brawychu *sicrhau*

tario *(brf.)* aros, sefyll, oedi *ymbrysuro*

taro 1. *(enw)* argyfwng, cyfyngder, anhawster, cyfyng-gyngor *hawddfyd, esmwythyd* 2. *(brf.)* curo, ergydio, bwrw, pwyo, pwnio; bod yn addas

tarren *(enw)* craig, bryncyn, clogwyn, poncyn, poncen, ponc *gwastadedd*

tarten *(enw)* pastai, teisen, cacen

tarth *(enw)* niwl, caddug, niwlen, nudden, tawch *claerder*

tarwden *(enw)* darwden, marchrweinen, taroden, drywinen, derwinen, tarddwreinen, gwreinen

tas *(enw)* helm, rhic, bera, das, pentwr, crug

tasg *(enw)* gorchwyl, gwaith, ymgymeriad *segurdod*

tasgu *(brf.)* 1. ysgeintio, gwasgaru 2. neidio, llamu, rhuthro *hamddena, arafu*

tasu *(brf.)* teisio, sypynnu, bwndelu, tasio, pentyrru, cruglwytho, crugio *chwalu*

taw 1. *(enw)* gosteg, distawrwydd, tawelwch, llonyddwch *sŵn, twrw* 2.

(cys.) mai

tawch (enw) niwl, niwlen, nudden, caddug, tarth *eglurder*

tawchog (ans.) niwlog, myglyd *clir*

tawedog (ans.) tawel, di-ddweud, dywedwst, distaw, laconig *siaradus, parablus*

tawedogrwydd (enw) tawelwch, distawrwydd *sŵn, cleber*

tawel (ans.) distaw, llonydd, digyffro, heb siw na miw *swnllyd, trystfawr*

tawelu (brf.) gostegu, llonyddu, distewi *cadw sŵn*

tawelwch (enw) distawrwydd, gosteg, taw, llonyddwch *sŵn, stŵr*

tebyg (ans.) cyffelyb, unwedd, cyfryw, fel, yr un ffunud â *annhebyg*

tebygrwydd (enw) cyffelybiaeth, cymhariaeth, llun *annhebygrwydd, gwahaniaeth*

tecáu (brf.) harddu, addurno, coethi, cywreinio, prydferthu *difwyno, andwyo*

techneg (enw) celfyddyd, medr, dull, modd, ffordd, steil, dullwedd

teclyn (enw) arf, erfyn, offeryn, twlsyn

tecstil (enw) defnydd gwau, brethyn, lliain

teg (ans.) glân, hardd, prydferth, pert, cain, coeth; braf; cyfiawn *annheg*

tegwch (enw) prydferthwch, harddwch, tlysni, glendid, ceinder, gwychder; cyfiawnder *annhegwch*

teilchion (enw lluos.) drylliau, yfflon, ysgyrion, cyrbibion, bribys, darnau mân, dernynnach *crynswth*

teilo (brf.) gwrteithio, achlesu

teilwng (ans.) haeddiannol, gwiw, clodwiw *annheilwng*

teilyngdod (enw) haeddiant, gwiwdeb, rhinwedd, rhyglyddiant *annheilyngdod*

teilyngu (brf.) haeddu, rhyglyddu

teimlad (enw) ymdeimlad, cyffyrddiad, ymsudiad, cyffro

teimladol (ans.) ysmudol, emosiynol

teimladrwydd (enw) sentiment, sensitifrwydd, synwyriadrwydd *ansensitifrwydd*

teimladwy (ans.) hydeiml, croendenau, synhwyrus, byw, sensitif *anheimladwy, dideimlad*

teimlo (brf.) profi, cyffwrdd, clywed, trin, trafod, swmpo, byseddu

teip (enw) math, dosbarth, categori

teitl (enw) pennawd, enw; hawl, braint, hawlfraint

teithi (enw lluos.) nodweddion, rhinweddau, hynodion, manylion

teithio (brf.) trafaelu, siwrneio, ymdeithio, trafaelio, tramwy *aros*

teithiwr (enw) tramwywr, trafaeliwr, trafaelwr

teithiol (ans.) symudol, crwydrol, mudol, ymfudol *sefydlog, preswyl*

teithlyfr (enw) cyfarwyddyd, canllaw; lòg, llyfr taith, dyddlyfr taith

telori (brf.) canu, pyncio, cathlu, perori, trydar, cwafrio

telpyn (enw) talp, twlpyn, lwmp, cnap, cnepyn, lwmpyn

teml (enw) addoldy, synagog

temtasiwn (enw) temtiad, profedigaeth

temtio (brf.) denu, hudo, llithio, profi

tenau (ans.) main, gwachul, cul; anaml, prin *tew, corfful*

tendio (brf.) gweini ar, gofalu am, edrych ar ôl, gwarchod *esgeuluso*

teneuo (brf.) teneuhau, meinhau, prinhau *tewhau, tewychu*

tennyn (enw) rhaff, rheffyn, llinyn, cynllyfan, cortyn

têr (ans.) llachar, diglair, pur, glân *pŵl*

terfyn (enw) diwedd, ffin, eithaf, ymyl, pen, cwrtil

terfynu *(brf.)* diweddu, gorffen, dibennu, cwblhau, cwpla, cwpláu *dechrau*

terfysg *(enw)* 1. cynnwrf, cythrwfl, aflonyddwch, gwrthryfel, reiat, cyffro *llonyddwch, heddwch* 2. tyrfau/taranau (lluos.) *mellt*

terfysglyd *(ans.)* terfysgaidd, aflonydd, cynhyrfus, cythryblus, cyffrous *llonydd, heddychlon*

terfysgu *(brf.)* cynhyrfu, cythryblu, aflonyddu, cyffroi, gwrthryfela *heddychu*

term *(enw)* diwedd, terfyn; tymor

tes *(enw)* heulwen, gwres, cynhesrwydd *oerni, drycin*

tesog *(ans.)* gwresog, araul, twym, cynnes, tesfawr, poeth *oer, gaeafol*

testament *(enw)* cyfamod, ewyllys, llythyr cymun

testun *(enw)* pwnc, teitl, pennawd

teulu *(enw)* ach, gwehelyth, tylwyth, aelod, llwyth, cartref

teuluol *(ans.)* teuluaidd, cartrefol, domestig

tew *(ans.)* trwchus, bras, praff, blonegog, braisg, ffyrf, llond ei groen; lluosog *tenau, main*

tewdra *(enw)* tewder, tewdwr, trwch, praffter, braster, ffyrfder *meinder, teneurwydd*

tewhau *(brf.)* tewychu, brasáu, pesgi *meinhau, teneuo*

tewi *(brf.)* ymdawelu, distewi *siarad, cadw sŵn*

teyrn *(enw)* brenin, penadur, pennaeth *deiliad*

teyrnaidd *(ans.)* brenhinol, reiol, urddasol, mawreddog *gwerinol*

teyrnasu *(brf.)* llywodraethu, rheoli

teyrngar *(ans.)* teyrngarol, ffyddlon, cywir, triw *anheyrngar*

teyrngarwch *(enw)* ffyddlondeb, cywirdeb *anheyrngarwch*

ti *(rhagenw)* tydi, tithau

tido *(brf.)* cadwyno, clymu, caethiwo, rhwymo *rhyddhau, datglymu*

tila *(ans.)* cwla, gwanllyd, egwan, llesg, llegach, eiddil, musgrell *cryf, cydnerth*

tipyn *(enw)* ychydig, mymryn, gronyn, dernyn, tameidyn *llawer*

tir *(enw)* daear, gwlad, pridd, priddell, gweryd, tiriogaeth *môr; awyr*

tirf *(ans.)* newydd, crai, ffres, croyw, ir, gwyrf; toreithiog *gwyw*

tirio *(brf.)* glanio, cyrraedd; rhoi i lawr *hwylio, cychwyn*

tirion *(ans.)* mwyn, hynaws, rhadlon, boneddigaidd, caredig, caruaidd, hyfwyn *annymunol, sarrug*

tiriondeb *(enw)* tirionder, tirionwch, mwynder, hynawsedd, rhadlondeb, tynerwch, addfwynder *sarugrwydd*

tirioni *(brf.)* tyneru, lleddfu, lliniaru, tyneru, nawseiddio *ffyrnigo*

tisian *(brf.)* twsian, taro untrew

tiwb *(enw)* pibell, corn, pib

tiwn *(enw)* tôn, alaw, cywair, miwsig

tiwtor *(enw)* athro, darlithydd, hyfforddwr, cyfarwyddwr, mentor *disgybl*

tlawd *(ans.)* llwm, anghenus, amddifad, truan, gwael, sâl *cyfoethog, cefnog*

tlodi 1. *(enw)* llymder, llymdra cyfoeth 2. *(brf.)* llymhau *cyfoethogi*

tlws 1. *(enw)* gem, glain, gwobr, medal 2. *(ans.)* hardd, prydferth, cain, pert, glandeg *diolwg, hyll*

tlysni *(enw)* tlysineb, harddwch, prydferthwch, pertrwydd, tegwch, glendid, ceinder *hagrwch*

to *(enw)* 1. *(gwr.)* nen, cronglwyd, brig *llawr* 2. *(ben.)* cenhedlaeth

toc 1. *(enw)* tocyn, tafell 2. *(adf.)* yn y

man, yn fuan, cyn bo hir, cyn hir, ar fyr (o dro)

tocio *(brf.)* torri, brigdorri, blaendorri, brigdocio

tocyn *(enw)* ticed; tafell; pentwr

toddi *(brf.)* ymdoddi, dadmer, dadlaith, meirioli *rhewi*

tolach *(brf.)* dolach, anwylo, maldodi, anwesu, malpo *cam-drin*

tolc *(enw)* bwlch, pant, plyg *llyfndra*

tolio *(brf.)* cynilo, arbed, safio, edrych yn llygad y geiniog *afradu*

tom *(enw)* tail, baw, achles

tomen *(enw)* pentwr, cruglwyth, crug, twmpath, tip, crugyn

tomlyd *(ans.)* bawlyd, brwnt, budr *glân*

ton *(enw)* 1. *(ben.)* ymchwydd, gwaneg 2. *(gwr.)* gwndwn, gwyndwn, hadfaes

tôn *(enw)* tiwn, alaw, cân; tonyddiaeth, goslef, cywair

tonnen *(enw)* crwst, crwstyn, crystyn, crofen, cramen

tonnog *(ans.)* ymdonnog, anwastad; terfysglyd *gwastad, lefel*

top *(enw)* blaen, brig, pen, copa *gwaelod, godre*

tor *(enw)* 1. *(gwr., lluos. - torion)* toriad, rhwyg *cyweiriad* 2. *(ben., lluos. - torrau)* bol, bola, cest

torcalonnus *(ans.)* gofidus, galarus, truenus, trist *chwerthinllyd*

torch *(enw)* amdorch, plethdorch, tusw, blodeudorch

torchi *(brf.)* rholio, codi, plygu, troi

toreithiog *(ans.)* aml, mynych, lluosog, helaeth, dibrin, ffrwythlon *prin, llwm*

toreth *(enw)* amlder, helaethrwydd, digonedd *prinder, llymdra*

torf *(enw)* tyrfa, cynulleidfa

torheulo *(brf.)* ymheulo, bolheulo, bolaheulo

toriad *(enw)* rhaniad, tor, bwlch, adwy, archoll, briw

torllwyth *(enw)* torraid, llwyth, torf, hatsied

torri *(brf.)* darnio, rhannu, briwio, archolli, methu *atgyweirio, trwsio*

torsythu *(brf.)* rhodresa, rhygyngu, swagro, torri cyt, lledu ei esgyll

torthi *(brf.)* ceulo, tewychu, ymgasglu *teneuo*

tost 1. *(enw)* bara crasu 2. *(ans.)* sâl, anhwylus, gwael, afiach, cwla, claf, blin *iach*

tostrwydd *(enw)* toster, tostedd, gwaeledd, llymder, gerwindeb, anhwyldeb *iechyd*

tosturi *(enw)* trueni, trugaredd, trugarowgrwydd, caredigrwydd, cydymdeimlad *creulondeb, cieidd-dra*

tosturio *(brf.)* trugarhau, gresynu, teimlo'n flin dros, cydymdeimlo *ffyrnigo*

tosturiol *(ans.)* trugarog, caredig, ystyriol, cydymdeimladol *didostur, didrugaredd*

tosyn *(enw)* ploryn, pendduyn, pigodyn, wimpyn

tra 1. *(adf.)* gor-, iawn, pur, eithaf, go, ar y naw, odiaeth 2. *(cys.)* cyhyd â, wrth, yn ystod yr amser, pan

tra-arglwyddiaethu *(brf.)* tra-awdurdodi, dominyddu

trachwant *(enw)* gwanc, chwant, bariaeth *anhunanoldeb*

trachwantu *(brf.)* chwenychu, chwennych, dymuno, awyddu, chwantu

trachwantus *(ans.)* gwancus, barus, hunanol *anhunanol*

traddodi *(brf.)* cyflwyno, trosglwyddo

traddodiad *(enw)* cyflwyniad, mynegiad; arferiad, arfer *newydd-deb,* *newyddbeth*

traddodiadol *(ans.)* arferol, safonol *chwyldroadol*

traen *(enw)* ffos, ceuffos, carthffos, cwter, sianel

traeth *(enw)* tywyn, glan y môr, traethell, marian *môr*

traethawd *(enw)* cyfansoddiad, ysgrif, traethodyn, thesis

traethu *(brf.)* adrodd, mynegi, datgan, cyhoeddi, siarad *tewi*

trafaelu *(brf.)* teithio, tramwy, siwrneio, trafaelio *aros*

trafaelwr *(enw)* trafaeliwr, teithiwr, tramwywr

traflyncu *(brf.)* llyncu, safnio, bochio, llowcio

trafnidiaeth *(enw)* masnach, tramwy, busnes, cwstwm

trafnidio *(brf.)* masnachu, tramwy, delio *segura*

trafnidiwr *(enw)* masnachwr, marsiandïwr, gwerthwr, gŵr busnes, marchnatïwr, marchnadwr *cwsmer*

trafod *(brf.)* trin, delio â, teimlo, dadlau

trafodaeth *(enw)* triniaeth, busnes, ymdrafodaeth

trafferth *(enw)* blinder, trallod, cystudd, helbul, trwbl *esmwythyd, hawddfyd*

trafferthus *(ans.)* blinderus, gofidus, tralloddus, helbulus *didrafferth*

tragwyddol *(ans.)* bythol, di-ball, di-baid, di-lyth, diddiwedd, tragywydd *diflanedig, darfodedig*

traha *(enw)* trahauster, balchder, rhodres, haerllugrwydd, ymffrost, rhwysg *naturioldeb*

trahaus *(ans.)* ffroenuchel, trwynuchel, balch, haerllug, sarhaus *dirodres, diymhongar*

trai *(enw)* 1. ciliad y môr *llanw* 2.

lleihad, gostyngiad, crebachiad *ymlediad*

trais *(enw)* gorthrwm, gorthrech, gormes

trallod *(enw)* gorthrymder, cystudd, blinder, gofid, helbul, trafferth *esmwythyd, hawddfyd*

trallodi *(brf.)* cystuddio, gofidio *esmwytháu*

trallodus *(ans.)* cystuddiol, blinderus, gofidus, helbulus, trafferthus, cythryblus, blin *esmwyth*

tramgwydd *(enw)* trosedd, camwedd, pechod, gŵyd

tramgwyddo *(brf.)* troseddu, pechu, digio *ufuddhau*

tramgwyddol *(ans.)* troseddol, pechadurus, gwydlawn, criminal *ufudd*

tramgwyddwr *(enw)* pechadur, troseddwr *cydymffurfiwr*

tramor *(ans.)* dieithr, estron, estronol, o wlad arall *brodorol, domestig*

tramwy *(brf.)* tramwyo, teithio, trafaelu, trafaelio, siwrneio, crwydro *aros*

tranc *(enw)* angau, marwolaeth, diwedd *genedigaeth*

trancedig *(ans.)* ymadawedig, diweddar, marw, wedi marw, wedi huno *byw*

trap *(enw)* 1. cerbyd 2. magl, croglath, rhwyd, tagell, telm, yslepan

tras *(enw)* perthynas, hil, hiliogaeth, llinach, ach, ceraint/carennydd *(lluos.)*

traserch *(enw)* cariad, serch, angerdd, gwiriondeb, nwyd *casineb*

trasiedi *(enw)* trychineb, galanas, drama brudd

traul *(enw)* cost, pris; ôl treulio, treuliad

traw *(enw)* cywair, cwmpas, amrediad,

trawiad

trawiad (*enw*) ergyd, curiad, arfod, dyrnod, ffonnod

trawiadol (*ans.*) gafaelgar, nodedig, hynod, cofiadwy, bythgofiadwy *arferol, cyffredin*

traws (*ans.*) croes, blin, adfydus, gwrthwynebus, gwrthnysig, cyndyn *llariaidd, hynaws*

trawsfeddiannu (*brf.*) cipio, dwyn *rhyddhau*

trawst (*enw*) tulath, ceubren, trawsbren, trawslath, dist, nenbren

trawster (*enw*) gormes, trais, gorthrwm, gorthrech *caredigrwydd*

trawswyro (*brf.*) gwyrdroi, camdroi, llurgunio *sythu, unioni*

trech (*ans.*) cryfach, cadarnach, galluocach, mwy grymus, mwy nerthol *gwannach*

trechu (*brf.*) gorchfygu, curo, maeddu, goresgyn, llethu *colli*

trechwr (*enw*) gorchfygwr, concwerwr, buddugwr, enillwr, goresgynnydd *collwr*

trefedigaeth (*enw*) gwladfa, gwladychfa, sefydliad *mamwlad*

trefn (*enw*) trefniad, trefniant, rheol, ffordd, dull, modd, method, trefniadaeth *chwalfa*

trefnu (*brf.*) dosbarthu, rheoli, categoreiddio *anhrefnu*

trefnus (*ans.*) cymen, dosbarthus, destlus, mewn trefn *di-drefn, anghymen*

treftadaeth (*enw*) etifeddiaeth, cynhysgaeth *cymynrodd*

trengi (*brf.*) marw, darfod, huno *geni*

treiddgar (*ans.*) craff, llym, treiddiol, awchus, miniog, llygatgraff, dadansoddol *diddeall*

treiglo (*brf.*) rholio, rholian, trolio, trolian, powlio

treio (*brf.*) 1. cynnig, trio, rhoi cynnig ar, profi, ceisio *ildio* 2. cilio, ymgilio, gwanychu *ymledu*

treisiad (*enw*) heffer, anner *bustach, eidion*

treisio (*brf.*) halogi, gorfodi, troseddu, llethu, gorthrymu, gormesu

treisiwr (*enw*) gormeswr, gorthrymwr, gorthrechwr

trem (*enw*) golwg, golygiad, edrychiad, ymddangosiad, gwedd, cip, cipolwg

tremio (*brf.*) edrych, sylwi, gweld, canfod, tremu *anwybyddu*

trempyn (*enw*) tramp, crwydryn, tincer *arglwydd*

tres (*enw*) 1. cudyn gwallt 2. cadwyn, strapen

tresglen (*enw*) bronfraith fawr, pen y llwyn, sgrechgi, sgrad y coed, cragell y coed, brych y coed

tresmasu (*brf.*) trebasu, troseddu

treth (*enw*) ardreth, toll

tric (*enw*) cast, ystryw, stranc, cnac, twyll, dichell

trigfan (*enw*) trigfa, annedd, preswyl, cartref, trigle, anheddfod, preswylfod

trigo (*brf.*) 1. trigiannu, byw, ymgartrefu, preswylio, bucheddu, cartrefu *crwydro* 2. terigo, marw, trengi, darfod, crino, gwywo, edwino *byw*

trigolion (*enw lluos.*) trigianwyr, preswylwyr *dieithriaid*

trin 1. (*enw*) brwydr, ymladdfa 2. (*brf.*) trafod, meithrin, diwyllio; cymhennu, tafodi, dwrdio, cadw stŵr â, dweud y drefn wrth, rhoi pryd o dafod i, rhoi tafod drwg i

trinfa (*enw*) cymhennad, dwrdiad, pryd o dafod *canmoliaeth, clod*

triniaeth (*enw*) ymdriniaeth, trafodaeth, meithriniad

trip *(enw)* 1. pleserdaith, siwrnai bleser, taith ddifyr 2. cwymp, syrthiad, codwm *esgyniad*

trist *(ans.)* athrist, pruddglwyfus, penisel, prudd, digalon, galarus, gofidus *llon, hapus*

tristáu *(brf.)* pruddhau, digalonni, galaru, gofidio, hiraethu *llonni, ymlawenhau*

tristwch *(enw)* tristyd, pruddglwyf, gofid, galar, hiraeth, digalondid, prudd-der *hapusrwydd, llonder*

triw *(ans.)* ffyddlon, teyrngar, cywir, didwyll *anffyddlon, anheyrngar*

tro (enw) 1. cylchdro, troad 2. cyfnewidiad, newid 3. amser, adeg, gwaith 4. digwyddiad, achlysur 5. rhodiad, cerddediad 6. troëdigaeth 7. trofa, troead 8. tric, cnac, cast

trochi *(brf.)* 1. rhoi mewn dŵr, rhoi yng ngwlych, gwlychu, golchi *sychu* 2. difwyno, baeddu, syblachad *harddu, cywreinio*

trochion *(enw lluos.)* golchion *(lluos.)*, dŵr golch

trochwr *(enw)* bronwen y dŵr, mwyalchen y dŵr, aderyn du'r dŵr, Wil y dŵr, tresglen y dŵr

troed *(enw)* gwaelod, godre; carn, dwrn, dolen *pen*

troedffordd *(enw)* llwybr; pafin, palmant *ffordd*

troedio *(brf.)* 1. cerdded, llwybreiddio, rhodio *teithio* 2. cicio *penio*

troelli *(brf.)* 1. nyddu, cyfrodeddu 2. chwyldroi, troi, dirwyn

troellwr *(enw)* brân y nos, gafr y nos, gafr wanwyn, aderyn y dröell, Wil nyddwr, gwennol y nos, rhodor

trofáus *(ans.)* 1. troellog *syth* 2. gwrthnysig, croes *bodlon*

troi *(brf.)* 1. troelli, symud o amgylch 2. dymchwelyd, ymhoelyd 3. cyfieithu, trosi 4. aredig, arddu

trol *(enw)* cert, cart, gambo, trwmbel, men

trolio *(brf.)* trolian, rholio, treiglo, troi, powlio

tros *(ardd.)* dros, uwchben, ar uchaf, ar warthaf; yn lle, ar ran, ar gyfer, i *o dan*

trosedd *(enw)* tramgwydd, pechod, camwedd, cam, camwri, gwŷd

troseddol *(ans.)* tramgwyddol, pechadurus, camweddus, gwydlawn, criminal *cyfiawn, cyfreithlon*

troseddu *(brf.)* tramgwyddo, pechu, camweddu

troseddwr *(enw)* pechadur, tramgwyddwr, pechwr

trosglwyddo *(brf.)* cyflwyno, rhoi, traddodi, ildio *cymryd*

trosi *(brf.)* 1. troi, newid sefyllfa 2. cyfieithu 3. cicio drosodd

trosiad *(enw)* 1. cyfieithiad 2. cyffelybiaeth, delwedd

trosodd *(adf.)* y tu draw, i'r ochr draw, ar y tudalen nesaf

trot *(enw)* rhygyng, tuth *carlam*

trotian *(brf.)* trotio, tuthio, rhygyngu, prancio *carlamu*

trothwy *(enw)* rhiniog, hiniog, carreg y drws, stepen ddrws

trowynt *(enw)* hyrddwynt, awel dro, corwynt, tymestl, ystorm *chwa*

truan *(enw)* adyn, dihiryn

trueni *(enw)* gresyn, tosturi, trugaredd, piti, annifyrrwch

truenus *(ans.)* truan, gresynus, adfydus, gwael, annifyr, anhapus *hapus, ffodus*

trugaredd *(enw)* tosturi, trueni, caredigrwydd, cydymdeimlad, trugarowgrwydd *creulondeb*

trugarhau *(brf.)* tosturio, cydymdeimlo *ffyrnigo*

trugarog *(ans.)* tosturiol, cydymdeimladol, ystyriol, caredig *didrugaredd, didostur*

trum *(enw)* cefn, crib, copa, pen

truth *(enw)* ffregod, rhibidirês, rhagrith, sebon *gonestrwydd*

truthiwr *(enw)* cynffonnwr, sebonwr, rhagrithiwr *gŵr bonheddig*

trwb(w)l *(enw)* blinder, tralold, helynt *hawddfyd*

trwch 1. *(enw)* tewder, tewdra, tewdwr, praffter *meinder* 2. *(ans.)* toredig *cyfan*

trwchus *(ans.)* tew, praff, bras, ffyrf, braisg *main, tenau*

trwm *(ans.)* pwysfawr, llwythog, trymlwythog *ysgafn*

trwsgl *(ans.)* trwstan, llibin, carbwl, afrosgo, anghelfydd, lletchwith, anfedrus *llawdde, celfydd*

trwsiadus *(ans.)* taclus, teidi, trefnus, destlus, twt, del, dillyn *di-sut, di-drefn*

trwsio *(brf.)* atgyweirio, unioni, cyweirio, taclu, gwella, paratoi *anhrefnu, annibennu*

trwst *(enw)* sŵn, stŵr, mwstwr, twrw, taran, twrf, dadwrdd *distawrwydd, tawelwch*

trwstan *(ans.)* trwsgl, anfedrus, anghelfydd, lletchwith, llibin, carbwl, afrosgo *deheuig, dechau*

trwstaneiddiwch *(enw)* lletchwithdod, anfedrusrwydd *deheurwydd, medrusrwydd*

trwy *(ardd.)* drwy, oblegid, oherwydd, ar sail, o achos, o ben bwy gilydd, lledled, trwy gymorth, trwy gydol, rhwng, o ben i ben, o ochr i ochr, gyda help

trwyadl *(ans.)* trylwyr, cyfan, cyflawn, gofalus, cywir *diofal, esgeulus*

trwyadledd *(enw)* trylwyredd,

cywirdeb, gofal *diofalwch, esgeulustod*

trwydded *(enw)* caniatâd, hawl *gwrthodiad, nacâd*

trwyddedair *(enw)* arwyddair, cyswynair, gair cyswyn

trwyn *(enw)* 1. ffroenau *(lluos.)* 2. pentir, penrhyn, penmaen

trwyno *(brf.)* arogleuo, gwynto, ffroeni, sawru

trwytho *(brf.)* mwydo, gwlychu, trochi; nawseiddio, ysbrydoli *sychu*

trybaeddu *(brf.)* baeddu, difwyno, trochi, amharu, halogi *glanhau, twtio*

trybestod *(enw)* ffwdan, cyffro, stŵr, cynnwrf, terfysg, aflonyddwch *llonyddwch*

trybini *(enw)* trafferth, helbul, tralold, blinder, trwbl *hawddfyd, esmwythdra*

tryblith *(enw)* dryswch, penbleth, cymysgwch, anhrefn, llanastr *trefn, destlusrwydd*

trychiad *(enw)* toriad, tociad

trychineb *(enw)* aflwydd, adfyd, tralold, anffawd

trychinebus *(ans.)* adfydus, tralolodus *ffodus, lwcus*

trychu *(brf.)* torri, tocio

trydanol *(ans.)* gwefreiddiol, iasol, cyffrous *di-fflach*

trydanu *(brf.)* gwefreiddio, cyffroi *diflasu*

trydar *(brf.)* yswitian, pyncio, cathlu, grillian, cogor, gwichian, crecian

tryfesur *(enw)* diamedr, hytraws, trawsfesur

tryfrith *(ans.)* brith, aml, niferus, lluosog, yn heigio, yn haid *prin, anaml*

trylwyr *(ans.)* trwyadl, gofalus, cyflawn, cyfan, cywir *diofal, esgeulus*

trylwyredd *(enw)* gofal, trwyadledd,

cywirdeb *diofalwch, esgeulustod*

trymaidd *(ans.)* trymllyd, clòs, mwll, myglyd, mwrn, tesog, mwygl *ffres*

trymder *(enw)* trymedd, tristwch, cwsg, syrthni, marweidd-dra, cysgadrwydd, tristyd *ffresni, sioncrwydd*

trysor *(enw)* cyfoeth, golud *tlodi*

trysorfa *(enw)* stôr, cronfa, cyfalaf

trythyll *(ans.)* anllad, anniwair, trachwantus *bucheddol*

trythyllwch *(enw)* anlladrwydd, anniweirdeb, trachwant *diweirdeb*

trywanu *(brf.)* brathu, gwanu

trywsus *(enw)* trowsus, trwser, llodrau *(lluos.)*, clos

trywydd *(enw)* ôl, llwybr, arogl

tu *(enw)* ochr, ystlys, lle

tua *(ardd.)* tuag, i gyfeiriad; o gwmpas, ynghylch; rhyw *i ffwrdd*

tuchan *(brf.)* grwgnach, griddfan, ochain, ochneidio, conan, conach, cwyno *ymfodloni*

tuchanwr *(enw)* griddfanwr, achwynwr, grwgnachwr

tuedd *(enw)* 1. *(gwr., lluos.* - tueddau) ardal, parth, rhanbarth, bro 2. *(ben., lluos.* - tueddiadau) tueddiad, tueddfryd, gogwydd, chwant

tueddol *(ans.)* pleidiol, gogwyddol

tueddu *(brf.)* gwyro, gogwyddo

tulath *(enw)* trawst, ceubren, dist, nenbren, trawsbren, trawslath

turio *(brf.)* twrio, twrian, cloddio, tyrchu, tyllu

tusw *(enw)* pwysi, blodeuglwm, swp, sypyn, cwlwm

twba *(enw)* twb, twbyn, bath, cafn, baddon

tw(f) *(enw)* cynnydd, tyfiant, datblygiad, tyfiad, prifiant *crebachiad, dirywiad*

twffyn *(enw)* sypyn; clwmp, siobyn,

cobyn

twlc *(enw)* cut, cwt, ffald *palas*

twll *(enw)* ceudod, agoriad

twmpath *(enw)* twyn, twmp, poncyn, poncen, bryncyn, crugyn, crug *gwastadedd*

twp *(ans.)* ynfyd, gwirion, dwl, ffôl, hurt, pendew, penbwl *peniog, hirben*

twpdra *(enw)* gwiriondeb, ynfydrwydd, ffolineb, dylni, hurtrwydd, twpanrwydd *clyfrwch*

twpsyn *(enw)* ffŵl, ffwlcyn, ynfytyn, symlyn, clown, hurtyn, penbwla *athrylith*

twr *(enw)* 1. pentwr, crugyn, carnedd, cruglwyth 2. torf, tyrfa, lliaws, grŵp *prinder*

twrch *(enw)* baedd, mochyn *hwch*

twrnai *(enw)* cyfreithiwr, bargyfreithiwr, tafodiog, dadleuydd, cynrychiolwr *diffynnydd*

twrw *(enw)* twrf, sŵn, stŵr, terfysg, cynnwrf, rhu, dadwrdd *distawrwydd, tawelwch*

twt *(ans.)* taclus, destlus, cymen, dosbarthus, teidi, cryno, dillyn *anhrefnus, anniben*

twtio *(brf.)* cymhennu, trefnu, rhoi trefn ar, twtio, tacluso, cymoni *anhrefnu, annibennu*

twyll *(enw)* hoced, dichell, anonestrwydd, brad, celwydd, anwiredd *gonestrwydd, unplygrwydd*

twyllo *(brf.)* hocedu, camarwain, hudo, siomi, cafflo

twyllodrus *(ans.)* gau, ffals, anwireddus, camarweiniol, dichellgar, bradwrus, celwyddog *gonest, unplyg*

twyllwr *(enw)* hocedwr, cafflwr, bradwr *gŵr bonheddig*

twym *(ans.)* cynnes, gwresog, brwd *oer, fferllyd*

twymgalon *(ans.)* croesawgar,

cyfeillgar, caredig, cynnes, croesawus, cymdogol *digroeso, angharedig*

twymo *(brf.)* cynhesu, gwresogi, twymno, poethi, ymdwymo *rhewi*

twymyn *(enw)* clefyd, gwres

twyn *(enw)* twmpath, bryncyn, tyle, rhiw, crug, ponc, moel *gwastatir*

twysged *(enw)* nifer dda, lliaws, llawer *prinder*

tŷ *(enw)* cartref, preswylfa, anheddfod, trigfa, annedd, preswyl

tyb *(enw)* tybiaeth, barn, meddwl, syniad, opiniwn, cred, coel

tybied *(brf.)* dychmygu, meddwl, tybio, barnu, credu, coelio *gweithredu*

tycio *(brf.)* llwyddo, ffynnu, gweithio, llesáu, gweithredu *methu*

tyddyn *(enw)* fferm, ffermdy, daliad, amaethdy, tŷ fferm/ffarm *plasty, palas*

tyddynnwr *(enw)* ffermwr, ffarmwr, amaethwr, arddwr, hwsmon

tyfiant *(enw)* twf, cynnydd, datblygiad, cynnyrch, tyfiad, prifiant *crebachiad, dirywiad*

tyfu *(brf.)* datblygu, cynyddu, cynhyrchu, prifio *nychu, dihoeni*

tynged *(enw)* tynghedfen, ffawd, lwc, rhan, hap

tyngedfennol *(ans.)* allweddol, hollbwysig; tynghedlawn, marwol, tynghedus *dibwys*

tynghedu *(brf.)* bwriadu, arfaethu, condemnio, penderfynu tynged, tyngedfennu

tyngu *(brf.)* diofrydu, addo, rhegi, melltithio, addunedu

tyle *(enw)* gorifyny, rhiw, bryn, codiad, twyn, ponc, moel *gwastatir*

tylwyth *(enw)* teulu, aelwyd, cartref, llwyth, ceraint/carennydd/hynafiaid *(lluos.)*

tymer *(enw)* naws, tuedd, dicter, llid *hynawsedd, rhadlonrwydd*

tymestl *(enw)* ystorm, drycin, tywydd mawr *hindda*

tymheru *(brf.)* tyneru, tirioni, lleddfu, lliniaru, nawseiddio *gwaethygu*

tymherus *(ans.)* tymheraidd, cymedrol, temprus *gwyllt, eithafol*

tymhestlog *(ans.)* ystormus, gwyntog, garw, gwyllt, gerwin, gaeafol *hafaidd, braf*

tymhorol *(ans.)* daearol, bydol, dros dro *parhaol*

tymor *(enw)* amser, pryd, cyfnod, adeg *blwyddyn*

tyn *(ans.)* cyfyng, anhyblyg, anystwyth; clòs, cybyddlyd, crintach; cryno, twt; cadarn *llac, llaes; hael*

tyner *(ans.)* tirion, mwyn, addfwyn, ystyriol, meddal *anystyriol, creulon*

tyneru *(brf.)* tirioni, lleddfu, lliniaru, gostegu, nawseiddio *ffyrnigo*

tynerwch *(enw)* mwynder, tiriondeb, addfwynder *creulondeb, gwylltineb*

tynfa *(enw)* tyniad, atyniad, deniadau/hudoliaethau *(lluos.) diflastod*

tynnu *(brf.)* llusgo, halio; denu, atynnu, hudo *gwthio*

tyno *(enw)* cae, maes, gweirglodd, dôl, gwastadedd, gwaun

tyrchu *(brf.)* turio, twrian, cloddio, tyrchio

tyrfa *(enw)* torf, cynulleidfa, lliaws, llu

tyrfau *(enw lluos.)* taran, trwst, terfysg *mellt*

tyrfo *(brf.)* tyrfu, taranu, gwneud tyrfau *melltennu*

tyrru *(brf.)* 1. crynhoi, ymgynnull, cydgrynhoi, casglu, ymgasglu, heidio *gwasgaru* 2. pentyrru, crugio, cruglwytho, cronni *chwalu*

tysteb *(enw)* tystlythyr, geirda, llythyr

cymeradwyaeth

tywallt *(brf.)* tywalltu, arllwys; bwrw, diwel

tywyll *(ans.)* 1. dall 2. diolau, dilewyrch, pŵl, aneglur *golau* 3. prudd, digalon *hapus, llon*

tywyllu *(brf.)* cymylu, pylu *disgleirio, tywynnu*

tywyllwch *(enw)* nos, gwyll, pylni; anwybodaeth *goleuni, llewyrch*

tywyn *(enw)* traeth, traethell, glan y môr, marian *môr*

tywyniad *(enw)* pelydriad, llewyrchiad *pylni, tywyllwch*

tywynnu *(brf.)* disgleirio, pelydru, llewyrchu *pylu, tywyllu*

tywys *(brf.)* arwain, arloesi, blaenori, cyfarwyddo, tywysu *dilyn, canlyn*

tywysogaidd *(ans.)* urddasol, reiol, mawreddog, pendefigaidd, gwych, ysblennydd *gwerinol, taeogaidd*

tywysydd *(enw)* arweinydd, blaenor, arloeswr *dilynwr, canlynwr*

th

thema *(enw)* pwnc, testun

theoretig *(ans.)* damcaniaethol,
tybiedig, mewn theori *ymarferol*

theori *(enw)* damcaniaeth, tybiaeth,
rhagsail, hypothesis, tyb *ymarfer*

thesis *(enw)* gosodiad, traethawd,
ysgrif, traethodyn, cyfansoddiad

thoracs *(enw)* dwyfron, mynwes,
brest, bron

thrôn *(enw)* gorseddfainc,
brenhinfainc, gorsedd, gorseddfa

u

ubain *(brf.)* ochain, igian, griddfan, crio, llefain, wylo, cwynfan *chwerthin*

uchafiaeth *(enw)* goruchafiaeth, arglwyddiaeth, awdurdod uchaf, meistrolaeth *caethiwed*

ucheldir *(enw)* mynydd-dir, blaenau *(lluos.)*, uwchdir *iseldir*

uchelwr *(enw)* bonheddwr, pendefig *gwerinwr*

uchod *(adf.)* i'r lan, i fyny, fry *isod*

udiad *(enw)* oernad, ysgrech, nâd *taw, gosteg*

udo *(brf.)* oernadu, ubain, nadu, udain *tewi*

ulw 1. *(enw lluos.)* lludw, lludwy, lludu, llwch 2. *(ans.)* dros ben, yn llwyr, yn gyfan gwbl

unben *(enw)* gormeswr, gorthrymwr, teirant, gorthrechwr *democrat*

unbennaeth *(enw)* gormes, gorthrwm, gorthrech, tra-arglwyddiaeth *democratiaeth*

undeb *(enw)* cyfundeb, uniad, cynghrair

undod *(enw)* crynswth, cyfanrwydd, endid, uned, unoliaeth *chwalfa, gwasgariad*

undonog *(ans.)* diflas, anniddorol, marwaidd, diddiddordeb, blinderus *amrywiol, diddorol*

unedig *(ans.)* cyfun, unol, dan un *ar chwâl, ar wasgar*

unfarn *(ans.)* unfryd, cytûn, unfrydol, mewn cytgord, unfryd unfarn *anghytûn*

unfrydedd *(enw)* cytundeb, cytgord *anghytundeb*

unffurf *(ans.)* tebyg, cyffelyb, cymwys *annhebyg, anghyffelyb*

unffurfiaeth *(enw)* tebygrwydd, cysondeb, rheoleidd-dra *amrywiaeth*

uniad *(enw)* asiad, cyfuniad, undeb, ieuad *chwalfa, rhaniad*

uniaethu *(brf.)* adnabod, pennu

uniawn *(ans.)* cyfiawn, teg, iawn, gwir, cywir, cymwys, syth *anghyfiawn, annheg*

unigedd *(enw)* unigrwydd; lle unig *cwmni, cyfeillach*

unigoliaeth *(enw)* personoliaeth, cymeriad, natur

unigolyddiaeth *(enw)* arbenigrwydd, arwahander

unigryw *(ans.)* dihafal, di-ail, digyffelyb, ar ei ben ei hun *cyffredin, arferol*

union *(ans.)* unionsyth, uniongyrchol, syth, cymwys, di-oed *cam, crwca*

uniondeb *(enw)* cywirdeb, cyfiawnder, tegwch, cymhwyster *anghyfiawnder, annhegwch*

unioni *(brf.)* sythu, cymhwyso, cywiro, trwsio, atgyweirio *camu, plygu*

uno *(brf.)* cysylltu, cyplysu, ieuo, cyduno, cydio, ymdoddi i'w gilydd, unoli *rhannu, gwahanu*

unol *(ans.)* unedig, dan un; cytûn, unfryd, unfarn *ar chwâl; anghytûn*

unplyg *(ans.)* gonest, didwyll, diffuant *anonest, annidwyll*

unplygrwydd *(enw)* gonestrwydd, didwylledd, diffuantrwydd *anonestrwydd*

unrhyw *(ans.)* 1. yr un fath, tebyg, cyffelyb, unwedd *gwahanol* 2. neb, yr un, rhyw

unrhywiaeth *(enw)* tebygrwydd, unffurfiaeth, undonedd, unfathiant

amrywiaeth, gwahaniaeth
unsain *(ans.)* cytûn, cyson **anghytûn, anghyson**
unwedd 1. *(ans.)* tebyg, cyffelyb, unrhyw **annhebyg, gwahanol** 2. *(adf.)* felly
urdd *(enw)* gradd, safle; cwmni, dosbarth, cymdeithas
urddas *(enw)* anrhydedd, mawredd, safle, statws, teitl **gwaeledd**
urddasol *(ans.)* anrhydeddus, mawreddog, parchus **diurddas**
urddasu *(brf.)* mawrhau, anrhydeddu, parchu **amharchu, dianrhydeddu**
urddo *(brf.)* penodi, ordeinio, sefydlu, cyflwyno
us *(enw)* manus, mân us, peiswyn,

siàff, hedion/cibau/rhuchion/rhuddion/torion *(lluos.)*, brot
ust 1. *(enw)* gosteg, distawrwydd, tawelwch **sŵn, stŵr** 2. *(ebychair)* taw
ustus *(enw)* ynad; barnwr
utgorn *(enw)* corn, trwmped
uthr *(ans.)* ofnadwy, dychrynllyd, arswydus, echryslon, echrydus **rhyfeddol**
uwchlaw *(ardd.)* uwchben, dros/tros, goruwch, dros ben, ar uchaf, ar warthaf, ar, ar ben, acha *o dan*
uwchnormal *(ans.)* goruwchnaturiol, anarferol, anghyffredin **arferol, cyffredin**
uwchradd *(ans.)* uwchraddol, gwell, rhagorach, o safon uwch **isradd**

W

wedyn *(adf.)* wedi hynny, ar ôl hynny, yna

weithian *(adf.)* yn awr, yrŵan, rŵan, weithion, bellach, erbyn hyn, o'r diwedd *nes ymlaen*

weithiau *(adf.)* ar brydiau, o bryd i'w gilydd, yn awr ac yn y man, ar adegau, ambell waith, o dro i dro, o bryd i bryd, yn awr ac eilwaith, ar droeon, ambell dro *bob amser*

wele *(ebychair)* edrych/edrychwch, dyna, dacw

wermod *(enw)* chwerwlys, chwermwd

wfft *(ebychair)* ffei, naw wfft, rhag ei gywilydd, yn boeth y bo; i ffwrdd, ymaith

wfftio *(brf.)* gwawdio, dirmygu, diystyru, gwatwar, wfftian, rhoi clec ar ei fawd, tynnu pig ar *canmol*

w(h)ad *(enw)* ergyd, clewten, bonclust, dyrnod, palfod, slap

w(h)ado *(brf.)* ergydio, bwrw, curo, baeddu, taro, waldio, clewtian

whimbil *(enw)* gimbill, ebill, tyllwr, tylliedydd, taradr

wmbredd *(enw)* peth wmbredd, digonedd, helaethrwydd, amlder, llawer *prinder, diffyg*

wrlyn *(enw)* chwydd, cnepyn, chwyddi

wrth *(ardd.)* ger, gerllaw, wrth ochr, ar gyfyl, yng nghyffiniau, yn agos at, yn ymyl, trwy

wybr *(enw)* wybren, ffurfafen, awyr *daear*

wybrennol *(ans.)* wybrol, awyrol, nefol *daearol*

wylo *(brf.)* crio, llefain, ubain, griddfan, ochneidio *chwerthin*

wylofain 1. *(enw)* cwynfan, ochenaid, llef, griddfan *chwarddiad* 2. *(brf.)* wylo, llefain, crio, ochneidio *chwerthin, ymlawenhau*

wylofus *(ans.)* dagreuol, trist, prudd, llawn dagrau *llon, llawen*

wyneb *(enw)* arwyneb, wynepryd, arwynebedd

wynebgaled *(ans.)* digywilydd, haerllug, eofn, rhyfygus *gwylaidd, ystyriol*

wynebgaledwch *(enw)* haerllugrwydd, digywilydd-dra, ehofndra *gwyleidd-dra, tiriondeb*

wyneblasu *(brf.)* gwelwi, gwynnu, llwydo, colli lliw, cael ofn *cochi, gwrido*

wynebu *(brf.)* troi at, edrych at, gwrthsefyll *anwybyddu*

y

ychryd *(enw)* ysgryd, cryndod, ias, echryd

(y)chwaneg *(enw)* rhagor, mwy *llai*

(y)chwanegiad *(enw)* cynnydd, atodiad *lleihad*

(y)chwanegol *(ans.)* yn rhagor, yn fwy, atodol

(y)chwanegu *(brf.)* atodi, helaethu, cynyddu, ehangu, chwyddo *lleihau, gostwng*

(y)chydig *(enw)* tipyn, mymryn, gronyn, prin, anaml, dim llawer *llawer, rhysedd*

yfed *(brf.)* llymeitian, llyncu, sipian, sugno, diota *bwyta*

yfflon *(enw lluos.)* teilchion, darnau mân, cyrbibion, tameidiau, bribys, drylliau, ysgyrion *cyfanrwydd*

yngan *(brf.)* ynganu, traethu, mynegi, cynanu, llefaru, dweud, sôn *tewi*

ynghadw *(ans.)* ar gadw, ar glawr, ar gof, diogel *ar goll*

ynghanol *(ardd.)* ymysg, ymhlith, rhwng, ar ganol

ynghau *(ans.)* ar gau, ar glo, caeëdig, cloëdig, dan glo *agored, ar agor*

ynghylch *(ardd.)* 1. am, ynglŷn â, mewn cysylltiad/perthynas â, gyda golwg ar, parthed 2. o amgylch, o gylch, o gwmpas

yma *(adf.)* yn y fan hon, i'r lle hwn, hwn/hon/hyn *yno, acw*

ymachub *(brf.)* ffoi, dianc *sefyll, aros*

ymadael *(brf.)* ymado, gadael, cefnu ar, mynd ymaith, cychwyn *dychwelyd*

ymadawedig *(ans.)* diweddar, wedi marw, wedi huno, trancedig; wedi ymadael *byw*

ymadawiad *(enw)* cychwyniad; marwolaeth *dychweliad; genedigaeth*

ymadferth *(enw)* amddiffyn, nawdd, amddiffyniad, nodded *camdriniaeth*

ymadrodd *(enw)* dywediad, lleferydd, traethiad, mynegiant

ymaflyd *(brf.)* ymafael, cydio, gafael, dal gafael, gafaelyd, ymaelyd *gollwng, rhyddhau*

ymagweddiad *(enw)* ymarweddiad, ymddygiad, ymarwedd

ymaith *(adf.)* i ffwrdd, i bant

ymannerch 1. *(enw)* cyfarchiad 2. *(brf.)* cyfarch, annerch, croesawu *anwybyddu*

ymarfaethiad *(enw)* ymreolaeth, annibyniaeth, hunanlywodraeth, ymlywodraeth *dibyniaeth*

ymarfer 1. *(enw)* ymarferiad, arfer, arferiad, practis *damcaniaeth* 2. *(brf.)* ymgyfarwyddo, paratoi

ymarhous *(ans.)* amyneddgar, dioddefgar, araf *diamynedd*

ymaros *(brf.)* dioddef, cyd-ddioddef, dygymod

ymarwedd *(enw)* ymarweddiad, ymddygiad, ymagweddiad

ymarweddu *(brf.)* ymddwyn, actio, bihafio, gweithredu

ymatal *(brf.)* peidio, ymffrwyno, dal yn ôl, rhoi'r gorau i *gwneud*

ymawyddu *(brf.)* dyheu, dymuno, hiraethu

ymbalfalu *(brf.)* palfalu, teimlo'r ffordd

ymbarél *(enw)* ambarél, ymbrelo, glawlen

ymbellhau *(brf.)* pellhau, cilio, ymgilio, ymadael, mynd i ffwrdd *dynesu, agosáu*

ymbesgi *(brf.)* pesgi, tewhau, tewychu, ymfrasáu *teneuo, meinhau*

ymbil 1. *(enw)* cais, ple, deisyfiad, erfyniad 2. *(brf.)* erfyn, crefu, pledio, deisyf, atolygu, gofyn, ymbilio

ymbiliwr *(enw)* plediwr, erfyniwr, dadleuwr

ymbincio *(brf.)* ymdwtio, ymdecáu, ymdaclu, ymdrwsio, ymharddu

ymboeni *(brf.)* cymryd gofal, trafferthu; dygnu, ymdrechu, ymegnïo *esgeuluso, segura*

ymborth *(enw)* bwyd, lluniaeth, maeth, cynhaliaeth, porthiant *newyn, cythlwng*

ymborthi *(brf.)* bwyta, ysu, treulio *ymprydio*

ymbrysuro *(brf.)* rhuthro, tasgu, ymlafnio, ymlafurio, gweithio, bod wrthi

ymbwyllo *(brf.)* pwyllo, callio, meddwl, ystyried, myfyrio *gwylltio*

ymchwarae *(brf.)* ymdroi, sefyllian, tario *ymbrysuro*

ymchwelyd *(brf.)* ymhoelyd, dymchel, dymchwelyd, bwrw i lawr, troi wyneb i waered, troi drosodd *sefydlu*

ymchwil *(enw)* ymchwiliad, ymholiad, astudiaeth

ymchwilgar *(ans.)* stilgar, chwilfrydig, holgar, ymofyngar *diddiddordeb*

ymchwilio *(brf.)* ymholi, archwilio, astudio *esgeuluso*

ymchwydd *(enw)* codiad, dygyfor *trai, gostyngiad*

ymchwyddo *(brf.)* chwyddo, codi, dygyfor *treio, gostwng*

ymdaclu *(brf.)* ymdwtio, ymbincio, ymdecáu, ymdrwsio, ymharddu

ymdaenu *(brf.)* ymledu, lledu, taenu, ymestyn, lledaenu, ymdannu *crebachu, cilio*

ymdaeru *(brf.)* cweryla, dadlau, ffraeo, cecru, anghydweld, ymryson, ymrafael *cytuno, cydweld*

ymdaith *(enw)* 1. taith, siwrnai; cynnydd 2. *(brf.)* ymdeithio, teithio, cerdded, rhodio, siwrneio *aros*

ymdaro *(brf.)* ymdopi, gwneud y tro, llwyddo *methu*

ymdecáu *(brf.)* ymdwtio, ymbincio, ymdaclu, ymdrwsio, ymharddu

ymdeimlad *(enw)* ymwybod, ymwybyddiaeth *anymwybodolrwydd*

ymdoddi *(brf.)* toddi, dadmer, meiriol; uno, rhedeg i'w gilydd *rhewi*

ymdrech *(enw)* egni, cais, ymegnïad, ymgais *anegni*

ymdrechgar *(ans.)* gweithgar, egnïol *diog, segur*

ymdrechu *(brf.)* ymryson, ymegnïo, treio, ceisio, cynnig, ymgynnig, dygnu *segura*

ymdreiglo *(brf.)* treiglo, troi, rholio, rholian, ymdrybaeddu, powlio, trolio

ymdrin *(brf.)* delio, trin, trafod

ymdrochi *(brf.)* ymolchi, baddo, golchi; nofio *sychu*

ymdroelli *(brf.)* ymddolennu, crwydro

ymdroi *(brf.)* sefyllian, ystelcian, gwastraffu amser, ofera, segura, ymchwarae *ymbrysuro*

ymdwtio *(brf.)* ymdaclu, ymbincio, ymdrwsio, ymdecáu, ymharddu

ymdynghedu *(brf.)* addunedu, addo, diofrydu, tyngu, ymrwymo

ymdyrru *(brf.)* ymgasglu, heidio, ymgynnull, cydgrynhoi, tyrru, cydgasglu *gwasgaru, ymrannu*

ymddadlau *(brf.)* dadlau, ymryson, ymrafael, ymgecru, ffraeo, cweryla *cytuno, cydweld*

ymddangos *(brf.)* dod i'r golwg, ymrithio, edrych fel *diflannu*

ymddangosiad *(enw)* gwedd, golwg,

drych

ymddál 1. *(enw)* dyfalbarhad, dygnedd, dalfod 2. *(brf.)* dyfalbarhau, dal ati, pannu wrthi, parhau, para, dygnu

ymddatod *(brf.)* dad-wneud, mysgu, datglymu, dadfachu, ymryddhau *ymglymu*

ymddeol *(brf.)* ymddiswyddo, gadael gwaith, ymneilltuo, gadael swydd

ymddeoliad *(enw)* ymddiswyddiad, ymneilltuad

ymddial *(brf.)* dial, talu'r pwyth yn ôl, talu'r hen chwech yn ôl

ymddiddan 1. *(enw)* ysgwrs, anerchiad, ymgom, chwedl *taw* 2. *(brf.)* ymgomio, siarad, ysgwrsio, chwedleua *tewi*

ymddiddanwr *(enw)* ymgomiwr, ysgwrsiwr, chwedleuwr *cerlyn, taeog*

ymddigrifo *(brf.)* ymhyfrydu, ymddiddanu, cael pleser *tristáu, pruddhau*

ymddihatru *(brf.)* ymddiosg, dadwisgo, ymddinoethi *gwisgo*

ymddiheuro *(brf.)* ymesgusodi, gwneud esgus

ymddiried 1. *(enw)* ymddiriedaeth, hyder, ffydd *anhyder* 2. *(brf.)* hyderu, bod â ffydd yn *drwgdybio*

ymddiswyddo *(brf.)* ymddeol, gadael gwaith, gadael swydd, ymneilltuo

ymddolennu *(brf.)* ymdroelli, crwydro

ymddwyn *(brf.)* gweithredu, actio, ymarweddu, bihafio

ymddŵyn *(brf.)* beichiogi, geni, rhoi genedigaeth *lladd*

ymegnïad *(enw)* ymdrech, ymgais *syrthni, anegni*

ymegnïo *(brf.)* ymdrechu, ceisio, treio, cynnig, ymroi, ymroddi, ymgyflwyno *segura, diogi*

ymesgusodi *(brf.)* ymddiheuro, gwneud esgus

ymestyn *(brf.)* estyn, ehangu, cyrraedd, ymledu *crebachu*

ymestyniad *(enw)* ehangder, maint, ychwanegiad, helaethiad *crebachiad, lleihad*

ymfodlonus *(ans.)* ymfoddhaus, boddhaus, hunanfodlon, hunanfoddhaus *hunanfeirniadol*

ymfflamychu *(brf.)* enynnu; rhethregu

ymffrost *(enw)* bost, brol, bocsach, ffrwmp, rhodres, rhwysg *gwyleidd-dra*

ymffrostgar *(ans.)* bocsachus, bostfawr, rhodresgar, rhwysgfawr *gwylaidd, diymhongar*

ymffrostio *(brf.)* bostio, brolio, bocsachu, brolian, rhodresa, torsythu, ymfalchïo

ymffrostiwr *(enw)* broliwr, brolgi, bostiwr, torsythwr, rhodreswr

ymffyrnigo *(brf.)* cynddeiriogi, gwallgofi, gorffwyllo *tawelu, ymbwyllo*

ymgadw 1. *(enw)* ymwadiad, ymataliad, ymwrthodiad 2. *(brf.)* ymwadu, ymatal, ymwrthod *gwneud*

ymgais *(enw)* ymdrech, cais, cynnig *anegni, segurdod*

ymgasglu *(brf.)* ymgynnull, crynhoi, cydgrynhoi, cydymgynnull, tyrru, ymdyrru, cynnull *gwasgaru*

ymgeisio *(brf.)* ymdrechu, ceisio, cynnig *rhoi'r gorau i*

ymgecraeth *(enw)* cynnen, dadl, ffrae, cweryl, ymrafael, ymryson, anghytundeb *cytundeb*

ymgecru *(brf.)* dadlau, ffrae, ymryson, ffraeo, cecru, cweryla, ymrafael *cytuno, cyd-weld*

ymgecrus *(ans.)* dadleugar, ffraegar, cecrus, ymrysongar, ymrafaelgar *bodlon*

ymgecrwr *(enw)* cecrwr, dadleuwr, ffraewr, cwerylwr, ymrafaelwr, cecryn *heddychwr*

ymgeisio *(brf.)* ymdrechu, cynnig, ymgynnig, ceisio *rhoi'r gorau i*

ymgeledd *(enw)* help, cymorth, swcwr, gofal, porth, cynhorthwy *tanseiliad, camdriniaeth*

ymgeleddu *(brf.)* cynorthwyo, helpu, swcro, gofalu am, edrych ar ôl *camdrin*

ymgelu *(brf.)* ymguddio, cwato *ymddangos*

ymgilio *(brf.)* encilio, cilio, ymadael, ymneilltuo *dychwelyd*

ymgiprys 1. *(enw)* ysgarmes *heddwch* 2. *(brf.)* cystadlu, cydymgeisio, ymdrechu, ymgodymu

ymglywed *(brf.)* clywed/teimlo ar eich calon, bod â chwant

ymgodi *(brf.)* codi, ymddyrchafu, ymrithio, ymddangos *gostwng, disgyn*

ymgodymu *(brf.)* ymgiprys, ymdrechu, cydymgeisio, cystadlu; ymaflyd codwm/cwymp, taflu codwm

ymgom *(enw)* ysgwrs, trafodaeth, ymddiddan, chwedl *distawrwydd*

ymgomio *(brf.)* ysgwrsio, ymddiddan, siarad, chwedleua, dal pen rheswm *tewi*

ymgomiwr *(enw)* ysgwrsiwr, ymddiddanwr, siaradwr *taeog, costog*

ymgorffori *(brf.)* corffori, cynnwys, rhychwantu, pontio *hepgor*

ymgrebachu *(brf.)* crebachu, crychu, crino, gwywo, edwino *ymledu, prifio*

ymgreinio *(brf.)* ymlusgo, ymddarostwng, ymgrymu, ymostwng, plygu *ymsythu, sefyll*

ymgroesi *(brf.)* 1. ymochel/gochel rhag, ymogelyd, ymwrthod â, bod yn

ofalus 2. ymswyno rhag

ymgrymu *(brf.)* plygu, ymostwng; moesymgrymu *ymsythu*

ymgrynhoi *(brf.)* ymgasglu, ymdyrru, ymgynnull, tyrru, heidio *gwasgaru, ymwahanu*

ymguddio *(brf.)* ymgelu, cwato *ymddangos*

ymgurio *(brf.)* nychu, dihoeni, curio *sirioli, ymlawenhau*

ymgydfod *(brf.)* cytuno, cyd-dynnu, cyd-weld, cydsinio *anghydweld*

ymgydnabod *(brf.)* ymgydnabyddu, ymgyfarwyddo, ymgynefino

ymgyfarfod 1. *(enw)* cyfarfyddiad, cwrdd 2. *(brf.)* cyfarfod, cwrdd; ymladd *ffarwelio*

ymgynghori *(brf.)* gofyn barn, ceisio cyngor, cydymgynghori *anwybyddu*

ymgymryd *(brf.)* cymryd mewn llaw, cymryd at, ymroi/ymroddi/ ymgyflwyno i *rhoi'r gorau i*

ymgynnull *(brf.)* casglu, crynhoi, tyrru, ymdyrru, cydymgasglu, cydgrynhoi, ymgasglu *gwasgaru*

ymgyrch *(enw)* rhyfelgyrch, rhyfelrod

ymgyrchu *(brf.)* ymladd, brwydro, rhyfela *heddychu, tangnefeddu*

ymgysegriad *(enw)* ymroddiad, ymroad, ymgyflwyniad *segurdod, diogi*

ymgysegru *(brf.)* ymroi, ymroddi, ymgyflwyno *segura, diogi*

ymgyweirio *(brf.)* ymbaratoi, ymdrefnu

ymharddu *(brf.)* ymdwtio, ymbincio, ymdecáu, ymdrwsio, ymdaclu

ymhél *(brf.)* ymhela, ymyrryd, ymyrraeth, ymyrru, busnesa, trin ceffyl pobl eraill *anwybyddu*

ymhelaethu *(brf.)* ymehangu ar, manylu ar

ymhell *(adf.)* yn y pellter, pell,

pellennig, nepell, hirbell, anghysbell *agos, gerllaw*

ymhellach *(adf.)* pellach, heblaw hyn/hynny, hefyd, yn ychwanegol, yn ogystal, at hyn/hynny

ymheulo *(brf.)* torheulo, bolheulo *sythu, rhewi*

ymhlith *(ardd.)* ymysg, ynghanol, ar ganol, rhwng

ymhlygu *(brf.)* goblygu, arwyddo, golygu, cynnwys

ymhoelyd *(brf.)* ymchwelyd, troi drosodd, dymchwel, dymchwelyd *unioni, cyweirio*

ymholiad *(enw)* holiad, gofyniad, cais, ymofyniad *ateb, ymateb*

ymhongar *(ans.)* pendant, digywilydd, rhodresgar, haerllug, awdurdodol *diymhongar*

ymhŵedd *(brf.)* ymbil, erfyn, deisyf, crefu, atolygu

ymhyfrydu *(brf.)* difyrru, cael pleser, llawenhau, llawenychu *tristáu, pruddhau*

ymlacio *(brf.)* ymlaesu, hamddena, gorffwys *gweithio, ymlafnio*

ymladd 1. *(enw)* rhyfel, brwydr, cad, ymladdfa *heddwch* 2. *(brf.)* rhyfela, brwydro, cwffio *heddychu*

ymlâdd *(brf.)* blino'n lân, ymegnïo, ymflino, ymluddedu, ymorchestu *dadluddedu*

ymlafnio *(brf.)* ymdrechu, ymegnïo, ymlafurio, llafurio, ymboeni *segura, diogi*

ymlawenhau *(brf.)* gorfoleddu, ymfalchïo, llonni, llawenychu, siriol, ymlonni *tristáu, pruddhau*

ymledu *(brf.)* lledu, prifio, datblygu, ehangu, helaethu *crebachu, lleihau*

ymlid *(brf.)* erlid, erlyn, dilyn, hela, cwrsio

ymlidiwr *(enw)* dilynwr, erlidiwr

ymlonni *(brf.)* sirioli, gorfoleddu, llawenhau, llawenychu *tristáu, digalonni*

ymlusgo *(brf.)* ymgripian, cropian, ymlwybro, cripian *rhuthro, rhedeg*

ymlyniad *(enw)* hoffter, serch, cariad, teyrngarwch, ffyddlondeb, ymgysylltiad *casineb, anffyddlondeb*

ymlynu *(brf.)* ymserchu, coleddu; ymgysylltu *casáu*

ymneilltuo *(brf.)* gadael gwaith/swydd, cilio, ymgilio, ymddiswyddo, ymddeol *dychwelyd*

ymnesáu *(brf.)* nesu, dynesu, agosáu *cilio, ymbellhau*

ymnythu *(brf.)* nythu, cysgodi, ymgartrefu *crwydro*

ymochel *(brf.)* ymochelyd, osgoi, ymogel, cadw rhag, ymogelyd, cysgodi *croesawu*

ymod *(brf.)* ymodi, symud, syflyd *ymlonyddu*

ymofyn *(brf.)* ceisio, chwilio, hercyd, nôl, hôl, cyrchu, dymuno *cael*

ymofyngar *(ans.)* chwilfrydig, holgar, ymchwilgar, stilgar *diddiddordeb*

ymollwng *(brf.)* syrthio, cwympo, disgyn *cydio, gafael*

ymorchestu *(brf.)* ymlâdd, ymegnïo *ymorffwys*

ymorol *(brf.)* ceisio, chwilio; holi *cael, derbyn*

ymosod *(brf.)* dwyn cyrch, cyrchu, rhuthro, bwrw, taro *amddiffyn*

ymosodiad *(enw)* cyrch, rhuthr *amddiffyniad*

ymostwng *(brf.)* plygu, ymddarostwng, ufuddhau, ymroddi, crymu *rebela, gwrthryfela*

ympryd *(enw)* newyn, cythlwng *gwledd, gloddest*

ymprydio *(brf.)* newynu, bod ar gythlwng *gwledda, gloddesta*

ymrafael 1. *(enw)* ffrae, cweryl, anghydfod, ymryson, dadl, cynnen, anghytundeb *cytundeb* 2. *(brf.)* ymrafaelio, cweryla, dadlau, ymryson, ffraeo, anghydweld, ymgecru *cytûn, cyd-weld*

ymrafaelgar *(ans.)* cwerylgar, ffraegar, cecrus, ymgecrus, ymrysongar, dadleugar *cytûn, bodlon*

ymrafaelwr *(enw)* cecryn, cwerylwr, dadleuwr, ymrysonwr *heddychwr*

ymraniad *(enw)* rhwyg, gwahaniad *uniad*

ymrannu *(brf.)* rhwygo, gwahanu *uno, cyfuno*

ymreolaeth *(enw)* annibyniaeth, hunanlywodraeth, ymlywodraeth, ymarfaethiad *dibyniaeth*

ymrestru *(brf.)* ymuno, rhestru, cofrestru, listio *gadael*

ymresymu *(brf.)* dadlau, rhesymu, trafod, trin, ystyried, meddwl

ymroad *(enw)* ymroddiad, ymgysegriad, ymgyflwyniad *diogi*

ymroddi *(brf.)* ymroi, ymgysegru, ymgyflwyno *segura*

ymron *(adf.)* bron, agos, braidd

ymrwyfo *(brf.)* anesmwytho, aflonyddu, troi a throsi *ymlonyddu, gorffwys*

ymrwyfus *(ans.)* aflonydd, anesmwyth, pryderus, diorffwys *llonydd, esmwyth*

ymrwymiad *(enw)* cytundeb, addewid, adduned, diofryd *anghytundeb, gwrthwynebiad*

ymrwymo *(brf.)* cytuno, ymdynghedu, addunedu *anghytuno, gwrthwynebu*

ymryson 1. *(enw)* dadl, ymrafael, cynnen, terfysg, anghytundeb, anghydfod, cweryl; cystadleuaeth *cytundeb* 2. *(brf.)* ymrafael, terfysgu; cystadlu, cydymgiprys, cydymgeisio

cytuno, ymfodloni

ymrysongar *(ans.)* ymrafaelgar, dadleugar, ffraegar, cecrus, ymgecrus, cwerylgar *cytûn, bodlon*

ymrysonwr *(enw)* cecryn, cwerylwr, dadleuwr, ymrafaelwr *heddychwr*

ymsennu *(brf.)* difrïo, dwrdio; cweryla, ffraeo *canmol; bodloni*

ymserchu *(brf.)* coleddu, dotio, ffoli, syrthio mewn cariad *casáu*

ymswyn *(brf.)* ymswyno, ymochel, osgoi, ymgroesi, ymgadw, gochel, ymogelyd *croesawu*

ymuno *(brf.)* ymaelodi, ymrestru, cytuno *gadael*

ymwadu *(brf.)* gwadu, ymwrthod â, diarddel *cydnabod, arddel*

ymwahanu *(brf.)* gwahanu, ymrannu, dargyfeirio *ymgynnull, cydgasglu*

ymwared 1. *(enw)* gwaredigaeth *caethiwed, damnedigaeth* 2. *(brf.)* gwaredu, rhyddhau

ymwneud *(brf.)* delio, ymwneuthur, trin, trafod, ymdrin â *anwybyddu, hepgor*

ymwrthod *(brf.)* ymgadw rhag, ymatal, cadw rhag *croesawu*

ymwthiol *(ans.)* ymosodol, gormesol, ymwthgar, ymhongar *gwylaidd, diymhongar*

ymwybodol *(ans.)* effro, ar ddi-hun *anymwybodol, ynghwsg*

ymyl *(enw)* cwr, ffin, ochr, cyffin, terfyn, min, glan *canol, craidd*

ymyrraeth *(brf.)* ymyrryd, ymyrru, busnesa, ymhél, trin ceffyl pobl eraill

ymysg *(ardd.)* ymhlith, rhwng, ynghanol, ar ganol

ymysgaroedd *(enw lluos.)* coluddion, perfedd

ymysgwyd *(brf.)* cyffroi, mwstro, ymrwystro, ymystwyrian

yna *(adf.)* 1. wedyn, ar ôl hynny 2. yn

y lle hwnnw, acw *yma*

ynad *(enw)* ustus; barnwr

ynfyd *(ans.)* ffôl, gwirion, twp, dwl, annoeth, angall, gwallgof, gorffwyll *pwyllog, call*

ynfydrwydd *(enw)* gwiriondeb, ffolineb, ffwlbri, annoethineb, gorffwylledd, gwallgofrwydd, cynddaredd *pwyll, callineb*

ynfydu *(brf.)* gwallgofi, gorffwyllo, colli pwyll, gwirioni, cynddeiriogi, gwynfydu *ymbwyllo, callio*

ynfytyn *(enw)* gwallgofddyn, lloerig, ffŵl, ffwlcyn, un gwirion, hurtyn, symlyn *athrylith*

ynni *(enw)* egni, bywyd, nwyfiant, arial, grym, nerthol *anegni, syrthni*

yno *(adf.)* yn y lle hwnnw, tuag yno, i'r fan honno *yma*

ynysu *(brf.)* neilltuo; insiwleiddio

yrŵan *(adf.)* rŵan, yn awr, nawr, yr awr hon, y funud hon, weithian, weithion, erbyn hyn, bellach

ysbaid *(enw)* cyfnod, amser, ennyd, encyd, talm

ysbeidiol *(ans.)* sbasmodig, achlysurol *parhaol, cyson*

ysbail *(enw)* anrhaith, ysglyfaeth

(y)sbardun *(enw)* cymhelliad, ysgogiad, swmbwl, anogaeth, calondid *anghymhelliad*

(y)sbarduno *(brf.)* cymell, symbylu, annog, ysgogi, cynhyrfu, ysbrydoli *anghymell*

ysbeilio *(brf.)* anrheithio, ysglyfaethu, difrodi, lladrata, dwyn

ysbeiliwr *(enw)* anrheithiwr, difrodwr, lleidr *amddiffynnwr*

(y)sblander *(enw)* gwychder, gloywder, disgleirdeb, gogoniant, mawredd, ardderchowgrwydd, godidowgrwydd *gwaeledd, baweidd-dra*

(y)sbleddach *(enw)* miri, rhialtwch, difyrrwch, digrifwch, sbri, hwyl *tristwch, galar*

(y)sblennydd *(ans.)* gwych, campus, rhagorol, godidog, ardderchog, disglair, llachar *gwael, di-raen*

(y)sbonc *(enw)* naid, llam, pranc

(y)sboncio *(brf.)* neidio, llamu, dychlamu, prancio, sgipio

(y)sborion *(enw lluos.)* ysgubion *(lluos.)*, ysbwriel, carthion *(lluos.)*, sorod, *(lluos.)*, sothach, gwehilion *(lluos.)* *trysor, ceinion*

ysbryd 1. *(enw, lluos.* - ysbrydion) enaid, bwgan, drychiolaeth, rhith; cyhyraeth, toili 2. *(enw, lluos.* - ysbrydoedd) calondid, calon, hwyl

ysbrydiaeth *(enw)* cefnogaeth, anogaeth, calondid, hwyl *anghymhelliad*

ysbrydol *(ans.)* cysegredig, crefyddol *bydol*

ysbrydoledig *(ans.)* eneiniedig, athrylithgar, campus *dieneiniad, diysbrydoliaeth*

ysbrydoli *(brf.)* dylanwadu ar, symbylu, ysbarduno, cymell, symbylu, ysgogi *anghymell*

(y)sbwriel *(enw)* sothach, rwtsh, sorod, ysborion/ysgubion/carthion/ gwehilion *(lluos.)* *trysor*

ysfa *(enw)* crafu, cosi, enynfa; chwant, blys, dyhead, dymuniad

(y)sgafala *(ans.)* diofal, esgeulus, hamddenol, rhydd *gofalus, trwyadl*

(y)sgafell *(enw)* silff, crib

ysgafn 1. *(enw)* beisgawn, cwlas 2. *(ans.)* ysgawn, o bwysau bach; difyrrus; bywiog, hoenus *trwm*

ysgafnder *(enw)* gwamalrwydd, digrifwch, difyrrwch *trymder*

ysgafndroed *(ans.)* gwisgi, chwimwth, sionc, heini *araf, swrth*

ysgafnfryd *(ans.)* siriol, hapus, llon, llawen *trist, sarrug*

(y)sgaprwth *(ans.)* cyflym, chwim; garw; trwsgl, lletchwith, anfedrus *araf; deheuig*

(y)sgariad *(enw)* gwahaniad, didoliad, tor priodas *priodas*

(y)sgarmes *(enw)* ymrafael, ymryson, brwydr, rhyfel, ymladd, ymladdfa; terfysg *heddwch*

(y)sgarmesu *(brf.)* ymrafael, ymryson, brwydro, ymladd, rhyfela, ymgiprys, terfysgu *heddychu*

(y)sgarthion *(enw lluos.)* carthion, ysgubion, gwehilion, ysborion *ceinion*

(y)sgaru *(brf.)* ysgar, ymwahanu, didoli, gwahanu *priodi, uno*

ysgatfydd *(adf.)* efallai, hwyrach, dichon, o bosibl

(y)sgeler *(ans.)* anfad, drwg, erchyll, gwaradwyddus, gwarthus, echryslon, echrydus *daionus*

(y)sgelerder *(enw)* anfadwaith, drygioni, dihirwch, erchyllter, creulondeb, gwaradwyddd, gwarth *daioni*

(y)sgerbwd *(enw)* celain, abo, corff, burgyn, sgrwd

(y)sgithrog *(ans.)* serth, creigiog, clogyrnog, anwastad, danheddog *llyfn, gwastad*

(y)sglisen *(enw)* sleisen, tafell

(y)sglyfaeth *(enw)* anrhaith, ysbail

(y)sglyfaethus *(ans.)* anrheithgar, rheibus, gwancus *diberygl*

ysgogi *(brf.)* ysgog, cymell, symbylu, cymell, cynhyrfu, cyffroi, symud, syflyd *anghymell*

ysgogiad *(enw)* ysbardun, cymhelliad, anogaeth, cyffroad, symudiad *anghymhelliad*

ysgolhaig *(enw)* (y)sgolor, disgybl *twpsyn*

ysgolheictod *(enw)* dysg, addysg, gwybodaeth *twpdra*

ygolheigaidd *(ans.)* gwybodus, dysgedig *di-ddysg*

ysgolia *(brf.)* dysgu, addysgu, cyfarwyddo, hyfforddi

(y)sgôr *(enw)* cyfrif, cyfrifiad, cyfanrif; ugain

(y)sgrafell *(enw)* crafwr, crafell, rhathell

(y)sgrech *(enw)* bloedd, cri, llef, dolef, oernad, nâd, gwaedd *taw, gosteg*

(y)sgrechian *(brf.)* (y)sgrechain, bloeddio, gweiddi, oernadu, llefain, nadu *tewi*

ysgrif *(enw)* traethawd, erthygl, ysgrifeniad, cyfansoddiad, traethodyn, thesis

(y)sgrifennu *(brf.)* cofnodi, nodi; llenora *llefaru, siarad*

ysgrîn *(enw)* 1. llen 2. sgiw, sedd, setl, mainc, sêt, ffwrwm

ysgrubl *(enw)* anifail, mil, creadur, bwystfil *bod dynol*

(y)sgrublyn *(enw)* darn bach, mymryn, gronyn, iod, bribsyn, tamaid *crynswth, cyfanrwydd*

ysgryd *(enw)* cryndod, ias, ychryd, crŷn, cryn, crynfa, cryniad

(y)sgubo *(brf.)* dysgub, brwsio, glanhau, twtio *anhrefnu, annibennu*

(y)sgwâr *(enw)* 1. petryal, pedrongl, pedryfal *cylch* 2. maes

(y)sgwier *(enw)* yswain, gŵr bonheddig *adyn, dihiryn*

(y)sgwrio *(brf.)* brwsio, sgrwbio, glanhau, ysgubo *difwyno, syblachad*

(y)sgwrs *(enw)* ymgom, ymddiddan, chwedl, anerchiad *taw, distawrwydd*

(y)sgwrsio *(brf.)* ymgomio, ymddiddan, chwedleua, cael gair â *tewi*

ysgwyd 1. *(enw)* tarian 2. *(brf.)* crynu, siglo, ysgytio; cyhwfan, chwifio *ymlonyddu*

ysgydwad *(enw)* symudiad, siglad, cryndod, ysgytiad, ysgytwad *llonyddwch*

(y)sgyfarnog *(enw)* ceinach, pryf mawr, sgwarnog, melangell

(y)sgymun *(ans.)* melltigedig, atgas, ffiaidd, ysgeler *parchus, bendigedig*

(y)sgymuno *(brf.)* gwahardd, diarddel, melltithio, gwrthod *bendithio, croesawu*

(y)sgyrnygu *(brf.)* rhincian, crensian, chwyrnu

(y)sgythru *(brf.)* (y)sgathru, crafu, cripio; archolli, briwio, brifo *iacháu, gwella*

ysig *(ans.)* cleisiog, anafus, archolledig, clwyfedig *iach*

(y)sigiad *(enw)* clais, cleisiad, briw, anaf *iachâd*

(y)sigo *(brf.)* cleisio, dryllio, anafu, rhwygo *iacháu, gwella*

(y)smala *(ans.)* digrif, cellweirus, ffraeth, cellweiriol, doniol *difrifddwys, sarrug*

(y)smaldod *(enw)* digrifwch, cellwair, jôc, ffraetheb, doniolwch, ffraethair, ffraethineb *difrifoldeb*

(y)smalio *(brf.)* cellwair, jocan *difrifoli*

(y)smaliwr *(enw)* cellweiriwr, digrifwr *costog, cerlyn*

(y)smotyn *(enw)* brycheuyn, marc, nod, man

(y)sniden *(enw)* gïach, dafad y gors

(y)snwffian *(brf.)* (y)snyffian, ffroeni, gwynto, arogleuo

(y)stad *(enw)* 1. etifeddiaeth, eiddo, tiroedd *(lluos.)*, parc 2. ystaden

(y)staen *(enw)* mefl, blot, nam, lliw *perffeithrwydd*

(y)staenio *(brf.)* difwyno, andwyo, llychwino, lliwio *glanhau*

(y)statud *(enw)* deddf, cyfraith, mesur, deddfwriaeth

(y)statudol *(ans.)* cyfreithiol, deddfwriaethol

(y)stelcian *(brf.)* sgwlcan, llechu, llercian

(y)stên *(enw)* siwg, piser, llestr; cunnog, cunogyn, bwced, ystwc

ystig *(ans.)* gweithgar, prysur, dyfal, diwyd *diog, segur*

ystlys *(enw)* ochr, asgell *canol, craidd*

ystod *(enw)* 1. cwrs, gyrfa, ysbaid, adeg 2. gwanaf

ystofi *(brf.)* gwau, gweu, nyddu, dylifo, cynllunio *datod*

(y)stôl *(enw)* cadair, sedd, sêt, eisteddle, eisteddfa

(y)stôr *(enw)* ystordy, ystorfa; cyflenwad, stoc, nwyddau *(lluos.)*

(y)stordy *(enw)* ystorfa, warws

(y)stori *(enw)* chwedl, hanes *gwirionedd*

(y)storio *(brf.)* cadw, stocio

(y)storïwr *(enw)* chwedleuwr, cyfarwydd

(y)storm *(enw)* storom, tymestl, drycin, terfysg *hindda*

(y)stormus *(ans.)* tymhestlog, gwyntog, garw, gerwin, gaeafol, drycinog *hafaidd, braf*

ystrad *(enw)* bro, cwm, dyffryn, glyn

(y)stryd *(enw)* lôn, beidr, ffordd, heol

ystradebol *(ans.)* cyffredin, cyfarwydd, cynefin, hen, sefydlog, digyfnewid *newydd, gwreiddiol*

ystryw *(enw)* tric, dichell, pranc, stranc, twyll, cast *gonestrwydd*

ystrywgar *(ans.)* dichellgar, twyllodrus, castiog *gonest, unplyg*

ystum *(enw)* 1. agwedd, ffurf, siâp, osgo 2. camedd, plyg *uniondeb*

ystumio *(brf.)* 1. cymryd arnoch, hylldremu 2. plygu *unioni, sythu*

(y)stumog *(enw)* cylla, bol

(y)stwc *(enw)* bwced, cunnog, cunogyn, ystên

(y)stŵr *(enw)* twrw, twrf, sŵn, dadwrdd, trwst, terfysg; pryd o dafod *distawrwydd, tawelwch*

(y)stwrllyd *(ans.)* swnllyd, trysfawr, trystiog *tawel, distaw*

ystwyrian *(brf.)* cyffroi, codi, symud, syflyd

ystwyth *(ans.)* hyblyg, hydrin, hydwyth, hydyn *anystwyth*

ystwythder *(enw)* hyblygrwydd, hydwythedd *anystwythder*

(y)styfnig *(ans.)* stwbwrn, gwargaled, pengam, cyndyn, gwrthnysig, cildyn, penstiff *hyblyg, ystwyth*

(y)styfnigo *(brf.)* stwbwrno, cidynnu, llusgo traed *ystwytho*

(y)styfnigrwydd *(enw)* cildynrwydd, cyndynrwydd, gwargaledwch *ystwythder, hyblygrwydd*

ystyr *(enw)* meddwl, arwyddocâd, synnwyr, sens

ystyriaeth *(enw)* meddylgarwch, rheswm, gofal, pwyll *esgeulustod*

ystyried *(brf.)* meddwl, cysidro, pwyso a mesur *esgeuluso, anwybyddu*

ystyriol *(ans.)* gofalus, meddylgar, tosturiol, trugarog, caredig, pwyllog *anystyriol, difeddwl*

ysu *(brf.)* treulio, difa, llosgi, llyncu; dyheu, blysio, hiraethu

yswain *(enw)* ysgwier, gŵr bonheddig, bonheddwr *adyn, dihiryn*

(y)swigen *(enw)* bwrlwm, cloch ddŵr

(y)swigw *(enw)* titw tomos las, glas bach y wal, perla/pela bach glas, glas y pared, glas dwl, yswidw fach las, gwas y dryw

(y)swil *(ans.)* ofnus, dihyder, gwylaidd, gŵyl *hyderus, haerllug*

(y)swildod *(enw)* anhyder, gwyleidd-dra, cywilydd *hyder, haerllugrwydd*

yswitian *(brf.)* trydar, grillian, cogor, cathlu, pyncio, telori

ysywaeth *(adf.)* gwaetha'r modd, yn anffodus, sgwaetherodd

ENWAU LLEOEDD

Aberdâr Aberdare
Aberdaugleddyf Milford Haven
Aberddawan Aberthaw
Abergwaun Fishguard
Aberhonddu Brecon
Abermo, Bermo Barmouth
Aberpennar Mountain Ash
Abertawe Swansea
Aberteifi Cardigan
Afon Menai Menai Straits
Amwythig Shrewsbury
Aberth Narberth
Babilon Babylon
Breudeth Brawdy
Brycheiniog Brecknock
Brynbuga Usk
Bryste, Caerodor Bristol
Caer Chester
Caerdroea Troy
Caerdydd Cardiff
Caerefrog York
Caerfaddon Bath
Caerfyrddin Carmarthen
Caergaint Canterbury
Caergrawnt Cambridge
Caergybi Holyhead
Caergystennin Constantinople
Caerhirfryn Lancaster, Lancashire
Caerliwelydd Carlisle
Caerloyw Gloucester
Caerlŷr Leicester(shire)
Caerllion Caerleon
Caernarfon Caernarvon
Caersallog Salisbury
Caerwrangon Worcester
Caer-wynt Winchester
Caer-Wysg Exeter
Caint Kent
Calfaria Calvary
Casllwchwr Loughor
Cas-mael Puncheston

Casnewydd Newport, Mon.
Castell-Nedd Neath
Castellnewydd Newcastle
Ceinewydd New Quay
Ceredigion Cardiganshire
Cernyw Cornwall
Clawdd Offa Offa's Dyke
Clwyd North East Wales
Coed-duon Blackwood
Conwy Conway
Côr y Cewri Stonehenge
Croesoswallt Oswestry
Crucywel Crickhowell
Cydweli Kidwelly
Dinas Basing Basingwerk
Dinbych Denbigh
Dinbych-y-pysgod Tenby
Donaw Danube
Drenewydd Newtown
Dyfed Demetia, South West Wales
Dyfnaint Devon
Dyfrdwy Dee
Efrog York
Eryri Snowdonia
Flandrys Flanders
Fflint Flint
Gâl Gaul
Glynebwy Ebbw Vale
Gwent South East Wales
Gwlad-yr-haf Somerset
Gwy Wye
Gwynedd North West Wales
Gŵyr Puncheston
Hafren Severn
Hendy-gwyn Whitland
Henffordd Hereford
Hwlffordd Haverfordwest
Iâl Yale
Lacharn, Talacharn Laugharne
Lerpwl Liverpool
Llanandras Presteigne

Llanbedr Pont Steffan Lampeter
Llandaf Landaff
Llandudoch St Dogmaels
Llaneirwg St Mellons
Llanelwy St Asaph
Llaneurgain Northop
Llanfair-ym-Muallt Builth
Llangatwg Cadoxton
Llangrallo Coychurch
Llanilltud Fawr Llantwit Major
Llanllieni Leominster
Llansawel Briton Ferry
Llanymddyfri Llandovery
Llwydlo Ludlow
Llyn Tegid Bala Lake
Maesyfed Radnor
Manaw Isle of Man
Manceinion Manchester
Meirionydd Merioneth
Môn Anglesey
Morgannwg Glamorgan
Mynwy Monmouth
Nanhyfer, Nyfer Nevern
Pennarlâg Hawarden
Pen-y-Fantach Mumbles Head
Penbedw Birkenhead
Pen-bre Pembrey
Penfro Pembroke
Penrhyn Gobaith Da Cape of Good
  Hope
Pen-y-bont ar Ogwr Bridgend
Pontarfynach Devil's Bridge
Pont-y-pŵl Pontypool
Porthaethwy Menai Bridge
Porthmadog Portmadoc
Powys Mid Wales
Ruthun Ruthin
Rhydychen Oxford
Sain Ffagan St Fagans
Sili Sully
Solfach Solva

Tafwys Thames
Treamlod Ambleston
Trecelyn Newbridge
Trefaldwyn Montgomery
Trefdraeth Newport, Pem.
Treforus Morriston
Trefyclo Knighton
Trefynwy Monmouth
Trefynnon Holywell
Tyddewi St David's
Tywi Towy
Wdig Goodwick
Wrecsam Wrexham
Wysg the Usk
Y-Bont-faen Cowbridge
Y Fenni Abergavenny
Y Gelli (Gandryll) Hay
Y Gogarth Great Orme
Y Mot New Moat
Y Rhws Rhoose
Y Waun Chirk
Ynys Bŷr Caldey Island
Ynys Dewi Ramsey Island
Ynys Echni Flat Holm
Ynys Enlli Bardsey Island
Ynys Gybi Holy Island
Ynys Lawd South Stack
Ynys Seiriol Puffin Island
Ynysoedd Erch Orkney Islands
Ynysoedd Heledd The Hebrides
Ynysoedd y Moelrhoniaid The
  Skerries
Ynys y Garn Guernsey
Ynys Wyth Isle of Wight
Yr Wyddfa Snowdon
Yr Wyddgrug Mold
Ystrad-fflur Strata Florida
Ystrad Marchell Strata Marcella
Ystumllwynarth Oystermouth
Y Trallwng Welshpool

ENWAU PERSONAU

Adda Adam
Anghrist Antichrist
Andreas Andrew
Awstin Augustine
Bartholomeus Bartholomew
Beda Bede
Bedwyr Bedivere
Beti, Betsan, Betsi Betty, Betsy
Buddug Boadicea; Victoria
Bwda Buddha
Cadi Catherine, Kate
Cadog, Catwg Cadoc
Cai Kay
Caradog Caratocas, Caractacus
Caswallon Cassivellaunus
Catrin Catherine
Cesar Caesar
Crist Christ
Cystennin Constantine
Dafydd, Dewi David
Edmwnt, Emwnt Edmund
Efa Eve
Elen Helen, Ellen
Eleias Elijah, Elias
Eliseus Elisha, Eliseus
Emrys Ambrose
Ercwlff Hercules
Eseia, Esay Isaiah
Esyllt Iseult
Fychan Vaughan
Fyrsil, Fferyll Virgil
Ffowc Foulkes
Ffraid Bride, Bridget
Garmon Germanus
Geraint Gerontius
Gerallt Gerald
Glyndŵr Glendower
Gruffudd, Gruffydd Griffith
Gwallter Walter
Gwener Venus
Gwenffrewi, Gwenfrewi Winifred

Gwenhwyfar Guinevere
Gwilym William
Gwladus Gladys
Gwrtheyrn Vortigern
Harri Harry, Henry
Horas Horace
Hors Horsa
Hu, Huw Hugh
Iago James
Iau Jove, Jupiter
Iesu Grist Jesus Christ
Ieuan Evan
Ioan John
Iowerth Edward
Iwan John
Lowri Laura
Luc Luke
Lleucu Lucy
Llwyd Lloyd
Llŷr Lear
Mabli Mabel
Mair Mary
Mali Molly
Mallt Maud, Matilda
Marc Mark
Marged, Margred Margaret
Mari Mary
Mawrth Mars
Mercher Mercury
Mererid Margaret
Meurig Morris
Mihangel Michael
Modlen, Magdalen Magdalene
Myrddin Merlin
Neifion Neptune
Ofydd Ovid
Oswallt Oswald
Owain Owen
Padrig Patrick
Pedr Peter
Peredur Perceval

Prys Price, Preece
Puw Pugh
Pyrs Pierce
Rheinallt Reginald
Rhisiart Richard
Rhobert Robert
Rhonwen Rowena
Rhydderch Roderick
Rhys Rees, Rice
Sadwrn Saturn
Sebedeus Zebedee
Selyf Solomon
Siân Jane

Siarl Charles
Sieffre Geoffrey
Siencyn Jenkin
Siôn John
Sioned Janet
Siôr, Siors George
Steffan Stephen
Timotheus Timothy
Tomos Thomas
Tudur Tudor
Twm Tom
Wmffre Humphrey

Malp 10·03 21